Unter der Wolke
des Todes leben . . .

Unter der Wolke des Todes leben ...

Hannover im Zweiten Weltkrieg

Thomas Grabe
Reimar Hollmann
Klaus Mlynck
Michael Radtke

Ernst Kabel Verlag

Bildnachweis

Historisches Museum Hannover: 21, 23, 26, 27, 31, 33, 34, 44, 46, 49, 53, 63, 72, 77, 109, 163, 200, 205. / Imperial War Museum London: 62, 73 (rechts), 101, 102, 103, 203. / Landesbildstelle Hannover: 167, 199, 208, 209, 210, 211. / Niedersächs. Hauptstaatsarchiv: 50, 51, 52, 78, 88, 89, 145. / Private Leihgaben: 10, 18, 19, 22, 28, 29, 39, 55, 57, 58, 59, 61, 65, 66, 67, 68, 81, 86, 105, 112, 116, 119, 120, 121, 122, 125, 126, 128, 133, 134, 138, 139, 141, 143, 144, 151, 154, 157, 159, 161, 165, 169, 170/171, 176, 180, 181, 182, 185, 187, 188, 190, 192, 194, 212, Umschlagfoto. / Stadtarchiv Hannover: 25, 30, 32, 38, 41, 56, 73 (links), 75, 76, 83, 87, 93, 95, 96, 98, 106, 130, 137, 148/149. / Stadtvermessungsamt Hannover: 14, 60.

Schutzumschlag und Layout: Pit-Design
Gesamtherstellung: Clausen & Bosse, Leck
ISBN 3-921909-17-1

Inhalt

Zum Geleit

In ihrer 800jährigen Geschichte ist unsere Stadt zweimal von Grund auf zerstört worden: Das erste Mal im Jahre 1189, als König Heinrich VI. im Kampf gegen Heinrich den Löwen Hannover niederbrennen ließ; das zweite Mal in der Nacht vom 8. auf den 9. Oktober 1943 durch jenen verheerenden englischen Bombenangriff, der große Teile der Stadt dem Erdboden gleichmachte. Danach war – um an ein berühmtes Wort Bertolt Brechts anzuknüpfen – Hannover noch auffindbar, aber kaum noch bewohnbar. Und in der Tat ist damals ernsthaft erwogen worden, die Stadt ganz aufzugeben und an anderer Stelle wieder aufzubauen.

Heute sind die Trümmer lange beseitigt, die Baulücken geschlossen, die alte Marktkirche, der Ballhof, das Leineschloß, das Opernhaus, die Stadthalle wieder hergestellt, das Leibnizhaus dem historischen Vorbild nachgebaut.

Wären nicht die Blindgänger, über deren Auffindung und Entschärfung die Zeitungen immer wieder einmal berichten, würde fast nur noch die Ruine der Aegidienkirche an jene Jahre »unter der Wolke des Todes« erinnern.

Aber nicht alle Wunden, die der letzte Krieg geschlagen hat, konnten geheilt werden. Der Tod hatte an fast jede Tür in unserer Stadt geklopft, und wenigstens die älteren Hannoveraner werden hin und wieder wehmütig an das alte Hannover zurückdenken, an die Fachwerkhäuser der Altstadt, das Herrenhäuser Schloß, das Alte Palais, das »Haus der Väter« oder die Alte Kanzlei. Sie, die das Grauen der Bombennächte mit- und überlebt haben, werden die Stunden der Todesangst nicht vergessen. Ihnen ist dieses Buch gewidmet. Ihrer Geschichte, die zugleich für jene ausgebreitet wird, denen solche Erfahrungen bisher erspart blieben.

Es ist dies der erste Versuch einer zusammenfassenden Darstellung der Geschichte Hannovers im Zweiten Weltkrieg und erscheint nicht zufällig in dem Jahr, in dem wir uns an die nationalsozialistische Machtübernahme vor 50 Jahren erinnern. Markieren doch der 8./9. Oktober 1943 und der 10. April 1945 das Ende des Weges, der am 30. Januar 1933 begann. Was damals geschah, darf sich nicht wiederholen. Ein neuer Krieg würde die dritte und dann endgültige Zerstörung nicht nur Hannovers bedeuten. Wir alle sind aufgerufen, dies zu verhindern.

Oberbürgermeister

Oberstadtdirektor

Vorwort

»Unter der Wolke des Todes leben.
Doch die Magnolien blühn feierlich streng.
So darfst du tiefer Atem heben.
Wenn die Nachthimmel brandig erglühn,
wird die Brust wieder eng.«

Die sechs Strophen dieses Gedichts, dessen erster Zeile der Titel des Buches entliehen wurde, schrieb Friedrich Rasche, Feuilleton-Redakteur des »Hannoverschen Anzeigers«, im Frühling 1944 – in einem Frühling, in dem weite Teile Hannovers in Schutt und Asche lagen. Sein Vertrauen auf den Kreislauf der Natur trotz der Zerstörung aller Kultur kennzeichnet auch die beiden Pole, zwischen denen dieses Buch eingespannt ist.

Wir berichten über das kommunale Leben, über den Alltag und über die kulturelle Entwicklung in Hannover zwischen Kriegsbeginn und Kriegsende. Angesichts der Spanne dieses Vorhabens – die Geschichtsschreibung der Jahre 1939 bis 1945 wird für Niedersachsens Hauptstadt zum erstenmal unternommen – haben sich die Autoren die drei Segmente, die zugleich drei Einstiegsmöglichkeiten in den Sachverhalt bedeuten, untereinander aufgeteilt. Klaus Mlynek und Thomas Grabe ermitteln die Situation der »Stadt im Krieg«, Michael Radtke rekonstruiert die Emotionen von »Menschen im Krieg« und Reimar Hollmann zeigt auf, was »Kultur im Krieg« bedeutet. Daß dieser Fächer nicht alle Bereiche abdecken kann, manche sogar ganz ausgeklammert bleiben, ließ sich nicht vermeiden.

In einer Zeit, in der die Alten zunehmend vergessen, die Jungen kaum wissen, wovon sie reden und die Verantwortlichen des nationalsozialistischen Regimes zu Medien-Stars aufrücken können, ist uns, den Autoren, an Differenzierungen gelegen. Vieles war viel finsterer, als mancher wahrhaben will; manches war viel aufrechter, als viele wissen.

Für diesen Befund mußten wir einen langen Weg gehen. Er führte durch die großen Archive des Zweiten Weltkrieges, durch die Bestände bei Stadt und Land und nicht weniger durch die Aussagen und Dokumente von Dutzenden Hannoveranern. Wir haben beides getan: Wir haben die offiziellen Quellen wie die Erzählungen aus dem Kriegs-Alltag ausgewertet und miteinander verglichen. Denn wir wollen beides nicht zur Ideologie erheben: Weder die Ansammlung von Fakten noch die »Archäologie« der Emotionen.

Schließlich gehören sie zusammen – die Informationen über Tatsachen und die über Gefühle, die über Menschen und die über Unmenschlichkeit, wenn am Ende das konkrete Bild der Epoche von 1939 bis 1945 entstehen soll. Der Dramatiker Janosz Kofta spiegelt diese Absicht und Anstrengung, wenn er schreibt: »In einer Welt ohne Hoffnung wird das Gedächtnis zur Qual. Aber in einer Welt ohne Gedächtnis wird die Hoffnung sinnlos.«

An Alle!

Willst Du einen **Luftangriff** erleben? **Nein!**

Kennst Du die **Gefahren** eines Luftkrieges und die **Schutzmöglichkeiten** gegen einen Fliegerangriff? **Nein!**

Willst Du einmal einen Luftangriff und Bombenabwurf auf eine **Großstadt** sehen? **Ja!**

Dann mußt Du im eigenen und im Interesse Deiner Familie die

Filmveranstaltung des Reichsluftschutzbundes

Ortsgruppe Hannover

besuchen.

Die beste **Schulung für Dich** und alle Mitmenschen ist eine restlose Aufklärung in Wort, Bild und Schrift. Bist Du geschult, kannst auch Du dazu beitragen, daß die Opfer bei einem Luftangriff auf **ein Mindestmaß** herabgesetzt werden.

Luftschutzgedanke und Luftschutzaufbau

sind Pflicht eines jeden Volksgenossen.

Wer die eindrucksvollen Filme des Reichsluftschutzbundes gesehen hat, wird von selbst dazu beitragen, daß der Aufbau des Selbstschutzes gewährleistet wird, sodaß ein Volk durch die Schulung feindlichen Fliegerangriffen trotzen kann.

Dein Blockwart spricht bei Dir vor, um Dir eine Eintrittskarte für 20 Pfennig anzubieten, weise ihn nicht ab. Du unterstützt einmal die Aufgaben, die dem Reichsluftschutzbund vom Luftfahrtministerium gestellt sind, und lernst zum andern, wie Du Dich schützen kannst, wenn

Luftgefahr

drohen sollte.

Mit Absicht ist der Unkostenbeitrag so gering gehalten, daß jeder Volksgenosse die Veranstaltung besuchen kann.

Reichsluftschutzbund

Ortsgruppe Hannover

Maschstraße 3A

Hannover am Vorabend des Zweiten Weltkrieges

»Dieser Ehrgeiz der Männer! Wer Major ist, träumt von Nichts, als wenn er Oberstleutnant wird u. der General vom ersten Stern auf seiner Achsel ... Also Sonnabend Abend war Ball im Kasino der Kavallerieschule. Dienst. In großer Uniform, rechts die dicken Fangschnüre an u. um die Achsel, die ganze Milzgegend mit Orden u. Marken dekoriert, einer hatte dazu noch auf der Brust, zählte ich, 6 Medaillen u. 4 Orden, ein Marinemensch, mit China- u. Boxeraufstandsmützen. Also: Man tanzt wieder Walzer und Polonaise u. die Herren tragen weiße Glacéhandschuhe dazu wie 1900, als ich Tanzstunde hatte!«[1]

Das schreibt der Dichter Gottfried Benn 1936 aus Hannover an einen Freund; ein Jahr zuvor hatte er seinen Dienst als Offizier bei der Wehrersatzinspektion angetreten. Sie gehörte zum Generalkommando für den Wehrkreis XI, das für weite Teile Nordwestdeutschlands, Magdeburgs und Schwerins zuständig war und ab 1936 am Misburger Damm (Hans-Böckler-Allee) entstand.[2]

Dieses monumentale militärische Bauwerk war das auffallendste Indiz für den Wiederaufbau Hannovers zu einer bedeutenden Garnisonsstadt. Bereits 1934, nur ein Jahr nach der Machtergreifung, hatten die Arbeiten am Bothfelder Kasernenkomplex begonnen. Hier sollte die 19. Infanteriedivision stationiert werden, die offiziell aber erst am 15. 10. 1935 aufgestellt wurde. 1934 war auch der Grundstein für die »Kriegsschule« an der Stader Chaussee gelegt worden; die ersten Offizierslehrgänge begannen dort im Januar 1936.

Bis Kriegsbeginn kamen weitere zentrale Einrichtungen dazu: Die Heeresveterinärakademie in der Möckernstraße, das Heeresbekleidungsamt und das Standortlazarett am Steuerndieb. Die Luftwaffe etablierte ab 1938 ein Luftgaukommando am Bischofsholer Damm; außerdem gab es eine Flakstammbatterie in den Bothfelder Kasernen und das Kampfgeschwader 27, dessen Stab und 1. Gruppe auf dem neuen Militärflughafen Evershorst bei Langenhagen stationiert wurden.

Mit der militärischen Aufrüstung war die wirtschaftliche eng verbunden. Über die Umstellung der Industrie auf Kriegswirtschaft wachte die Wehrwirtschaftsinspektion. Erste Maßnahmen waren bereits 1934 wirksam geworden. So wurde die Hannoversche Waggonfabrik (»Hawa«) in ein Leichtmetallwerk umgewandelt, das Flugzeugteile produzierte. In der Hanomag wurden Drehbänke von 15 Meter Länge aufgestellt, um Langrohrgeschütze herzustellen.[3]

Dennoch schien es angeraten, noch nicht allzu deutlich die Kriegswirtschaft zu forcieren. So fragte etwa 1935 ein »Oberingenieur Schirrmeister« die Stadtverwaltung nach Firmen und geeigneten Grundstücken für ein Flugzeugreparaturwerk. Erst ein Jahr später, nachdem das Reichsluftfahrtministerium sich als Interessent zu erkennen gegeben hatte, kam es zum Pachtvertrag über ein Gelände auf der Vahrenwalder Heide.[4]

Ab 1936 geht es dann allerdings Zug um Zug. In diesem Jahr wird in Misburg die »Nerag« gegründet; die soll die Produktpalette der bereits etablierten »Deurag« ergänzen, nimmt die Schmierölproduktion 1937 auf und deckt bereits im Sommer 1939 40 Prozent des Gesamtbedarfs an hochwertigen Flugmotorölen.[5]

1938 beginnen die Bauarbeiten für das neue Werk der Continental in Stöcken, das ausschließlich synthetischen Kautschuk (»Buna«) herstellen wird. Und das Akkumulatorenwerk (»Afa«) in Stöcken spezialisiert sich auf Batterien für U-Boote und elektrisch betriebene Torpedos – eine von drei Produktionsstätten überhaupt.

1939 werden in Hannover – auf Platz fünf in der Rangfolge der wichtigsten Industrieorte des »Reiches«[6] – folgende Rüstungsgüter produziert: Panzer, Geschütze, Munition, Fahrzeuge, Flugzeugteile, Reifen, Batterien, Funkgeräte, Treibstoffe.

Die geographische Lage der Stadt, inzwischen angebunden an die Autobahn Berlin–Köln und den Mittellandkanal, kommt dieser Ausnutzung als Industrieort entgegen. Der Schnittpunkt von Nord-Süd- und Ost-West-Verbindungen machte Hannover (nach Berlin und Hamburg) zum drittgrößten Verkehrszentrum der damaligen Zeit. Dabei hatte sich der Ort an der Leine-Furt, dessen mittelalterliche Fachwerkbauten noch weitgehend das Stadtbild bestimmten, erst in der zweiten Hälfte des 19. Jahrhunderts zur Großstadt entwickelt. 1939 schließlich verzeichnete Hannover auf einem Areal von 13334 Hektar 472000 Einwohner.

1866 war Niedersachsens Metropole Hauptstadt der gleichnamigen preußischen Provinz geworden; unter den Nationalsozialisten kam die Funktion als Gauhauptstadt für den Gau Süd-Hannover-Braunschweig, einen der drei niedersächsischen NSDAP-Gaue, hinzu. Die Gaue setzten sich jeweils aus mehreren Kreisen zusammen; ein Kreisleiter der NSDAP stand an der Spitze der städtischen Parteiorganisation, die wiederum in 59 Ortsgruppen untergliedert war.

Bei Kriegsausbruch amtierte als Gauleiter Bernhard Rust (1883–1945), zugleich Reichserziehungsminister und daher in Hannover kaum präsent. Als eigentlicher Gauleiter waltete deshalb sein Stellvertreter Kurt Schmalz (1906–1964). Oberster staatlicher Repräsentant der Provinz Hannover (»Oberpräsident«) war bei Kriegsausbruch Viktor Lutze (1890–1943), seit der Röhm-Affäre zugleich Stabschef der SA. Diese »Provinz« gliederte sich in sechs Bezirke. Als Regierungspräsident des Bezirks Hannover fungierte Rudolf Diels (1900–1957); der Schwager Hermann Görings war von März 1933 bis Juni 1934 Chef der preußischen Gestapo gewesen.

Seit 1927 stand der welfisch-konservative Arthur Menge (1884–1965) an der Spitze der Stadtverwaltung. Die Deutsche Gemeindeordnung vom 30.1.1935[7] hatte den Magistrat als Kollegium und die Bürgervorsteher als Vertreter der Bürgerschaft abgeschafft. Die neue Ordnung nach dem »Führerprinzip« machte die Dezernenten, jetzt »Stadträte« genannt, zu unmittelbaren Untergebenen des OB. Aus den Bürgervorstehern wurden »Ratsherren«, nicht mehr gewählt, sondern berufen und nur noch beratend tätig.

Über ihre Berufung entschied der ebenfalls von der Gemeindeordnung etablierte »Beauftragte der Partei«, in Hannover der stellv. Gauleiter. Er führte auch das entscheidende Wort bei der Ernennung des Oberbürgermeisters.

Die so angelegte Spannung zwischen Partei und Staat, zwischen Stadtverwaltung und Gauleitung, verhinderte 1937 die Wiederwahl von Menge. Nachfolger wurde Henricus Haltenhoff (1888–1956). Er war der Partei genehmer, blieb aber dennoch ein »Anhänger der Selbstverwaltung«[8]. Die Spannung bestand also fort – auch als ein »Erlaß des Führers und Reichskanzlers über die Vereinfachung der Verwaltung« vom 28. August 1939[9] Städte und Gemeinden zur untersten Stufe staatlicher Verwaltungshierarchie degradiert hatte.

Noch eine andere Hierarchie griff zunehmend in das Leben der Stadt ein: die Gliederungen des Luftschutzes.[10] Luftschutz-Bestimmungen hatte es bereits in der Weimarer Republik gegeben. 1933 wurden sie aktiviert und forciert, die Überwachung den Luftgaukommandos übertragen. Weitere Untergliederungen: 15 Landesgruppen (in Hannover die Gruppe XI), Bezirksgruppen, Ortsgruppen. Örtlicher Luftschutzleiter war in Hannover der Polizeipräsident; in der Praxis leitete der Kommandeur der Schutzpolizei die Brandbekämpfung, Bergung usw. Die Ortsgruppe wiederum teilte sich in Revier- und in Untergruppen (für mehrere Wohnblocks). Danach rangierten Blockwart und der Hausluftschutzwart, der für Löschmittel und Verdunkelung zu sorgen hatte.

Zwischen dem »Selbstschutz« der häuslichen Gemeinschaften und dem »Werksluftschutz« in wichtigen Betrieben stand der »erweiterte Selbstschutz«; nach dessen Maßgabe wurden während des Krieges in Behörden, Kaufhäusern und Schulen Wachschichten eingeteilt und Schulungen durchgeführt.

Der Werksluftschutz war – ebenso wie Polizei und Stadtverwaltung – an das telefonische Warnnetz angeschlossen, das vom Luftschutzwarndienst bedient wurde. Er erhielt seine Meldungen vom militärischen Flugwachkommando, das wiederum seine Informationen vom Luftgaukommando, aber auch von diversen Meldestationen an markanten Punkten (zum Beispiel auf der Rathaus-Kuppel) bezog. Beide Netze waren im »Kammerflügel« des Leineschlosses untergebracht.

Hannover, das diese Organisationen beschützen wollten, galt als besonders gefährdet. Der Verkehrsknotenpunkt, Divisions-Standort, Nummer fünf unter den Industrieplätzen des »Reiches«, hatte einen sicheren Rang in der ersten von drei Luftschutz-Kategorien.

Am 16. April 1939 schreibt Ernst Jünger, der zu dieser Zeit an den »Marmorklippen« arbeitet, in sein Kirchhorster

Tagebuch: »Bei dieser Arbeit aus dem Fenster blickend, sah ich auf der Straße Geschütze auf Geschütze nach Osten eilen, fast wie im Kriege vor einer großen Schlacht. In diesen Wochen rückten die Deutschen in Böhmen, Mähren, Memel und die Italiener in Albanien ein. Alle Zeichen deuten auf Krieg in kurzer Zeit.«[11]

Anmerkungen

1 Zitiert nach Rischbieter, S. 298.
2 Vgl. hierzu und zum folgenden die Zeitschrift »Nachrichten aus dem Wehrkreis XI«.
3 Deutschlandberichte, Bd. 1 (1934), S. 769f. und 794f.
4 StAH: HR XXVI Hb 16.
5 Fröbe, D 11.
6 Mac Isaac, Vol. II, Area Studies Report, S. 17a.
7 RGBl. I, S. 49ff.
8 Vgl. auch S. 47.
9 RGBl. I, S. 1535ff.
10 Zum folgenden Hampe, S. 49ff.
11 Zitiert nach Rischbieter, S. 319.

I.

Stadt im Kriege

1939 bis 1941: Die ersten Bomben

Der Krieg beginnt

Am 25. August 1939 traf gegen 17.00 Uhr der Mobilmachungsbefehl beim Stab der 19. Infanteriedivision am Waterlooplatz ein. Dort wurden sofort die bereits vorbereiteten Maßnahmen ergriffen, um die Truppen nach Osten in Marsch zu setzen. Am Abend des 27. August begann die Bahnverladung. Aus dem Raum Rosenberg/Oberschlesien unternahm die Division am 1. September einen Vorstoß über die Warthe in Richtung Warschau.[1] Auch das Generalkommando des XI. Armeekorps war mit der Nachrichtenabteilung 51 auf dem Weg zur polnischen Grenze.

Das Kampfgeschwader 27 wartete am Morgen des 1. Septembers vollgetankt und mit Bomben beladen in Eversthorst und seinen anderen niedersächsischen Heimatplätzen auf den Einsatzbefehl. Wegen der schlechten Wetterlage über Warschau mußte der Start zu dem geplanten Großangriff jedoch bis 13.25 Uhr verschoben werden.[2]

Der deutsche Angriff auf Polen war nicht die Vergeltung für angebliche Provokationen und Grenzverletzungen, über die die nationalsozialistischen Medien während der Sommermonate fortlaufend berichtet hatten, sondern ein weiterer Schritt auf dem Wege der deutschen Expansion in Richtung Osten.

Die zahlreichen hannoverschen Reservisten, die seit Ende August in die Kasernen einberufen worden waren, nahmen zumeist an den Westgrenzen Aufstellung, wo es aber bis zum Mai 1940 zu keinen größeren Kampfhandlungen kam. Großbritannien und Frankreich, mit denen sich Deutschland seit dem 3. September im Kriegszustand befand, gingen nach der schnellen Niederlage Polens dazu über, die weitere politische und militärische Entwicklung abzuwarten. In beiden Ländern herrschte keineswegs die Kriegsbegeisterung von 1914, und eine überstürzte Mobilmachung drohte das öffentliche Leben zumindest kurzfristig zu lähmen. So blieben die ersten militärischen Auseinandersetzungen im Westen den Luftwaffen vorbehalten.

Mit Rücksicht auf die öffentliche Meinung im neutralen Ausland hatten sowohl die Royal Air Force (RAF) als auch die deutsche Luftwaffe Anweisung erhalten, bei ihren Angriffen Zivilpersonen nicht zu gefährden. Dabei spielte wohl auch die Überlegung eine Rolle, daß die Fähigkeit der Luftwaffe zu eventuellen Vergeltungsangriffen auf britische Städte begrenzt war. Tatsächlich waren nur wenige deutsche Maschinen in der Lage, von deutschen Startplätzen aus die britischen Inseln wirksam zu bombardieren.

Beide Seiten beschränkten sich deshalb bis zum Frühjahr 1940 auf mehr oder weniger erfolglose Angriffe gegen Seeziele, doch lagen die Schiffe meistens schon wieder im Hafen, bevor die Bomber herangekommen waren. Kam es tatsächlich einmal zu einem Angriff auf hoher See, so trafen die Bomben nicht oder erwiesen sich als Blindgänger.

Als am 18. Dezember 1939 die schweren britischen Verluste über den Ostfriesischen Inseln den Grundsatz bisheriger Luftkriegsstrategie, wonach Bomber jederzeit ihr Ziel erreichen konnten, widerlegten, mußten die Einsätze der RAF notgedrungen in die ungefährlicheren Nachtstunden verlegt werden. Nachtflugerfahrungen über feindlichem Gebiet hatte das Bomber Command jedoch nur bei einigen Aufklärungsflügen seit Kriegsbeginn sammeln können.

»Licht aus! – Verdunkeln!«

Auf deutscher Seite war man bei den Luftschutzvorbereitungen schon seit Mitte der dreißiger Jahre von möglichen Nachtangriffen ausgegangen. Im Vordergrund standen Verdunkelungsanordnungen, die auch in Hannover sofort mit Kriegsbeginn wirksam wurden. Weitere Maßnahmen waren der Schutz der kriegswichtigen Betriebe durch Flakgeschütze, wie sie beispielsweise auf den Dächern der »Continental« in Vahrenwald und Stöcken aufgestellt wurden. Mit einem Tarnbelag aus Netzen und Brettern glaubte das Luftgaukommando, feindlichen Fliegern die Orientierung an der markanten Silhouette des Maschsees erschweren zu können.[3]

Gleichwohl waren die Luftschutzmaßnahmen der ersten beiden Kriegsjahre in Hannover nicht frei von Dilettantismus. Übertriebene Vorsicht und überhebliche Sorglosigkeit hielten sich die Waage.

Unmittelbar nach Kriegsbeginn wurde die Polizeistunde auf 24.00 Uhr vorverlegt und die Feuermelder außer Betrieb gesetzt.[4] Autofahrer erhielten die Empfehlung, bei Fliegeralarm rechts an den Straßenrand zu fahren, die Bremsen an-

und den Zündschlüssel herauszuziehen.[5] Die städtischen Bediensteten wurden angehalten, Gasmasken zu kaufen, wobei – je nach Höhe des Einkommens – ein Preisnachlaß gewährt wurde.[6]

Die nächtliche Straßenbeleuchtung war in den ersten Wochen des Krieges fast auf null zurückgefahren worden. Der damals 13 Jahre alte Gerhard Stoffert erinnert sich: »Fast hysterisch wurde die Verdunkelung betrieben. Zunächst war die Anwendung von Handlampen im Freien verboten. Auch ein kurzes Aufleuchten war nicht erlaubt. Die Passanten trugen Leuchtplaketten an ihrer Kleidung. Jeder kleinste Lichtschein, der aus einem Fenster nach außen drang, wurde mit Rufen wie ›Licht aus‹ oder ›Verdunkelung‹ geahndet. Der jeweilige Luftschutzwart war für ›seinen‹ Wohnblock verantwortlich. Man war ganz erschrocken, wenn die Bügel der Straßenbahn an der Oberleitung grelle Funken erzeugte, die Teile der Straße erhellten. Die Angst vor chemischen Kampfstoffen war groß. Wegen der Gasangriffsangst wurde die Bevölkerung aufgerufen, Lebensmittel in dicht schließenden Behältern zu verwahren. Die Autos trugen über Scheinwerfern und Rücklichtern Verdunkelungskappen mit Lichtaustrittsschlitzen, auch die Lampen der Fahrräder waren so ausgestattet.«

Während man so einerseits auf peinlichste Beachtung der Verdunkelungsbestimmungen achtete und jedem glimmenden Streichholz hinterherjagte, überbot sich die offizielle Propaganda darin, die Unwahrscheinlichkeit eines feindlichen Luftangriffs auf Hannover zu beschwören. »Luftangriff auf unsere Städte zwecklos«, »Flakschutz vollkommen«, »Flakbatterien schützen uns«, »Hannover hundertprozentig geschützt«, so etwa lauteten die Zeitungsschlagzeilen bis weit in das Jahr 1940 hinein.[7]

Auch bei der Stadtverwaltung war man noch Ende 1940 der Meinung, daß die bisher im Stadtgebiet angerichteten Schäden kaum der Rede wert seien und man nach den bisherigen Erfahrungen ruhig abwarten könne, ob es den Engländern gelingen werde, ernsten Schaden anzurichten.[8]

Immerhin – der behelfsmäßige Ausbau der Kellerräume wurde forciert, wobei die durchschnittlichen Kosten je Keller mit 200–250 RM nicht übermäßig hoch veranschlagt wurden. Man baute Gasschleusen, verstärkte die Decken durch Holzstempel, legte Mauerdurchbrüche an, markierte die Durchbrüche außen in weißer Farbe mit einem D, den Luftschutzraum selbst mit den Buchstaben LSR. Die Finanzierung war Sache des Staates bzw. der Stadt, doch konnten die Mieter mit 1,– bis 2,50 RM pro Kopf an den Kosten beteiligt werden.[9]

Die hier und da, z. B. in der Georgstraße und auf dem Rustplatz (Georgsplatz), ausgehobenen Deckungsgräben, die als Splitterschutz gedacht waren, nahm man offensichtlich nicht ganz ernst. Wiederholt mußte Kindern das Spielen in diesen Gräben verboten werden. Im November 1939 z. B. ersuchte der Polizeipräsident den Oberbürgermeister, einen ehemaligen Parkwächter zu reaktivieren, weil dieser bei den Kindern besonderen Respekt genoß![10]

Mit der Errichtung bombensicherer öffentlicher Luftschutzbunker ließ man sich viel Zeit. Zwar war schon Anfang 1939 erwogen worden, unter den Grünanlagen der Georgstraße südlich des Opernhauses einen unterirdischen, in Friedenszeiten als Garage nutzbaren Bunker für etwa

Splittergraben am Rustplatz (heute: Georgsplatz)

300–500 Personen zu bauen; dieser Plan wurde jedoch wieder fallengelassen, weil man die darüber stehenden Bäume nicht gefährden wollte.

Zur Frage, ob und mit welcher Intensität vor dem Kriege der Bau von Luftschutzeinrichtungen in Hannover betrieben wurde, hat sich der zuständige Stadtbaurat Prof. Elkart nach dem Kriege geäußert: »Erst kurz vor dem Kriege wurde ich von Todt nach Berlin gerufen ... Ein Herr hielt uns einen Vortrag dahingehend, daß Luftschutzbunker gebaut werden mußten. Ein Kollege rief dazwischen: ›Wie macht man das?‹ Jedoch schwieg man sich darüber aus und versprach nähere Anweisungen. Mir ließ die Sache keine Ruhe, und ich wandte mich noch einmal an Speer, den ich persönlich kannte. Ich wurde an den Architekten Krause verwiesen, den Bruder des späteren Oberbürgermeisters von Hildesheim, der schon für Göring Luftschutzbunker entworfen hatte. Mit ihm habe ich mich näher unterhalten, und so kam es zur ersten Planung und im Sommer 1939 zum Bau der ersten vier Bunker, von denen einer der Tiefbau auf dem Klagesmarkt war. Welche Vorstellungen man damals vom Bombenkrieg hatte, kann man daraus ersehen, daß diese Bunker nicht mehr als 500 Personen fassen sollten. Dann kamen die ersten Angriffe in Misburg, und die gaben zu denken. Von nun an wurden laufend Bunker gebaut, wo Platz war.«[11]

Erst Flugblätter, dann Bomben

Die britisch-französische Kriegserklärung an Deutschland war noch nicht einen Tag alt, als eine Maschine der RAF in den Morgenstunden des 4. September 1939 das hannoversche Stadtgebiet überflog und den ersten Fliegeralarm dieses Krieges auslöste. Aus den erwähnten Gründen warf der Bomber vom Typ »Whitley« jedoch keine Spreng- oder Brandbomben ab, sondern Flugblätter mit der Überschrift »Warnung. Großbritannien an das Deutsche Volk«. Derartige Einsätze, bei denen die Maschinen jeweils 300000 Flugblätter an Bord hatten, führte die RAF von nun an häufiger im Raum Hannover durch.[12]

Die nationalsozialistische Presse verspottete den »Flugblattregen« als »Zeichen britischer Ratlosigkeit«, wies aber auch unmißverständlich darauf hin, daß gefundene Flugblätter ungelesen bei den Polizei- oder Parteidienststellen abgegeben werden sollten.[13]

Niemand schien jedoch auf den Gedanken zu kommen, daß die RAF mit den Papiereinsätzen vom eigentlichen Zweck der Flüge ablenken, d. h. Erfahrung in nächtlicher Navigation über einem verdunkelten Land sammeln und die Stärke der deutschen Flugzeugabwehr testen wollte. An Stelle von Papier konnte auch jederzeit eine Bombe auf Hannover fallen.

Trotz der nächtlichen Alarme glaubten die meisten Einwohner aber, noch hinreichend geschützt zu sein, hatte doch der populäre Reichsmarschall Göring wiederholt behauptet, er wolle »Meier« heißen, wenn auch nur eine Bombe auf deutsche Städte fallen würde. Der »Hannoversche Anzeiger« griff diese Prahlerei auf und verkündete am 22. Oktober 1939: »Der Feind wird vom Feuer der Geschütze vom Himmel geholt, ehe er unsere Stadt überhaupt erreicht.«

Britische Besatzungen, die von ihren Nachtflügen zurückkehrten, meldeten jedoch nur eine mäßige Scheinwerfer- und Flaktätigkeit im Raum Hannover. Gleichlautende Berichte über die Verteidigung anderer Städte veranlaßten die RAF-Führung, mit Zuversicht auf den Tag zu warten, an dem ihre Regierung die bisherigen Restriktionen aufheben würde.

Der deutsche Angriff im Westen, der am 10. Mai 1940 begann, führte zu einer Eskalation des Luftkrieges, von dem nun auch die Zivilbevölkerung betroffen wurde. Als Winston Churchill an diesem Tag Neville Chamberlain als Premierminister ablöste, trat eine Persönlichkeit an die Spitze des Kriegskabinettes, unter der der Luftkrieg eine bis dahin unbekannte Verschärfung erfahren sollte. Technische Unzulänglichkeiten und moralisch-politische Bedenken verhinderten allerdings zunächst noch größere Angriffe auf die Zivilbevölkerung.

Bereits im Winter 1939/40 waren die britische und die französische Regierung übereingekommen, im Falle eines deutschen Angriffes auf die westlichen Nachbarstaaten Verschiebebahnhöfe und Ölraffinerien im Reichsgebiet mit Bombern anzugreifen. Auf Grund dieser Absprache starteten seit dem Abend des 10. Mai kleinere Gruppen britischer Flugzeuge zu nächtlichen Bombeneinsätzen. Mit den langsamen und technisch unzuverlässigen Maschinen vom Typ »Whitley«, »Wellington« oder »Hampden« sollten die Besatzungen Bahnhöfe, Kraftwerke und Raffinerien zerstören. Sie flogen nicht im Verband, sondern jede Besatzung

Britisches Flugblatt

versuchte auf sich allein gestellt, ohne geeignete Navigationsgeräte oder zuverlässige Wetterinformationen, ihr Ziel in der Dunkelheit zu finden.

Häufigste Absturzursache in diesen Monaten waren nicht Treffer deutscher Flugabwehrgeschütze, sondern Tragflächenvereisung, starke Gegenwinde oder Treibstoffmangel bei Irrflügen. Niemals zuvor war ernsthaft geprüft worden, ob derartige Punktziele bei Nacht überhaupt gefunden werden konnten. Die Annahme, sie sogar zerstören zu können, beruhte mehr auf Hoffnung als auf Erfahrung.

Bomben auf Misburg

Zu den Städten, die als Angriffsziel ausgewählt worden waren, gehörte auch Misburg. Als kriegswichtiges Objekt galten dort die »Deurag-Nerag«-Raffinerien. Der erste Angriff, bei dem 67 Spreng- und 360 Brandbomben eingesetzt wurden, erfolgte in der Nacht zum 19. Mai.[14] Aber keine Bombe traf in dieser mondhellen Nacht die Öltanks. Stattdessen fielen sie in die umliegenden Straßen und Fabrikanlagen. Allein in der Liebrechtstraße 7 starben 8 Menschen, als eine 500 lb Bombe seitlich in den Luftschutzkeller einschlug. 6 Sprengbomben gleichen Gewichtes fielen auf die Spiritusfabrik »Kraul, Wilkening & Stelling«, wo 600000 l Spiritus verbrannten. In den Zementwerken wurden mehrere tschechische Arbeiter getötet oder verletzt. Die Personenschäden gab der Bürgermeister am 22. Mai mit 19 Toten und 22 Verletzten an. Die Flakabwehr während des Luftangriffs nannte er ein »Trauerspiel«. Im Verlauf des fast 2½ Stunden dauernden Angriffs hätten die feindlichen Flugzeuge sogar ungehindert zum Tiefflug übergehen können.[15]

Die bei dieser ersten Bombardierung Misburgs erkennbar gewordenen Mängel spiegelt auch ein Rapport der Misburger Ortsgruppe des Reichsluftschutzbundes wider:

»0 Uhr 30 wurde Luftgefahr gegeben. Schon 0 Uhr 50 fielen die ersten Bomben. Fliegeralarm durfte erst 1 Uhr 03 gegeben werden. Die Bevölkerung war schon durch Einschläge der ersten Bomben wach geworden und glaubte, die Einschläge seien Detonationen der Flakgeschosse. Sicherheits- und Hilfsdienst hatte sich nach Hören der Detonationen und Erkennen des Feuerscheines schon auf den Weg gemacht. Die Leute liefen in die Bomben. Ein Mann des SHD wurde getötet. Der Alarm kam zu spät. Die Anordnung, daß nur Fliegeralarm auf Anordnung gegeben werden darf, scheint überholt ... Bei den ersten Bombeneinschlägen wurden schon Licht- und Telefonleitungen zerstört. Der Wagen mit dem Behelfsalarmgerät kam in Drähte der Hochspannung und daher nicht in den gefährdeten Ortsteil ... Durch Übereifer sind 3 Menschen auf der Straße zu Tode gekommen ...«[16]

Auch im benachbarten Hannover beschwerte sich der Oberbürgermeister beim Polizeipräsidenten darüber, daß viel zu spät alarmiert worden sei. Außerdem habe die hannoversche Feuerschutzpolizei wegen fehlender Zuständigkeit für Misburg und Anderten nicht helfend eingreifen können.[17]

Immerhin hatte der Angriff aber bewirkt, daß das Luft-

Bunkerbau auf dem Klagesmarkt

Luftschutzdemonstration

gaukommando nun auch in Misburg Luftschutzbunker für die Einwohner und Arbeiter errichten ließ. Als der Luftkrieg in den letzten Kriegsmonaten seinen Höhepunkt erreichte, standen in Misburg mehr Bunkerplätze für die Bewohner zur Verfügung als in vergleichbaren anderen Orten. Deshalb blieb hier die Zahl der Luftkriegstoten, gemessen an Häufigkeit und Stärke der Angriffe, verhältnismäßig gering.[18]

Den Morgen nach dem ersten Luftangriff nutzten viele Hannoveraner zu einem »Muttertagsausflug« nach Misburg. Kinder suchten auf den Feldern nach Bombensplittern und Führungsringen von Flakgeschossen. Die ersten Bombentrichter waren noch eine Sensation.

Nahezu unbemerkt blieben die Bomben, die in jener Nacht am Stadtrand bei Stöcken explodiert waren. Sie bildeten den Auftakt für weitere Abwürfe, die in den nächsten Wochen auf unbebautes Gelände in der Umgebung Hannovers erfolgten. Britischen Angaben zufolge waren sie für die Misburger Raffinerie oder den Militärflughafen bei Langenhagen bestimmt.[19]

Erst am 27. Juni entstand in Misburg wieder größerer Schaden, als die Raffinerie bei drei Angriffen getroffen wurde und für etwa einen Monat ihren Betrieb einstellen mußte.[20] Da die brennenden Öltanks auch von Hannover aus zu sehen waren, mußte die Presse zumindest geringfügige Schäden und einige Tote zugeben.

Die Schadensmeldung konnte aber geschickt einer Erfolgsmeldung gegenübergestellt werden, weil die Flak über Misburg einen »Hampden«-Bomber getroffen hatte, der wenig später hinter der Ziegelei von Grasdorf aufgeschlagen war. Tagelang gingen Bilder der zerstörten Maschine durch norddeutsche Zeitungen.[21]

So sehr das Reichspropagandaamt auch die angebliche Stärke der hannoverschen Flakabwehr hervorhob, so wenig konnte es doch die ständigen Bombenabwürfe bei Nacht verleugnen. Unter den technischen Bedingungen aber, unter denen die britischen Besatzungen nachts ihre Ziele am Stadtrand von Hannover zu treffen versuchten, konnte es nur noch eine Frage der Zeit sein, bis auch auf hannoversche Wohnhäuser Bomben fallen würden.

19. 5. 1940: Liebrechtstraße Nr. 7 in Misburg

Die ersten Toten in Hannover

In der Nacht zum 1. August 1940 gingen zwei Sprengbomben in der Seilerstraße nieder und töteten 8 Menschen in den Häusern Nr. 8 und 25. Die Schwierigkeiten, die die Piloten in dieser Nacht hatten, beschreibt das 1979 in Großbritannien erschienene Buch »Bomber Command«[22]. Danach hatte eine »Whitley« der 10. Squadron versucht, aus dichten Regenwolken heraus Misburg anzugreifen. Die Bomben hatten sich verklemmt und fielen wenige Augenblicke später in das Stadtzentrum. Die Besatzung flog zurück mit der Sorge, eventuell Frauen und Kinder getötet zu haben, denn noch immer galt für alle kriegsführenden Staaten die Anweisung, Opfer unter der Zivilbevölkerung zu vermeiden.

Einzelheiten über die durch die Bombeneinschläge in der Seilerstraße verursachten Personenschäden enthält ein Lagebericht, der am 1. August um exakt 8 Uhr 17 zusammengestellt wurde. Hieraus einige Auszüge: »Aus Trümmerlasten des Erdgeschosses wurde tot geborgen Wilhelm Blume, geb. 5. 10. 1894 in Ottensen, Kr. Rinteln, wohnhaft Seilerstr. 25, Angestellter der Fa. Becker und Cohrs, Elektrogeschäft (schwerer Schädelbasisbruch und Schädelverletzung)..., ist abgeholt vom Bestattungsgeschäft Wiese und nach der Leichensammelstelle Seelhorst gebracht...

Als Schwerverletzte wurden geborgen und unmittelbar dem Henriettenstift zugeführt Irmtraut Laskowski, 12 Jahre alt, Seilerstr. 25 III r., (Bruch des linken Schlüsselbeines, Hautrißwunde unterhalb des rechten Ohres), Wilhelm Laskowski (führt jetzt anderen Familiennamen), Ehefrau (klaffende Hautwunde am rechten Schläfenbein, Schürfwunde am linken Unterarm, Fleischwunde am linken Oberschenkel), Minna Goslar, geb. 16. 7. 1867, Seilerstr. 25 p., (Unterschenkelfraktur, Nervenschock), Wilhelm Bleckwenn, Seilerstr. 25, aus dem Luftschutzkeller durch I. Dienst geborgen mit linker Unterarmfraktur, evtl. noch weitere Verletzungen durch Bruchtrümmer, Herr Husmann, Seilerstr. 25, Nervenschock, Quetschwunden in der rechten Seite, geborgen aus dem Luftschutzkeller durch I. Trupp, Witwe Bleckwenn, 85 Jahre, Seilerstr. 25 I., durch Explosionsdruck aus dem Bett geschleudert, mit Contusion der rechten Brustseite und außerdem Rippenbruch-Verdacht ...«[23]

In den folgenden Wochen explodierten weitere Bomben auf den Feldern vor der Stadt. Der Schaden war gering, und Verletzte gab es nur durch Flaksplitter oder Flakblindgänger, die auf die Stadt fielen.

Die meisten Hannoveraner verfolgten im Herbst und Winter in Wochenschauen und Zeitungen das Schicksal einer anderen Stadt. Seit dem 5. September 1940 wurde London pausenlos bombardiert. Zur Erleichterung der RAF und zum Unglück der Bewohner dieser Stadt hatte Hitler der Luftwaffe am 3. September den Zielwechsel von den Fliegerhorsten der RAF auf die britische Hauptstadt befohlen. Zuvor waren einige Bomben auf Berlin gefallen, vielleicht zufällig, vielleicht aber auch auf Grund eines wohlüberlegten Plans. Jedenfalls erklärte Hitler am 4. September 1940 im Berliner Sportpalast, daß die Luftwaffe von nun an zur Vergeltung britische Städte »ausradieren« werde.

Bei 60 Großangriffen starben im Herbst und Winter allein in London 17000 Menschen. Den 300–500 deutschen Maschinen, die bei Nacht über den Kanal flogen, standen selten mehr als 100 britische Bomber gegenüber, von denen auch nur ein kleiner Teil Berlin, Hamburg oder Hannover fand.

In der Nacht zum 30. September galt einer dieser Einflüge Hannover. Wiederum fielen die meisten Bomben in den umliegenden Landkreisen, aber 6 Maschinen folgten dem Flußlauf der Leine und zerstörten Gebäude in Linden und Wülfel. Der »Hannoversche Anzeiger« berichtete erst am 2. Oktober über die Bombenabwürfe »britischer Luftpiraten« auf das Krankenhaus Ricklingen (Siloah), gleichzeitig hob er jedoch die großen Erfolge deutscher Kampfverbände bei Vergeltungsangriffen auf London hervor.

Auch wenn Hannover mit seinen Rüstungsbetrieben noch zehnmal in den Monaten Oktober bis Dezember auf der Angriffsliste des Bomber Command stand, ging das Jahr 1940 doch nahezu störungsfrei zu Ende. Die meisten Angriffe wurden in der Stadt kaum wahrgenommen, da der größte Teil der Bomben irgendwohin fiel, nur nicht auf das Stadtgebiet. So wurde von den 54 Spreng- und 920 Brandbomben, mit denen britische Bomber in der Nacht zum 11. Oktober gestartet waren, nur eine Brandbombe am Volgersweg gefunden.

Den ersten Luftangriff des neuen Jahres erlebte die Stadt in den Morgenstunden des 27. Januars 1941. Er forderte eine Tote in der Birkenstraße sowie 4 Verletzte. Dennoch hatte die Stadt wiederum Glück im Unglück gehabt, denn von den 54 Sprengbomben, die die Bomber geladen hatten, explodierten nur 4 im Stadtgebiet.

Mittlerweile waren auch die Operationspläne des Bomber

Nr. 180 — Seite 5 Niedersächsische Tageszeitung Freitag, 2. August 19

Englands Krieg gegen friedliche Bevölkerung

Die feigen Bombenabwürfe auf Hannover

Die Unglücksstelle in der Seilerstraße — Tote und Verletzte unter den Trümmern

Hannover, 2. August.

In der Nacht zum Donnerstag wurde der Anflug von sechs Britenbombern in Richtung auf Hannover von den Flugmeldestellen angezeigt. Dem alsbald einsetzenden Feuer der Flakabwehr wichen fünf Maschinen aus, ohne Hannover zu überfliegen, eine einzelne Maschine brach jedoch in großer Höhe über der tiefhängenden, dichten Wolkendecke bis über das Weichbild der Stadt durch und warf, wie wir bereits berichteten, zwei Bomben ab, die in einem dichtbesiedelten Wohnviertel Hannovers ein Haus durch Volltreffer zerstörten und weitere Wohnhäuser schwer beschädigten. Bislang wurden drei Tote und zehn Verletzte geborgen. Eine eingehende Besichtigung der Unglücksstelle ergab das Bild völlig planloser, feiger Bombenabwürfe auf ein Ziel, das weitab von jedem militärischen Objekt, von jeder Werks- oder wichtigen Verkehrsanlage liegt und reines Wohnviertel darstellt.

Der feige Ueberfall auf Zivilisten

Die Nacht des folgenschweren Angriffes englischer Flieger auf Hannover zeichnete sich durch außerordentliche Finsternis aus, die noch verstärkt wurde durch eine bis auf 300 Meter tiefhängende, ununterbrochene Wolkendecke, aus der ein andauernder Sprühregen niederging. In über 6000 Meter Höhe über der Wolkendecke versuchten sechs englische Bomber Hannover zu erreichen. Fünf von ihnen kamen infolge der Flakabwehr nicht bis zur Stadt durch, nur eine

splitter reden eine drohende und eindringlich warnende Sprache. Die offensichtlich auf Anweisung von den Engländern durchgeführte feige und niederträchtige Art der Luftkriegführung gegen friedliche Bevölkerung des Deutschen Reiches zwingt zu unbedingter Befolgung aller Schutzmaßnahmen.

Hannover trauert um die Toten dieses gemeinen Ueberfalles, der den Abwehr- und Siegeswillen des ganzen deutschen Volkes nur mehr härter und fester schmieden kann. Daß ihr Tod nicht ungesühnt bleiben wird, ist uns zuversichtliche Gewißheit. — dd —

Erstattung von Sachschäden

Bis zur vollen Kostenhöhe der Neubeschaffung

Berlin, 2. August.

Nach einem Ausführungserlaß zu der neuen Durchführungsverordnung für die Sachschädenfeststellung treten bei der Ermittlung der Höhe des Schadens zerstörter oder abhandengekommener beweglicher Sachen, die nicht zur Veräußerung bestimmt waren, an die Stelle des gemeinen Wertes die Wiederbeschaffungskosten. Es handelt sich hier insbesondere um den Hausrat und sonstige Gebrauchsgegenstände. Ein Abzug „neu für alt" wegen Minderung des Wertes durch längeren Gebrauch und Abnutzung erfolgt nur dann, wenn deshalb die Sachen für den Geschädigten einen geringeren Wert hatten. Maßgebend ist also der subjektive Wert. Damit ist klargestellt, daß bei

Command den Realitäten des nächtlichen Einsatzes angepaßt worden. Die Direktive vom 15. Januar 1941 bezeichnet es als wünschenswert, wenn die Städte, die als Ziele ausgesucht würden, auch etwas mit der Treibstoffherstellung zu tun hätten.[24] Damit war auch offiziell der Schritt zur unterschiedslosen Flächenbombardierung getan. Genau wie die britischen Städte zuvor, war auch Hannover in seiner gesamten Fläche zum Ziel geworden.

6½ Stunden – der längste Angriff

Den ersten Großangriff, der die Stadt heimsuchte, nennt die offizielle Geschichtsschreibung der RAF »einen geballten Schlag gegen eine deutsche Großstadt«[25]. Am Abend des 10. Februar flogen 221 Bomber, der größte bis dahin gegen eine deutsche Stadt eingesetzte Verband, über die Nordsee in Richtung Hannover.

Sie trugen 635 Spreng- und 25820 Brandbomben in ihren Schächten. Der Bericht des Polizeipräsidenten, der zugleich auch örtlicher Luftschutzleiter war, erwähnt 100–140 Maschinen, die bei wolkenlosem Himmel und Mondschein 250 Spreng-, 6000 Brand- und 50 Leuchtbomben abwarfen.

Die meisten Opfer und Schäden waren in der Oststadt hinter dem Hauptbahnhof zu beklagen. Allein in den Häusern Friesenstr. 32 und 33, an deren Stelle bald darauf der

Bau eines großen Luftschutzbunkers begann, sollen alle Einwohner ums Leben gekommen sein. Insgesamt starben 101 Menschen, darunter auch 5 Bahnreisende.

Einige Auszüge aus den offiziellen Totenlisten, die deutlich machen, daß man außerhalb der Bunker seines Lebens nirgendwo sicher sein konnte:

»*Lu.-Abschnitt I:*

1. Hauptbahnhof	D-Zug Schlafwagenschaffner Johann Häusler, geb. 10.3.1903, Mitropa-Zweigstelle Köln im D-Zug-Schlafwagen
2. Hauptbahnhof	Fritz Kilian, Berlin, Düsseldorfer Str. 33 A, im D-Zug-Schlafwagen
3. Hauptbahnhof 4. Hauptbahnhof 5. Hauptbahnhof	3 männliche Personen, nicht identifiziert, Tote im pathologischen Institut, Krankenhaus Nordstadt, durch Beerdigungsinstitut Wiese überführt. (Alle 3 im D-Zug-Schlafwagen)...

Lu.-Abschnitt III:...

5. Auf dem Rückweg vom Hauptbahnhof, wohin er seine Mutter gebracht hatte, den Horst-Wessel-Platz passierend: Oberstleutnant Karl-Wilhelm Nolte, Kommandeur der Fahrer-Abt. 11, Callinstraße (in Zivil)...

12. An der Lutherkirche 2	Ehefrau Marie Lüders geb. Buchheister gesch. Much, geb. 29.5.83, in ihrer Wohnung, II. Stock, durch Bombensplitter durch Fenster am Kopf getötet.
13. Vahrenwalder Str. 8	Fleischer Richard Baumert, 38 Jahre alt, bei Bollmann beschäftigt, bei Löscharbeit auf dem Hofe durch 1 Sprengbombe schwer verletzt, und nach Einlieferung ins Krankenhaus Nordstadt am 11.2.41 um 4.15 Uhr verstorben.
14. Podbielski-Str. 53 (bei freiem Einsatz)	Soldat Heinz Börsch, geb. 20.4.15, Flak-Ers. Abt. 6 Bothfeld, 5. Batl. durch Bombensplitter...
16. Podbielskistr. 53 (bei freiem Einsatz)	Soldat (Wirtschaftsurlauber) (Beruf Dreher) Willi Zimmermann, geb. 29.4.00, Bombensplitter von der Straße, im Hausflur aufgehalten...
21. Bahntrift 1, Seitenweg Nr. 3	Ehefrau Lina Bähre geb. Meyer, geb. 14.1.07, im Schutzraum durch Volltreffer getötet.
22. Seitenweg Nr. 3	Schüler Werner Bähre, geb. 8.10.27, im Schutzraum durch Volltreffer, beide kommen von Verwandten und gehen in den Schutzraum.«[26]

Der Bürgermeister schickte den Angehörigen Beileidsbriefe, und die Toten, die nicht aus Hannover stammten, wurden in ihre Heimatorte überführt.

Vorübergehend waren »öffentliche Tanzlustbarkeiten« für den Polizeibezirk Hannover verboten.[27]

Wo aber war der Schutz durch die Luftwaffe geblieben, den Göring versprochen hatte? Die Flakabteilungen, die rings um die Stadt ihre Stellungen hatten, konnten mit ihren Geschützen und Scheinwerfern wohl einzelne Flugzeuge am Bombenabwurf hindern, größeren Verbänden gegenüber blieben sie jedoch machtlos.

Wirkungsvoll bekämpft werden konnten Bomber nur aus der Luft, von Nachtjägern. Schon vor dem Krieg hatte die Luftwaffe einige Übungen zur Bekämpfung von Flugzeugen bei Nacht abgehalten. Es blieb aber dann bei diesen Übungen, weil eine Konzeption zur Verteidigung des eigenen

Hinterlandes weder zur Strategie der Luftwaffe noch zur Ideologie des Nationalsozialismus paßte, die auf eine offensive Kriegsführung ausgerichtet waren. Unter dem Druck der ersten Angriffe waren dann aber doch erste Nachtjägergruppen aufgestellt worden. Ihre Zahl blieb zunächst beschränkt, da neue Piloten und Maschinen nicht in der Heimatverteidigung eingesetzt wurden, sondern Einsätze gegen Großbritannien und bald auch gegen die Sowjetunion fliegen mußten.

Im Sommer 1941 war in Großbritannien ein Bericht über die Wirksamkeit der Bomberwaffe erstellt worden. Das Ergebnis entsprach in keiner Weise den optimistischen Verlautbarungen, die das Bomber Command für die Öffentlichkeit verbreiten ließ. Nur ein geringer Teil der Bomben traf ein Gebiet im Kreis von 5 Meilen um den Zielpunkt. Die Masse fiel immer noch weit entfernt auf unbebautes Gelände oder andere Ortschaften.[28]

Kurzfristig wurde deshalb eine Einstellung der Bombenflüge erwogen, was aber dann allein schon aus psychologischen Gründen in dieser für Großbritannien so kritischen Kriegsphase nicht in Betracht kam. Die britischen Streitkräfte waren zu diesem Zeitpunkt noch die einzige militärische Macht, die dem Druck Hitlers widerstand.

Die nächtlichen Angriffe der RAF wurden also fortgesetzt, wobei sie in den Monaten Mai, Juli und August an Stärke zunahmen. Die Bombenmenge war erheblich, aber

11. 2. 1941: Friesenstraße 32/33

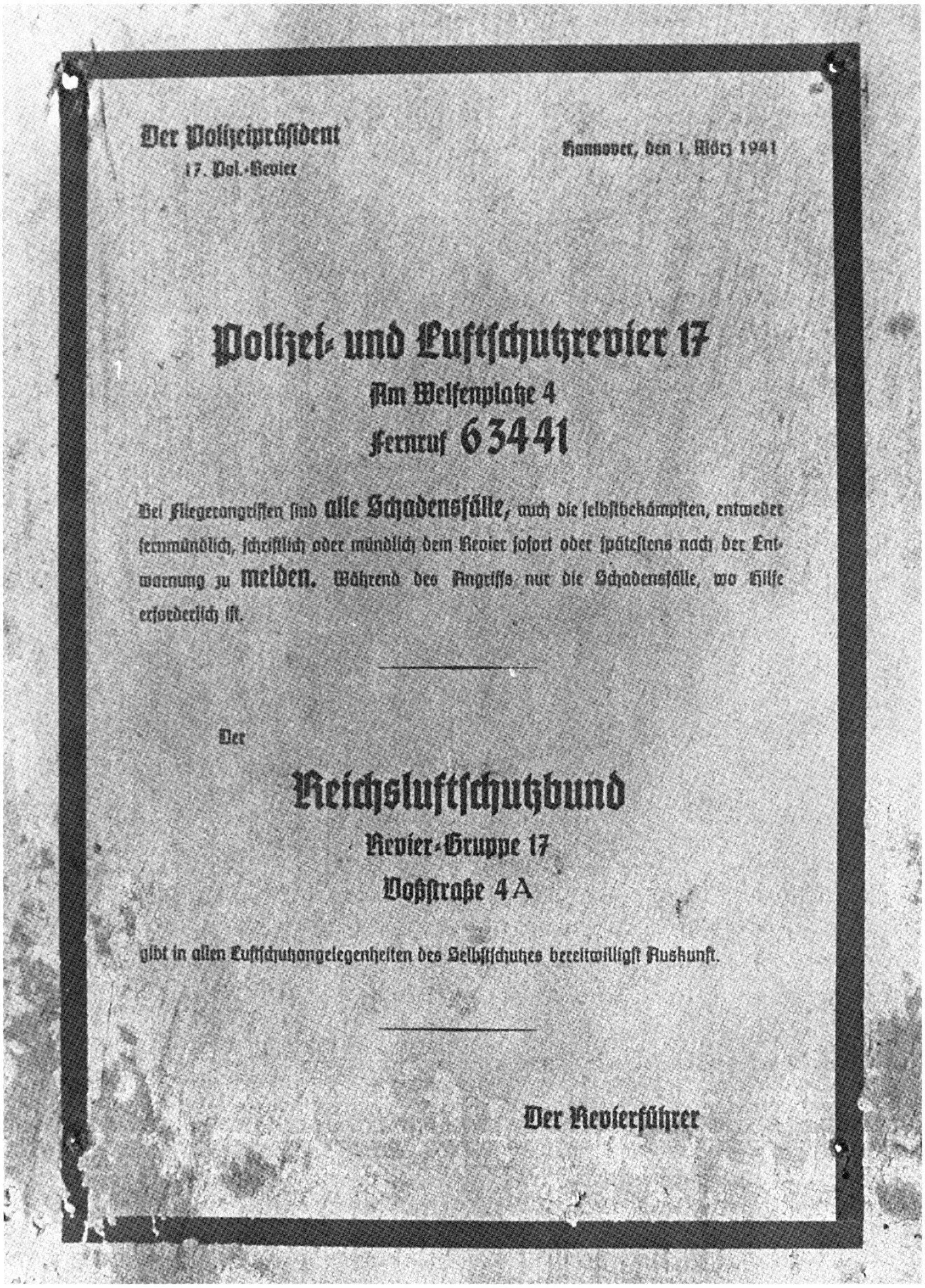

Der Polizeipräsident
17. Pol.-Revier

Hannover, den 1. März 1941

Polizei- und Luftschutzrevier 17

Am Welfenplatze 4

Fernruf **63441**

Bei Fliegerangriffen sind **alle Schadensfälle**, auch die selbstbekämpften, entweder fernmündlich, schriftlich oder mündlich dem Revier sofort oder spätestens nach der Entwarnung zu **melden**. Während des Angriffs nur die Schadensfälle, wo Hilfe erforderlich ist.

Der

Reichsluftschutzbund

Revier-Gruppe 17

Voßstraße 4A

gibt in allen Luftschutzangelegenheiten des Selbstschutzes bereitwilligst Auskunft.

Der Revierführer

Aushang in Luftschutzkellern

die Schäden blieben weit hinter denen des Februarangriffes zurück.

Am 16. Mai und am 15. Juli starben insgesamt 36 Menschen, meist in der Umgebung der »Continental«- und »Hanomag«-Werke. Die Angriffsserie endete am 15. August, als zwischen Mitternacht und 3.00 Uhr hauptsächlich Oberricklingen getroffen wurde. Tote waren in dieser Nacht nicht zu beklagen, aber die kriegswichtigen Edelstahlwerke wurden schwer beschädigt und fielen für mehrere Wochen aus. Danach blieb die Stadt, von vereinzelten Sprengbomben bei Misburg und am Nordhafen abgesehen, bis zum Jahresende von weiteren Schäden verschont.

Alles in allem hatten die Bombenangriffe der ersten 2½ Kriegsjahre noch keine nachhaltige Wirkung bei der hannoverschen Bevölkerung hinterlassen. Das Hauptinteresse galt hier wie anderswo der Entwicklung draußen an den einzelnen Fronten.

Ein Kriegsheld wird vereinnahmt

Der Verlauf des Polenfeldzugs und des Krieges gegen England schien die Skeptiker, von denen es bei Kriegsbeginn im Gegensatz zu 1914 sehr viele gegeben hat, Lügen zu strafen. Man begann sogar, wieder von Kolonien zu träumen. »Da der Endsieg Deutschlands auch die Rückgabe der ihm geraubten Kolonien bringen wird«, wurden die Beamten des höheren und gehobenen Dienstes in einem Rundschreiben des Oberbürgermeisters im August 1940 befragt, ob sie bereit seien, nach der »Rückgliederung der Kolonien dort tätig zu sein«. Bevorzugt wurden »Kolonialkenner«, d. h. Beamte, die sich mindestens 1 Jahr in den deutschen Schutzgebieten oder »ersatzweise« 3 Jahre im tropischen oder subtropischen Ausland aufgehalten hatten.[29]

Es war die Zeit der Sonder-, der Siegesmeldungen. Ein besonderes Echo löste in Hannover die Nachricht vom Handstreich des Kapitänleutnants Günther Prien aus, der mit seinem U-Boot am 14. Oktober 1939 in die Bucht von Scapa Flow eingedrungen war und dort das britische Schlachtschiff »Royal Oak« versenkt und ein weiteres Schiff schwer beschädigt hatte.[30]

Findige Reporter in Hannover fanden schnell heraus, daß der Vater Priens, der Amtsgerichtsrat Gustav Prien, 1930

Günther Prien auf U 47

von Goslar nach Hannover zugezogen war und hier seit 1932 in der Göbenstr. 5 wohnte. Flugs beförderte man seinen Sohn zum »Hannoveraner«, obgleich sich dessen Geburtsort in Thüringen befand und er sich bis dahin – wenn überhaupt – in Hannover nur besuchsweise aufgehalten hatte.

Auch die Stadtverwaltung ließ es sich nicht nehmen, Prien als Hannoveraner zu reklamieren; 20 Flaschen Moselwein und 40 Flaschen Rum an ihn und seine Besatzung wurden auf den Weg gebracht und Vorkehrungen getroffen, dem Kriegshelden in seiner »Heimatstadt« einen würdigen Empfang zu bereiten.

Nur, Prien kam nicht. Durch seinen Vater ließ er dem Oberbürgermeister mitteilen, daß er »nicht als Kitschfigur durch den Sensationswolf der Reporter gedreht« werden wollte, eine Haltung, die die Stadtverwaltung so verärgerte, daß diese nach einem neuerlichen Seesieg Priens am 28. November 1939 Anweisung gab, weder Prien noch seinem Vater hierzu zu gratulieren.

Erst als der U-Boot-Kapitän im Oktober 1940 als fünfter deutscher Offizier eine besonders hohe Auszeichnung, das »Eichenlaub zum Ritterkreuz« erhielt, besann man sich eines besseren und machte ihn zur Symbolfigur des Winterhilfwerks 1940/41 in Hannover. Vor dem Opernhaus wurde ein Modell seines U-Boots aufgestellt, in dessen Wände und Aufbauten gegen eine entsprechende Spende 191 000 Nägel geschlagen werden konnten.

Der als Krönung erhoffte Besuch Priens in Hannover kam aber erneut nicht zustande. In einem Brief an seinen Vater begründete er seine neuerliche Absage mit einem bemerkenswerten Eingeständnis: »Leider kann ich jetzt auch nicht nach Hannover kommen, weil das Aufsehen mir dort zu groß ist, vor allem jetzt, wo man noch immer mein Boot nagelt. Die Berühmtheit ist mir doch eine rechte Last.«

Diese beiden Sätze Priens zitierte sein Vater in einem Schreiben, das er im Juni 1941 an den Oberbürgermeister richtete und in dem er sich für die Beileidsbezeugungen der

Nach dem Wehrmachtsberichte, der den Verlust des Bootes meines Sohnes, Korvettenkapitäns **Günther Prien**, verkündete, sind mir aus allen Gegenden Deutschlands und auch aus dem Auslande Beweise rührendster Anteilnahme zugegangen. Allen danke ich zugleich im Namen meiner Frau herzlich mit der Versicherung, daß diese Mittrauer uns ein großer Trost ist.

Der Heldentod meines einzigen Sohnes und seiner 38 tapferen Kameraden für den Führer und das nationalsozialistische Großdeutschland war die Krönung von Soldatenleben, das unverzügliche, auch erfolgreiche Angreifen des stark gesicherten englischen Geleitzuges vor Island am Frühmorgen des 7. März, der als Todestag anzusehen ist, ihnen eine Selbstverständlichkeit.

Prien

Hannover, Juni 1941.

z.d.A.
J.A.
16/7.41

Stadt zum Tode seines Sohnes bedankte. Günther Prien war, vermutlich am 7. März 1941, mit seiner Besatzung vor Island untergegangen. Das Oberkommando der Wehrmacht brauchte 2½ Monate, ehe es – möglicherweise durch ein englisches Flugblatt veranlaßt – am 24. Mai 1941 den Tod Priens bekanntgab. »Wo ist Prien? Wer hat neuerdings etwas von Prien gehört? Was hat das OKW über Prien zu sagen?«, so stand auf jenem Flugblatt zu lesen, das im Frühjahr 1941 auch in Hannover gefunden wurde.

Fast schien es, als wollte der Untergang Priens die bevorstehende Wende des Krieges signalisieren. Bis dahin hatten Blitzsiege im Osten wie im Westen die Hoffnungen auf ein baldiges Ende des Krieges genährt. Nicht zuletzt mit solchen Hoffnungen läßt sich der Jubel erklären, der auf dem hannoverschen Hauptbahnhof ausbrach, als der historische Salonwagen des Marschalls Foch auf der Fahrt nach Berlin am 5. Juli 1940 Hannover passierte. Es war jener Waggon, in dem Foch 1918 die deutsche Waffenstillstandsdelegation empfangen hatte und der von Hitler eben deshalb für die Unterzeichnung des Waffenstillstands mit Frankreich am 22. Juni 1940 im Walde von Compiègne ausersehen worden war.[31]

Mit dem gleichen Jubel wurden drei Monate später, am 30. September 1940, die vom Frankreichfeldzug heimkehrende 19. Infanteriedivision in Hannover empfangen. Der Schulunterricht fiel aus, die Betriebe hatten zwischen 10.00 und 15.00 Uhr geschlossen, der Straßenbahnverkehr ruhte. Vom Waterlooplatz aus marschierten die Soldaten durch ein Spalier jubelnder Menschen über die Friedrichstraße und Georgstraße am Opernhaus vorbei in die Quartiere, um – nach offizieller Darstellung – so den Dank für »Taten in Polen und Flandern, an der Dyle-Stellung und am Willybroek-Kanal, an der Schelde und an der Lys« entgegenzunehmen.[32]

Hartmann Lauterbacher wird Gauleiter

Das Jahr 1940 endete in Hannover mit einem personellen »Paukenschlag«. Im Dezember 1940 wurde Hartmann Lauterbacher neuer Gauleiter in Hannover, als Nachfolger von Bernhard Rust, der seit seiner Ernennung zum Reichserziehungsminister (1934) seine Gauleiterfunktion in Hannover nur sporadisch hatte wahrnehmen können.

Im Vordergrund, von links: Hartmann Lauterbacher, Rudolf Heß

Der Neue – 1909 in Tirol geboren und in Kufstein aufgewachsen, Österreicher also wie sein Führer – hatte von 1929 an in der HJ Karriere gemacht und es hier schon bis Mai 1934 zum »Stellvertreter des Reichsjugendführers« Baldur v. Schirach gebracht.

Am 19. Januar 1941 wurde der 31jährige Lauterbacher durch den Stellvertreter des Führers Rudolf Heß persönlich in sein neues Amt eingeführt, im Rahmen eines Großappells der NSDAP, für den die Stadthalle den äußeren Rahmen abzugeben hatte.

Lauterbacher hat es verstanden, seine Machtposition rasch weiter auszubauen. Bereits am 1. April 1941 wurde er Oberpräsident der Provinz Hannover und bekleidete damit eine Funktion, die zuvor der Stabsführer der SA Viktor Lutze innegehabt hatte, und im November 1942 erfolgte seine Ernennung zum Reichsverteidigungskommissar für den Gau Südhannover–Braunschweig.

Mit Rust war am 19. Januar 1941 auch sein langjähriger Stellvertreter Kurt Schmalz verabschiedet worden, der bis dahin wegen der dauernden Abwesenheit Rusts mehr als nur eine Stellvertreterfunktion ausgeübt hatte. Als sein Nachfolger wurde im Mai 1941 der frühere Holzmindener NSDAP-Kreisleiter August Knop, Parteimitglied seit Mai 1925, von Lauterbacher in sein Amt eingeführt und vorübergehend auch zum NSDAP-Kreisleiter für den Kreis Hannover-Stadt ernannt.

Unter der neuen Führung beging man am 2. Juli feierlich den 20. Jahrestag der Gründung der NSDAP-Ortsgruppe Hannover, die am 2. Juli 1921 als erste Ortsgruppe außerhalb Bayerns in Oelses Bierlokal in der Gustav-Adolf-Straße aus der Taufe gehoben worden war.[33]

Wenige Tage vor dieser Jubiläumsfeier war der Krieg in ein neues Stadium getreten.

Angriff auf die Sowjetunion

Am 22. Juni 1941, dem Tag des Angriffs auf die Sowjetunion, wurden alle Hoffnungen auf ein baldiges Ende des Krieges grausam enttäuscht. Die Propaganda hatte Mühe, dem Volk, das sich nun auf eine lange Dauer des Krieges mit ungewissem Ausgang einzurichten hatte, diese jähe Wendung zu erklären.

Noch im September 1939 z. B. hatte ein Leitartikel des »Wirtschaftsblattes Niedersachsen«, des Organs der Industrie- und Handelskammer, die korrekten und zum Teil sogar freundschaftlichen Beziehungen zum südöstlichen, nördlichen und östlichen Europa, »besonders zu dem großen Reich der Sowjetunion«, als eine wesentliche Voraussetzung für eine erfolgreiche Kriegsführung im Westen gefeiert.[34]

Nun, im Sommer 1941 mußte das Blatt einen Salto Mortale vollführen: »Um die Rettung des Abendlandes« war ein Artikel überschrieben, der den Überfall auf das »Riesenreich im Osten« zu rechtfertigen versuchte: Am 30. Januar 1933 sei der Marxismus in Deutschland beseitigt worden, als Bedrohung von außen aber bestehen geblieben. Der bevorstehende Kampf sei ein Kampf für die Zukunft Europas und der Menschheit, ein »Kampf der Kultur gegen das Untermenschentum«. Und im gleichen Artikel wurde der Nichtangriffspakt zwischen Hitler und Stalin vom 23. August 1939 als »letzter und großzügiger Versuch« bezeichnet, »auf friedliche Art Moskau aus Europa herauszuhalten«.[35]

Zu solchen Feststellungen paßten allerdings nicht ganz die für das Jahr 1941 gedruckten Abrißkalender. Unter dem Datum des 23. August enthielten sie noch pikanterweise den Hinweis auf den Nichtangriffspakt!

Auch der hannoversche Gauleiter Lauterbacher beschwor in seinem Weihnachtsappell des Jahres 1941 zunächst die »höheren« Werte, wenn er den Angriff auf die Sowjetunion als »Schicksalsstunde der Welt« deklarierte. »Wir alle erschauern vor dem Gedanken, was gekommen wäre, wenn das Schicksal dem Gestalter unserer Nation ... nicht den Entschluß gegeben hätte. Es gibt keine Worte, die auch nur einigermaßen den Dank unseres und der übrigen europäischen Völker für diese Tat zum Ausdruck bringen können.« Ehrlicher wurde er erst am Ende seines Rundbriefes: »Ein unendlicher, an Bodenschätzen und Fruchtbarkeit überreicher Raum ist in unseren Händen.«[36]

Erinnerungen an das Schicksal Napoleons hatte Lauterbacher gelegentlich einer Kundgebung im Gemeinschaftssaal der Hanomag am 27. Juni zu verscheuchen versucht. Die Hoffnungen der Feinde, so damals der Gauleiter, »wir würden uns wie Napoleon in Rußland verlaufen«, seien fehl am Platze, »denn die Deutschen rücken schneller vor als die Russen laufen können«.[37]

Baupläne werden zu Makulatur

Während die NSDAP in Hannover den 20. Jahrestag ihrer Gründung noch kräftig gefeiert hatte, war die Stadtverwaltung von ihrem Plan wieder abgerückt, des 700. Jahrestages der Bestätigung der hannoverschen Stadtrechte durch den Welfenherzog Otto das Kind am 26. Juni 1941 in besonders würdiger Form zu gedenken.

Was von dem ehemals geplanten Festprogramm übrigblieb, war eine Rede von Oberbürgermeister Haltenhoff, die dieser am 26. Juni vor den Ratsherren und Dezernenten hielt und in der er im Rahmen eines historischen Rückblicks die nationalsozialistische »Revolution« als »Ziel- und Endpunkt« von 700 Jahren Stadtgeschichte feiern zu müssen glaubte.

Natürlich fehlte in dieser Rede nicht der Hinweis auf jene ehrgeizigen städtebaulichen Pläne, die in Hannover verfolgt wurden, nachdem die Stadt durch ein Gesetz vom 4. Oktober 1937 in die Reihe der nach nationalsozialistischen städtebaulichen Prinzipien zu gestaltenden deutschen Städte aufgenommen worden war.[39] Diesen Plänen gemeinsam war eine monumentale neoklassizistische Architektur, die vor allem den zu errichtenden Parteibauten das Gepräge geben sollte.

Modell der »Neugestaltung«

Stadtbaurat Professor Elkart (Mitte) vor dem Modell

Der von Stadtbaurat Prof. Elkart daraufhin bis Anfang 1939 für Hannover entwickelten Konzeption war deutlich die Absicht anzumerken, die historisch gewachsene Altstadt in ihrer Grundsubstanz zu erhalten.[40] Als Baugelände waren die zwischen Waterlooplatz und Maschsee gelegenen Freiräume ausersehen, die durch eine große Ost-West-Achse mit der Innenstadt verbunden werden sollten.

Am 1. Mai 1940 wurde das Modell von Hitler und dem Generalbauinspektor Speer persönlich in Augenschein genommen und im Prinzip gebilligt. Die wichtigste Änderung bestand darin, die geplanten Parteibauten näher an die Westseite des Maschsees heranzurücken, der zu diesem Zweck in westlicher Richtung von 80 ha auf 140 ha vergrößert werden sollte.

Dagegen wurde die Absicht, die Südstadt von der Innenstadt durch 80–90 m breite Grün-Durchbrüche (z. B. von der Arnswaldt- zur Sallstraße oder vom Karl-Peters-Platz zur Alten Döhrener Straße) zu trennen, wieder fallengelassen. Keinen Bestand hatte glücklicherweise auch eine andere, wesentlich groteskere Idee, der im Zusammenhang mit der geplanten Ost-West-Achse die Marktkirche und das Leineschloß zum Opfer gefallen wären!

Über die Finanzierung des ehrgeizigen Projekts hatte man sich schon weitgehend geeinigt. Die für die Parteibauten veranschlagten knapp 60 Mill. RM sollten von der Partei aufgebracht werden, während auf die Stadt 30 Mill. RM für die Maschsee-Erweiterung und die Straßenbauten zugekommen wären.

An den umfangreichen Erd- und Planierungsarbeiten, die nach der ursprünglichen Planung bis Kriegsende abgeschlossen sein sollten, wurde – wenn auch sporadisch – bis in das Jahr 1942 hinein gearbeitet. Dann, am 11. April 1942, informierte Lauterbacher den Oberbürgermeister über einen Führer-Erlaß vom 25. Januar 1942, demzufolge alle Projekte dieser Größenordnung für die Zeit des Krieges gänzlich eingestellt werden mußten[41].

Die Zeit der Blitzkriege war vorüber. Die Befriedigung alltäglicher Lebensbedürfnisse rückte immer mehr in den Vordergrund des Interesses.

Lebensmittelrationierung und Kohlenmangel

»Alle Lebensäußerungen begannen im gleichen Takt zu schwingen wie der Schritt der Soldaten, die zum Schutze der Heimat angetreten waren.« Mit diesen Worten wurden im Adreßbuch von 1941 rückblickend die Bemühungen der Stadtverwaltung umschrieben, die finanziellen, wirtschaftlichen, sozialen, versorgungstechnischen und verwaltungsorganisatorischen Probleme in den Griff zu bekommen.

Viele neue Dienststellen nahmen bei Kriegsausbruch ihre Tätigkeit auf: so das Wirtschafts- und Ernährungsamt mit seinen zahlreichen Nebenstellen, das Amt für Luftschutzwesen, das Amt für Kriegshilfe (für Fragen des Familienunterhalts), das sich nach dem Luftangriff vom 10./11. Februar 1941 mehr und mehr auf die Bearbeitung von Personenschäden zu konzentrieren hatte, ferner das Ende August 1939 aus der Dienststelle »Militär- und Einquartierungswesen« gebildete Quartieramt, das Kriegssachschädenamt (für die Regulierung von Gebäude- und anderen Sachschäden), vor allem aber die schon im September 1938 unter Leitung des Stadtrats und ehemaligen NSDAP-Kreisleiters Bakemeier gebildete Abteilung für Mobilmachungsangelegenheiten (kurz »Mob.-Abteilung« genannt).

Bereits am 28. August 1939 war die Bezugscheinpflicht für eine Reihe von »lebenswichtigen Gebrauchsgütern« in Kraft getreten[42]. Dazu gehörten zunächst Fett, Fleisch, Milch, Kaffee bzw. Kaffee-Ersatz, Zucker, Graupen, Grieß und Grütze, die während einer vierwöchigen Übergangsperiode auf bereits 1937 hergestellten rosa Ausweiskarten bezogen werden mußten.

Vom 25. September 1939 an wurde auch Brot rationalisiert. Von nun an gab es getrennte Kartenausweise für Brot, Fett, Fleisch, Nährmittel, Marmelade und Zucker, die im 4-Wochen-Rhythmus ausgegeben wurden und für die sich rasch die Bezeichnung »Lebensmittelkarten« einbürgerte. Die Rationen differierten je nach Arbeitsweise und Altersstufe und blieben bis in das Frühjahr 1942 im wesentlichen unverändert (vgl. Kasten).

Monatsrationen für einen »Normalverbraucher«	
Brot	9600 g
Nährmittel	600 g
Fleisch	2400 g
Fett	1400 g
Zucker	1160–1350 g
Kaffee-Ersatz	325 g

Diese Rationen entsprachen etwa 2400 cal. täglich und damit exakt jenem Kalorienwert, der im Jahre 1936 vom Völkerbund für Verbraucher mit 8stündiger Arbeitszeit bei leichter körperlicher Betätigung festgelegt worden war.

Wesentlich größere Zuteilungen erhielten Schwer- und Schwerstarbeiter, doch konnten in den ersten Kriegsjahren auch die Kalorienwerte der »Normalverbraucher« durch Sonderzuteilungen und frei verkäufliche Lebensmittel wie Speisekartoffeln, Fisch und Gemüse erhöht werden. Letztere standen allerdings nur selten in ausreichender Menge zur Verfügung, so daß hierfür im Interesse einer gerechteren Verteilung ab April 1940 sogenannte »Haushaltsausweise« ausgegeben wurden.

Die »kartenpflichtigen« Lebensmittel mußten vier Wochen lang, d. h. also innerhalb eines »Versorgungszeitraumes«, bei ein- und demselben Einzelhändler bezogen werden. Die Lebensmittelkarten enthielten deshalb neben den Warenabschnitten Bestellscheine, die für den Händler zugleich die Zuteilungsgrundlage für den folgenden Versorgungszeitraum bildeten.

Für Textilien wurden zunächst auf Antrag Bezugsscheine ausgegeben, ehe – ab 1. November 1939 – an ihre Stelle die jeweils für ein Jahr gültigen »Reichskleiderkarten« mit ihrem ausgeklügelten Punktsystem traten.

Auch Schuhe gab es von Kriegsbeginn an nur gegen Bezugsscheine. Dem »Normalverbraucher« standen als »Normalbestand« je 2 Paar Straßenschuhe, 1 Paar Hausschuhe und 1 Paar Arbeitsschuhe zu. Im Januar 1940 wurde eine Tauschstelle für Kinderschuhe eingerichtet, die sich großer Beliebtheit erfreute.

Auf die ab Oktober 1939 eingeführten und dann im Abstand von 4 Monaten ausgegebenen »Reichsseifenkarten« konnten je Person und Monat 1 Stück (80 g) »Einheits- oder Bimssteinseife« und 1 Normalpaket (250 g) Waschpulver bezogen werden.

Benzin war sogleich von Kriegsausbruch an nur gegen Tankausweise zu haben. Mitte September 1939 wurden vorsorglich alle Fahrzeugreifen beschlagnahmt, dabei allerdings zunächst nur die nicht montierten Reifen auch tatsächlich eingezogen. Immer mehr Privatfahrzeuge wurden stillgelegt. So waren z. B. Anfang November 1939 in Hannover von 28 000 privaten Pkw nur noch 7000 zugelassen. Die Zulassung wurde durch einen roten Winkel auf dem Nummernschild kenntlich gemacht, aber auch der Fahrradius dieser Fahrzeuge war bei einer monatlichen Zuteilung von 20 l Benzin sehr begrenzt.

Obgleich sowohl die Kartoffel- als auch die Kohlenversorgung nicht der unmittelbaren Zwangsbewirtschaftung unterlagen – an Stelle von Bezugscheinen wurden lediglich Kundenlisten geführt – hat es hier die ersten großen Versorgungsengpässe gegeben, verursacht durch die starken Frostperioden der Winter 1939/40 und 1940/41.

Ihren Höhepunkt erreichte die Kartoffelkrise im Frühsommer 1941. Am 25. Juni 1941 sah sich der Regierungspräsident zu einem dringenden Hilferuf an die Hauptvereinigung der Deutschen Kartoffelwirtschaft in Berlin veranlaßt: »In der Hauptstadt Hannover ist die Bevölkerung wegen des völligen Kartoffelmangels aufs äußerste erregt. Aus allen

Polizeirevieren laufen besorgniserregende Meldungen ein ... Die Kartoffelnot ist um so weniger zu ertragen, als es Gemüse und Obst vor der Hand nicht gibt.«[43]

Der gleichfalls chronische Kohlenmangel war weniger auf die unzureichende Förderung als vielmehr auf die zugunsten der Wehrmacht stark reduzierte Transportkapazität zurückzuführen. Mit allen Mitteln wurde bereits im ersten Kriegswinter versucht zu sparen und in diesem Zusammenhang die Arbeitszeit in der Stadtverwaltung auf 8.00 bis 15.00 Uhr verkürzt. Für die Bevölkerung richtete man Wärmehallen ein, während die Museen schließen mußten und die Kirchen und Friedhofskapellen jeweils nur bis 10.00 Uhr beheizt wurden.[44] Wie dramatisch die Situation im Februar 1940 geworden war, beweist eine Anordnung des Oberbürgermeisters, wonach Holz aus der Eilenriede ausschließlich den Bäckereien als letzte Reserve vorbehalten war![45]

Auch in den beiden folgenden Jahren kam es zu den gleichen Krisenerscheinungen. Ein Bericht des städtischen Kohlenwirtschaftsamtes schilderte die Lage im Winter 1941/42: »Die Reichsstelle für Kohlen setzte das Jahreskontingent für Hannover ... um 20000 Tonnen niedriger als im Vorjahr. Im Sommer wies sie Hannover anstelle von Kohlen in großem Umfange Braunkohlen-Briketts zu. Vorstellungen des Kohlenwirtschaftsamtes, den geringen Heizwert der Braunkohlenbriketts durch Erhöhung des Kontingentes auszugleichen, blieben erfolglos ... Im Januar trat dann die lange und schwere Kälteperiode ein. Am 12.1. wurde die Kanalschiffahrt stillgelegt.

Die Reichsbahn konnte infolge anderweitiger Inanspruchnahme zur Heranschaffung von Brennstoffen nur einen geringen Wagenpark zur Verfügung stellen. Die Lagervorräte der Kohlenhändler gingen nach und nach zur Neige, neue Brennstoffe kamen nur unter großen Stockungen heran, so daß die Kohlenhändler den infolge der Kälte gesteigerten Anforderungen nicht mehr gerecht werden konnten ... Einschneidende Maßnahmen waren erforderlich, um in dieser Zeit Notstände in den Haushaltungen zu vermeiden. Schulen und Geschäfte wurden geschlossen, kulturelle Veranstaltungen abgesagt, Brennstoffe für gewerbliche Betriebe und Behörden gesperrt. Nur die kriegswichtigen Betriebe erhielten einen kleinen Teil ihrer Brennstoffe. In den Häfen wurden die eingefrorenen Kähne in mühevoller Arbeit entleert. Die Stadt gab aus ihren Vorräten erhebliche Brennstoffmengen ab. Alle verfügbaren Brennstoffe wurden vom Wirtschaftsamt beschlagnahmt und den Kohlenhändlern, die keine Brennstoffe hatten, zugewiesen. Die Kohlenhändler durften die Brennstoffe nur in Notfällen in kleinen und kleinsten Mengen ausliefern.«[46]

Der Kohlenmangel konnte nicht ohne Auswirkungen auf die Gasversorgung bleiben. Die von der Ruhrgas-AG belieferten großen Rüstungsbetriebe in Hannover hatten bereits ab September 1939 im Abstand von 14 Tagen jeweils dienstags einen sogenannten »Gasspartag« einführen und den daraus entstandenen Produktionsausfall immer am darauffolgenden Sonntag aufholen müssen.[47] Im Februar 1940 kamen Kontingentkürzungen in Höhe von 20% hinzu, durch die z. B. die »Hanomag« außer Stand gesetzt wurde, die Geschoßfertigung wie vorgesehen zu erhöhen.

Nicht besser, eher schlechter erging es naturgemäß den kleineren Betrieben und Privathaushalten, die von den städtischen Gaswerken versorgt wurden.

Wohin mit den Kindern?

Zu den Hauptleidtragenden der Kohlenkrisen gehörten die Schulen. Bereits im Winter 1939/40 mußten die Weihnachtsferien um Wochen verlängert und insgesamt 28 Schulgebäude geschlossen sowie zusätzlich ein Heizverbot für Aulen, Turnhallen, Sing- und Zeichensäle, Physik- und Chemieräume ausgesprochen werden. Noch katastrophaler war die Situation im Winter 1940/41, als der Unterricht wegen des Kohlenmangels erst Mitte März wieder aufgenommen werden konnte.

Für das Schulwesen in Hannover bedeutete dies eine erhebliche zusätzliche Belastung, nachdem schon unmittelbar nach Ausbruch des Krieges eine Reihe von einschneidenden Maßnahmen die Normalität des täglichen Schulunterrichts in ihr Gegenteil verkehrt hatte. Weil Lehrer, Schüler und Schulen zunächst für andere Zwecke benötigt wurden, waren zunächst die Sommerferien bis Mitte September verlängert worden.

Gerhard Stoffert, damals Schüler der Leibnizschule, erinnert sich: »Die älteren Schüler der Leibnizschule waren vom 4. bis zum 12. September 1939 als Luftschutztrupps eingeteilt ... Schüler anderer Schulen verteilten Einberufungsbescheide in der Stadt, andere wiederum schleppten Möbel aus den Schulen, die als Bezugsscheinstellen eingerichtet wurden. Andere Schüler wurden über ihre HJ-Einheiten als Erntehelfer bei der Kartoffelernte eingesetzt. Die höheren Schulen wurden am 13. September 1939 wieder in Betrieb genommen. Bis dahin waren die Lehrer in den Bezugscheinverteilstellen eingesetzt. Man mußte zusammenrücken. In dem Gebäude der Leibnizschule in der Alten Celler Heerstr. 5 begann um 8 Uhr der Unterricht für die Leibnizschule und um 13 Uhr für die Hindenburgschule, deren Gebäude für kriegswichtige Zwecke beschlagnahmt war.«

In der Tat gab es nur wenige Schulen in Hannover, die nicht wenigstens einen Teil ihrer Räumlichkeiten für militärische, medizinische, polizeiliche und städtische Dienststellen oder aber für Büros der Partei und ihrer Gliederungen hatten abstellen müssen. So wurde die Bismarckschule zum Lazarett umfunktioniert, während die Humboldtschule 5 Räume an die Polizei und die Elisabeth-Granier-Schule und die Schillerschule je 3 Räume an das städtische Ernährungsamt abzutreten hatten. In der Hindenburgschule wurde eine Feldpostsammelstelle eingerichtet.

Von den etwa 65 Volksschulen in Hannover blieben nur etwa 10 von Einquartierungen gänzlich verschont, ohne daß sich die Stadtverwaltung wegen der von den militärischen Stellen vor dem Kriege betriebenen Geheimniskrämerei rechtzeitig auf die neue Situation hätte einstellen können.

Die Schulen mußten zusammenrücken: das Ratsgymnasium hatte das Kaiser-Wilhelm-Gymnasium, die Kaiserin-Auguste-Viktoria-Schule, die Goetheschule, die Schillerschule und Wilhelm-Raabe-Schule aufzunehmen; in der Tellkampfschule waren u. a. die Bismarckschule und die Humboldtschule mit untergebracht.[48]

Zum Unterricht durften sich stets nicht mehr Schüler einfinden als Platz in den zugehörigen Kellerräumen zur Verfügung stand. Das war häufig nicht mehr als die Hälfte der Schüler-Sollzahl.

Beim splittersicheren Ausbau der Kellerräume, mit dem man bereits lange vor Kriegsausbruch begonnen hatte und der dann bis Ende 1939 zu einem gewissen Abschluß gebracht werden konnte, war – aus Platzgründen – eine Belegungsfrequenz von 1½ Kindern je m^2 zugrunde gelegt worden, obgleich die Norm bei Erwachsenen 1 : 1 betrug. Dies führte schon bald zu erheblichen Unzuträglichkeiten. So beschwerte sich z. B. der Rektor der Leibnizschule am 14. September 1940 beim Oberpräsidenten darüber, . . . »daß bei Belegung des Kellers mit ca. 520 Schülern schon nach kurzer Zeit (½ Stunde) die Luft so verbraucht war, daß mehrere Schüler dem Zusammenbruch nahe waren«.[49] Aus dem gleichen Grunde hatte der Oberbürgermeister die Schulleitungen bereits Anfang Oktober 1939 gebeten, darauf zu achten, . . . »daß Kinder bei Übungen und auch im Ernstfall in stark gefüllten Schutzräumen sich möglichst ruhig verhalten müssen, damit der Luftverbrauch nicht übermäßig groß ist«.[50]

Zusätzliche Probleme warfen die im Laufe des Krieges ständig zunehmenden, die Nachtruhe der Kinder empfindlich störenden Luftalarme auf. Durch einen Erlaß des Reichserziehungsministers vom 23. September 1940 wurde deshalb der Unterrichtsbeginn nach vorausgegangenem nächtlichen Luftalarm auf 10.00 Uhr gelegt. Ausgenommen waren davon die Schüler der Klassen 9–12, die schon eher, in der Regel zum Beginn der 2. Schulstunde, zu erscheinen hatten.[51] Die Empfehlung, den ausgefallenen Unterricht am Nachmittag nachzuholen, ließ sich wegen der Doppel- und Mehrfachbelegung der Schulen nur selten realisieren.

Um so mehr wurden die Schüler außerhalb der Schulzeit in Atem gehalten, nicht zuletzt durch die sich in einem bestimmten Rhythmus wiederholenden Sammelaktionen. Altpapier, Lumpen, Schrott, Knochen, es gab kaum etwas, das nicht des Sammelns für würdig befunden wurde. Hinzu kam die Beanspruchung der Jugendlichen durch die Hitler-Jugend (HJ) und ihre Gliederungen.

Für »Jungvolk« und »Jungmädel«, d. h. für die 10–14jährigen, war Mitte Februar 1940 die seit dem Gesetz über die Hitlerjugend vom 1. Dezember 1936 bestehende Jugenddienstpflicht insofern verschärft worden, als nunmehr die Eltern für die Anmeldung zur Jugendorganisation und für die Teilnahme ihrer Kinder an den Übungen und Veranstaltungen des »Jungvolks« bzw. der »Jungmädel« direkt verantwortlich gemacht wurden.[52]

Von Anfang an hat sich die HJ nicht gescheut, ihren Einfluß auf die Jugendlichen notfalls auch in Konkurrenz zu Elternhaus und Schule zu vergrößern. Ende 1940 schien sich ihr hier ein neues großes Tätigkeitsfeld zu eröffnen. Reichsjugendführer Baldur v. Schirach wurde zum »Beauftragten des Führers für die erweiterte Kinderlandverschickung (KLV)« ernannt, einem ehrgeizigen Unternehmen, mit dessen Hilfe die Schuljugend wenigstens vorübergehend aus den von Luftangriffen besonders gefährdeten Großstädten in weniger gefährdete Gegenden evakuiert werden sollte. Neben der HJ, bei der die Federführung lag, waren die Nationalsozialistische Volkswohlfahrt (NSV) und der Nationalsozialistische Lehrerbund (NSLB) die Träger der Aktion.[53]

MITTEILUNG

der Nationalsozialistischen Deutschen Arbeiterpartei

Betrifft: Kinder-Landverschickung

Um den Wünschen der Bevölkerung nachzukommen, führt die Nationalsozialistische Deutsche Arbeiterpartei Amt für Volkswohlfahrt, in den nächsten Tagen eine erweiterte Kinder-Landverschickung durch.

Für die Kinder-Landverschickung kommen Kinder von Eltern in Frage, die eine eigene Verschickung nicht durchführen können im Alter von 4 bis 14 Jahren. Die Kinder kommen in nicht luftgefährdete Gaue unseres Großdeutschen Reiches.
Eltern, die ihre Kinder selbst verschicken wollen, steht die NS.-Volkswohlfahrt mit Rat und Tat zur Seite.

Mütter mit Kleinkindern sowie schwangere Frauen und alte Leute können durch die Vermittlung der NSV. ebenfalls verschickt werden.

Die Jugendlichen sind mit ausreichender warmer Winterkleidung zu versehen. Auch der Jungvolksdienstanzug bzw. die Jungmädeldienstkleidung ist, soweit vorhanden, selbstverständlich mitzunehmen.

Folgende Punkte sind bei der Verschickung zu beachten:

1. Die Verschickung ist kostenlos.
2. Warme Kleidung, ausreichend Wäsche und gutes Schuhzeug sowie Waschzeug sind mitzugeben.
3. Die ärztliche Ueberwachung ist gesichert. Kinder mit ansteckenden Krankheiten können nicht mit verschickt werden. Bettnässer sind besonders zu melden.
4. Reiseverpflegung muß den Kindern mitgegeben werden; Getränke werden von der NSV. in reichlicher Menge verabreicht, für warme Verpflegung unterwegs ist ebenfalls gesorgt. Es wird besonders darauf hingewiesen, daß keine Milch oder milchhaltige Getränke mitgegeben werden.
5. Lebensmittelkarten der zu verschickenden Kinder sind in der Ortsgruppe der NSV. abzugeben. Die Verpflegung der Kinder ist im Aufnahmegau sichergestellt. Die Seifenkarten müssen mitgenommen werden.
6. Die Mitgliedschaft in einer gesetzlichen oder Berufskrankenkasse ist anzugeben.
7. Die Transporte werden von Helfern der NSV., der HJ., des Lehrerbundes geleitet und von Ärzten und Schwestern überwacht.
8. Die Anschrift der Kinder wird den Eltern sofort nach Ankunft mitgeteilt.
9. Alle Schulsachen sind mitzunehmen.
10. Weitere Auskünfte erhalten Sie in den Ortsgruppen der NSV.

Anmeldungen der Kinder erfolgen bei den Ortsgruppenleitern der NSDAP., den Ortsgruppenamtsleitern, der NSV. und Kreisamtsleitung der NSV., Hannover, Brühlstr. 11. Diese Stellen sind zu jeder Zeit für irgendwelche Auskünfte geöffnet.

Hugo Behme
Gauamtsleiter der NSDAP.
Leiter des Amtes f. Volkswohlf

Kommt mit in die
Kinderlandverschickung
ldungen für die 3—10 jährigen erfolgen bei der NSV.-
10—14 jährigen in den Schulen

In Hannover hat der Luftangriff vom 10./11. Februar 1941 den entscheidenden Anstoß gegeben. Schon wenige Tage später wurden etwa 7000 Schüler, vor allem 6–14jährige, in vorbereitete Unterkünfte und Lager nach Böhmen und Mähren sowie nach Pommern gebracht. Das war immerhin fast ein Viertel aller Volks- und Mittelschüler in Hannover, ein Anteil, der bei späteren Aktionen dieser Art nicht wieder erreicht werden sollte, und zwar deshalb, weil den Organisatoren bei dieser »ersten KLV-Aktion« schwere Fehler und Pannen unterliefen.

Vor allem war völlig an den Schulbehörden vorbei organisiert worden, die z. B. erhebliche Mühe aufwenden mußten, um nach und nach den Verbleib ihrer Schüler zu ermitteln. Diese waren nicht schul- oder klassenweise, sondern entsprechend ihrer Zugehörigkeit zu einem bestimmten NSDAP-Ortsgruppenbereich auf die Reise geschickt worden. Am Verschickungsort konnte deshalb von einem geordneten Schulunterricht keine Rede sein. Nach Rückkehr der Kinder waren vielmehr besondere Förderungsmaßnahmen erforderlich, um sie an das Niveau ihrer in Hannover verbliebenen Klassenkameraden heranzuführen. Dies wiederum mußte den Ärger der Eltern hervorrufen, der zuvor auch dadurch genährt worden war, daß die zunächst genannte Verweildauer von 4–6 Wochen immer wieder verlängert wurde und wohl auch noch weiter verlängert worden wäre, wenn nicht massive Eltern-Proteste die Rückkehr der Kinder in der zweiten Septemberhälfte, also nach nahezu 7 Monaten, erzwungen hätte.

Für Eingeweihte war es daher keine Überraschung, daß schon die sogenannte »zweite KLV-Aktion« von der Beteiligung her, die nach wie vor freiwillig war, ein Fehlschlag wurde. Nicht einmal 1000 Kinder traten Ende 1941 die Reise in Zielorte an, die diesmal ausnahmslos im Harz, also in der näheren Umgebung Hannovers, gelegen waren.

Jüdische Kinder, die vielleicht gern mitgefahren wären, befanden sich nicht darunter.

Krieg gegen Juden – die »Aktion Lauterbacher«

Die Lage der Juden in Deutschland verschlechterte sich im Verlauf des Krieges dramatisch. Hitler selbst hatte in seiner Reichstagsrede am 30. Januar 1939 für den Fall eines neuen Weltkrieges mit der »Vernichtung der jüdischen Rasse in Europa« gedroht.

Obgleich nach der sogenannten »Reichskristallnacht« (8./9. November 1938) die Bereitschaft der Juden zur Auswanderung – einer bis Ende Oktober 1941 von den zuständigen Stellen mehr geförderten als behinderten Auswanderung – gewachsen war, lebten zu Beginn des Krieges noch etwa 2300 Juden in Hannover.

Ihre Zahl nahm im Verlauf des ersten Kriegsjahres durch Zuwanderung aus ländlichen Gebieten eher noch zu. Schätzungen, die im November 1940 innerhalb der Stadtverwaltung angestellt wurden, schwankten zwischen 3500 und 5000, wobei beide Zahlen viel zu hoch gegriffen sein dürften.[54]

In der Tat gab es manche Gründe, die einer Auswanderung im Wege standen, so die ablehnende Haltung vieler Aufnahmeländer, Angst vor sozialem Abstieg, eine Heimatverbundenheit, der auch eine noch so demütigende und diskriminierende Behandlung nichts anhaben konnte. Vor allem aber die Unvorstellbarkeit dessen, was nur wenig später unter dem Stichwort »Endlösung« über das europäische Judentum hereinbrechen sollte.

Für die vom Ausbruch des Krieges bis zum Beginn der Deportation Ende 1941 eskalierende Diskriminierung, für den Einfallsreichtum, den Behörden entwickelten, um den bereits vor 1939 stark eingeengten Lebensraum ihrer jüdischen Mitbürger immer noch weiter einzuschränken – für dieses traurige Kapitel der hannoverschen Stadtgeschichte gibt es viele Beispiele. Ein einziges, vergleichsweise noch relativ harmloses, mag hier für viele stehen:[55] Nach der »Reichskristallnacht« war jüdischen Händlern der Zugang zu öffentlichen Märkten und damit auch zur Markthalle in der Altstadt verboten worden, der Zutritt als Käufer dagegen blieb den Juden gestattet. Der hannoverschen Marktverwaltung allerdings erschien diese Regelung noch zu großzügig. Im März 1940 beschwerte sie sich bei der Gestapo über ein angeblich »herausforderndes« Benehmen jüdischer Kunden beim Einkauf in der Markthalle – eine ganz und gar unglaubwürdige Behauptung – und vergaß dabei nicht, auf das »judenfreundliche« Verhalten (!) einzelner Standinhaber hinzuweisen. Und als daraufhin nichts erfolgte, wurde man im Mai 1940 wegen des »ärgerniserregenden« Verhaltens der Juden sogar beim Regierungspräsidenten vorstellig. Ihm schlug man vor, die Einkaufszeit für Juden in der

Markthalle auf eine Stunde täglich, und zwar von 16.00 Uhr bis 17.00 Uhr, zu begrenzen.

Aber selbst diese Maßnahme, die am 6. August 1940 in Kraft trat, hob man schon bald wieder auf. Ende Oktober 1940 wurde der Lebensmitteleinkauf der jüdischen Familien durch eine Anordnung des Oberbürgermeisters im gesamten Stadtgebiet auf einige wenige Geschäfte beschränkt: eine einzige Fleischerei in der Osterstraße, eine Bäckerei in der Leinstraße und drei Geschäfte für die übrigen Lebensmittel, und zwar in der Burgstraße, Kirchröder Straße und Limmerstraße, womit auch zugleich das »Problem Markthalle« endgültig gelöst war.

Der Angriff auf die Sowjetunion, den »jüdisch-bolschewistischen Weltfeind Nr. 1«, wenige Monate später war auch in Hannover das Signal für eine neuerliche drastische Verschlechterung der jüdischen Arbeits- und Lebensbedingungen. Es waren nun vor allem die jüdischen Häuser und Wohnungen, die ins Blickfeld städtischer, staatlicher und von Parteiinstanzen gerieten, nachdem bereits das »Gesetz über Mietverhältnisse mit Juden« vom 30. April 1939 den Mieterschutz für Juden beseitigt und eine Anordnung des hannoverschen Oberbürgermeisters vom 14. Juni 1939 »über die Anmeldung von Judenwohnungen« die erwünschte Datenbasis geschaffen hatten.[56]

Zwar ging es zunächst nur um die Entfernung jüdischer Mieter aus »arischen Häusern« und ihre Einweisung in Wohnungen und Häuser, die sich in »nichtarischem« Besitz befanden. Aber schon ab März 1941 lassen sich Pläne für die umfassende Räumung jüdischer Wohnungen belegen, wobei als Ausweichquartier ein auf einem Grundstück an der Stehlinger Straße in Stöcken zu errichtendes Barackenlager in Aussicht genommen wurde.

Zur Ausführung dieses Plans ist es allerdings nicht gekommen. Er war überholt, als Anfang September 1941 ein Unternehmen anrollte, das als »Aktion Lauterbacher« traurige Berühmtheit erlangt hat.[57] Am 26. August 1941 kündigte Stadtrat Bakemeier als Leiter der städtischen »Mobilmachungs-Abteilung« im Kreise der übrigen Stadträte an, daß »in den nächsten Tagen« die jüdischen Familien aus ihren 200 Wohnungen vertrieben und in etwa 20 Häuser zusammengedrängt werden würden. Die konkreten Beschlüsse hierzu wurden vier Tage später gelegentlich einer Beratung bei der Gauleitung gefaßt, auf der die Stadtverwaltung erneut durch Bakemeier vertreten wurde. Als durchsichtiger Vorwand für den geplanten Willkürakt dienten die vom Reichspropagandaministerium in bewährter Manier hochgespielten, nirgendwo ernstgenommenen Vorschläge eines amerikanischen Juden namens Kaufman, der den Alliierten die Sterilisation aller Deutschen empfohlen hatte.

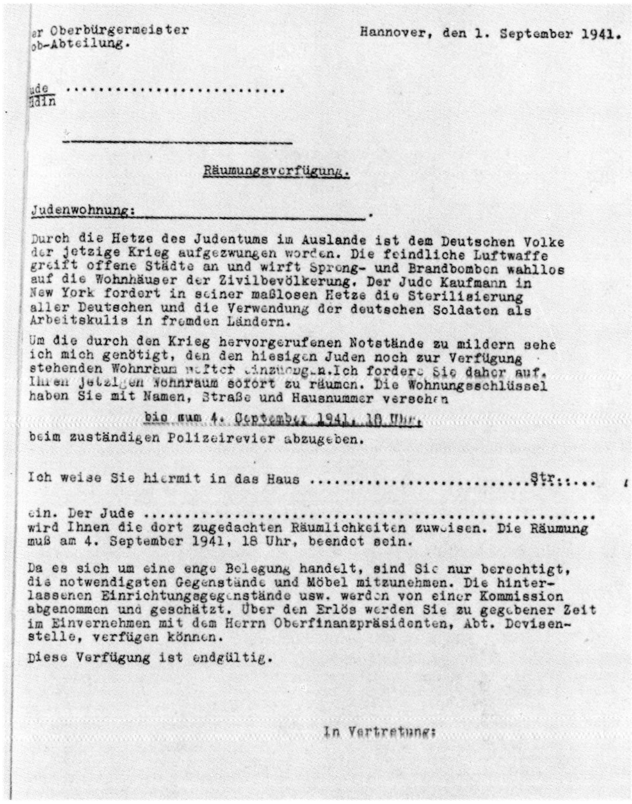

...er Oberbürgermeister
...ob-Abteilung.

Hannover, den 1. September 1941.

...ude
...din ....

Räumungsverfügung.

Judenwohnung: ______________________.

Durch die Hetze des Judentums im Auslande ist dem Deutschen Volke der jetzige Krieg aufgezwungen worden. Die feindliche Luftwaffe greift offene Städte an und wirft Spreng- und Brandbomben wahllos auf die Wohnhäuser der Zivilbevölkerung. Der Jude Kaufmann in New York fordert in seiner maßlosen Hetze die Sterilisierung aller Deutschen und die Verwendung der deutschen Soldaten als Arbeitskulis in fremden Ländern.

Um die durch den Krieg hervorgerufenen Notstände zu mildern sehe ich mich genötigt, den den hiesigen Juden noch zur Verfügung stehenden Wohnraum weiter einzuengen. Ich fordere Sie daher auf, Ihren jetzigen Wohnraum sofort zu räumen. Die Wohnungsschlüssel haben Sie mit Namen, Straße und Hausnummer versehen

bis zum 4. September 1941, 10 Uhr,

beim zuständigen Polizeirevier abzugeben.

Ich weise Sie hiermit in das Haus ....Str.....

ein. Der Jude ....
wird Ihnen die dort zugedachten Räumlichkeiten zuweisen. Die Räumung muß am 4. September 1941, 18 Uhr, beendet sein.

Da es sich um eine enge Belegung handelt, sind Sie nur berechtigt, die notwendigsten Gegenstände und Möbel mitzunehmen. Die hinterlassenen Einrichtungsgegenstände usw. werden von einer Kommission abgenommen und geschätzt. Über den Erlös werden Sie zu gegebener Zeit im Einvernehmen mit dem Herrn Oberfinanzpräsidenten, Abt. Devisenstelle, verfügen können.

Diese Verfügung ist endgültig.

In Vertretung:

Bereits am 3. September wurde den jüdischen Familien in Hannover die Räumungsverfügung zugestellt, der sie bis zum 4. September, 18.00 Uhr, also binnen eines Tages, nachzukommen hatten. Die Einweisung erfolgte in folgende 16 »Judenhäuser«: Wunstorfer Str. 16A, Ohestr. 8 und 9, Bergstr. 8, Knochenhauerstr. 61, Scholvinstr. 12, Josephstr. 22, Dieterichstr. 28, Herschelstr. 31, Am Emmerberge 31, An der Strangriede 55, Lützowstr. 3, Körnerstr. 24, Ellernstr. 16, Wunstorfer Str. 1 und Brabeckstr. 86.

In diesen 16 Häusern wurden 1200 Menschen zusammengepfercht. Ein Bett, ein Stuhl und ein Wäschekoffer waren alles, was mitgenommen werden durfte. Das übrige Mobiliar wurde beschlagnahmt und anschließend an Bombenopfer versteigert, ohne daß der Erlös den Eigentümern zugute gekommen wäre. Letztere hatten vielmehr für den im Zusammenhang mit der Umsiedlungsaktion entstandenen Verwaltungsaufwand noch Gebühren zu entrichten!

Die auf solche Art erreichte räumliche Konzentration der jüdischen Familien erleichterte zum einen den Schlägertypen der SA und Gestapo den Zugriff auf die ihrer Willkür schutzlos ausgelieferten Menschen. So ist vor allem von den Gestapobeamten Hans Bremer und Friedrich Nonne bekannt, daß sie häufig betrunken und in Begleitung von Bardamen in den »Judenhäusern« erschienen, um hier wahllos auf Männer, Frauen und Kinder einzuschlagen oder – schlimmer noch – diese zu zwingen, sich gegenseitig zu verprügeln.

Der Hauptzweck der »Aktion Lauterbacher«, mit der übrigens Hannover der Entwicklung im Reich um einige Wochen vorauseilte, war allerdings ein anderer. Die Aktion schuf günstige organisatorische Voraussetzungen für die Ende 1941 einsetzenden Deportationen in die Vernichtungslager und Gettos des Ostens, wobei die Israelitische Gartenbauschule in Ahlem als Sammelpunkt diente.

Der 15. Dezember 1941 ist das Datum des ersten und größten Transports hannoverscher Juden, der von Ahlem aus auf den Weg gebracht wurde, Bestandteil einer Deportationswelle, in deren Verlauf 50000 Juden aus Deutschland und den besetzten tschechischen Gebieten in die Gettos von Riga, Kowno und Minsk verschleppt wurden. Aus Hannover waren es 325 Männer, 528 Frauen und 105 Kinder, alles in allem also etwa 1000 der etwa noch 1600 Köpfe zählenden Judengemeinde, die an diesem 15. Dezember den Weg nach Riga antreten mußten, der für die meisten ein Weg ohne Rückkehr werden sollte.

Anmerkungen

1 v. Knobelsdorff, S. 9.
2 Bekker, S. 30f.
3 BAM: RL 19/424.
4 HT 3.9.1939.
5 Hannoversche Stadtzeitung 1.9.1939.
6 Rundschreiben vom 20.11.1939, StAH: Rundschreiben Oberbürgermeister 1939.
7 NTZ 7.9.1939, HT 25.7.1940 u. a.
8 Vgl. StAH: Prot. Dez. 25.6.1940.
9 StAH: Prot. Dez. 5.12.1939.
10 StAH: HR XXI C Nr. 21.
11 StAH: Dienstregistratur, Interview Mundhenke–Elkart.
12 Slg. K. H. Woll.
13 Vgl. Beiträge zur Ausstellung »Flugblattpropaganda im 2. Weltkrieg«, Hannover 1980.
14 Diese und alle weiteren Zahlenangaben (v. a. Flugzeuge und Bomben) für die Jahre 1940–1942 sind dem »Hanover Field Report« entnommen, zu Schadensangaben für den gleichen Zeitraum vgl. v. a. StAH: HR XXXIX zu E 2 i Nr. 1 a[1].
15 StAH: Aktenabgabe Ortsverw. Misburg, noch o. Sign.
16 Ebenda.
17 StAH: Prot. Dez. 21.5.1940.
18 Scholand, S. 415f.
19 Slg. K. H. Woll.
20 StAH: Aktenabgabe Ortsverw. Misburg, noch o. Sign.
21 Nds. HStAH: VVP 17/2083.
22 Hastings, S. 101.
23 StAH: HR XXXIX zu E 2 i Nr. 1 a[1].
24 Frankland, Vol. IV, S. 132f.
25 Richards, Vol. I, S. 236.
26 StAH: HR XXXIX zu E 2 i Nr. 1 a[1].
27 HK 14.2.1941.
28 Verrier, S. 134.
29 StAH: Schulamt Nr. 1882 (Rundschreiben vom 30.8.1941).
30 Zum folgenden StAH: HR XXXIX E 2b.
31 NTZ 6./7.7.1940.
32 »Hannover im Kriegsjahr 1940«, in: Adreßbuch der Stadt Hannover 1941, S. 8.
33 NTZ 1.7.1941.
34 StAH: Slg. F. Hillebrecht.
35 Ebenda.
36 Rundschreiben Lauterbachers vom 8.12.1941 (Historisches Museum am Hohen Ufer, Einsendung Gland).
37 Nds. HStAH: VVP 17/2069.
38 »Die Hauptstadt Hannover, wie sie war und wurde«. – Rede des Oberbürgermeisters Dr. Haltenhoff in der öffentlichen Beratung mit den Ratsherren am 26.6.1941, Hannover o. J.
39 RGBl. I, S. 1054.
40 Zum folgenden StAH: Prot. Ratsh. 12.3.1940; Prot. Dez. 21.5.1940; HT 12.5.1940.

41 StAH: HR XIII C 1 Nr. 40.
42 Vgl. zum folgenden v. a.: Schmitz, passim; StAH: Wirtschafts- und Ernährungsamt, Rundschreibensammlung.
43 StAH: HR XXIX B 4 a Nr. 34[1].
44 StAH: Prot. Dez. 2., 16. und 25. 1. 1940.
45 Prot. Dez. 13. 2. 1940, ebenda.
46 StAH: HR II L 30 Ua 5.
47 Vgl. Niemann, S. 104f.
48 StAH: Schulamt Nr. 208; HR XVI A VIII h Nr. 2.
49 StAH: Schulamt Nr. 210.
50 StAH: HR XVI A VIII Nr. 6.
51 StAH: Schulamt Nr. 209.
52 NTZ 15. 2. 1940.
53 Hierzu und zum folgenden: StAH: HR XVI A IV Nr. 6.
54 StAH: Prot. Dez. 12. 11. 1940.
55 Zum folgenden vgl. StAH: HR XXIX B 4 a Nr. 31.
56 Vgl. StAH: Prot. Dez. 16. 6. 1939.
57 Das folgende nach Buchholz, S. 47ff.

1942 bis Sommer 1943: Die Ruhe vor dem Sturm

Ein Mann und sein Programm: Luftmarschall Arthur Harris

Zum Jahreswechsel 1941 auf 1942 begann sich die militärische Situation Deutschlands zu verschlechtern. Vor Moskau befanden sich die sieggewohnten deutschen Armeen zum ersten Mal in diesem Krieg auf einem überstürzten Rückzug. Völlig unzureichend gekleidet sahen sich die Soldaten Temperaturen von $-40°$ und einer starken sowjetischen Gegenoffensive ausgesetzt. Unter den Tausenden von Toten befanden sich auch zahlreiche Hannoveraner der 19. Panzerdivision.[1]

Nach Japan erklärten am 11. Dezember 1941 auch Deutschland und Italien den Vereinigten Staaten den Krieg. Wie 1917 sollte sich das amerikanische Industrie- und Menschenpotential entscheidend auf den weiteren Kriegsverlauf auswirken.

Im Frühjahr 1942 entschied sich das britische Bomber Command für einige grundlegende taktische Änderungen. Außer viermotorigen Bombern und einem Leitstrahlnavigationssystem hatte dieser Truppenteil mit Air Marshal Arthur Harris auch einen Befehlshaber bekommen, der nur ein Ziel sah, das die Besatzungen bei Nacht mit Sicherheit finden konnten – die deutschen Großstädte.

Analysen britischer Wissenschaftler über die Auswirkungen deutscher Angriffe auf britische Städte hatten ergeben, daß große Mengen einfachster Brandbomben engbebaute Stadtteile viel nachhaltiger zerstören konnten als bisher angenommen. Die vernichtende Brandwirkung ließ sich noch dadurch steigern, daß die Bomber nicht mehr allein ihr Ziel suchten, sondern im dichtgedrängten Strom innerhalb kürzester Zeit den Abwehrring der Flak durchbrachen und ihre Bomben auf zuvor gesetzte farbige Markierungsfeuer abwarfen.

Ausdrücklich befohlenes Ziel waren nun die Wohngebiete in den Stadtzentren, von deren Zerstörung sich das britische Kriegskabinett eine Lähmung des deutschen Widerstandswillens versprach.[2] Die Vernichtung von Rüstungsbetrieben, wie sie Wirtschaftsexperten am 14. Februar u. a. in bezug auf die hannoversche »Continental« vorschlugen,[3] lieferte nur noch die offizielle Begründung für die Wahl einer bestimmten Stadt als nächtliches Ziel.[4]

Hannover blieb in dieser Kriegsphase noch von derartigen Großangriffen verschont, da Marshal Harris zunächst angewiesen wurde, seine Anstrengungen auf die Ballungsräume an Rhein und Ruhr zu konzentrieren.

Noch unter seinem Vorgänger war am 26. Januar 1942 ein Angriff der alten, wenig erfolgreichen, Art auf Hannover erfolgt. Dabei gelang es nur 34 von 78 gestarteten Maschinen, innerhalb von 3 Stunden Bomben zwischen Misburg und der Südstadt abzuwerfen.

In den folgenden 6 Monaten fand kein Luftangriff statt, aber die Angst der Hannoveraner, daß ihre Stadt das Schicksal Kölns oder Essens teilen könnte, nahm ständig zu. Wochenschauaufnahmen dieser Städte zeigten zwar nur zerstörte Kulturdenkmäler, aber hinter vorgehaltener Hand kursierten Schreckensmeldungen über die Verwüstungen, die Soldaten auf der Durchreise gesehen haben wollten.[5]

Eine Botschaft des Oberbefehlshabers der britischen Kampfflugzeuge an das deutsche Volk

NOCH nie hat der Mann, der die Bombenangriffe auf ein Land leitet, eine Botschaft an die Bevölkerung dieses Landes gerichtet.

Ich, Luftmarschall Harris, Oberbefehlshaber der britischen Kampfflugzeuge, die Deutschland angreifen, habe mich entschlossen, diese Botschaft an das deutsche Volk zu richten.

Wir in England haben zur Genüge erfahren, was Luftangriffe bedeuten. Zehn Monate hindurch hat uns eure Luftwaffe mit Bomben belegt. Zuerst bei Tage. Als wir das abgestellt hatten, kam sie bei Nacht. Ihr hattet damals eine starke Luftwaffe. Eure Flieger schlugen sich gut. Zweiundneunzig Nächte hintereinander haben sie London gebombt; Coventry, Plymouth, Liverpool und andere britische Städte haben sie schwer angegriffen. Der Schaden, den sie anrichteten, war beträchtlich; 43.000 britische Männer, Frauen und Kinder sind dabei ums Leben gekommen; viele historische Bauten, die uns lieb und teuer waren, sind zerstört.

Damals glaubtet ihr, — denn Göring hatte es euch versprochen — dass ihr selber vor Bomben sicher seid. Und tatsächlich konnten wir nur mit wenigen Flugzeugen antworten. Jetzt sind die Rollen vertauscht. Jetzt kommen nur ab und zu ein paar deutsche Maschinen zu uns; und wir bomben Deutschland nach Noten.

Warum wir das tun? Nicht aus Rachsucht — obwohl wir Warschau, Rotterdam, Belgrad, London, Plymouth, Coventry nicht vergessen. Wir bomben Deutschland, eine Stadt nach der andern, immer schwerer, um euch die Fortführung des Krieges unmöglich zu machen. Das ist unser Ziel. Wir werden es unerbittlich verfolgen. Stadt für Stadt: Lübeck, Rostock, Köln, Emden, Bremen, Wilhelmshaven, Duisburg, Hamburg — und die Liste wird immer länger. Lasst euch von den Nazis mit ins Verderben reissen, wenn ihr wollt. Das ist eure Sache.

* * *

IST das Wetter gut, dann kommen wir bei Nacht. Schon jetzt fliegen tausend Bomber eine Stadt wie Köln an und zerstören innerhalb einer Stunde ein Drittel von ihr. Wir wissen das, denn wir haben die Luftaufnahmen. Ist der Himmel bewölkt, so kommen wir bei Tag und bomben eure Fabriken und Docks; Danzig, so weit entfernt es auch ist, weiss Bescheid. Wir kommen bei Tag und bei Nacht; kein Teil des Reiches ist sicher.

In Köln, im Ruhrgebiet, in Rostock, Lübeck oder Emden mag man der Ansicht sein, dass wir mit unsern Bombern schon allerhand geleistet haben. Wir sind anderer Ansicht. Was ihr bisher erlebt habt, wird nicht zu vergleichen sein mit dem was kommt, sobald unsere Production von Bombenflugzeugen erst zu einem Strom anschwillt und die amerikanische sich verdoppelt und vervierfacht.

Ich möchte ganz offen darüber sprechen, ob wir einzelne militärische Ziele angreifen oder ganze Städte. Selbstverständlich bomben wir lieber eure Fabriken, Docks und Eisenbahnen; das trifft Hitlers Kriegsmaschine am schwersten. Aber die Arbeiter, die in diesen Werken beschäftigt sind,. wohnen dicht um sie herum. Deshalb fallen unsere Bomben auf eure Wohnhäuser und — auf euch.

Wir bedauern, dass das notwendig ist. Die Arbeiter des Dieselmotorenwerks Humboldt-Deutz in Köln z. B., von denen eine Anzahl in der Nacht des 30. Mai umkam, mussten die Gefahren des totalen Krieges auf sich nehmen, genau wie die Seeleute unserer Handelsflotte, gegen welche die (mit Motoren von Humboldt-Deutz ausgerüsteten) U-Boote ihre Torpedos abgefeuert hätten. Waren die Arbeiter der Flugzeugwerke von Coventry, ihre Frauen, ihre Kinder nicht auch „ Zivilbevölkerung " ganz wie die Arbeiter der Rostocker Flugzeugwerke und deren Familien? Aber Hitler hat es so gewollt!

* * *

ES stimmt, dass eure Abwehr unseren Bombern Verluste zufügt. Eure Führer erzählen euch zu eurem Trost, diese Verluste seien so schwer, dass wir unsere Luftangriffe bald nicht mehr würden fortsetzen können. Wer das glaubt, wird bitter enttäuscht werden. Ich, der die britischen Kampfflugzeuge befehligt, will euch sagen, wie gross unsere Verluste sind: nicht einmal 5 v. H. der Bomber, die wir über Deutschland schicken, gehen verloren. Eine solche Verlustrate kann kaum den ständigen Zuwachs verzögern, der durch die steigende Produktion unserer eigenen und der amerikanischen Fabriken sichergestellt ist.

* * *

AMERIKA greift erst jetzt in Europa ein. Die ersten Geschwader, Vorläufer einer ganzen Luftflotte, sind aus U.S.A. in England eingetroffen. Ist es euch klar, was es bedeutet, wenn die auch Deutschland angreifen? Allein aus einem einzigen amerikanischen Betrieb, den neuen Fordwerken in Willow Run, Detroit, rollt schon jetzt alle zwei Stunden ein neuer viermotoriger Bomber heraus, der vier Tonnen Bomben nach jeder deutschen Stadt tragen kann. Und Willow Run ist nur ein Betrieb unter Dutzenden. An diese Anlagen könnt ihr nicht heran. Auch eure U-Boote können die amerikanischen Bomber nicht am Herüberkommen verhindern; denn die *fliegen* über den Atlantik.

Bald werden wir jeden Tag und jede Nacht erscheinen, bei Regen, Sturm und Schnee — wir und die Amerikaner. Ich war gerade acht Monate drüben, und so weiss ich genau, was bevorsteht. Wenn ihr uns dazu zwingt, werden wir das Dritte Reich von einem Ende zum andern heimsuchen. Ihr könnt uns nicht hindern, und ihr wisst das.

Ihr habt keine Chance. Ihr habt uns 1940 nicht schlagen können, als wir waffenlos waren und allein standen. Eure Führer waren dann so verrückt, auch noch Russland und Amerika anzugreifen (aber eure Führer *sind* eben verrückt — das weiss die ganze Welt, ausser Italien.) Wie könnt ihr jetzt auf einen Sieg hoffen, da wir, mit Russland und Amerika, immer stärker werden, während euch die Kraft mehr und mehr ausgeht? Nein, ihr habt keine Chance.

* * *

VERGESST Eines nicht: wie weit eure Armeen auch vormarschieren, sie können nie bis nach England kommen. Sie konnten schon nicht herkommen, als wir waffenlos waren. Sie können siegen, soviel sie wollen, — den Luftkrieg müsst ihr dann immer noch mit uns und den Amerikanern ausfechten. Den könnt ihr nie gewinnen — aber wir gewinnen ihn bereits.

Nun noch ein letztes Wort :

Es steht bei euch, mit Krieg und Bomberei Schluss zu machen. Stürzt die Nazis, und ihr habt Frieden! Es ist nicht wahr, dass wir einen Rachefrieden planen. Das ist eine deutsche Propagandalüge. Aber wir werden es ganz gewiss jeder deutschen Regierung unmöglich machen, noch einmal einen totalen Krieg anzufangen. Ist das nicht ebenso euer Interesse wie das unsere?

A. T. Harris
Air Marshal
RAF.

Britisches Flugblatt

»Mosquito«-Stiche

Die Ruhepause, die das Bomber Command der Stadt gewährt hatte, fand am 1. August 1942 ihr Ende. Ohne Vorwarnung fielen um 16.28 Uhr vier kleinere Sprengbomben am Engelbosteler Damm und töteten dort 22 Menschen, zumeist Frauen, die vor den Geschäften gestanden hatten.

Weitgehend aus Holz gebaut, sehr schnell und in großer Höhe fliegend, war an diesem Nachmittag ein neuer Flugzeugtyp am Himmel über Hannover erschienen. In den folgenden Jahren flogen derartige Maschinen vom Typ »Mosquito«, die nur schwer mit Radargeräten zu erfassen und von der Flakabwehr kaum zu bekämpfen waren, häufiger kleinere Angriffe auf Hannover, um die Bevölkerung zum wiederholten Male in die Luftschutzkeller zu treiben oder die Nachtjäger vom eigentlichen Angriffsziel abzulenken.

Der nächste Luftangriff dieses Jahres, der wiederum von ›Mosquitos‹ durchgeführt wurde, fiel auf den 10. Oktober. Zwei Tage später meldete der »Hannoversche Kurier« dazu: »In den Abendstunden überflogen einige Aufklärer die Stadt und warfen Bomben. Es gab einige Verschüttete.« Tatsächlich hatten 8 Menschen in der Bultkaserne an der Seelhorststraße den Tod gefunden und weitere Bomben waren bei Seelze niedergegangen.

Etwa 10 Maschinen aus einem Richtung Berlin fliegenden Verband warfen am 9. November einzelne Spreng- und Brandbomben auf die Calenberger Neustadt und das Industriegebiet am Brinker Hafen, wobei aber nur 7 Personen verletzt wurden.

Wie bei jedem Angriff hatten auch an diesem Abend die Flakbatterien Hunderte von Granaten auf die Flugzeuge abgefeuert, die von den Lichtbalken der Scheinwerferbatterien erfaßt worden waren. Der Einsatz von Soldaten, Geschützen und besonders Munition stand zwar in keinem Verhältnis zu den Erfolgen, aber das dröhnende Salvenfeuer vermittelte den Menschen in der Stadt ein gewisses Gefühl der Sicherheit. Vereinzelt verkündete die Presse besondere Erfolgsmeldungen der Luftabwehr, wie etwa den Abschuß des 500. britischen Bombers im Luftgau XI[6]. Die Zahl war nicht nachprüfbar, aber viele Hannoveraner hatten in den Abendstunden des 17. Dezember 1942 das heftige Flakfeuer gehört, dem eine »Wellington« bei Wettbergen und eine »Stirling« bei Langenhagen zum Opfer gefallen waren. Nur 5 der insgesamt 13 Besatzungsmitglieder hatten überlebt.[7]

Trotz dieses Erfolges, über den die Gaupropagandaabteilung ausführlich berichtete, blieben die Städte auch weiterhin größeren Bomberverbänden gegenüber hilflos.

Aber noch einmal ging ein Jahr zu Ende, ohne daß Hannover diese Erfahrung machen mußte.

Im Februar 1943 verfügte das Bomber Command über genügend Flugzeuge, Bombentypen und Navigationshilfen, um seine 1942 begonnene Flächenbombardierung verstärkt fortsetzen zu können. Andererseits hatten auch die deutschen Nachtjägerverbände, trotz mangelnder Flugzeug- und Personalzuweisungen, mit Hilfe präziserer Radargeräte an Schlagkraft gewonnen, so daß sie in den kommenden 12 Monaten zwar bedeutende Abschußerfolge erzielen, aber nicht einen Großangriff verhindern konnten.

Die Verteidigung wurde durch Tagesangriffe amerikanischer Bomberverbände erschwert, die erstmals am 27. Januar 1943 ein Ziel in Norddeutschland angriffen. Entsprechend der amerikanischen Auffassung vom strategischen Bombenkrieg versuchten die schwer bewaffneten Maschinen des Typs »Boeing-17«, sorgfältig ausgewählte Industrie- oder Militärziele bei Tage aus großer Höhe punktgenau zu bombardieren, wobei sie sich im dichten Formationsflug gegenseitig vor angreifenden Jagdflugzeugen zu schützen hatten.

»Casablanca«

Mit amerikanischen Tagesangriffen und britischen Flächenbombardierungen bei Nacht begann im Frühling 1943 die Zeit der »Rund-um-die-Uhr-Angriffe«. Die Rahmenrichtlinien für diese Art von Luftkrieg waren im Januar 1943 auf der britisch-amerikanischen Konferenz von Casablanca festgelegt worden. In der Weisung an die Oberkommandierenden der alliierten Bomberflotten hieß es: »Ihr vordringlichstes Ziel ist die fortschreitende Zerstörung und Desorganisation des deutschen militärischen, industriellen und wirtschaftlichen Systems sowie die Untergrabung der Moral des deutschen Volkes bis zu dem Punkt, wo seine Fähigkeit zum bewaffneten Widerstand tödlich geschwächt ist.«[8]

Im Juni 1943 erhielten die Befehlshaber der Bomber die Aufstellung der Zielgruppen, auf die ihre »Arbeitsteilung« angewendet werden sollte. An erster Stelle stand die Zerstörung von Werften und Zulieferbetrieben für den U-Boot-

Bau, gefolgt von Flugzeugmontagehallen, Raffinerien, Verkehrsanlagen und weiteren Rüstungsbetrieben.[9] Die Reihenfolge wurde bis Kriegsende mehrfach der militärischen Gesamtlage angepaßt, aber der Zielkatalog stand von nun an fest.

Zu den Städten, die nun zum primären Angriffsziel geworden waren, gehörte auch Hannover. Zwei Buchstaben hinter dem Namen der Stadt bestimmten, was 1943 zerstört werden sollte – i/r (industrial/rubber) – die »Continental«-Werke, damals Deutschlands größter Hersteller von Flugzeug- und Autoreifen.[10]

Zwischendurch regnete es immer wieder einmal Papier vom Himmel. Im Februar 1942 wurden im Stadtgebiet von Hannover z. B. Flugblätter gefunden, die wie deutsche Zeitungen aussahen. Es handelte sich um Reproduktionen solcher Ausgaben, in denen noch vor Jahresfrist der Endsieg für das Jahr 1941 versprochen worden war.[11]

Derartige Flugblätter dürften ihre Wirkung nicht verfehlt haben, denn zu offensichtlich hatten sich die Prophezeiungen der Zeitungspropaganda als falsch erwiesen. Die Schatten des Krieges wurden auch an der »Heimatfront« länger und länger.

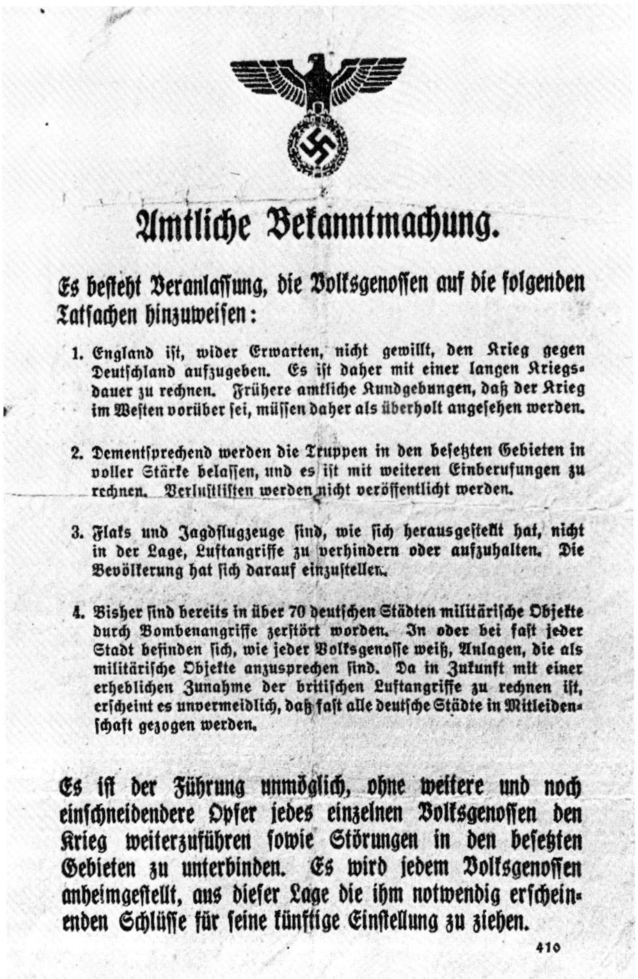

Amtliche Bekanntmachung.

Es besteht Veranlassung, die Volksgenossen auf die folgenden Tatsachen hinzuweisen:

1. England ist, wider Erwarten, nicht gewillt, den Krieg gegen Deutschland aufzugeben. Es ist daher mit einer langen Kriegsdauer zu rechnen. Frühere amtliche Kundgebungen, daß der Krieg im Westen vorüber sei, müssen daher als überholt angesehen werden.
2. Dementsprechend werden die Truppen in den besetzten Gebieten in voller Stärke belassen, und es ist mit weiteren Einberufungen zu rechnen. Verlustlisten werden nicht veröffentlicht werden.
3. Flaks und Jagdflugzeuge sind, wie sich herausgestellt hat, nicht in der Lage, Luftangriffe zu verhindern oder aufzuhalten. Die Bevölkerung hat sich darauf einzustellen.
4. Bisher sind bereits in über 70 deutschen Städten militärische Objekte durch Bombenangriffe zerstört worden. In oder bei fast jeder Stadt befinden sich, wie jeder Volksgenosse weiß, Anlagen, die als militärische Objekte anzusprechen sind. Da in Zukunft mit einer erheblichen Zunahme der britischen Luftangriffe zu rechnen ist, erscheint es unvermeidlich, daß fast alle deutsche Städte in Mitleidenschaft gezogen werden.

Es ist der Führung unmöglich, ohne weitere und noch einschneidendere Opfer jedes einzelnen Volksgenossen den Krieg weiterzuführen sowie Störungen in den besetzten Gebieten zu unterbinden. Es wird jedem Volksgenossen anheimgestellt, aus dieser Lage die ihm notwendig erscheinenden Schlüsse für seine künftige Einstellung zu ziehen.

410

Politischer Volksdienst der Reichsleitung der NSDAP

Um die Gefahren abzuwenden, die sich aus einer weiteren Fortdauer des Krieges für die Partei — und auch für das Volk — ergeben werden, forderte kürzlich der Führer und Reichskanzler das englische Volk auf, den Frieden zu erzwingen.

Wie nunmehr feststeht, ist der von der Reichsleitung der NSDAP erwartete Erfolg dieses Schrittes ausgeblieben. Weder Volk noch Regierung noch irgendwelche besonderen Kreise oder Einzelpersonen in England konnten im deutschen Sinne beeinflußt werden. Die Androhung militärischer Aktionen sowie der verlustreiche Einsatz der Luftwaffe gegen England blieben wirkungslos.

Die Reichsleitung der NSDAP sieht sich genötigt, festzustellen, daß die Mittel der nationalsozialistischen Diplomatie nunmehr allgemein bekannt sind, und daß mit ihrer weiteren erfolgreichen Anwendung nicht mehr gerechnet werden kann. Eine grundsätzliche Änderung der nationalsozialistischen Politik, wie etwa die Zurückziehung der Truppen aus den besetzten Gebieten, kann nur zur schwersten Gefährdung der NSDAP führen. Es bleibt der Reichsleitung der NSDAP daher kein anderer Ausweg als von den Volksgenossen zu erwarten, daß sie auch weiterhin der Partei, die die Verantwortung für den Krieg auf sich nimmt, alle erforderlichen Opfer bringen.

Insbesondere sieht sich die Reichsleitung genötigt, darauf hinzuweisen, daß die feindliche Fliegertätigkeit über Deutschland ganz erheblich zunehmen wird, —

Aber —

Alles durch die Partei!

Alles für die Partei!

415

Britische Flugblätter

Neue Namen an der »Heimatfront«

Im Frühjahr 1942 kam es unter dem Druck der Gauleitung zu wichtigen Veränderungen an der Spitze der hannoverschen Stadtverwaltung. Der seit August 1937 amtierende Oberbürgermeister Haltenhoff wurde »krankheitshalber« durch Regierungsdirektor Ludwig Hoffmeister, bis dahin Leiter der Allgemeinen Abteilung des hannoverschen Oberpräsidenten, ersetzt.

Dieser Wechsel hatte eine Vorgeschichte. Gegenüber seinem Vorgänger Arthur Menge, von dem Haltenhoff bei seinem Amtsantritt ein traditionell gespanntes Verhältnis zur Gauleitung übernahm, hatte Haltenhoff zwar eine wesentlich größere Anpassungsbereitschaft gezeigt, sich aber gleichwohl bemüht, wenigstens gelegentlich einen Anschein von Unabhängigkeit zu wahren. Als er sich am 28. April 1942 von seinen engsten Mitarbeitern verabschiedete, tat er dies nach eigener Aussage als »Anhänger der Selbstverwaltung«, der gegenüber Behörden und Parteistellen eine »gewisse Selbständigkeit« zu wahren sich bemüht habe, dem es aber nicht gelungen sei, einen »Ausgleich der Arbeitsgebiete zwischen der Partei, deren Gliederungen und der Verwaltung herbeizuführen«.[12]

Nach den Veränderungen an der Spitze der Gauleitung, d. h. der Ablösung Rusts und seines Stellvertreters Schmalz durch Lauterbacher und Knop, war die Ablösung Haltenhoffs in der Tat nur eine Frage der Zeit gewesen. Insbesondere der stellvertretende Gauleiter August Knop wurde zum Intimfeind des Oberbürgermeisters. Dieser hatte sich nämlich geweigert, Knop bei der Beschaffung einer komfortablen, aber dennoch mietgünstigen Wohnung – es ging um ein in der Nietzschestr. 5 (Spinozastr.) gelegenes großes Villengrundstück – behilflich zu sein.

Als Haltenhoff das Reichsinnenministerium über diese etwas delikate Seite seiner Schwierigkeiten mit der Gauleitung unterrichtete, setzten es Lauterbacher und Knop Ende 1941 durch, daß gegen den Oberbürgermeister ein Parteigerichtsverfahren[13] eröffnet wurde. Nicht ungefährlich waren die Vorwürfe, die in diesem Zusammenhang erhoben wurden: Abgesehen von der »Verleumdung« des stellvertretenden Gauleiters habe Haltenhoff die von der Gauleitung gewünschte enge Zusammenarbeit mit den ehrenamtlichen Stadträten Fritz Thake und Gustav Schwager – beides »erprobte« Parteifunktionäre – mit der Begründung abgelehnt, daß es sich bei den Genannten um »Zuträger« der Gauleitung handeln würde.

Fast noch schwerer wog der zweite Vorwurf, mit dem Haltenhoff der »Judenfreundlichkeit« bezichtigt wurde. Haltenhoff habe die »Aktion Lauterbacher«, d. h. die brutale Vertreibung der jüdischen Familien aus ihren Wohnungen Anfang September 1941 dadurch zu unterlaufen versucht, daß er einigen jüdischen Familien den Verbleib in ihren Wohnungen gestattet habe.

Bereits am 4. Oktober 1941, also wenige Wochen nach der »Aktion«, hatte Lauterbacher dem Oberbürgermeister in diesem Zusammenhang einen wütenden Brief geschrieben. Darin hieß es u. a.: »Der augenblickliche Krieg ist kein deutsch-englischer, sondern ein deutsch-jüdischer. Ich habe mich aus diesem Grunde vor einigen Wochen entschlossen, die jüdischen Häuser und Wohnungen bis auf wenige, die für die notdürftigste Unterbringung der Juden erforderlich waren, räumen zu lassen. Die Verantwortung für diese Aktion habe von vorneherein ich auf mich genommen. Es ist ganz selbstverständlich, daß ich nun über diese Wohnungen verfüge. Da Sie, wie ich höre, gegenteiliger Meinung sind, teile ich Ihnen meine Auffassung hiermit mit. Ich höre unter anderem, daß Sie auch Juden in Ihrem Amtszimmer empfangen und ihnen mitgeteilt bzw. versprochen haben, daß sie in ihren Wohnungen bleiben oder wieder einziehen könnten. Falls dem tatsächlich so ist, muß ich mich mit aller Entschiedenheit dagegen verwahren. Es liegt meines Erachtens gar kein Grund vor, einen Juden freundlich zu behandeln . . .«.[14]

Wenige Tage später, am 13. Oktober 1941, richtete der stellvertretende Gauleiter Knop im Verlauf einer 2stündigen Rede vor den Ratsherren wütende Angriffe gegen den Oberbürgermeister, um, als dieser sich verteidigen wollte, die Sitzung einfach für beendet zu erklären.[15]

Wie nicht anders zu erwarten, setzte sich die Gauleitung gegenüber dem Oberbürgermeister durch. Zwar wurde das Parteigerichtsverfahren zum 23. Juni 1942 eingestellt, die zum 1. Mai 1942 ausgesprochene Beurlaubung Haltenhoffs aber selbstverständlich nicht mehr rückgängig gemacht. Der Fürsprache des Regierungspräsidenten Diels, der im März des gleichen Jahres wegen häufiger Unstimmigkeiten mit Lauterbacher aus seinem Amt schied und zu den Reichswerken »Hermann Göring« hinüberwechselte, hatte Haltenhoff es zu verdanken, daß er mit einem recht gut dotierten Posten innerhalb der Geschäftsführung des Deutschen Gemeindetages abgefunden wurde.

In seinem Nachfolger Ludwig Hoffmeister hat die Gauleitung gewiß einen bequemeren Partner erhalten.[16] Dabei war es ein geschickter Schachzug, ihn unter dem Vorwand, man wolle die im Felde stehenden potentiellen Bewerber um das Amt eines Oberbürgermeisters von Hannover nicht benachteiligen, als »Staatskommissar« einzusetzen, ihn also lediglich »mit der Wahrnehmung der Geschäfte des Oberbürgermeisters« zu beauftragen. So konnte er notfalls leichter aus seinem Amt entfernt werden.

Allerdings bot der 1906 in Kiel geborene Hoffmeister von seiner Person, seinem Werdegang und seiner politischen Einstellung her die Gewähr für besondere Linientreue. Von Haus aus Jurist, war er bereits 1931 in SA und NSDAP eingetreten und zum 1. April 1933 in den braunschweigischen Staatsdienst übernommen worden. Delikate Einzelheiten seiner weiteren Karriere enthalten zwei Beurteilungen, die der Sicherheitsdienst der SS 1942 und 1944 für ihn abgab. Beim ersten Mal stand seine Ernennung zum SS-Hauptsturmführer an, im anderen Fall ging es um die Beförderung zum SS-Sturmbannführer.

In der Beurteilung vom 14. Juli 1942 ist zu lesen: »Seit Anfang 1939 ist SS-Bewerber Hoffmeister ehrenamtlich für den SD-Abschnitt Braunschweig tätig. Durch seine berufliche Tätigkeit im Braunschweigischen Staatsministerium als Referent für Personal-, Haushalts- und Finanzfragen und in seiner Eigenschaft als Leiter der Finanzabteilung beim Landeskirchenamt [!] in Hannover, hat er dem SD bisher sehr wertvolle Dienste geleistet. Insbesondere ist seine Mitarbeit auf kirchenpolitischem Gebiet hervorzuheben. Im Einvernehmen mit der hiesigen Dienststelle hat Hoffmeister seinen Kirchenaustritt bisher nicht vollzogen, da er sonst seine Ämter bei den Finanzabteilungen der Landeskirchen niederlegen müßte und damit die besten Nachrichtenquellen auf diesen Gebieten für den SD verlorengehen würden [!]. Irgendwelche kirchliche Beziehungen sind bei Hoffmeister nicht vorhanden.«[17]

Die anhaltende Zufriedenheit des Sicherheitsdienstes der SS mit Hoffmeister spiegelt auch die zweite, vom 1. Juni 1944 datierende Beurteilung wider: »Die bisherige Mitarbeit Hoffmeisters, durch seine berufliche Tätigkeit als Ref(erent) für Personal-, Haushalts- und Finanzfragen im Braunschweigischen Staatsministerium, besonders aber in seiner Eigenschaft als Staatskommissar für die Gauhauptstadt Hannover [!], ist für den SD-Abschnitt Braunschweig von sehr großer Wichtigkeit.«[18]

Den Erwartungen der Gauleitung dürfte Hoffmeister, zunächst jedenfalls, voll entsprochen haben. Zu seinen ersten Amtshandlungen gehörte die Anweisung, künftig alle Eingaben und Anliegen der Partei über seinen Schreibtisch zu leiten, und in den Protokollen der von ihm geleiteten Dezernentenbesprechungen wiederholte sich fast stereotyp die Festlegung, daß diese oder jene Angelegenheit vor ihrer Entscheidung dem Gauleiter vorgelegt werden müsse.

Wöchentlich einmal wurden »Sprechstunden für alte Parteigenossen« durchgeführt, um deren Förderung Hoffmeister sehr bemüht war. Der »SA-Sturmbann- und Standartenarzt« Dr. med. Eduard Busse erhielt das Amt des Stadtmedizinalrats übertragen, während der seinerzeit von Haltenhoff als Zuträger der Gauleitung, aber auch wegen seiner fachlichen Inkompetenz abgelehnte Gustav Schwager, NSDAP-Mitglied seit 1929, zum »Dezernenten des Wirtschafts- und Ernährungsamts sowie Generaldezernenten für das Luftschutzwesen der Stadtverwaltung« aufrückte.[19]

Am 8. März 1943 starb der bisherige Bürgermeister und Stellvertreter des Oberbürgermeisters Heinrich Müller, der zwar zu den ältesten Parteimitgliedern in Hannover gehörte, aber nicht immer zur vollsten Zufriedenheit der Gauleitung amtiert hatte. Sein Nachfolger wurde Paul Schick, seit 1936 bereits ehrenamtlicher Stadtrat in Hannover, früher Kreisleiter der NSDAP für den Kreis Neustadt a/Rbg. und seit 1935 Gauamtsleiter für Kommunalpolitik. Auch er ein Mann, von dem nicht zu erwarten war, daß er – wie man Müller des öfteren vorgeworfen hatte – im Konfliktfall die Interessen der Stadt und ihrer Bürger über die der Partei stellen würde.

Nach einjähriger Tätigkeit an der Spitze der Stadtverwaltung konnte Hoffmeister befriedigt feststellen, daß nunmehr alle wichtigen Stellen mit alten Parteigenossen besetzt seien.[20]

Die Zeit drängt – Bunkerbau

Auf Anordnung der Gauleitung wurde unmittelbar nach dem Ausscheiden Haltenhoffs ein sogenannter »Befehlsstab für Luftschutzangelegenheiten« bei der Stadtverwaltung gebildet, dessen Leitung Haltenhoffs Nachfolger Hoffmeister übernahm. Dieses Gremium hatte die Aufgabe, »Forderungen oder Anregungen des Gauleiters ... an Herrn Stadtbaurat Elkart oder das Stadtbauamt«[21] [!] weiterzugeben. Die Gewähr für die strikte Durchführung dieser Forderung bot der schon bald zum stellvertretenden Leiter des »Befehlsstabes« ernannte Gustav Schwager, der – wie erwähnt – sich des besonderen Vertrauens der Gauleitung erfreute.

Am 30. Juni 1942 hatte Schwager seinen ersten großen Auftritt in der neuen Funktion, als er vor den Ratsherren über den Stand der Vorbereitungen auf die zu erwartenden Luftangriffe berichten durfte.[22] Seine Ausführungen machten deutlich, daß man sich auf vieles gefaßt zu machen hatte, was noch vor Jahresfrist von der offiziellen Propaganda für ganz und gar undenkbar erklärt worden war.

Das galt z. B. im Hinblick auf die zu befürchtende große Zahl von Obdachlosen: Der hier zwischen Stadtverwaltung und Gauleitung lange schwelende Zuständigkeitskonflikt war inzwischen zugunsten der Partei bzw. ihrer Gliederungen entschieden worden. In Anlehnung an die NSDAP-Ortsgruppen wurden 49 Obdachlosenauffangsammelstellen vorbereitet, die im Falle eines schweren Angriffs die erste

Getarnter Maschsee, im Hintergrund die Hindenburg-Jugendherberge (heute: Freie Waldorf-Schule)

Betreuung zu übernehmen hatten. Von hier aus, so die Vorstellung der Verantwortlichen, sollten die Ausgebombten dann in die Ausweichquartiere überführt werden, von denen 10000 in Hannover sowie 21000 (davon 18000 Privat- und 3000 Massenquartiere) im Gaugebiet vorbereitet waren.

Obwohl diese Zahlen von der Wirklichkeit später weit übertroffen wurden, deuten sie doch die Dimensionen an, mit denen bereits zu diesem Zeitpunkt gerechnet wurde. Immer größeres Gewicht wurde daher auch dem Bunkerbau beigemessen.

Im Frühjahr 1941 war aus Berlin die Genehmigung für den Bau von 64 bombensicheren Schutzräumen eingetroffen, nachdem das sogenannte »Führersofortprogramm« vom November 1940 hierfür die gesetzliche Grundlage geschaffen hatte.[23] Die geplanten Bunker sollten etwa 40000 Menschen sicheren Schutz bieten. Geschätzte Kosten: 40 Mill. RM.

Größte Schwierigkeiten hatte zunächst die Standortwahl bereitet, vor allem in der dichtbebauten Innenstadt, wo reichseigener bzw. städtischer Grundbesitz – wie z. B. das beschlagnahmte Synagogengelände in der Bergstraße – Mangelware war. Dies änderte sich aber im Laufe des Jahres 1941, nachdem die ersten größeren Bombenangriffe für die benötigten Freiräume gesorgt hatten und man auf zerstörte Privatgrundstücke zurückgreifen konnte.

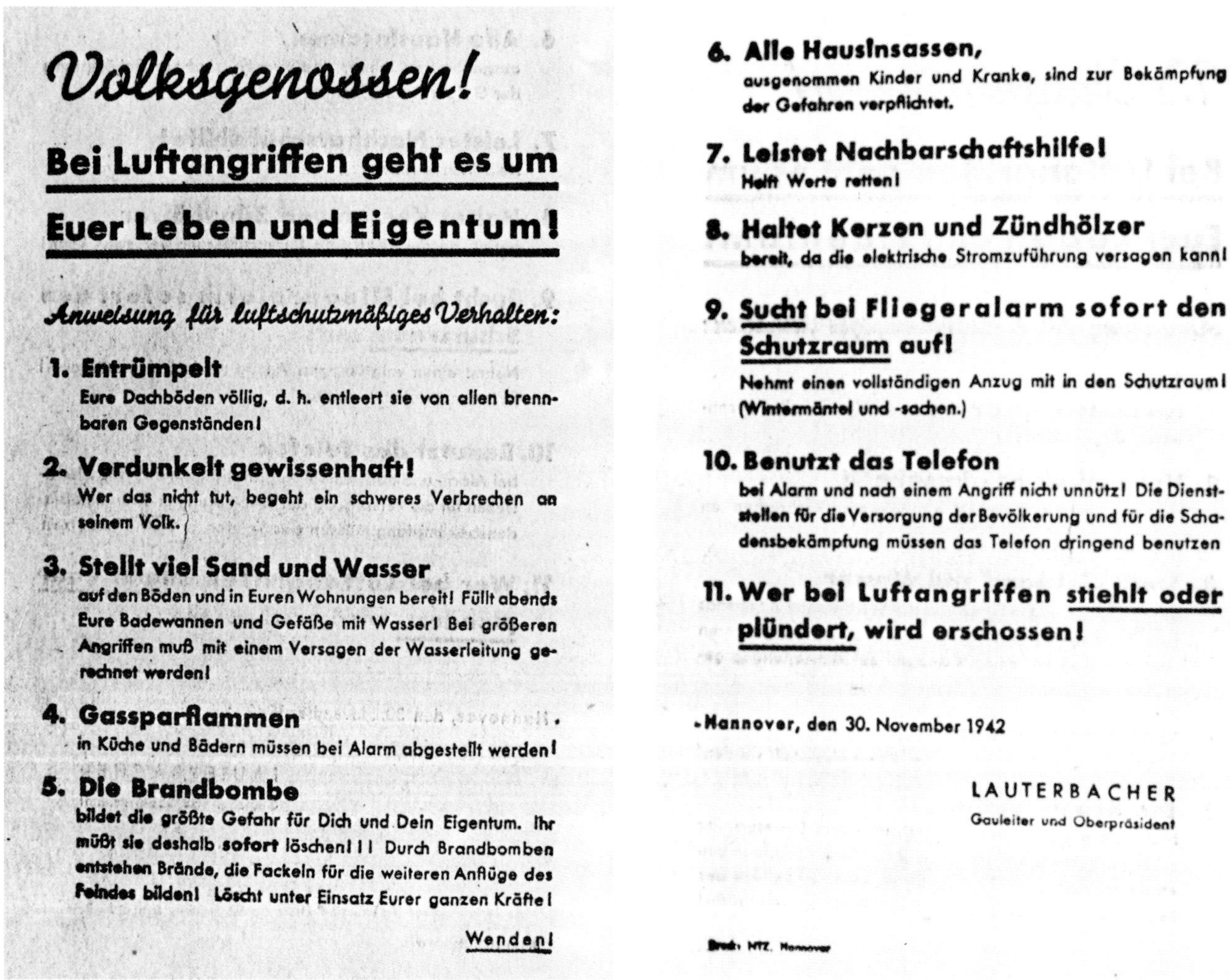

Volksgenossen!

Bei Luftangriffen geht es um Euer Leben und Eigentum!

Anweisung für luftschutzmäßiges Verhalten:

1. Entrümpelt
Eure Dachböden völlig, d. h. entleert sie von allen brennbaren Gegenständen!

2. Verdunkelt gewissenhaft!
Wer das nicht tut, begeht ein schweres Verbrechen an seinem Volk.

3. Stellt viel Sand und Wasser
auf den Böden und in Euren Wohnungen bereit! Füllt abends Eure Badewannen und Gefäße mit Wasser! Bei größeren Angriffen muß mit einem Versagen der Wasserleitung gerechnet werden!

4. Gassparflammen
in Küche und Bädern müssen bei Alarm abgestellt werden!

5. Die Brandbombe
bildet die größte Gefahr für Dich und Dein Eigentum. Ihr müßt sie deshalb sofort löschen! ! Durch Brandbomben entstehen Brände, die Fackeln für die weiteren Anflüge des Feindes bilden! Löscht unter Einsatz Eurer ganzen Kräfte!

Wenden!

6. Alle Hausinsassen,
ausgenommen Kinder und Kranke, sind zur Bekämpfung der Gefahren verpflichtet.

7. Leistet Nachbarschaftshilfe!
Helft Werte retten!

8. Haltet Kerzen und Zündhölzer
bereit, da die elektrische Stromzuführung versagen kann!

9. Sucht bei Fliegeralarm sofort den Schutzraum auf!
Nehmt einen vollständigen Anzug mit in den Schutzraum! (Wintermäntel und -sachen.)

10. Benutzt das Telefon
bei Alarm und nach einem Angriff nicht unnütz! Die Dienststellen für die Versorgung der Bevölkerung und für die Schadensbekämpfung müssen das Telefon dringend benutzen

11. Wer bei Luftangriffen stiehlt oder plündert, wird erschossen!

Hannover, den 30. November 1942

LAUTERBACHER
Gauleiter und Oberpräsident

Bredt, MTZ, Hannover

Die Fertigstellung des größten hannoverschen Luftschutzbauwerks, des bereits im Dezember 1940 projektierten Tiefbunkers unter dem Bahnhofsvorplatz, war übrigens durch einen besonderen Umstand verzögert worden: die Sorge um das darüber befindliche Reiterstandbild Ernst August', dessen Erhaltung die Reichsbahndirektion Hannover, die Stadtverwaltung und die Bevölkerung längere Zeit in Atem hielten.[24]

Immerhin, im Sommer 1942 waren von den geplanten Bunkern 32 endgültig fertiggestellt und 12 betonfertig«, während sich 11 noch im Anfangsstadium befanden. Die optimistische Prognose lautete, daß damit, und zwar wenn man die zivilen Luftschutzkeller mit einbezog, für etwa 460 000 Personen gesorgt sein würde.

Allerdings, noch brauchten die Schutzräume nicht allzu häufig in Anspruch genommen zu werden. Bezeichnend hierfür ist, daß eine 13jährige Schülerin am 6. Dezember 1942 im Luftschutzraum unter dem Goethehaus-Kino ermordet wurde, in der Zeitung laufend Such- und Vermißtenmeldungen erschienen, die Leiche jedoch erst 11 Tage später in einem Luftschutzbett des Kellers entdeckt wurde.[25]

Lauterbachers »totaler Krieg«

Wenngleich etwa noch ein Jahr lang die Furcht vor Angriffen aus der Luft von den immer bedrohlicher werdenden Nachrichten vom Geschehen an den Fronten überlagert wurde, konnten wiederum letztere nicht ohne Rückwirkungen auf die »Heimatfront« bleiben. So war es vor allem die sich abzeichnende Katastrophe vor Stalingrad, die auch der hannoverschen Gauleitung die Erkenntnis vermittelte, daß wesentlich mehr als bisher für die »Erhaltung der Kampfkraft und des Siegeswillens des deutschen Volkes« getan werden müsse.

Am 1. Februar 1943, zwei Wochen vor Goebbels Aufruf zum »totalen Krieg« im Berliner Sportpalast, trommelte Lauterbacher die Spitzen von Politik, Militär und Wirtschaft in der Stadthalle zusammen, um hier die seiner Meinung nach erforderlichen »Maßnahmen zur totalen Kriegsführung des Gaues« zu verkünden.

In Lauterbachers Rede[26] folgte auf blumenreiche Ausführungen über die »Friedensliebe des Führers«, der als »Soldat des Weltkriegs« die Schrecken des Krieges gekannt habe und deshalb – wenn auch leider vergeblich – »unentwegt an der Arbeit (gewesen sei), eine neue kriegerische Auseinandersetzung der Völker zu verhindern«, das Eingeständnis, daß man »die Kriegsmaschine des jüdisch-bolschewistischen Rußland« unterschätzt habe. Dennoch sei ein »neuer Vorstoß Dschingis Khans« durch den »größten Feldherrn« verhindert worden. In diesem Winter habe es zwar erstmals »Schwierigkeiten« [!] gegeben, doch sei es nun einmal so, »daß das Schicksal gerade dem Tapferen und Harten Prüfungen auferlegt«. In dem nunmehr zu führenden »totalen Krieg« müsse der Einsatz in der Heimat verdoppelt und verdreifacht werden. Was Lauterbacher darunter verstand, hörte sich etwa so an:

– Schließung von nicht kriegs- bzw. lebenswichtigen Betrieben und Einrichtungen (wobei als Beispiel Antiquitätengeschäfte genannt wurden!)

- Verzicht auf die Durchführung von Festlichkeiten und Empfängen
- Abschaffung des Tanzunterrichts für »höhere Töchter«
- Schärfere Kontrollen der ärztlichen Krankschreibungen
- Schließung der »Königin«-Bar, des letzten »Zufluchtsortes für Dekadente«
- Einstampfung von Herrenmode-Journalen, da es in diesen Zeiten eher gleichgültig sei, »ob ein Revers breit oder weniger breit ist« usw. usf.

Alles in allem also eine Konzeption, die kaum geeignet schien, die große Wende an der hannoverschen Heimatfront herbeizuführen. So war diese Rede wohl eher ein Dokument sich abzeichnender Ohnmacht und Hilflosigkeit, auch wenn Lauterbacher natürlich bemüht war, diesen Eindruck durch aggressive Kraftmeierei zu verwischen. Weit rücksichtsloser als bisher müsse man in Zukunft gegen »halbstarke« und »langhaarige« Jugendliche sowie gegen die ausländischen Zwangsarbeiter vorgehen, denen gegenüber »der zu Extremen neigende Deutsche« eine geradezu »verrückte Objektivität« an den Tag lege. Voller Empörung wußte der Gauleiter zu berichten, daß sich ein Fabrikant in Sarstedt kürzlich unterstanden habe, einer gerade von einem Kind genesenen Russin einen Besuch mit Blumen abzustatten. Selbstverständlich sei dieser Fabrikant sofort aus der Partei ausgeschlossen worden. »Ich predige«, so Lauterbacher wörtlich, »den Abstand, den Abstand von uns deutschen Menschen, die auf der höchsten Kulturstufe stehen, den Abstand von Tieren, die uns Stalin seit dem 22. Juni 1941 entgegenjagt und die so gewaltig sind, daß die Waffen an den einzelnen Fronten kaum ausreichen, sie abzuschießen«.

Dieser auf der höchsten Kulturstufe stehende deutsche Mensch hatte nach dem Selbstverständnis Lauterbachers »deutsch, ehrfürchtig, gläubig, treu, hart und kompromißlos, fanatisch, schweigsam, bescheiden, zäh und beharrlich, froh und heiter« zu sein.[27]

Während Lauterbacher die in der Stadthalle Versammelten mit seinen Durchhalteparolen bombardierte, kapitulierte vor Stalingrad die 6. Armee und mit ihr das Generalkommando des XI. Armeekorps. Von den 15000 Reservisten, die im August 1939 zur 71. Infanteriedivision aus Hannover, Hildesheim und Braunschweig eingezogen worden waren, fanden 11000 den Tod oder gerieten in Gefangenschaft.

Es gab nur wenige Familien in Hannover, die nicht von diesem Unglück betroffen waren, und doch sollten sie schon bald neuen Grund zur Sorge bekommen.

Niedersächsische Tageszeitung

Nr. 43 - Jahrg. 13 - Preis 15 Rpf. Hannover, Freitag, 19. Februar 1943 3. Ausgabe

Volk, steh auf!

Der Führer erwartet von uns eine Leistung, die alles bisher Dagewesene in den Schatten stellt

Kindsoldaten

Nur 14 Tage, nachdem der Gauleiter in der Stadthalle die Verdoppelung und Verdreifachung des Einsatzes an der Heimatfront gefordert hatte, wurden erstmals 15–17jährige Schüler, halbe Kinder noch, dieser Heimatfront als sogenannte Luftwaffen- bzw. Flakhelfer zugeführt, »zur Wahrnehmung von Hilfsdiensten bei Einheiten der Luftwaffe am Schulort und in dessen unmittelbarer Umgebung«. Zum 15. Februar mußten 693 Schüler der Jahrgänge 1926 und 1927 in den in und um Hannover gelegenen Batterien der Flakbrigade XV Stellung beziehen.[28] Was sie mitzubringen hatten, war im »Heranziehungsbescheid« nachzulesen: »HJ-Ausweis, Eßbesteck, Kamm, Zahnbürste, Rasierzeug (nach Bedarf), Brustbeutel, Vorhängeschloß, Schreibzeug, Nähzeug und ein Pappkarton oder Koffer zum Absenden der Reisebekleidung«.[29]

Die »Heranziehung« erfolgte auf der Grundlage einer noch aus dem Jahre 1938 stammenden Notdienstverordnung und eines Führer-Erlasses vom 30. September 1942, dessen Realisierung vor allem Göring gegen die Bedenken einiger Fachminister (die vor allem kein Wasser auf die Mühlen der Feindpropaganda schütten wollten) durchsetzte.

Schwerer als solche Bedenken wog das Argument, auf diese Weise Soldaten für die Front freizusetzen. 100 Flakhelfer, so rechnete man, würden jeweils 70 Soldaten ersetzen. Erstere hatten fortan eine doppelte Last, nämlich Schule und Militärdienst, auf ihre noch schmalen Schultern zu nehmen.

Den Tagesablauf eines Luftwaffenhelfers hat Gerhard Stoffert wie folgt erlebt: »Um 7.00 Uhr war Wecken durch den U. v. D. (Unteroffizier vom Dienst). War nachts Feuerbereitschaft, durfte bis 8.00 Uhr geschlafen werden. Meldung durch den Stubenältesten. Dann waschen. Drei Mann teilten sich eine Aluminium-Waschschüssel. Diese standen in einem kleinen Vorraum der Baracke schon abends mit Wasser gefüllt (im Falle eines Falles als Löschwasser zu gebrauchen) auf Schemeln. Ich kann mich erinnern, daß im Winter das Wasser in der Waschschüssel gefroren war. Um 7.15 Uhr erfolgte dann der Pfiff, ›Kaffeeholer raus‹, und der Stubendienst trabte mit der Alu-Kaffeekanne zur Küchenbaracke. Während die Stube noch ihren ›Muckefuck‹ schlürfte, begann der Stubendienst, die Stube in Ordnung zu bringen. Um 8.00 Uhr begann die Schule in einer Schulungsbaracke. Die Zahl der Unterrichtsstunden war mit 18 festgelegt worden. Die Lehrer (Regenschutzmäntel und Schuhe wurden aus Beutebeständen für die Lehrer gestellt) kamen in die Stellung. Montag, dienstags und donnerstags waren es jeweils vier Schulstunden, mittwochs und freitags drei Schulstunden. Sonnabends war schulfrei. Schulferien waren für die Luftwaffenhelfer aufgehoben. Das Schulgeld war von den Eltern weiterhin zu zahlen (!). Um 12.00 Uhr war Befehlsausgabe. Dazu war die ganze Batterie angetreten. Die Parole für den Tag wurde ausgegeben und das Erkennungssignal. Nach der Befehlsausgabe wurde Essen gefaßt und wenn man Glück hatte, war Ruhe bis 14.00 Uhr. Von 14.00 bis 16.30 Uhr war dann Geschützexerzieren, Geräte reinigen, Putz- und Flickstunde oder sonst irgend etwas Militärisches. (Die Luftwaffenhelfer gehörten drei Bereichen an. Dazu kam man ganz zu Anfang auf typisch militärische Art. Von 1,85 m bis 1,71 m Körperlänge zur Geschützstaffel, von 1,70 m bis 1,60 m zur Meßstaffel, unter dieser Länge zur Nachrichtenstaffel.) Nach der militärischen Ausbildung am Nachmittag folgten 1 h oder 1,5 h für Schularbeiten, sofern Schule gewesen war, und um 18.00 Uhr war Dienstschluß. Die Essenholer wurden rausgepfiffen und empfingen für einen Tag die Kaltverpflegung für jede Stube in die Aluminiumschüsseln, die morgens zur Oberkörperpflege und abends zum Füßewaschen dienten. Nach den Freistunden am Abend war um 22.00 Uhr Zapfenstreich und Stubendurchgang des U. v. D.«

Die besondere Problematik der »Heranziehung« dieser Kind-Soldaten für militärische Zwecke hat ein Oberstudienrat der Humboldt-Schule in einem Erfahrungsbericht beschrieben, den er im August 1944 seiner vorgesetzten Schulbehörde zu erstatten hatte: »Nun hatten die Kanonenbatterien um Hannover in den letzten Wochen und Monaten in der Nacht und am Tage je etwa 3–4 Std. Feuerbereitschaft. Rechnet man noch 1–2 Std. Ausbildungs- und Übungsdienst hinzu, so ergibt das für den militärischen Dienst allein ... eine Zeit von 8–9 Stunden. Das ist für den jugendlichen Körper um so schwerer zu ertragen, als durch die nächtliche Feuerbereitschaft den Jungen regelmäßig der Nachtschlaf entzogen wird. Es ist einem derartig überanstrengten Jungen deshalb völlig unmöglich, noch einen 4–5stündigen Unterricht auf sich zu nehmen ... Die Übermüdung, verbunden mit dem Zwang, dem Schlafbedürfnis zu widerstehen, versetzt ihn in eine verzweifelte Stimmung ... Jede geistige

Leistung wird ihm zur Qual, und den Lehrer betrachtet er statt als Freund und Helfer ... als seinen Peiniger, der ihm die Erholung raubt und ihn zu einer qualvollen geistigen Anstrengung zwingen will ... Der Luftwaffenhelfer in einer stark beanspruchten Kanonenbatterie soll das gleiche leisten wie der Flaksoldat, den er ersetzt. Man mutet also einem Kinde die volle Leistung eines Erwachsenen zu, sogar bei einem Bruchteil der Ausbildungszeit. Nebenbei soll er aber gleichzeitig die Hochschulreife erwerben, wozu er allein seine vollen Kräfte nötig hätte.«[30]

Die jugendlichen Flakhelfer hatten aber nicht nur das harte Leben, sondern auch das sinnlose Sterben der Einheiten zu teilen, denen sie zugeteilt waren. Bei dem Luftangriff vom 27./28. September 1943 fanden acht Schüler der Bismarckschule und fünf der Lutherschule in einer Flakbatterie in Langenhagen den Tod.[31] Noch heute erinnert ein schlichter Gedenkstein an dieses Ereignis, das in Hannover für immer zu den traurigsten dieses Krieges gehören wird.

Flakhelfer und Soldaten in der Stellung Leinehafen, 1943

Abb. auf Seite 53:
Volltreffer am Engelbosteler Damm, 1. 8. 1942

Das Leben in der Stadt wird härter

Während sich die Kohle- und Energieversorgung in den Jahren 1942 und 1943 gegenüber den ersten Kriegsjahren eher zu stabilisieren schien, begann sich nunmehr – im 4. Kriegsjahr – die Situation auf anderen Gebieten spürbar zu verschlechtern.

Einen besonderen Einschnitt bildete der 6. April 1942.[32] An diesem Tage, d. h. mit Beginn des 35. »Versorgungszeitraumes«, traten empfindliche Rationskürzungen bei fast allen kartenpflichtigen Nahrungsmitteln in Kraft (s. Kasten):

Monatsrationen für Normalverbraucher ab 6. 4. 1942	
Brot	8000 g
Nährmittel	600 g
Kaffee-Ersatz	312,5 g
Fleisch	1200 g
Fett	825 g
Quark	125 g
Eier	6 g
Zucker	1250 g
Kartoffeln	10000 g

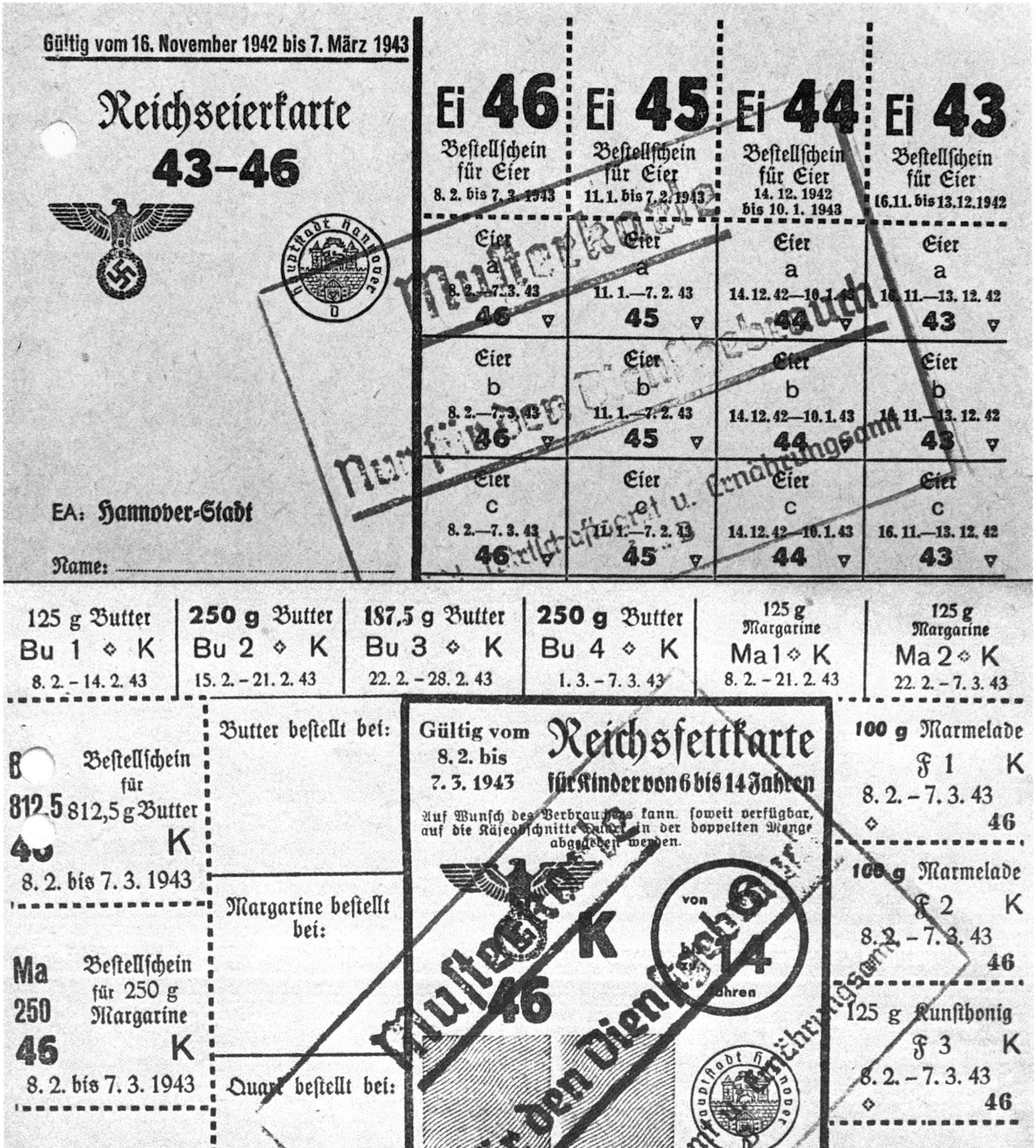
Gültig vom 16. November 1942 bis 7. März 1943

Reichseierkarte

43–46

EA: Hannover-Stadt

Name:

Ei 46	Ei 45	Ei 44	Ei 43
Bestellschein für Eier 8. 2. bis 7. 3. 1943	Bestellschein für Eier 11. 1. bis 7. 2. 1943	Bestellschein für Eier 14. 12. 1942 bis 10. 1. 1943	Bestellschein für Eier 16.11. bis 13.12.1942
Eier a 8. 2.—7. 3. 43 46	Eier a 11. 1.—7. 2. 43 45	Eier a 14.12.42—10.1.43 44	Eier a 16. 11.—13. 12. 42 43
Eier b 8. 2.—7. 3. 43 46	Eier b 11. 1.—7. 2. 43 45	Eier b 14.12.42—10.1.43 44	Eier b 16. 11.—13. 12. 42 43
Eier c 8. 2.—7. 3. 43 46	Eier c 11. 1.—7. 2. 43 45	Eier c 14.12.42—10.1.43 44	Eier c 16. 11.—13. 12. 42 43

Musterkarte
Nur für den Dienstgebrauch
Wirtschaftsamt u. Ernährungsamt

125 g Butter Bu 1 ◇ K 8. 2. – 14. 2. 43	250 g Butter Bu 2 ◇ K 15. 2. – 21. 2. 43	187,5 g Butter Bu 3 ◇ K 22. 2. – 28. 2. 43	250 g Butter Bu 4 ◇ K 1. 3. – 7. 3. 43	125 g Margarine Ma 1 ◇ K 8. 2. – 21. 2. 43	125 g Margarine Ma 2 ◇ K 22. 2. – 7. 3. 43

B 812,5 46 — Bestellschein für 812,5 g Butter K 8. 2. bis 7. 3. 1943

Ma 250 46 — Bestellschein für 250 g Margarine K 8. 2. bis 7. 3. 1943

Butter bestellt bei:

Margarine bestellt bei:

Quark bestellt bei:

Gültig vom 8. 2. bis 7. 3. 1943

Reichsfettkarte

für Kinder von 6 bis 14 Jahren

Auf Wunsch des Verbrauchers kann, soweit verfügbar, auf die Käseabschnitte Quark in der doppelten Menge abgegeben werden.

K 46

von 6 bis 14 Jahren

Musterkarte
Nur für den Dienstgebrauch

100 g Marmelade F 1 K 8. 2. – 7. 3. 43 ◇ 46

100 g Marmelade F 2 K 8. 2. – 7. 3. 43 46

125 g Kunsthonig F 3 K 8. 2. – 7. 3. 43 ◇ 46

Bei Fleisch und Fett machten die neuen Rationen eine Kürzung von 25% aus. Zwar wurden ab 19. Oktober 1942 einige Rationen wieder erhöht – so vor allem die Brotzuteilung um 1000 g und die Fleischration in luftkriegsgefährdeten Gebieten, zu denen ja auch Hannover gehörte, um 200 g – doch änderte dies im Prinzip nichts an der durch den 6. April 1942 markierten Trendwende in der Lebensmittelzuteilung.

Parallel hierzu wurde es schwieriger, einen Ausgleich mit Hilfe solcher Lebensmittel herzustellen, die nicht der Zwangsbewirtschaftung unterlagen. Trotz sogenannter »Brachlandaktionen«[33], die auf die Erfassung von Freiflächen im Stadtgebiet für den Kartoffel- und Gemüseanbau abzielten, kam es gerade bei der Gemüseversorgung immer wieder zu großen Engpässen.

Versuche, die Situation durch Veränderungen der Organisation zu entschärfen, bewirkten meist nur das Gegenteil. Am 1. Juli 1942 wurde z. B. ein provisorischer Gemüse-Großmarkt auf dem Klagesmarkt eingerichtet,[34] wo der Großhandel täglich die Waren entgegennahm, um sie am nächsten Morgen an die Einzelhändler weiterzugeben. Diese Änderung in der Organisation hatte zur Folge, daß die Warendecke schlagartig dünner wurde. Die Gemüsebauern mußten mehr Transportkapazität und -zeit investieren. Sie verloren die Großhandelsspanne und mit ihr auch das Interesse, ihre Produkte in gewohnter Menge an den Mann zu bringen. Es wurde nun zwar gleichmäßiger, aber dafür sehr viel weniger verteilt als früher. Spinat, Blumenkohl und andere »Mangelware« durften bald nur noch an Schwangere und Haushalte mit kleinen Kindern abgegeben werden.

Von solchen Engpässen abgesehen, konnte aber noch immer von einer einigermaßen geregelten Lebensmittelversorgung gesprochen werden. Ähnliches galt für den Zuständigkeitsbereich der Wirtschaftsämter, auch wenn hier das Zwangsbewirtschaftungssystem immer weiter ausgedehnt werden mußte. So waren von 1942 bzw. 1943 an Fahrräder, Herde, Öfen, Radioapparate u. ä. nur noch gegen Bezugsscheine zu haben.

Spürbar knapper wurden die Rohstoffe, vor allem fehlte es an Nichteisen-Metallen. So ist ein Erlaß vom Sommer 1942 zu erklären, demzufolge alle auf städtischen öffentlichen Plätzen und Straßen befindlichen Denkmäler aus Bronze oder Kupfer, soweit sie nicht besondere künstlerische Bedeutung besaßen, ferner Gedenktafeln an Häusern, wenn sie mehr als 5 kg wogen, eingeschmolzen werden sollten. In die Liste der zu schützenden Denkmäler gelangten die von Schiller, Hölty, des Generals von Alten, Ernst Augusts, die Siegesgöttin auf der Waterloosäule, das Sachsenroß vor der Technischen Hochschule, das Menschenpaar und die beiden Löwen am Maschsee, nach einigem Zögern auch das Karmarsch-, das Luther- und das Ulanendenkal in der Eilenriede, der Hirsch am Lister Turm und die Knieende im Stadthallengarten. Eingeschmolzen wurden hingegen u. a. die Standbilder Kaiser Wilhelms I. und Wilhelms II. aus der Rathaushalle, die nach der Novemberrevolution von 1918 entfernt, im April 1933 aber wieder aufgestellt worden waren.[35]

Ein schöner Traum

Mir war heut Nacht ein großes Glück beschieden,
Ich hab geträumt, wir hätten Frieden.
Alle Leute rannten nun wie toll,
Beim Schlachter war der Laden voll.

Auch in den Bäckerläden war ein Leben,
Der ganze Markenkram war aufgegeben,
Man sah die Leute mit gefüllten Taschen,
Schon auf der Straße fingen manche an zu naschen.

Und in der Kneipe erst, da war ein Leben,
Was man sich wünschte, hat es da gegeben,
Bier, Wein, Likör und auch Zigarren,
Zigaretten wurden nur so angefahren.

Es wurde gegessen, geraucht und bezahlt,
Ein jeder war glücklich und hat gestrahlt,
Auch ich goß etliche hinunter,
Auf einmal — da wurde ich plötzlich munter,
Es zog mich jemand zärtlich am Arm:
„Los, steh auf, es ist Fliegeralarm!"

Gedicht, das in der Stadt kursierte (Original handtellergroß)

Aufgrund eines weiteren Erlasses des Reichsinnenministers waren auch bronzene sowie kupferne Gebrauchs-, Ausstattungs- und Einrichtungsgegenstände aus Dienstgebäuden, ausgenommen Führerbüsten, abzuliefern. Der Wohnungsbau kam völlig zum Erliegen, was notwendig zu

Nährmittelgerichte
Brotgerichte
Hauptgerichte einmal ohne Fleisch!
Gemüsegerichte
Kartoffelgerichte
Rezeptdienst
Herausgegeben vom Reichsausschuß für Volkswirtschaftliche Aufklärung, Berlin

einer Verschärfung der Zwangsbewirtschaftung von Wohnraum führen mußte. Alle freiwerdenden Wohnungen waren fortan umgehend an die Preisbehörde für Mieten und Pachten zu melden.

Einigermaßen normal funktionierte immer noch das öffentliche Verkehrswesen, auch wenn sich die Benzinknappheit mehr und mehr bemerkbar machte. Im September 1942 setzte deshalb die Umrüstung der Autobusse auf Leuchtgas ein,[36] und im Sommer 1943 begann man damit, die Straßenbahn auf der Strecke vom Klagesmarkt nach Laatzen für den Transport von Obst und Gemüse einzusetzen.[37]

Anmerkungen

1 Vgl. v. Knobelsdorff, S. 137 ff.
2 Frankland, Vol. IV, S. 144.
3 Ebenda, S. 146.
4 Harris, S. 147.
5 Nds. HStAH: Hann. 87 a/6.
6 H. K. 19. 12. 1942.
7 BAM: RL 19/451.
8 Frankland, Vol. IV, S. 153 f.
9 Ebenda, S. 273 ff.
10 Craven/Cate, Vol. II, S. 846.
11 Nds. HStAH: Hann. 122 a XXXIX/413.
12 StAH: Prot. Dez. 28. 4. 1942.
13 DC: Personalia Haltenhoff.
14 StAH: Personalakte Haltenhoff.
15 BA: NS 25/798.
16 Zum folgenden vgl. v. a. DC: Personalia Hoffmeister.
17 Ebenda.
18 Ebenda.
19 StAH: Prot. Ratsh. 10. 11. 1942.
20 StAH: Ebenda 18. 5. 1943.
21 StAH: HR XXI C Nr. 21 c.
22 StAH: Prot. Ratsh. 30. 6. 1942.
23 Hampe, S. 291 ff.
24 Hierzu Nds. HStAH: Hann. 133, Acc. 27/81, Nr. 162–164.
25 NTZ 17. u. 19. 12. 1942.
26 Nds. HStAH: VVP 17/2050.
27 HA. 6. 7. 1943.
28 NTZ 20./21. 2. 1943; StAH: Schulamt Nr. 174, 177.
29 Hierzu und zum folgenden v. a. Nicolaisen, Die Flakhelfer, S. 50 ff. und ders., Der Einsatz . . ., S. 503 ff. und S. 533 f.
30 Nds. HStAH: Hann. 130/140 3.
31 StAH: Schulamt Nr. 177.
32 Vgl. Schmitz, S. 48.
33 StAH: Prot. Dez. 13. 1. 1942.
34 Zum folgenden StAH: HR XXIX B 4 a Nr. 34 II.
35 Zu diesen Vorgängen StAH: Prot. Dez. 11. 6. 1942 u. 4. 8. 1942.
36 NTZ 1. 9. 1942.
37 StAH: HR XXIX B 4 a Nr. 34 c.

Zweites Halbjahr 1943: Die Zerstörung Hannovers

26. Juli: Es geschah am hellichten Tage . . .

Alarm	Nr. 364[A])
Beginn	11.48 Uhr
Ende	13.10 Uhr
Flugzeuge	92[B])
Bomben	288 Sprengbomben
	32 Flüssigkeitsbrandbomben
	25 000 Stabbrandbomben
Personenschäden	273 Tote
	422 Schwerverletzte
	4 000 Obdachlose
Sachschäden	89 Wohnhäuser total
	98 Wohnhäuser schwer
	5 öffentl. Gebäude total
	15 öffentl. Gebäude schwer
	8 Industriegebäude schwer

In der Nacht zum 25. Juli 1943 begann das Unternehmen »Gomorra«, eine Serie von Luftangriffen auf Hamburg, bei denen Marschall Harris mehr als 10000 t Bomben abwerfen ließ. Er hatte vom Kriegskabinett die Anweisung erhalten, »die Stadt bis auf den Grund zu zerstören, und zwar im vollsten Ausmaß seiner Fähigkeiten und Möglichkeiten«.[1] In den Feuerstürmen, die bei der drückenden Sommerhitze entstanden, starben mehr als 40000 Menschen – eine Zahl, die die Öffentlichkeit erst nach Kriegsende erfuhr. Unterstützt wurde die RAF von der amerikanischen Luftwaffe, die bei Tag U-Boot-Werften und Raffinerien im Hafengebiet angriff.

Am 26. Juli teilte sich ein Richtung Hamburg fliegender Kampfverband, und 92 amerikanische B-17-Bomber nahmen Kurs auf Hannover, nachdem ein schon für den 17. Juli geplanter Tageseinsatz zur Zerstörung der »Continental« in Hannover kurz nach dem Start wegen ungünstiger Witterungsbedingungen hatte abgebrochen werden müssen.[2]

Um 11.48 Uhr dieses 26. Juli wurde der 364. Fliegeralarm des Zweiten Weltkrieges in Hannover ausgelöst. Amerikanischen Angaben zufolge hatten die Maschinen 210 t Bomben geladen, mit denen die »Continental«-Werke in Vahrenwald und Stöcken zerstört werden sollten.[3] Die Sprengbomben trafen das Firmengelände und die angrenzenden Straßen in Vahrenwald, das Industriegebiet an der Fösse- und Badenstedter Straße sowie den gesamten Bereich des Nordhafens.[4] Die Anlagen in Vahrenwald wurden so schwer getroffen, daß das Rüstungskommando Hannover für die Reparatur zunächst 2–2½ Monate veranschlagte.[5] Amerikanische Wirtschaftsexperten schätzten den Produktionsausfall auf 2000 Flugzeug- und 6000 Autoreifen, der tatsächliche Ausfall lag bei 3400 bzw. 13000 Reifen.[6]

Schwer beschädigt waren ebenfalls der Hauptgüterbahnhof und das Hauptgleis am Weidendamm, das erst wieder am Abend des folgenden Tages in einer Richtung befahrbar war. Die Lindener Eisenwerke meldeten Totalschaden sowie 8 Tote und 30 Verletzte.[7] Der Schiffsverkehr im Bereich des Nordhafens war unterbrochen, da 51 schwere Sprengbomben auf Kanalböschung und Verladeeinrichtungen niedergegangen waren.[8]

Der wahre Umfang des industriellen Schadens blieb den Hannoveranern verborgen. Was die Menschen sahen, waren die Brände, die zwischen Waterlooplatz und Bahnhof wüteten.

Es war keine neue Taktik, die Sprengbomben auf die Fabriken und die Brandbomben auf die Altstadt zu werfen,

Britische Orientierungskarte für Bomberbesatzungen

26. 7. 1943: Amerikanische Aufnahme vom Angriff auf Vahrenwald

wie die Feuerwehr später vermutete.[9] Vielmehr waren die Brandbomben ebenfalls für die »Continental« in Vahrenwald bestimmt gewesen, mangelnde Erfahrung der Bombenschützen und Einsatzplaner hatten jedoch bewirkt, daß fast alle Bomben in die dichtbebaute Altstadt fielen.

Vieles hätte gerettet werden können, wenn nicht ein Teil der hannoverschen Feuerwehr zur Unterstützung der dortigen Hilfskräfte nach Hamburg geschickt worden wäre.[10] Als die zu Hilfe gerufenen Löscheinheiten aus den umliegenden Landkreisen und aus Magdeburg und Braunschweig endlich in Hannover eintrafen, gab es nicht mehr viel, was sie noch löschen konnten.

Vordringlichste Aufgabe war zunächst die Bergung von Verschütteten, besonders in den von Sprengbomben schwer getroffenen Stadtteilen Vahrenwald, Nordstadt und Stökken. Allein auf dem »Continental«-Grundstück an der Philipsbornstraße waren 110 Betriebsangehörige getötet worden, als eine Bombe in unmittelbarer Nähe eines Luftschutzraumes detonierte.[11]

Den Umgang mit den Toten bzw. »Gefallenen« mußte man erst noch lernen, wie einem Bericht des städtischen Garten- und Friedhofsamts vom 5. August 1943 zu entnehmen ist:

»Der Angriff traf fast nur die zum Bereich des Stadtfriedhofs Stöcken gehörigen Wohnbezirke. Aus diesem Grunde wurden fast alle Gefallenen auf dem Stöckener Friedhof eingeliefert, und zwar handelt es sich in der Hauptsache um die Gefallenen der Continental A. G. sowie um die auf dem Bahnhof Weidendamm und die von den Dienststellen der Polizei und SHD aufgefundenen Leichen. Die Einlieferung dauerte in der ersten Nacht etwa bis 3½ Uhr. ... Schwierigkeiten haben sich jedoch daraus ergeben, daß die Identifizierung nicht gleich an Ort und Stelle vorgenommen worden ist; denn hier wäre es ohne weiteres möglich gewesen, durch

Aussagen der Arbeitskameraden einen Teil der Leichen zu identifizieren, die sie an der Arbeitskleidung oder an der Eigenart der Berufskleidung besser kannten, als die Familienangehörigen der Todesopfer. Den Angehörigen, die zuerst beim Werke vorstellig geworden sind, hätte man dann nur eine kleine Anzahl der dann noch nicht identifizierten Leichen zu zeigen brauchen, damit ihnen die Eindrücke erspart blieben, die viele von ihnen zweifellos beim Suchen der auf dem Friedhof angelieferten Gefallenen aller Schadensstellen gehabt haben.«[12]

Zur künftigen leichteren Identifizierung im Todesfall wurde den »Volksgenossen« empfohlen, neben ihren Ausweispapieren künftig Erkennungsgegenstände aus Metall bei sich zu tragen, nach Möglichkeit ein einfaches Stück Konservenblech, in das Name und Wohnung einzuritzen waren.[13]

»Rechtzeitig« vor dem ersten großen Angriff war übrigens durch ein Rundschreiben des Oberbürgermeisters vom 21. Juli eine neue Sprachregelung eingeführt worden: In Anlehnung an einen Erlaß des Oberkommandos der Wehrmacht sollte künftig auch bei Bombenopfern nicht mehr von »Verletzten« und »Getöteten«, sondern von »Verwundeten« und »Gefallenen« gesprochen werden.[14]

Obgleich der Angriff vom 26. Juli nur einen Vorgeschmack von dem bot, was dann im September, vor allem aber im Oktober über die Stadt hereinbrechen sollte, fiel ihm bereits eine Reihe bedeutender Baudenkmäler zum Opfer:[15] So das Leineschloß, das Opernhaus, das Alte Palais, das Café Kröpcke, die Marktkirche, das Wangenheimpalais, das Zeughaus am Waterlooplatz, das Prinzenpalais, die Klickmühle, das schöne Renaissancehaus der Hahnschen Buchhandlung, die Markthalle u. a.

Erhebliche Schäden trugen das Polizeipräsidium, das Oberfinanzpräsidium, das Staatsarchiv und die Wasserstraßendirektion davon, deren Dachgeschosse ebenso brannten wie der »Braune Saal« des Neuen Rathauses, das allerdings im übrigen verschont blieb.

Natürlich waren auch leichtere Schäden zu registrieren: Etwa 15 Brandbomben, die auf das Alte Rathaus fielen, lösten dort einen Dachstuhlbrand aus, der aber rasch gelöscht werden konnte. Von mehreren Stabbrandbomben wurde auch das Kestner-Museum getroffen, zwei davon fielen durch das Dach in den großen Lichtsaal, wo sie auf dem Terrazzo-Fußboden ohne Wirkung verbrannten.

Der Direktor des Kestner-Museums hat später zu Protokoll gegeben, er habe beim Anflug der feindlichen Flugzeuge in Höhe des Waterlooplatzes einen »derartigen Bombenfall« beobachtet, »... daß die Luft geradezu geflimmert ... hat«.[16]

Der Schock, den dieser Bombenhagel hinterließ, saß tief, zumal als durchsickerte, wie unzureichend Gebäude wie das Leineschloß oder das Opernhaus gegen Angriffe aus der Luft gesichert waren. Als es ernst wurde, lastete z. B. die Brandbekämpfung im Leineschloß fast ausschließlich auf den Schultern des überalterten Schloßpersonals. Von den zwölf für das Schloß eingeteilten ehrenamtlichen Brandwachenhelfern war nur einer während des Angriffs zur Stelle.

Die Feuerwehr konnte gegen 12.30 Uhr nur mit einem einzigen Zug anrücken, ihr Ruf nach Verstärkung verhallte ungehört. Die aus Braunschweig und Magdeburg herbeizitierten Einheiten trafen viel zu spät, nämlich erst 16.25 Uhr und 17.20 Uhr, an Ort und Stelle ein.

Während die Trümmer noch rauchten, begann die Jagd auf die Schuldigen. Dabei wurde die Gauleitung schnell fündig. Natürlich hatte nicht sie, sondern die Stadtverwaltung versagt, ein Vorwurf, der mehrfach schriftlich erneuert wurde[17] und den die Verwaltungsspitzen der Stadt nicht auf sich sitzen lassen wollten.

Vom 12. September 1943 datiert eine ausführliche Stellungnahme des kommissarischen Oberbürgermeisters Hoffmeister, die für uns heute als authentisches Dokument über den Untergang des Leineschlosses und des Opernhauses von besonderem Wert ist. Hier Auszüge aus diesem Dokument[18], in dem zunächst auf die Brandbekämpfung im Leineschloß eingegangen wird: »Am 26. Juli d. J., dem Tage des Luftangriffes, standen im Leineschlosse zwölf Personen zur Brandbekämpfung zur Verfügung ... Da das Leineschloß eine Vorwarnung erhalten hatte, waren der Schloßverwalter Nolte, der Leiter des Selbstschutzes, sowie die übrigen Selbstschutzkräfte auf den Angriff vorbereitet. ...

Der Abwurf der Brandbomben wurde auch sofort beobachtet; die Zahl der über dem Schlosse, den Schloßhöfen und den umliegenden Straßenzügen niedergehenden Brandbomben war aber so groß, daß auch nicht annähernd angegeben werden kann, wieviel Bomben das Schloß getroffen haben. Nach Aussagen der Zeugen sind die Bomben geradezu herabgeprasselt. Dabei ist der Westflügel des Gebäudes, in der sich die Fluko-Wache und die Warnzentrale befinden, offenbar nur wenig getroffen worden; die große Mehrzahl der Brandbomben ist auf den Mittelbau und den Ostflügel gegangen. ...

Die Brandbomben, die den Mittelbau und den Ostflügel trafen, fielen zum Teil auf die Böden und riefen dort sofort zahlreiche Brände hervor; zum Teil durchschlugen sie die dünnen Decken der Festsäle, so daß auch im Tanzsaal, im Rittersaal, im Coursaal und im Landschaftssaal augenblicklich Feuer entstand. Einige der Brandbomben fielen sogar, wie später festgestellt worden ist, in die Zwischenräume von Doppelwänden, so daß ihre Einschläge zunächst überhaupt nicht bemerkt werden konnten.

Sogleich nachdem sie erkannt hatten, daß Brandbomben abgeworfen worden waren, eilten die Selbstschutzkräfte von ihren Beobachtungsposten in die oberen Geschosse bis auf den Bodenraum hinauf, um das Feuer zu bekämpfen. Der Schloßverwalter Nolte ergriff schon im Tanzsaal mehrere brennende Stühle und warf sie auf den Hof; eine zischende Brandbombe wurde von ihm im Coursaal durch das Fenster in die Leine befördert. Im Weiterlaufen stieß er im Landschaftssaal, am Ende der Räume der Heeresgedenkstätte, auf einen größeren Brandherd: hier stand bereits die Nachbildung eines Schützengrabensystems in hellen Flammen. Sein Versuch, das Feuer mit Sand und Wasser zu löschen, gelang nicht. Als Nolte durch das Einschlagloch in der Decke sah, daß es auch oberhalb des Saales brannte, lief er zunächst zum Boden hinauf. Dort stieß er schon auf andere Selbstschutzkräfte, die die zahlreichen Brandstellen mit Schaumlöschern, Wasser und Sand zu löschen suchten. Indes waren gleichzeitig so viele Brandherde entstanden, daß eine Bekämpfung sich bald als aussichtslos erwies, zumal der Boden bereits stark verqualmt war und die schon früher vorsorglich ausgelegten Schlauchleitungen wegen des geringen Wasserdruckes nicht wirksam verwandt werden konnten.

Sobald Nolte sich davon überzeugt hatte, daß die Selbstschutzkräfte allein des Feuers nicht Herr werden konnten, eilte er die nach der Küche führende runde Treppe hinunter, um die Feuerschutzpolizei zu benachrichtigen. Die

Treppe brannte in ihrem oberen Teile bereits lichterloh. Als Nolte unten angekommen war, fiel ihm ein brennender Balken in den Rücken, so daß er für längere Zeit nicht mehr einsatzfähig war. Mit Mühe erreichte er das Freie und gab seine Meldung an das Polizeirevier 1, von wo aus um 12.25 Uhr die Feuerschutzpolizei angerufen wurde. Ehe der erste Löschzug eintraf, verging noch eine gewisse Zeit. Auch dann konnte die Feuerwehr nicht sofort mit voller Kraft eingreifen, weil der Wasserdruck nicht genügte. ... Nur der sofortige Einsatz einer starken, geschulten Berufsfeuerwehr hätte, und auch nur vielleicht, einen Erfolg haben können.«

Hoffmeister wies in seinem Bericht anschließend darauf hin, daß auch das am 4. August 1943 tagende Feldgericht der 15. Flakbrigade am Verhalten des Schloßpersonals nichts auszusetzen gefunden habe, und wandte sich dann den Ereignissen im Opernhaus zu: »Auch im Opernhaus lagen wie im Leineschlosse die Dachböden in verschiedenen Höhen. Die Decken waren ebenfalls zum größten Teil aus Holz. Besonders gefährlich mußten beim Ausbruch von Feuer die Zwischendecken werden, von denen die eine sich über das ganze Logenhaus hinwegzog, die andere über der sogenannten Kleinen Bühne lag. Durch den Einbau dieser Decken unter den eigentlichen Böden waren große Hohlräume entstanden, in denen sich ein Brand, ohne daß er von außenher rasch angreifbar war, sehr schnell verbreiten konnte. Außerdem hatte das Haus bei seiner besonderen, auf das Repräsentative gerichteten Bauart eine Anzahl toter Winkel und Räume, die ebenfalls nur sehr schwer, von Selbstschutzkräften wohl gar nicht, zu erreichen waren. Im übrigen war das Haus, wie es in einem Theater gar nicht anders sein

Zerstörtes Leineschloß

26. 7. 1943: Opernhaus in Flammen

konnte, mit leicht brennbaren Gegenständen, wie Dekorationsteilen, Polstermöbeln, leicht brennbarem Gestühl, Garderobenschränken und Kostümen, trotz mehrfacher Auslagerungen noch so angefüllt, daß ein ausbrechendes Feuer sofort reiche Nahrung finden mußte. ...

Als Fliegeralarm gegeben wurde, waren von den 32 geschulten Selbstschutzkräften über die Hälfte im Opernhause anwesend; der Rest fand sich sehr bald danach ein. Verstärkt wurden die geübten Kräfte des Selbstschutzes durch andere Gefolgschaftsmitglieder, die im Hause anwesend waren, so daß kurz nach dem Alarm etwa 50 Männer zur Brandbekämpfung zur Verfügung standen.

Wie im Leineschlosse konnte auch im Opernhause sofort der Abwurf zahlreicher Brandbomben beobachtet werden. Augenzeugen berichten, daß Hunderte von Brandbomben auf das Opernhaus und seine nächste Umgebung gefallen seien. Auf einem Raume von 8 × 5 Meter Größe sind 14 Einschläge gezählt worden. Noch vor einigen Tagen wurden in dem Schutt des Opernhauses an einer Stelle 12 Köpfe ausgebrannter Bomben gefunden ...

Die Brandbomben fielen auf das ganze Haus verteilt, und zwar so, daß fast in allen Gebäudeteilen und fast in jedem Stockwerk auf einem Schlag zahlreiche Brände entstanden, u. a. im Damengarderobenmagazin an der Südseite, über der Kleinen Bühne im Nordflügel und auch sogleich im Logenhause und auf der Bühne, ein Zeichen dafür, daß die Bomben zum Teil das Dach und die Böden durchschlagen hatten und bis ins Erdgeschoß gefallen waren. Während von außen noch nichts von dem Umfange der Katastrophe zu sehen war, wütete das Feuer im Innern des Gebäudes schon kurze Zeit nach dem Einfall der Bomben mit unvorstellbarer Gewalt. Bis auf einen Teil der Südseite und des Nordwestflügels war das ganze Haus von dem Brande erfaßt. Bühne und Logenhaus bildeten bald ein Flammenmeer, brennende Dachteile fielen herab, Decken stürzten ein, und ein stickiger Qualm von verbrennenden Kleidungsstücken, Polstermöbeln, Vorhängen, Teppichen und Dekorationsstücken durchdrang die oberen Stockwerke in einer solchen Stärke, daß die Selbstschutzkräfte bald gezwungen wurden, sich schrittweise zurückzuziehen, schließlich die Bekämpfung des Feuers aufzugeben und sich der Bergung dessen zuzuwenden, was noch zu retten war. Etwa 15 Minuten nach dem Abwurf der Bomben hatte die Verqualmung schon einen solchen Grad erreicht, daß auch die Höfe und Keller von dichtem Rauch durchzogen waren. Ungefähr weitere 15 Minuten später mußte der Luftschutzraum, in dem noch einige Frauen saßen, geräumt werden ...

Die Löscharbeiten des Selbstschutzes wurden von Anfang an dadurch erschwert, daß der Wasserdruck in den Leitungen stark gefallen war. Ein Löschzug der Feuerschutzpolizei traf bald nach dem Ausbruch des Feuers ein; er konnte das Gebäude ebenso wenig retten wie die verschiedenen Freiwilligen Feuerwehren, die sich im Laufe der Zeit an der Brandstelle einfanden.«

Der Ruine des Opernhauses statteten Baufachleute am 24. August einen Besuch ab. Sie stellten fest, daß die sehr massive Decke des südlichen Gebäudetrakts, zu dem u. a. der Ballettsaal und die Restaurants gehörten, gehalten hatte und mit einem Notdach versehen werden konnte, eine Maßnahme, die von den folgenden Angriffen so rasch überholt wurde wie die Weisung der Gauleitung, die Oper zunächst im Schauspielhaus an der Hildesheimer Straße unterzubringen.

Die Aufräumungsarbeiten in der Stadt zogen sich bis Mitte September hin und gingen zu Lasten der Bunkerbauten der sog. »zweiten Welle«[19], zu der insgesamt 12 Bunker gehörten, unter ihnen der für das benachbarte Nord-

26. 7. 1943: Auch das Polizeipräsidium brennt

stadtkrankenhaus besonders wichtige Bunker Haltenhoff-Straße. Er ist erst im Okt. 1944 fertiggestellt worden.

Dort, im Nordstadtkrankenhaus, hatte mehr als die Hälfte der während des Angriffes verletzten Männer, Frauen und Kinder Aufnahme gefunden. Ihre Verletzungen waren teilweise so schwer, daß die mit der Registrierung der Personenschäden beauftragten städtischen Mitarbeiter – wie in einem ihrer Berichte nachzulesen ist – schon nach wenigen Stunden »schlapp machten«.[20]

Der Toten des 26. Juli gedachte die Gauleitung mit einer pompösen Feier, die am 29. Juli vor dem Neuen Rathaus stattfand. Es war gewiß kein gutes Omen, daß sich in die hohlen Phrasen der Traueransprache des Gauleiters schon wieder die Alarmsirenen mischten. Beschönigend schrieben am nächsten Tag die Zeitungen, die Sirenen seien »bewußt so rechtzeitig ausgelöst« worden, daß die Teilnehmer »in aller Ordnung in die Luftschutzräume« gelangen konnten.[21] Der nächste Angriff kam bestimmt.

26. 7. 1943: Café Kröpcke

22./23. September: »Das Ziel brannte sehr gut ...«

Alarm	Nr. 415
Beginn	21.43 Uhr
Ende	0.41 Uhr
Flugzeuge	632 (davon 5 amerikanische)[C]
Bomben	500 Sprengbomben
	50000 Stabbrandbomben
	780 Phosphorbrandbomben
Personenschäden	201 Tote
	176 Schwerverletzte
	5000 Obdachlose
Sachschäden	287 Wohnhäuser total
	372 Wohnhäuser schwer
	9 öffentl. Gebäude total
	16 Industriegebäude total

Zwei Monate nach dem amerikanischen Tagesangriff holte die RAF zur vollständigen Zerstörung der Stadt aus. Rüstungsbetriebe wie die »Hanomag« oder die »Continental« lieferten nach wie vor die offizielle Begründung, durchgeführt wurden die Angriffe dann aber in der erprobten Art der Flächenbombardierung, wobei möglichst viele Besatzungen das Stadtgebiet im Radius von 3 Meilen (!) um die Gleisanlagen des Hauptbahnhofes treffen sollten.[22]

Am Abend des 22. September 1943 starten um 18.30 Uhr (britischer Zeit) 711 Bomber des Typs »Lancaster«, »Halifax«, »Stirling« und »Wellington«. Nach Überquerung der Nordsee erreicht der Verband südlich von Emden die Küste und fliegt dann südlich an Oldenburg vorbei bis nach Hoya/Weser. Dort schwenken die Maschinen nach Südosten ab, zum Zielanflug über das Steinhuder Meer nach Hannover.

632 Besatzungen geben später an, ihre Bomben auf das Stadtgebiet abgeworfen zu haben. 25 Bomber werden von der Flak oder Nachtjägern abgeschossen.[23] Von den Besatzungen, die zurückkehren, äußern sich die meisten bei der obligatorischen Einsatzbefragung optimistisch über das Ergebnis ihres Einsatzes.

So lautet der Bericht einer »Lancaster«-Besatzung der 207. Squadron: »Einsatzzeit: 19.00–0.41 Uhr. Bombenlast: 1 Sprengbombe zu 4000 lb, 4 Behälter (90 × 4 lb) Stabbrandbomben, 2 Behälter (8 × 30 lb) Flüssigkeitsbrandbomben. Angriff um 21.50 Uhr aus 17000 ft Höhe. Leichter Dunst über der Stadt, Ziel durch ›Pfadfindermarkierungen‹ identifiziert. Abwurf auf grüne Zielmarkierer. Das Ziel brannte sehr gut mit großen Rauchwolken. Gute Konzentration der Brände, die während des Rückflugs noch bis zur holländischen Küste zu sehen waren.«[24]

Zur Stärke der deutschen Verteidigung äußert sich eine Besatzung der 101. Squadron: »Man konnte mehrere Flugzeuge abstürzen sehen. Ziemlich starkes Flakfeuer, vielleicht das konzentrierteste, das wir jemals sahen.«[25]

Als aber die Zielfotos der Bomber und die Aufnahmen, die eine »Mosquito« am folgenden Nachmittag macht, ausgewertet werden, zeigt sich, daß dieser Angriff als Fehlschlag einzustufen ist.

Der überwiegende Teil der Bomben ist auf Bemerode, Döhren und Wülfel sowie in die unbebaute Leinemasch gefallen. Als Grund dafür gibt die offizielle britische Luftkriegsgeschichte ein undeutliches Bild auf den Radargeräten an, mit deren Hilfe die ersten Zielmarkierungen gesetzt werden sollten. Die Bombenschützen in den nachfolgenden Maschinen zielten dann auf diese Markierungen, die bis zu 10 Kilometer entfernt von ihrem eigentlichen Ziel gefallen waren.

Auch wenn es insgesamt 201 Todesopfer in Hannover gibt, so hatte die Stadt noch einmal Glück, vergleicht man die Zahl der Toten, die Angriffe vergleichbarer Stärke in Wuppertal oder Hamburg gefordert haben.

Unter den Toten befanden sich 44 Angehörige einer Instandsetzungsbereitschaft der Luftschutzpolizei in Wülfel, deren Unterkunft in Wülfel einen Volltreffer erhalten hatte.[26]

Erneut waren einige markante Gebäude getroffen worden, so schon wieder das Staatsarchiv am Waterlooplatz, die Martinskirche in Linden, die Technische Hochschule, die Bismarckschule, der Bahnhof Hainholz und der Südbahnhof.[27] Auch die Rüstungsproduktion war betroffen, unmittelbar durch die Zerstörungen bei den metallverarbeitenden Werken in Wülfel und Laatzen, mittelbar durch den Ausfall des Wasserwerkes Grasdorf, der Wassermangel bei Großverbrauchern wie der »Hanomag« oder »Continental« zur Folge hatte.[28]

In Wülfel brannten das Eisenwerk Wülfel, die Garvenswerke, die Brotfabrik Wülfel und die Chemische Fabrik, in Döhren die Ziegeleien in der Willmerstraße und vor allem die Wollwäscherei und -kämmerei, die restlos zerstört wurde.

In Misburg waren nur vereinzelt Bomben gefallen. Bei der »Deurag-Nerag« registrierte man 3 Sprengbomben, die aber die Produktion nicht zu beeinträchtigen vermochten. Flugblätter, die man hier nach dem Angriff fand, meldeten triumphierend den Abfall des italienischen Verbündeten unter Führung des Marschalls Badoglio und enthielten Fotos von der Landung der Engländer in Kalabrien, die erst vor wenigen Tagen, am 3. September 1943, erfolgt war.[29]

Zwei Tage nach dem Angriff konnte die Stadtverwaltung eine erste Bilanz ziehen: Die an Wohnhäusern verursachten Schäden waren sehr viel umfangreicher als beim Tagesangriff der Amerikaner am 26. Juli, ja sie erwiesen sich als größer als bei allen bisherigen Angriffen zusammengenommen. Nach Meinung der städtischen Dezernenten hatten das Melde- und Rettungswesen völlig versagt. Die ersten Verletzten waren erst gegen 4.00 Uhr morgens, also drei Stunden nach dem Entwarnungssignal, geborgen worden.[30] Für die nächsten Angriffe ließ dies nichts Gutes erwarten.

27./28. September: »Gut sichtbare Brände ...«

Alarm	Nr. 422
Beginn	21.59 Uhr
Ende	0.41 Uhr
Flugzeuge	572 (davon 4 amerikanische)[D)]
Bomben	1075 Sprengbomben
	32510 Stabbrandbomben
	8800 Phosphorbrandbomben
Personenschäden	196 Tote
	63 Schwerverletzte
	20000 Obdachlose
Sachschäden	341 Wohnhäuser total
	436 Wohnhäuser schwer
	2 öffentl. Gebäude total
	6 Industriegebäude total

Fünf Tage nach dem ersten Fehlschlag läßt Marschall Harris 683 seiner Besatzungen zu einem weiteren Großangriff auf Hannover starten.

Wie bei den »Gomorrha«-Angriffen gegen Hamburg, so fallen auch in dieser Nacht Millionen von Stanniolstreifen auf Norddeutschland herab. Da ihr Zweck den unteren Parteidienststellen noch nicht bekannt ist, vermuten sie den Versuch einer Bakterienverseuchung. Hannoversche Schüler erhalten deshalb die Anweisung, derartige Stanniolstreifen mit Holzstöcken aufzusammeln und in verschließbaren Glasbehältern abzuliefern.[31]

In Wirklichkeit sollen die Streifen die deutschen Radargeräte stören, auf deren Bildschirmen sie verwirrende Signale hervorrufen. Den Leitstellen der Nachtjäger fällt es deshalb zunächst schwer, die genaue Position des Bomberstroms zu erkennen. Dieser überfliegt bei Vlieland die holländische Küste und erreicht die Weser bei Liebenau. Farbige Leuchtmarkierungen signalisieren dort den Kurswechsel, der die Bomber wiederum über das Steinhuder Meer in Richtung Hannover führt.

Um 21.59 Uhr treiben die Sirenen in der Stadt die Menschen in Luftschutzkeller oder Bunker. Um 22.40 Uhr setzt das Flakfeuer ein, 12 Minuten später fallen die ersten 4000 lb Luftminen.

Hier der Einsatzbericht einer britischen Bomberbesatzung der 77. Squadron: »Zur Zeit des Angriffes war die Sicht klar. Das Ziel wurde durch Pfadfindermarkierungen identifiziert. Bomben um 22.03 Uhr (britischer Zeit) auf grüne Markierungen abgeworfen, die noch am Himmel schwebten. Gut sichtbare Brände entstanden um die Markierungen herum. Sie wuchsen schnell zusammen und waren bis zur Küste zu sehen. Mit Ausnahme der Nachtjäger, die von zahlreichen Suchscheinwerfern unterstützt wurden, war die Abwehr über dem Ziel nur mäßig. Um 22.10 Uhr konnte beobachtet werden, wie ein Flugzeug, wahrscheinlich eine ›Lancaster‹, von einem Nachtjäger abgeschossen wurde. Landung um 2.00 Uhr (britischer Zeit) auf dem Platz ›Downham Forest‹.«[32]

Wieder behaupten 599 der 683 eingesetzten Besatzungen, ihre Bomben auf das Zentrum Hannovers abgeworfen zu haben. Aber auch dieses Mal zeigt die Bildauswertung, daß die Mehrheit der Leuchtmarkierungen und Bomben auf freies Gelände im Norden der Stadt niedergeht. Als Begründung wird abermals ein unzureichender Kontrast auf den Radarschirmen der Markierungsmaschinen angegeben.

Anderen Berichten zufolge lösen die Bombenschützen befehlsgemäß 9 Minuten nach Überfliegen von Liebenau den Abwurf aus, obwohl eine geänderte Windrichtung den Zeitplan verschoben hat.

Entsprechend der Flugroute fällt die Mehrzahl der Bomben in einem breiten Streifen, der ungefähr von Langenhagen über Bothfeld bis nach Buchholz reicht. Mehrere Rüstungsbetriebe im Norden der Stadt werden getroffen, so die Firma Wohlenberg und die Flugzeughallen der Brinker Eisenwerke auf dem Vahrenwalder Flughafen.[33]

Treffer erhielten außerdem die Schokoladenfabrik Sprengel, erneut die »Conti« und die Keksfabrik Bahlsen. Zerstört bzw. stark beschädigt werden die Aegidienkirche, die Alte Kanzlei, die Technische Hochschule, das Konzerthaus am Hohen Ufer, die Lukaskirche, das Annastift und zum wiederholten Mal die Bismarckschule. Dabei werden sowohl die Aegidienkirche als auch die ihr gegenüberliegende Alte Kanzlei von vereinzelt über dem Stadtzentrum abgeworfenen Luftminen getroffen.[34]

Daß ungeachtet der Erfahrungen der voraufgegangenen Angriffe die ehrenamtlichen Luftschutzkräfte, zumal in den als weniger bedeutsam eingestuften Objekten, nach wie vor auf verlorenem Posten standen, verdeutlicht der Bericht eines Wachmanns über den Untergang der traditionsreichen alten Bothfelder Schule:

»Am Tage der Katastrophe hatte ich den Auftrag, die Sanitätssachen zu bewachen. Im Falle starken Bombenwurfes sollte ich einen Schutzraum aufsuchen, da im Schulhause keinerlei Schutzmöglichkeiten vorhanden waren. Nachdem eine Zeitlang ein schwerer Bombenregen auf die Schule und die Umgebung niedergeprasselt war, eilte ich in das Gebäude, um zu sehen, ob Brandbomben gezündet hatten. Das Zimmer, in dem wir als Wachmannschaften bisher gelegen hatten, stand bereits so sehr in Flammen, daß man nicht mehr hinein konnte. Das leicht entzündbare Material, die Spinde, Betten usw., waren von einer Brandbombe in Flammen gesetzt und brannten lichterloh. Wir konnten aus dem Raume auch nichts mehr bergen; denn das Feuer lief in rasender Eile weiter, setzte die Holztreppe, die wohl infolge des häufigen Ölens sehr leicht brennbar war, in Flammen und sprang auf die gegenüberliegenden Klassen über. Im Nu stand das ganze obere Stockwerk in Flammen. Zum Unglück waren von der Militärverwaltung wenige Tage vorher Bänke und Pulte zurückgebracht und in die unteren Klassen gestellt worden. Als daher die Decken durchbrachen, stand auch das Erdgeschoß in hellen Flammen. Als die Feuerwehr eintraf, war schon nichts mehr zu retten. ...«[35]

Mitten im Abwurfgebiet liegen auch die Flakstellungen in Langenhagen, wo Luftwaffensoldaten und hannoversche Oberschüler den Tod fanden.

Auf der anderen Seite erleidet das Bomber Command mit 38 Maschinen seine bisher schwersten Verluste über Norddeutschland. 13 Bomber werden allein in der unmittelbaren Umgebung Hannovers von der Flak oder den Nachtjägern abgeschossen. Eine »Wellington« schlägt auf der Schulenburger Landstraße auf.[36]

Von den Maschinen, die nach Großbritannien zurückkehren, ist ein großer Teil beschädigt, wie z. B. eine »Lancaster«, die über Hannover von einem Nachtjäger beschossen wird. Beide Bordschützen sind schwer verletzt, und die Maschine kann sich kaum noch in der Luft halten. Dennoch erreicht sie die britische Küste, wo sie noch irrtümlich von der eigenen Flak beschossen wird. Mit dem letzten Tropfen Treibstoff gelingt dem Piloten eine Bruchlandung auf dem Flugfeld von Hardwick.[37]

8./9. Oktober: Der schwarze Tag

Alarm	Nr. 429
Fliegeralarm	0.34 Uhr
Entwarnung	3.00 Uhr
Beginn des Angriffs	1.19 Uhr
Ende des Angriffs	1.59 Uhr
Flugzeuge	430 E)
Bomben	3 000 Sprengbomben
	28 000 Phosphorbrandbomben
	230 000 Stabbrandbomben
Personenschäden	1 245 Tote
	447 Schwerverletzte
	250 000 Obdachlose
Sachschäden:	3 932 Wohnhäuser total
	18 832 Wohnhäuser schwer
	81 öffentl. Gebäude total
	24 Industriegebäude total

Nach dem Tagesangriff der Amerikaner vom 26. Juli und den beiden englischen Nachtangriffen im September konnte eigentlich niemand in Hannover ernsthaft annehmen, daß damit das Schlimmste bereits überstanden war. Nichts sprach dafür, daß einem Industriezentrum und Verkehrsknotenpunkt vom Range Hannovers das Schicksal Hamburgs oder der Großstädte an Rhein und Ruhr auf Dauer erspart bleiben würde. Auch in der Leine-Metropole war jenes alliierte Flugblatt gefunden worden, das die Warnung Churchills »An die Zivilbevölkerung der deutschen Industriegebiete« vom 1. September 1943 enthielt.[38]

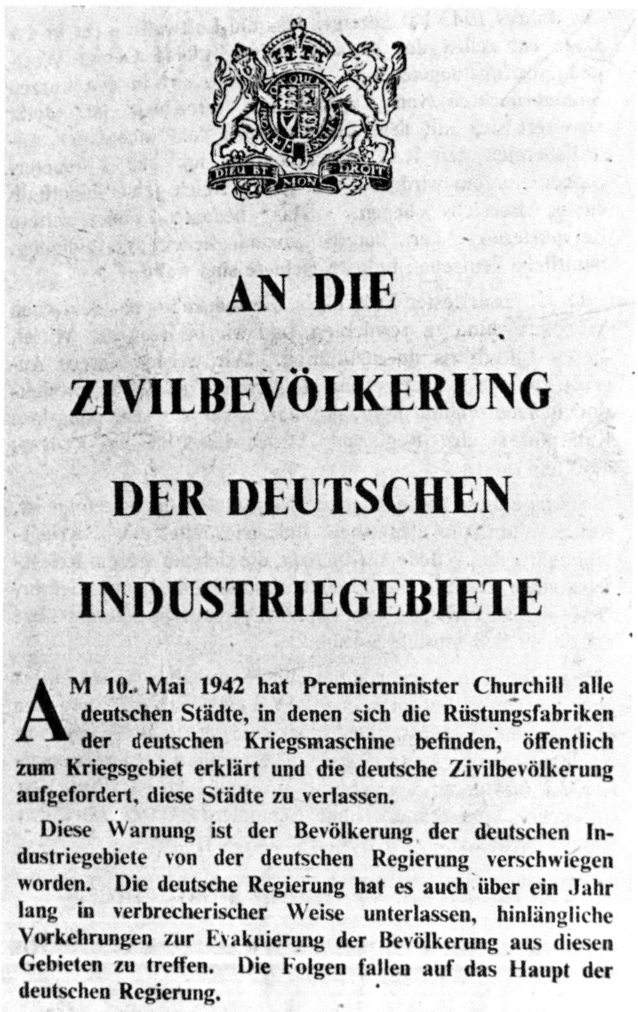

DIEU ET MON DROIT

AN DIE ZIVILBEVÖLKERUNG DER DEUTSCHEN INDUSTRIEGEBIETE

Am 10. Mai 1942 hat Premierminister Churchill alle deutschen Städte, in denen sich die Rüstungsfabriken der deutschen Kriegsmaschine befinden, öffentlich zum Kriegsgebiet erklärt und die deutsche Zivilbevölkerung aufgefordert, diese Städte zu verlassen.

Diese Warnung ist der Bevölkerung der deutschen Industriegebiete von der deutschen Regierung verschwiegen worden. Die deutsche Regierung hat es auch über ein Jahr lang in verbrecherischer Weise unterlassen, hinlängliche Vorkehrungen zur Evakuierung der Bevölkerung aus diesen Gebieten zu treffen. Die Folgen fallen auf das Haupt der deutschen Regierung.

Am 25. Juni 1943 hatte der Gauleiter Lauterbacher, zugleich Reichsverteidigungskommissar für den Gau Südhannover-Braunschweig, unter strengster Geheimhaltung den Ernstfall geprobt: mit Hilfe eines Planspiels, das mit der Möglichkeit von 3100 Toten und 60000 Obdachlosen als Folgen eines verheerenden Großangriffs rechnete, wobei – so die Annahme – vor allem die dichtbebaute Altstadt mit ihren besonders gefährdeten Fachwerkhäusern großen Flächenbränden zum Opfer fallen würde.[39]

Anfang Juli, also gleichfalls noch vor dem ersten großen Angriff vom 26. Juli, wurden die städtischen Bediensteten angewiesen, sich am Morgen nach einem Großangriff und im Falle der – hierbei offenbar einkalkulierten – Zerstörung der städtischen Dienstgebäude auf vier freien Plätzen im Stadtgebiet zur Arbeitsaufnahme einzufinden: auf dem Waterlooplatz, dem Schneiderberg, dem Hermann-Göring-Platz (Theodor-Heuss-Platz) und dem Robert-Koch-Platz.[40]

Von der Zuversicht der ersten Kriegsjahre war also nicht mehr viel geblieben. Man war auf alles gefaßt und schien zu ahnen, daß der Stadt nur noch eine Gnadenfrist von wenigen Wochen, ja Tagen beschieden war.

Vorbote des Unheils war eine »Mosquito«, die am 3. Oktober mehrmals die Stadt überflog und das Zentrum, die nördlichen und die westlichen Stadtteile fotografierte.[41] Als am Abend des gleichen Tages die Sirenen hallten, gingen die Menschen in Erwartung eines erneuten Angriffes in die Luftschutzräume. Tatsächlich hingen auch bald die Kaskaden der farbigen Zielmarkierungen am Himmel und in der List explodierten 4 Bomben. Dann aber glühten die Leuchtbomben aus, ohne daß es zu weiteren Abwürfen kam.[42]

Fünf Nächte später holt der Krieg, den das nationalsozialistische Deutschland über die Welt gebracht hat, auch Hannover endgültig ein.

Am Nachmittag des 8. Oktober, einem Freitag, bekommen die britischen Staffeln von ihren jeweiligen Bombergruppen mitgeteilt, daß das Ziel dieser Nacht wieder Hannover sein wird. Angeblich nehmen sie bei den Einsatzbesprechungen einen Tagesbefehl von Marschall Harris entgegen, in dem dieser unter Hinweis auf die vorangegangenen Fehlschläge die Besatzungen zu größter Anstrengung aufruft.[43] 504 »Lancaster«, »Halifax«, »Wellington« und »Mosquito« stehen ihm an diesem Abend zur Verfügung, etwa 200 weniger als am 22. September.

Zwischen 22.30 und 23.15 Uhr starten die Maschinen im Abstand von einer halben Minute von ihren Plätzen an der englischen Ostküste. Nach den vorangegangenen Fehlschlägen haben die Einsatzplaner nun eine Flugroute gewählt, die zunächst auf einen Großangriff gegen Berlin schließen läßt.

Der Bomberstrom erreicht im Norden der holländischen Insel Texel den Kontinent, überfliegt Lingen und Nienburg, um dann seinen Weg in östlicher Richtung fortzusetzen. Erst bei Winsen/Aller signalisieren gelbe Leuchtmarkierungen das Abschwenken in Richtung Hannover. Zur Täuschung der deutschen Abwehr fliegen 7 Mosquitos nach Berlin, während 119 schwere Bomber einen Angriff auf Bremen unternehmen.[44]

Wie undurchsichtig die Luftlage für die deutsche Luftwaffe ist, beweisen die von der Flugwache auf dem Turm des Neuen Rathauses mitgeschriebenen Luftlagemeldungen.[45]

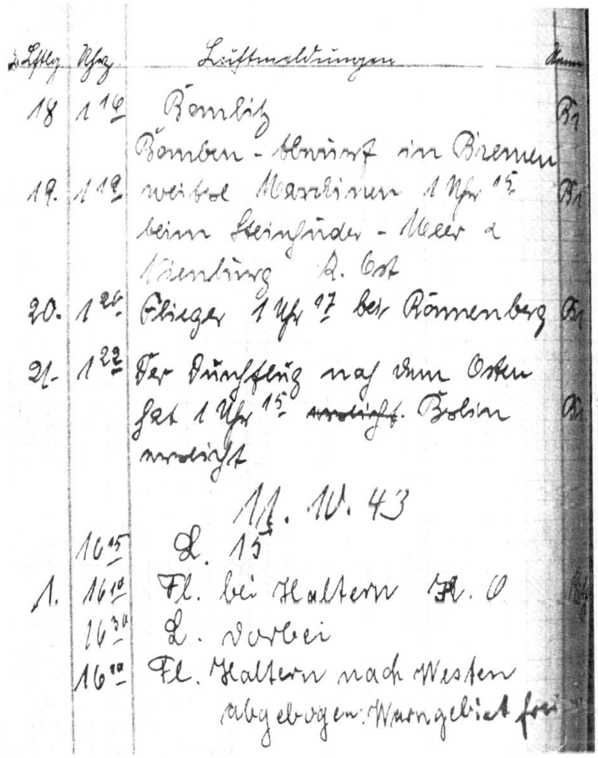
Lfd. Nr. Uhrz. Luftmeldungen
18 1.10 Bombst.
Bomben-Abwurf in Bremen
19. 1.12 weitere Maschinen 1 Uhr 15
beim Steinhuder-Meer u.
Nienburg R. Ost
20. 1.20 Flieger 1 Uhr 17 bei Rönnenberg
21. 1.22 Der Durchflug nach dem Osten
hat 1 Uhr 15 ~~erreicht.~~ Berlin
erreicht
11. X. 43
10.45 L. 15
1. 16.10 Fl. bei Haltern R. 0
16.30 L. vorbei
16.40 Fl. Haltern nach Westen
abgebogen. Warngebiet frei

Eintragungen vom 9. u. 11. 10. 1943

Nachdem die ersten Einflüge aus Holland bereits um 0.14 Uhr gemeldet werden, wird um 0.34 Uhr der Fliegeralarm für Hannover ausgelöst. Zu diesem Zeitpunkt überfliegt die »Mosquito«-Staffel Nienburg in östlicher Richtung. Um 0.54 Uhr erreicht die erste Welle des eigentlichen Bomberverbandes das Gebiet zwischen Oldenburg, Vechta und Diepholz, um 1.05 Uhr überfliegen diese Maschinen zwischen dem Steinhuder Meer und Nienburg die Weser.

11 Minuten später trifft in Hannover die Nachricht von Bombenabwürfen auf Bremen ein. Die letzte Durchsage, die die Männer auf dem Rathausturm um 1.22 Uhr erreicht, lautet: »Der Durchflug nach dem Osten hat 1.15 Uhr Berlin erreicht.«

Zu den ersten britischen Maschinen, die das Stadtgebiet ansteuern, gehören die »Pfadfinder« der 156. Squadron: »Einsatzzeit: 22.51–3.57 Uhr, Bombenlast: weiße, rote und

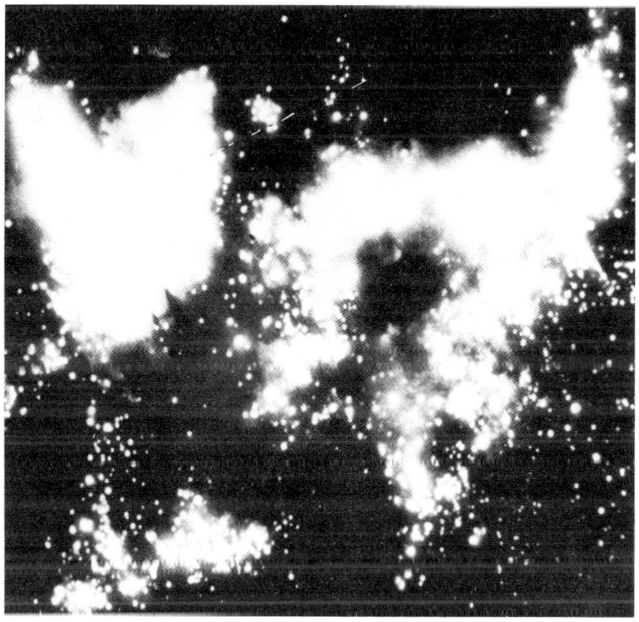

Brit. Luftaufnahme von der brennenden Stadt

Unter Berufung auf diese Meldungen erklärt der hannoversche Polizeipräsident in seiner Eigenschaft als örtlicher Luftschutzleiter später, daß man bis zuletzt an einen Angriff auf Berlin und Bremen geglaubt habe,[46] zumal die Hafenanlagen an der Weser schon am Nachmittag von amerikanischen Maschinen angegriffen worden seien.

grüne Zielmarkierer, 1 Sprengbombe von 4000 lb. Das Ziel Hannover wurde visuell durch den Hauptbahnhof und andere markante Gebäude identifiziert. Um 1.27 Uhr wurde der Hauptbahnhof aus einer Höhe von 19000 ft bombardiert. Die Markierungen schienen sehr gut zu liegen. Unserer Meinung nach war der gesamte Angriff sehr erfolgreich, sofern man das in einem so frühen Stadium des Unternehmens sagen konnte.«[47]

Den »Pfandfindern« folgen die anderen Maschinen mit einer Bombenmischung im Rumpf, die Großbrände hervorrufen kann. So trägt jede der 12 »Halifax«, die die 77. Squadron in dieser Nacht einsetzen kann, 2 Sprengbomben (1000 lb), 9 Behälter (90 × 4 lb) Stabbrandbomben und 4 Behälter (8 × 30 lb) Flüssigkeitsbrandbomben. Die Sprengbomben von 3 Maschinen sind mit Verzögerungszündern ausgerüstet, die die Explosion erst nach 36, 72 oder 144 Stunden auslösen.[48] Deshalb ist es den Feuerwerkern der Hilfsdienste unmöglich, eine nicht detonierte Bombe wie einen Blindgänger zu behandeln. In der Praxis hat ein derartiger Bombenfund zur Folge, daß ein weitläufiges Gebiet bis zu 7 Tagen abgesperrt werden muß. Bergungsarbeiten werden so erschwert, wenn nicht gar unmöglich gemacht.

Die verheerende Wirkung von Brandbomben aus der Sicht der Betroffenen beschreibt Rudi Drewitz, damals Leiter der Großsammelstelle Herrenhäuser Schloß, so: »Die Elektro-Thermit-Stabbrandbombe war an sich eine verhältnismäßig harmlose Waffe, wenn man sie nach dem Einschlag auf dem Dachboden schnell entdeckte und bekämpfte. Dann genügte eine Tüte Sand, um sie zu ersticken. Man konnte sie auch an dem eisernen Bombenfuß ergreifen und ins Freie schleudern. Zu Hunderttausenden abgeworfen, war sie allerdings ein äußerst gefährliches Kampfmittel, weil es dann unmöglich war, die vielen durch sie verursachten Entstehungsbrände unter Kontrolle zu bringen. ...

Die Bekämpfung der Phosphorbrandbombe war erheblich schwieriger. Der zylinderförmige Bombenkörper, etwa fünffach so groß wie eine Stabbrandbombe, zerbarst beim Aufschlag und versprühte seinen flüssigen Inhalt über eine Fläche von mehreren Quadratmetern. Jeder Phosphorspritzer entfachte eine Flamme, die sich später mit anderen zu einem Flächenbrand vereinigte. Bekämpfte man den Phosphorbrand mit Wasser, so flammte er wieder auf, wenn das Wasser verdampft war. Ausreichende Mengen Sand boten eigentlich die einzige Möglichkeit, dieser Brände Herr zu werden. Aber soviel Sand war selten vorhanden.«[49]

Wie stark die Brände in dieser Nacht schon nach wenigen Minuten um sich griffen, beschrieb eine »Lancaster«-Besatzung der 44. Squadron in wenigen nüchternen Worten: »Der Angriff auf Hannover erfolgte um 1.37 Uhr aus 19600 ft Höhe. Das Ziel wurde durch die Brände identifiziert. Wegmarkierungen und Zielmarkierer brannten über der Stadt. Abwurf der Bomben auf rote Zielmarkierer. Die Brände erstreckten sich etwa 7 Meilen von Norden nach Süden und 3 Meilen von Westen nach Osten. Gute Konzentration im Bereich der Zielmarkierungen. Um 1.42 Uhr wurde eine starke Explosion beobachtet. Beträchtliche Rauchentwicklung ... Der Einsatz scheint erfolgreich gewesen zu sein.«[50]

Dieser Beurteilung schloß sich auch das Bomber Command in seiner Gesamteinschätzung des Angriffes an: »In der Nacht zum 9. Oktober wurden 2 Quadratmeilen des Zentrums von Hannover völlig zerstört. Die erste Zielmarkierung ... war außergewöhnlich genau, so daß die anderen Markierer den Zielpunkt ohne Schwierigkeiten fanden. ... So wurde daraus der konzentrierteste Angriff, der jemals mit dieser Technik erzielt wurde. Die Auswertung der Zielfotos ergab, daß von 430 Besatzungen, die angaben, das Ziel bombardiert zu haben, 340 ihre Bomben innerhalb eines Radius von 3 Meilen um den Zielpunkt abgeworfen hatten.[51] ... Von den 27 Bombern, die vom Angriff auf Hannover nicht zurückkehrten, wurden wahrscheinlich 21 von deutschen Nachtjägern abgeschossen.«[52]

Zum Ausmaß der Zerstörungen schreibt die Abteilung S. des Stadtbauamtes: »Der Regen an Phosphor- und Stabbrandbomben sowie Spreng- und Minenbomben zerstörten die Südstadt, das Zentrum, die Stadthallengegend, die Calenberger Neustadt, Straße der SA (Lange Laube) etwa bis zum Horst-Wessel-Platz (Königsworther Platz), Minister-Stüve-Straße, die Gegend am Schwarzen Bären, Siloah-Krankenhaus. Es waren danach fast sämtliche Krankenhäuser, Kliniken, bis auf das Krankenhaus I (Nordstadtkrankenhaus), ein sehr großer Teil der Schulen, sämtliche Verwaltungsgebäude wie Oberpräsidium, Regierungsgebäude usw. vernichtet oder mindestens stark beschädigt.«[53]

Zu den Rettungs- und Bergungsarbeiten gibt es widersprüchliche Darstellungen. Hier zunächst der Bericht der Feuerschutzpolizei:

»Dieser Fliegerangriff war der schwerste, der auf unsere Stadt geführt wurde. Gleich zu Beginn fielen die Fernsprechverbindungen aus, weiter wurden erhebliche Treffer auf die Wasserrohrleitung festgestellt, wodurch das Hydrantennetz unbrauchbar wurde. Die sich mit großer Schnelligkeit entwickelnden Flächenbrände in der Innenstadt und im Südstadtgebiet behinderten anfangs eine einwandfreie Erkundung der Schadensgebiete. Es wurde doch sofort erkannt, daß die Bevölkerung in den Flächenbrandgebieten auf das äußerste gefährdet war und beschleunigt in Sicher-

Trümmerräumung in der Celler Straße (heute: Celler Str. / Lister Meile)

heit gebracht werden mußte. Seitens der örtlichen Luftschutzleitung und der Gauleitung der NSDAP wurden unverzüglich Maßnahmen getroffen, die Bevölkerung aus ihren Schutzräumen herauszuholen, auf noch begehbaren Straßen nach Sammelpunkten zu leiten und schließlich aus den Flächenbrandgebieten herauszuführen. Der energischen und tatkräftigen Durchführung dieser Maßnahmen ist es zu verdanken, daß noch in letzter Minute die Bevölkerung gerettet werden konnte und die entstandenen Verluste erstaunlich gering geblieben sind. Bei dieser Rettungsaktion, die der Brandbekämpfung rigoros vorangestellt wurde, sind heroische Taten vollbracht worden.«[54]

Der Behauptung, daß Feuerwehr und Gauleitung die Menschen aus den brennenden Wohnvierteln herausgeführt hätten, widersprechen die Erinnerungen des damaligen Standortluftschutzleiters bei der Wehrmachtskommandantur Hannover, Rittmeister Oskar von Treuenfels.

Ursprünglich nur für den Schutz der militärischen Anlagen zuständig, beginnen seine Männer, verstärkt durch Kommandos aus anderen Standorten, sofort mit den Rettungsmaßnahmen in Wohnvierteln. »Bei diesem Angriff hat sich gezeigt, daß sowohl die Polizei- als auch die zivilen Luftschutzkräfte nur in beschränktem Umfang, örtlich begrenzt, Hilfe zu leisten vermögen. Meist sind die zivilen LS-Kräfte, naturgemäß ältere Leute, so stark mit sich selbst und ihren eigenen Schäden beschäftigt, daß die für Nachbarschaftshilfe in größerem Umfange ausfallen.

Alles schrie um Hilfe: Polizei, Reichsbahn, Reichspost, Wasserstraßenverwaltung, Stadtbauamt. Nur die Wehrmacht allein war mit ihren Soldaten in der Lage zu helfen. So gelang es zunächst durch Einsatz aller verfügbaren Wehrmachtshilfskommandos, etwa 5000 Zivilisten, die in Bunkern und Kellern schmorten, zu retten und aus dem Feuersturmgebiet herauszuführen. ...

Der Einsatz der Feuerlöschpolizei hat völlig versagt, die Leitung war stärkstens zentralisiert, ein großer Fehler, der auch bei späteren Angriffen immer wieder in Erscheinung trat, so daß ein großer Teil der Spritzen, insbesondere sämtliche von auswärts herangezogenen, überhaupt nicht in Tätigkeit traten, da sie keinen ›Einsatzbefehl‹ erhielten und auch gar nicht erhalten konnten, da einen solchen zu geben wegen Blockierung der Straßen und Versagen der Nachrichtenverbindungen fast unmöglich ist. Die Spritzenführer müssen hier selbständig handeln. Hunderte von Spritzen haben stundenlang, während es rings um sie brannte, in den Einfallstraßen von Hannover, diese selbst blockierend, untätig gestanden, ohne überhaupt zum Einsatz gekommen zu sein.«[55]

Der Polizeipräsident zog das folgende niederschmetternde Resumee: »Infolge des konzentrischen Angriffs und überaus dichten Teppichabwurfs wurde eine Fläche von 10 km^2 völlig vernichtet. Da sich der Angriff ... auf den Stadtkern richtete, ist das Geschäftsleben, das Kulturleben, der behördliche Dienstbetrieb, das Gaststätten- und Beherbergungsgewerbe in Hannover fast völlig stillgelegt. Da der Hauptbahnhof und das Hauptpostgebäude schwer beschädigt bzw. zerstört worden sind, ist auch der ordnungsgemäße Reichsbahn-, Post- und Fernsprechverkehr einstweilen ausgeschaltet, das gleiche gilt für den Straßenbahnverkehr. Zur Erläuterung der Dichte des Brandbomben-Teppichs kann angegeben werden, daß auf das Gebäude der Deutschen Bank (1260 m^2) 359 Stabbrandbomben abgeworfen worden sind.«[56]

Selbst die kühle Distanz dieses amtlichen Berichts läßt ahnen, was die schrecklichste Nacht in der 800-jährigen Geschichte Hannovers so schrecklich gemacht hat: jener von der ungeheuren Sogwirkung der großen Flächenbrände gespeiste Feuersturm, dessen Ausmaße die Annahme des Planspiels vom 25. Juni noch weit übertrafen.

Ein unscheinbares, aber gerade wegen seiner Schlichtheit besonders bewegendes Dokument wird im Stadtarchiv aufbewahrt: das Temperaturdiagramm der Tage und Nächte vom 6. bis 9. Oktober 1943, aufgezeichnet von der in der Kröpcke-Uhr installierten kleinen Wettersäule. Folgt man der Kurve auf diesem Stück Papier, das den Feuersturm wie durch ein Wunder überstanden hat, springt ins Auge, daß die Temperaturen in den ersten Stunden nach dem Angriff von 10° C auf 35° C (!) hochschnellen, auf dieser Höhe zwischen 4.00 Uhr und 6.00 Uhr morgens verharren, um erst allmählich im Laufe des Tages wieder normale, der Jahreszeit entsprechende Werte zu erreichen.[57]

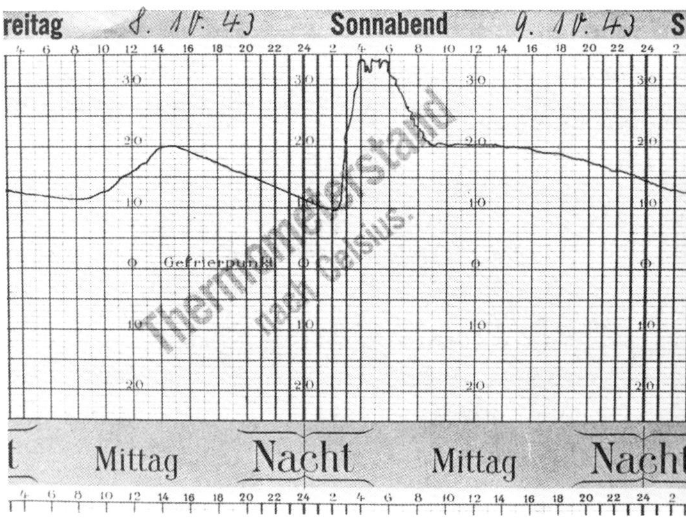

Zu den eindrucksvollsten optischen Belegen für das dramatische Geschehen dieser Nacht gehören zweifellos auch jene Fotos, auf denen – wenn auch erst nach Kriegsende – festgehalten wurde, wie sich in der Angriffsnacht die Umrisse der herabstürzenden glühenden Fassadenreste in den Asphalt der Straßen eingegraben haben.

Die Feuerwehr war noch Tage nach dem Angriff damit beschäftigt, die Trümmermassen mit Wasser zu kühlen. Noch am 18. Oktober z. B., als in einer zerstörten Villa am Adolf-Hitler-Platz (Opernhaus, Rathenaustraße) nach einem Geldschrank gesucht wurde, in dem man wertvolle Partituren des Opernhauses vermutete, war der Schutt noch so heiß, daß das Unternehmen abgebrochen werden mußte.[58]

Am 11. Oktober 1943 kreisten englische Aufklärungsflugzeuge über Hannover, um Luftbildaufnahmen von der zer-

Giebel-Abdruck im Asphalt Breite Straße

störten Stadt zu machen. In seinem wenige Tage später konzipierten Auswertungsbericht wies das englische Bomber Command darauf hin, daß man es gewohnt sei, wenn das Bild einer Stadt am Tage nach einem Angriff von Rauch und Qualm verdunkelt werde; in Hannover sei dies aber noch am 11. Oktober, also drei Tage nach dem Angriff, der Fall gewesen.[59]

Das, was insbesondere der Tagesangriff vom 26. Juli noch verschont hatte, war nun auch dahin.[60] So das Schauspielhaus in der Hildesheimer Straße und das Alte Rathaus, von dem nur der Keller und zwei Räume des Erdgeschosses stehen geblieben waren, dazu die Giebel, ausgenommen jener zur Leinstraße hin, der einstürzte. Nicht besser erging es dem Leibnizhaus, einem der schönsten Bürgerhäuser Deutschlands, das durch Sprengbomben-Volltreffer restlos zerstört wurde.

Sprengbomben hatten auch die Fassaden des Alten Palais vernichtet, die den Angriff vom 26. 7. noch überstanden hatten. Eine Fortsetzung des bei diesem Angriff begonnenen Vernichtungswerks erlebte das Leineschloß: Thronsaal, Schloßkirche und der schöne Lavessche Portikus wurden zerstört bzw. schwer beschädigt. Schwer getroffen wurde ein Seitenflügel des Kestner-Museums. Brandbomben und Phosphorkanister vollendeten das Zerstörungswerk am Café Kröpcke. Der Zoologische Garten, der noch bei jedem Angriff getroffen worden war, mußte nach dem 9. Oktober endgültig geschlossen werden. Der 1929 erbaute Magazinturm der Stadtbibliothek in der Hildesheimer Straße, der erste seiner Art in Europa, soll wie eine gigantische Fackel gebrannt haben.

Auf dem Hauptbahnhof ging nichts mehr. In den nächsten Tagen endeten die Reisezüge aus Richtung Osten in Klee-

Männer und Frauen Hannovers!

Ungewöhnliche Eingriffe in unser Leben verlangen **ungewöhnliche Maßnahmen**

Vier schwere Terrorüberfälle der Angloamerikaner auf unsere Stadt haben schmerzliche Lücken gerissen und weite Stadtgebiete verwüstet. Der Feind hat sein Ziel, uns niederzuschlagen, unsere Moral zu schwächen und uns zur Aufgabe unserer Arbeit zu zwingen, aber nicht erreicht. **Mit unauslöschlichem Haß gegen die Juden und ihre Knechte, aber auch in heißer Liebe zu Führer und Reich, erfüllen wir,** wie der Soldat im Kampf, **auch in der Heimat unsere Pflicht.**

Das Leben verlangt gebieterisch sein Recht. Es geht auch in Hannover weiter. Meine Maßnahmen mögen nicht immer für jedermann verständlich sein und oft hart erscheinen. Sie dienen aber, wie bisher, auch jetzt und in Zukunft nur der Gemeinschaft, unserer Gesundheit und Stärke und letzten Endes dem Sieg.

So fordere ich heute die letzten werdenden Mütter, die Mütter mit Kleinkindern, die Kranken und Gebrechlichen und nicht zuletzt unsere Alten, kurz und gut: alle nicht Berufspflichtigen und alle, die nicht zu deren unmittelbarer Betreuung am Orte notwendig sind, auf, Hannover zu verlassen.

Einfache Unterkünfte in weniger gefährdeten Gebieten sind sichergestellt. Ebenfalls ausreichende Ernährung. Wer meinem Aufruf nachkommt, sichert sich selbst und nimmt den in der Gauhauptstadt Tätigen die größte Sorge um sie. Außerdem werden auf diese Weise Räume frei, die zur Unterbringung der Berufspflichtigen und ihrer Betreuer dringend benötigt werden. Also meldet Euch sofort bei den Dienststellen der NSV, dort könnt Ihr alle Einzelheiten erfahren.

Wohnungen, die ganz oder teilweise zur Verfügung gestellt werden, **bleiben den Inhabern mit allen Rechten erhalten.** Die **Möbel** können entweder in die Aufnahmequartiere der Verschickten mitgenommen oder den neuen Wohnungsbenutzern gegen Entgelt oder frei übergeben werden. Außerdem kauft die Stadt Möbel in jedem Umfange auf. Auf alle Fälle aber bleibt das Privateigentum auch heute unangetastet. Wer sich daran vergreift, ist ein Volksschädling.

Alle berufspflichtigen Volksgenossen Hannovers, die als Obdachlose entweder in der Stadt selbst oder außerhalb Quartier genommen haben, fordere ich auf, sich **sofort in ihren Betrieben zur Arbeit** zu **melden.** Zehntausende ordnungsliebende und pflichttreue Menschen, die ohne Unterbrechung zur Stelle sind, erwarten das. Außerdem muß die lebenswichtige Produktion weiterlaufen und jedes Büro und jede Dienststelle besetzt sein. Auch im totalen Krieg und nach Terrorangriffen hat nur der ein Anrecht auf Essen, Wohnung und Bekleidung, der arbeitet.

Die **Verpflegung** in Hannover ist durch die Massenküchen der NSV, durch die Betriebe, in wieder errichteten Gaststätten und durch Sozialgewerke gesichert. Außerdem bemüht sich auch der Einzelhandel, seiner Verteilungsaufgabe so schnell und so gut als möglich wieder nachzukommen. Die Unterbringung erfolgt in Wohnheimen der DAF und im übrigen in freigemachten Wohnräumen.

Die Verkehrsmöglichkeiten bessern sich von Tag zu Tag. Außerdem müssen auch Fußwege in Kauf genommen werden.

Hannoveraner, tut das, was ganz Deutschland von Euch erwartet! Laßt Euch in Anständigkeit und Pflichterfüllung von niemand übertreffen!

Heil Hitler!

Lauterbacher

Gauleiter und Reichsverteidigungskommissar

feld, aus Richtung Süden in Wülfel, aus dem Westen in Linden und aus dem Norden in Langenhagen.[61]

Noch relativ glimpflich war die Stadthalle davongekommen, wo das nach Kriegsbeginn an Stelle des Kupferdachs gesetzte Pappdach und die Ausstellungshalle abbrannten. Seltsamerweise blieb auch das Neue Rathaus verschont, mit Ausnahme des Stadtbauamtsflügels, der restlos zerstört wurde. Hier war durch eine im Innenhof heruntergehende Sprengbombe das ganze Gebäude auseinandergerissen und so der Weg für die nachfolgenden Brandbomben geebnet worden.

Dem Erdboden gleichgemacht wurde auch das Städtische Gesundheitsamt; darin verbrannten u. a. die Akten und Karteien der Abteilung »Erb- und Rassenpflege«, ein Verlust, der sicherlich noch am ehesten zu verschmerzen gewesen wäre. Bedauernd heißt es in einem späteren Tätigkeitsbericht dieser Abteilung, daß wegen des Verlustes der gesamten »Arbeitskartei der Ehevermittlung Unfruchtbargemachter« der Umfang »ausmerzender Maßnahmen« leider zurückgegangen sei. Dagegen habe man »Versuche unlauterer Elemente, die allgemeine Verwirrung für die Erschleichung einer Ehegenehmigung auszunutzen«, bald erkannt und wirkungsvoll unterbunden.[62]

Von den 28 städtischen Krankenhäusern und Privatkliniken waren drei Stunden nach dem Angriff vom 9. Oktober nur noch das Nordstadtkrankenhaus, das Josephstift und das Annastift einsatzfähig.[63] Die meisten der transportfähigen Kranken konnten allerdings in einem der Stadt gehörenden Ausweichkrankenhaus in Schwarmstedt sowie in einer Sanitätsbereitschaft der Luftwaffe in Nienburg Aufnahme finden. Die Masse der etwa 8000–10000 Augenverletzungen wurde dagegen in den den Polizeirevieren zugeordneten Sanitäts-Rettungsstellen behandelt. Es waren sehr schmerzhafte Verletzungen, die durch den Feuersturm, also durch Rauch, Flugasche und Mörtelstaub, verursacht worden waren.[64]

Es ist gewiß bemerkenswert, daß trotz der Zerstörung fast aller Krankenhäuser dort kein unmittelbares Bombenopfer zu beklagen war. Die Bunker und Keller hatten hier durch aus ihre Schuldigkeit getan, und in der Tat ist die Zahl der Toten dieses Angriffes – offiziell mit 1245 angegeben – relativ gering gewesen, jedenfalls angesichts des Ausmaßes der Zerstörungen im Stadtgebiet und im Vergleich mit anderen deutschen Großstädten.

Von den bis Anfang Oktober 1943 fertig gestellten 56 Hoch- und Tiefbunkern war nur jener in der Bergstraße durch einen etwa 40 cm tief in die Decke eingedrungenen Bombentreffer stärker beschädigt worden, die übrigen hatten nur leichtere Schäden an den Dächern, Regenrinnen und Türen davongetragen.

Grundsätzlich waren die Bunker nur für die Aufnahme von Frauen und Kindern vorgesehen. Noch vor dem ersten großen Angriff vom 26. Juli hatte der Polizeipräsident die Bunkerwarte angewiesen, Männern zwischen 16 (!) und 65 Jahren den Zutritt zu verwehren.[65] Natürlich wurde immer wieder versucht, das Verbot zu umgehen. Eine besondere Anziehungskraft scheint hierbei der Bahnhofsbunker ausgeübt zu haben. So ist SD-Berichten vom Oktober 1943 zu entnehmen, daß sich »Pseudo-Passagiere« im Bahnhof Fahrkarten nach Hildesheim kauften und damit in den Wartesaal gingen, um bei Fliegeralarm im Bahnhofsbunker zu verschwinden.[66]

Aber nicht nur die Bunker hielten stand. Auch von den privaten Luftschutzkellern war kaum einer unter den Trümmerlasten zusammengebrochen. Die meisten Opfer hatten die Flächenbrände gefordert, genauer: der Umstand, daß viele Menschen ihre Keller nicht rechtzeitig verlassen haben bzw. – weil verschüttet – nicht rechtzeitig verlassen konnten oder aber in Panik in ihre Keller zurückgelaufen und dann hier erstickt sind. In einem Bericht des städtischen Quartieramtes lesen wir:

»Die Handwerker-Unterkünfte Georgstr. 8 und Bergstr. 8 brannten ... aus. Gerettet wurde hier nichts. Von den in der Unterkunft Georgstr. 8 befindlichen etwa 100 Handwerkern sind 49 ums Leben gekommen. Die gesamten Handwerker befanden sich in dem öffentlichen Luftschutzraum des Hauses. Als die Luft hier zu heiß wurde – es sollen bereits 85° gewesen sein –, wurde der Keller geraumt, um im Freien Rettung zu suchen. Die Straßen in der Umgebung waren aber ein Feuer-Meer. Die später Umgekommenen wagten diesen einzigen Rettungsweg daher nicht, kehrten vielmehr in den Keller zurück und sind dort vermutlich in Hitze und Rauch erstickt.«[67]

Bei der Bergung der Verschütteten kam man in der Regel zu spät, obgleich Spezialbergungskommandos aus den Hütten und Bergwerken des Oberharzes eingesetzt wurden. Es hatte sich nämlich herausgestellt, daß man mit Hilfe von Stollen, die unter die Kellersohle getrieben wurden, schneller vorankam als mit dem Abtragen der Trümmer, die die Zugänge versperrten.

Einen Eindruck von dem, was an tragischem Geschehen über viele Familien hereingebrochen war, mögen Auszüge aus Berichten der für die Registrierung von Personenschäden (PS) zuständigen städtischen Dienststelle vermitteln: »Nach den Erfahrungen mit vielen Hunderten Fliegerverletzten- und hinterbliebenen ist die psychische Betreuung die wichtigste und schwerste nach einem Angriff. Denn in welcher seelischen Verfassung kommen die Fliegerbetroffenen zu einer Behörde, die ihnen helfen soll! Viele sind verstört, verzweifelt – einem Nervenzusammenbruch nahe, alle sind überaus erregt und empfindlich. Sie äußern ihren ersten Schmerz über den grauenvollen Verlust ihrer Angehörigen oder über das eigene persönliche Unglück je nach Temperament und Charakter. ...

Es ist nicht leicht, schwerverletzten Frauen im Krankenhaus sagen zu müssen, daß ihre Kinder gefallen oder an den Verletzungen gestorben sind oder anderen Fliegerbetroffenen im Büro der Abt. f. PS auf Befragen antworten zu müssen, daß ihre nächsten Angehörigen gefallen oder vermißt sind. ...

Alleinstehende ältere Menschen erleiden durch Bombeneinschlag in nächster Nähe häufig einen vollständigen Nervenzusammenbruch mit Zustand einer schweren Schockwirkung. Sie liegen hilflos im Krankenhaus und sind nicht fähig, ihre Angelegenheit selbst wahrzunehmen. ... Eine Mutter ist infolge Fliegerangriffs aus einer vielköpfigen Kinderschar herausgerissen und gefallen. Der Ehemann, ein städt. Arbeiter, steht plötzlich allein mit seinen fünf Kindern da ...

Eltern sind durch feindlichen Sprengbombenabwurf im Lu-Keller getötet. Die vier überlebenden Kinder sind teils verletzt, teils unverletzt in der Nacht vom SHD in ein Krankenhaus gebracht. Am nächsten Tag meldet das Krankenhaus selbständig diese Einlieferung der Kinder der PS-Bereitschaftsführerin. Der PS-Bereitschaftsdienst nimmt sofort am Krankenbett den Tatbestandsbericht auf. Die gesunden Geschwister müssen aus dem überfüllten Krankenhaus sofort hinaus und werden durch die Abteilung für Personenschäden anderweitig untergebracht. ...

Ein siebzehnjähriges Zwillingspaar – Junge und Mädel – ist durch Fliegerangriff schwerverletzt und in das Krankenhaus Ricklingen eingeliefert. Das Mädchen hat mehrere Knochenbrüche, der Junge sehr schwere Beinverletzung erlitten. Die Eltern sind getötet, das Siedlungshaus ist völlig zerstört. Bei den Verletztenbesuchen findet die Bereitschaftsführerin die beiden jungen Menschenkinder in schwerer seelischer Depression und Schockwirkung. Der Junge hat fast die Sprache verloren. Das Mädel weint fassungslos. ...

Eine Sonderstellung nehmen immer wieder unsere Frontkämpfer, deren Angehörige einen Personenschaden erlitten haben, ein. Diese Soldaten werden durch die Ortsgruppe der NSDAP telegrafisch von dem Unglück, das sie betroffen hat, benachrichtigt. Sie erhalten daraufhin stets einige Tage Urlaub. Meistens haben sie eine weite Reise zur Heimat und kommen erst viele Tage nach dem Angriff hier an, wenn Frau und Kind oder die Eltern schon bestattet sind. Oft sind die Angehörigen auch noch vermißt oder liegen schwer verletzt im Krankenhaus. ...«[68]

Für die Toten fehlte es an Särgen. Etwa 10000 hatte die Gauleitung vorsorglich bereitstellen wollen, aber nur wenige hundert standen tatsächlich zur Verfügung. Der Garten- und Friedhofsverwaltung blieb nichts anderes übrig, als die Bombenopfer zunächst »in geschlossenen Abteilungen« auf den Friedhöfen Seelhorst, Ricklingen und Stöcken »niederzulegen«. Eine Woche nach dem Angriff waren noch immer 600 Tote nicht »eingesargt«.[69]

In dem bereits zitierten Bericht des »Bomber Command« ist zu lesen, daß Hannover durch die Angriffe vom 23. September und 28. September, von denen der eine den Süden und der andere den Norden der Stadt heimgesucht hatte, gleichsam »eingerahmt« worden sei, während jener vom 9. Oktober dann voll und vernichtend das Zentrum getroffen habe.[70]

Der englische Bericht schließt mit einigen denkwürdigen Sätzen über die Motive der englischen Angriffe auf Hannover: »Abgesehen von dem bedeutenden Beitrag seiner Maschinenbau- und Gummifabriken zu den Kriegsanstrengungen hat Hannover noch eine andere und einzigartige Verantwortung zu tragen. Es war Hannover (!), das dem Österreicher Hitler zur deutschen Staatsbürgerschaft verholfen hat. Mit der Absicht, sich Verdienste in den Augen eines potentiellen mächtigen Politikers zu erwerben, hat die Universität von Hannover Hitler einen Professorentitel honoris causa verschafft, mit dem automatisch die von Hitler heiß begehrte deutsche Staatsbürgerschaft verbunden war. ... Die Universität und die Bevölkerung von Hannover haben ihre Lektion gelernt.«[71]

Notpostamt vor der zerstörten Hauptpost

Ob es der Stadt geholfen hätte, wenn die Engländer hier nicht Hannover mit Braunschweig verwechselt hätten, wo Hitler im Vorfeld der Reichspräsidentenwahlen von 1932 durch die braunschweigische Staatsregierung über seine Ernennung zum Regierungsrat eingebürgert worden war? Wohl kaum. Aber wie dem auch sei, die Hannoveraner hatten in der Tat ihre Lektion gelernt. Wer, verführt durch die Zeit relativer Ruhe seit dem Frühjahr 1942, geglaubt hatte, Hannover würde wegen seiner starken Flakabwehr, wegen seines zu Nebelbildung neigenden Klimas, vor allem aber wegen seiner besonderen Beziehungen zum englischen Königshaus[72] auch weiterhin verschont bleiben, war auf schreckliche Weise eines besseren belehrt worden.

18./19. Oktober: Untergang eines Schlosses

Alarm	Nr. 431
Beginn	19.26 Uhr
Ende	21.17 Uhr
Flugzeuge	332 F)
Bomben	1500 Sprengbomben
	120000 Stabbrandbomben
	11000 Flüssigkeitsbrandbomben
Personenschäden	157 Tote
	77 Schwerverletzte
	7000 Obdachlose
Sachschäden	180 Wohnhäuser total
	288 Wohnhäuser schwer
	8 öffentl. Gebäude total
	5 Industriegebäude total

Das Chaos, das der Angriff vom 9. Oktober über die Stadt gebracht hat, ist noch nicht annähernd beseitigt, als die RAF am 18. Oktober noch einmal mit dem Ziel Hannover startet. Zum Glück für die noch in der Stadt gebliebenen Menschen kann das Bomber Command seinen Markierungserfolg vom 9. Oktober nicht wiederholen, da eine geschlossene Wolkendecke präzise Abwürfe unmöglich macht.

Nach ihrer Rückkehr gaben die Männer der »Lancaster« Nr. »P« von der 44. Squadron ihren Einsatzbericht ab: »Einsatzzeit: 17.37–22.17 Uhr. Angriff auf Hannover um 20.25 Uhr aus 19600 ft Höhe. Die Wolkendecke reichte bis auf 12000 ft hinauf. Bombenabwurf auf eine Gruppe von 3 grünen Markierungen. Die Zielmarkierungen waren schwer zu erkennen und lagen weit verstreut. Brände waren ebenfalls weit verstreut, schätzungsweise lagen sie 20 Meilen auseinander. Wahrscheinlich liefert der Angriff kein befriedigendes Ergebnis.«[73]

Die Zielfotos beweisen dann, daß die Einschätzung dieser Besatzung zutreffend gewesen ist. Auf den Bildern sind zumeist nur eine dichte Wolkendecke, das helle Licht der Fotoblitzbomben und schwach leuchtende Brände zu sehen. Der größte Teil der Maschinen hat die Bombenlast entlang der Anfluglinie im Norden und Westen der Stadt abgeworfen.

Im Bericht der Feuerschutzpolizei heißt es:

»Betroffen wurden in der Hauptsache das Nordstadtgebiet von Stöcken bis Buchholz, einschließlich Vahrenwald und Langenhagen, sowie die Stadtteile Linden und Limmer. Die Ost- und die Südstadt wurden hierbei weniger in Mitleidenschaft gezogen.«[74]

Als wenn es noch eines Beweises bedurft hätte, daß die Hoffnungen auf eine auf dynastischen Verwandschaftsbeziehungen beruhende Vorzugsstellung Hannovers jeder Grundlage entbehrten, wurde das bis dahin noch intakte Herrenhäuser Schloß das prominenteste Opfer dieses letzten Großangriffs des Jahres 1943. Wir verfügen auch hier über den zeitgenössischen Bericht eines Augenzeugen:

»Am Montag, dem 18. Oktober 1943, wurde gegen 19.30 Uhr Fliegeralarm ausgelöst ... Wir glaubten zunächst nicht an einen Angriff auf Hannover, insbesondere da sich die feindlichen Fliegerkräfte weitab von Hannover in östlicher Richtung bewegten, was Flakbeschuß und Scheinwerfertätigkeit zeigte. Plötzlich aber erschienen im Südosten der Stadt feindliche Flieger, die durch eine Reihe von Leuchtbomben, Flakbeschuß und Scheinwerfer erkennbar wurden. Wenige Augenblicke später fielen die ersten Bomben ... Es waren wohl etwa 15 Minuten vergangen, als es über uns taghell wurde. Wir konnten vom Keller aus sehen, daß die Türen, die zum Gewölbe führten, in Brand geraten waren, so daß wir den Ausgang des Gewölbes nicht mehr benutzen konnten. Zuvor hatte R. mehrfach den Versuch unternommen, aus dem Keller zu gelangen. Ich hatte ihn bis dahin daran gehindert, da uns ein Verlassen des Kellers zur Zeit nicht notwendig erschien und auch zweifellos mit äußerster Gefahr verbunden war. Als wir jedoch den Brand über uns erkannten, schlug B. mit einer Axt, die ich ihm gab, die Hintertür des Kellergewölbes auf, und wir stürmten gemeinsam ins Freie. Die Räume im Nordflügel des Schlosses brannten in hellodernden Flammen. Der Schloßhof war wie von Brandbomben übersät, es roch nach Phosphor und Rauch. Wir gingen gemeinsam dem Brandherde mit Wasser und Sand zu Leibe. R. löschte mit einem Minimax, den ich von der Wand riß, B., W. und ich schleppten Wasser und Sand und schütteten sie ins Feuer. Danach liefen wir gemeinsam in das erste Stockwerk des Schlosses, wo an mehreren Stellen Brände entstanden waren. Auch hier roch es nach Phosphor. Wegen der starken Rauchentwicklung hatte ich eine Gasmaske aufgesetzt und versucht, die Brandherde aufzufinden und zu bekämpfen. Während R. im Nordflügel des Schlosses im ersten Stock an einen Brandherd heranging, versuchte ich mit Wasser und Sand eine erhebliche Brandfläche im Mittelbau zu bekämpfen ... Da die vorhandenen Mittel nicht mehr zur Bekämpfung ausreichten, holten wir gemeinsam die Schlauchleitungen, schlossen sie an und versuchten mit dem Strahlrohr des Brandes Herr zu werden. Das aber erwies sich als unmöglich, da kein Wasserdruck vorhanden war. Ich hatte inzwischen mehrfach versucht, den Gaubefehlsstand der NSDAP zu erreichen. Es gelang mir erst nach einigen Minuten, da keine Verbindung zu bekommen war. Schließlich aber gelang sie doch und ich gab die Meldung durch, daß das Schloß Herrenhausen in Flammen stände und der Einsatz der Feuerwehr dringend erforderlich war. Als wir erkannten, daß das Schloß nicht mehr zu halten war, trugen wir unsere Aktenstücke aus dem Befehlsstand, nahmen einige von R. als wertvoll bezeichnete Bilder von den Wänden und schoben unsere Personenkraftwagen vom brennenden Schlosse fort. ...

Da im Schloß nichts mehr zu retten war, gab ich den Männern den Auftrag, das Orangeriegebäude und die Galerie auf Brandherde zu untersuchen ... Im Galeriegebäude war ein Brandherd zu erkennen, der ebenfalls im Dachstuhl lag. Das Feuer hatte sich ein Loch durch die Decke gefressen. Die Bekämpfung von unten her war unmöglich. Wir suchten nach einem Aufgang zum Dachgeschoß, fanden ihn aber nicht. Ich lief sofort wieder auf den Hof und schrie nach R., der im selben Augenblick mit seinem Fahrrad ankam. Gemeinsam ... liefen wir zum Dachgeschoß empor und erkannten zwei große Brandflächen in und unter den Fußbodenbrettern. Wir bekämpften die Brände mit Wassereimern und Luftschutzhandspritzen. Es war ein unerträglicher Rauch im Dachgeschoß. Hinzu kam die absolute Dunkel-

heit, die nur durch die Brandherde und eine W. gehörende Taschenlampe, die ich vor der Brust trug, erhellt wurde. Die Bekämpfung des Feuers war dadurch sehr erschwert, insbesondere aber auch, da wir ortsunkundig waren. ...«[75]

Als die Feuerwehr erschien, gab es außer einigen Brandresten nichts mehr zu löschen. Das Schloß war nur noch ein Trümmerhaufen.

»... noch auffindbar ...«: Hannover nach den 5 Großangriffen

Das im Frühjahr 1943 beschlossene Ziel der angloamerikanischen Bomberoffensive war die Zerstörung und Desorganisation der deutschen Wirtschaft und die Demoralisierung der Bevölkerung.

Ihrer Strategie entsprechend richtete die USAAF ihre Angriffe gegen bestimmte Rüstungsfirmen, die sie durch Reihenwürfe von Sprengbomben zu zerstören suchte, während die RAF der Vernichtung von Wohnflächen durch Brandbomben den Vorzug gab. Die von der RAF eingesetzten Spreng- und Minenbomben waren dazu bestimmt, den Brandbomben den Weg in die Gebäude freizulegen und Löscharbeiten zu verhindern.

Die fünf Großangriffe des Jahres 1943, bei denen 8500 t Bomben in weniger als drei Monaten abgeworfen wurden, beeinträchtigten die hannoversche Rüstungsindustrie nur kurzfristig,[76] zumal die Angriffe, vom amerikanischen Tageseinsatz im Juli abgesehen, mit der Absicht geflogen wurden, Flächenbrände hervorzurufen.

Großbetriebe wie die »Hanomag« oder die Vereinigten Leichtmetallwerke hatten aber bereits seit 1935 umfangreiche bauliche und personelle Vorkehrungen getroffen, um eventuelle Brandschäden möglichst klein zu halten.[77] Deshalb waren die ohnehin nicht allzu bedeutenden Schäden nach wenigen Wochen behoben, oder Teilbereiche der Fertigung konnten, wie bei der »Continental«, in anderen Gebäuden oder Zweigwerken untergebracht werden.

Der Produktionsausfall der beiden Leichtmetallwerke in Linden und Laatzen betrug beispielsweise im Oktober 11 000 t, im Dezember jedoch nur noch 100 t (!).

Schwerer getroffen und teilweise vernichtet wurden nur die weniger gut geschützten Mittel- und Kleinbetriebe, deren noch erhaltener Maschinenpark danach zumeist in ländliche Gebiete ausgelagert wurde.

Andere bedeutende Rüstungsbetriebe wie die Batteriefabrik »AFA« in Stöcken, die »Dynamit« in Empelde oder die Misburger Raffinerien waren nur geringfügig oder überhaupt nicht beschädigt.

Die Hauptlast trug in Hannover wie anderswo die Zivilbevölkerung. Nach den fünf großen Angriffen des Sommers und Herbstes 1943 war Hannover, um an Brechts berühmte Sentenz von der Zerstörung Karthagos anzuknüpfen, »noch auffindbar«, im Grunde aber fast nicht mehr bewohnbar.

Bilanz der Zerstörung: Wohnungen[G])

1. 9. 1939: 149 000 Wohnungen – 100 %

davon	37 000 total beschädigt	=	24,83 %
1. 7. 1943–	11 000 schwer beschädigt	=	7,05 %
31. 12. 1943:	61 000 mittel beschädigt	=	40,95 %
	30 000 leicht beschädigt	=	20,15 %
	10 000 unbeschädigt	=	6,07 %
	149 000	=	100 %

Hatte man es bei den dem 9. Oktober voraufgegangenen Angriffen noch mit höchstens 20 000 Ausgebombten zu tun gehabt, sah man sich nun mit der vorher nie für möglich gehaltenen Zahl von 250 000 Obdachlosen konfrontiert.

So etwas wie eine städtische Infrastruktur gab es für große Teile des Stadtgebietes nicht mehr. Dies galt insbesondere für die Versorgung mit Gas, Wasser und Elektrizität. Dabei waren die jeweiligen Erzeugerstationen noch relativ glimpflich davongekommen. Viel gravierender waren die unzähligen Schadensstellen im städtischen Rohrleitungsnetz, die auf Wochen und Monate die Einspeisung von Gas und Wasser verhinderten. Da der Winter vor der Tür stand, war den Verantwortlichen klar, daß in dieser Lage nur Evakuierungsmaßnahmen größten Stils Abhilfe schaffen konnten.

Das Nadelöhr, durch das der Strom der Ausgebombten über am Stadtrand eingerichtete Großsammelstellen in Notquartiere der näheren und weiteren Umgebung geleitet wurde, waren jene bereits genannten Auffangsammelstellen, die jeweils einer der ca. 50 NSDAP-Ortsgruppen im Stadtgebiet zugeordnet waren. In jeder Auffangsammelstelle saßen Mitarbeiter des Kriegssachschädenamts, des Wirtschafts- und Ernährungsamts, des Wohnungsamts, der Vermißtensuchstelle und anderer städtischer Dienststellen.

Hier wurden die sogenannten »Bombenpässe« ausgegeben, in die die gewährten Geld- und Sachsonderleistungen eingetragen wurden.

Aber es fiel schwer, den Überblick zu behalten. Denn während die letzten die Stadt verließen, drängten – nachdem sich der erste Schock gelegt hatte – die ersten schon wieder zurück, um in den Trümmern ihrer Häuser und Wohnungen nach den Resten ihrer Habseligkeiten zu suchen und sich dann provisorisch in den Kellerräumen häuslich einzurichten.

Da bei den Evakuierungsmaßnahmen kein direkter Zwang ausgeübt werden durfte, wurde versucht, das Prinzip der Freiwilligkeit auf indirektem Wege zu unterlaufen. Nicht zuletzt mit Hilfe der Wohnraumlenkung:[78] Bereits im August 1943 war vorsorglich »sämtlicher für die Unterbringung von Menschen sowie von Hab und Gut zur Verfügung stehender und geeigneter Raum im Stadtgebiet Hannover« beschlagnahmt worden. Am 14. Oktober wurden alle Hausbesitzer angewiesen, Schilder außen an ihren Häusern anzubringen, welche die Anzahl der noch bewohnbaren Wohnungen und die Namen der Bewohner zu enthalten hatten. Vom 1. November an durfte Wohnraum nur noch an solche Mieter vergeben werden, die aus beruflichen bzw. dienstlichen Gründen in Hannover bleiben mußten und dies auch nachweisen konnten. Um keinen Anreiz für ein Verbleiben in Hannover zu schaffen, wurden Gesuche älterer Leute auf Reparatur ihrer beschädigten Wohnungen grundsätzlich abschlägig beschieden.

Für die Eltern schulpflichtiger Kinder war die Tatsache, daß der Schulunterricht nach dem 9. Oktober de facto zum Erliegen gekommen war, zweifellos ein zusätzlicher Evakuierungsanreiz.[79] Von einstmals 72 Schulgebäuden, von denen ohnehin ein großer Teil bereits kurz nach Kriegsausbruch zweckentfremdet worden war, hatten nur 33 den Angriff vom 9. Oktober relativ unbeschädigt überstanden. Bis auf 2 (!) wurden sie samt und sonders auf Befehl der Gauleitung für sogenannte kriegswichtige Zwecke (Wehrmacht, Polizei, Partei, städtische Dienststellen) beschlagnahmt. Nahezu zum Erliegen kam der Unterricht für die 6–14jährigen, während die als Flakhelfer in der Stadt verbliebenen Schüler der höheren Schulen im Gebäude der Lutherschule zu einem Unterricht zusammengefaßt wurden, der bestenfalls symbolischen Wert besaß.

Für Schülerinnen der obersten Klassen hatte der Oberpräsident beim Reichserziehungsminister Rust die vorzeitige Zuerkennung der Reife beantragt, um auch sie »einem kriegswichtigen Einsatz« zuführen zu können.

Einen Bericht an die Schulverwaltung über die Agonie seiner Schule schloß der Rektor der Volksschule 32 in der Meterstraße im Mai 1944 mit einem Satz, der für fast alle Schulen gelten konnte: »Der Leiter der Schule ... blieb (als einziger) zur Betreuung der Schule zurück, der Schule ohne Schüler, der toten Schule.«[80]

Die Stimmung der Bevölkerung hatte nach den Angriffen des Jahres 1943 einen Tiefpunkt erreicht. Selbst die sonst nie um naßforsche Durchhalteparolen verlegene Tagespresse ließ erste Anzeichen von Resignation erkennen, zumal sie ja auch selbst erheblich in Mitleidenschaft gezogen worden war. Bereits am 1. 3. 1943 waren nämlich die »Niedersächsische Tageszeitung«, das Organ der Gauleitung, mit dem »Hannoverschen Anzeiger« zur »Hannoverschen Zeitung« zusammengefaßt worden.[81] Durch den Angriff vom 9. Oktober wurden deren Druckereien zerstört, so daß bis zum 17. Oktober lediglich eine in Hildesheim gedruckte gemeinsame Notausgabe ohne Anzeigenteil erscheinen konnte.

In einer dieser Notausgaben, und zwar jener vom 11. Oktober, wird in bemerkenswerter Offenheit über eine Reihe von tragischen Einzelschicksalen berichtet. Da ist z. B. von einem Mann die Rede, der am 9. Oktober seine ganze Familie verloren hat: »Ja, ich habe alles verloren: meine Frau, meine beiden Kinder leben nicht mehr. Und das Haus ist abgebrannt.« Darauf kommentierend der Journalist: »Es wird still zwischen uns, wir gehen unseren Gedanken nach und fragen beide – warum?« (!)

Von Volksgenossen wird berichtet, die auf die verkohlten Reste ihrer Häuser eine Hakenkreuzfahne setzten oder die noch rauchenden Trümmer ihrer völlig zerstörten Geschäfte mit der Kreideaufschrift »Durchgehend geöffnet« versahen.[82] Zwar wurden solche Berichte mit Überschriften wie »Heldentum der Namenlosen« etikettiert, doch waren sie im Grunde als Äußerungen bitterer Ironie kaum mißzuverstehen.

Um die Stimmung zu heben, regnete es Kriegsverdienstkreuze, gab es nach jedem Angriff die obligatorischen Sonderzuteilungen, z. B. nach dem Angriff vom 9. Oktober 50 g Kaffee und eine halbe Flasche Trinkbranntwein für Verbraucher über 18 Jahre, 125 g Süßwaren und 1 Dose Kondensmilch für Kinder und Jugendliche unter 18 Jahren.[83]

Kartoffeln waren im Herbst 1943 reichlich im Angebot,

nur hielt sich die Nachfrage in Grenzen, weil es im Stadtgebiet an Kochgelegenheiten mangelte. Umgekehrt war es bei Textilien. Hier war die Nachfrage groß, es gab auch Bezugsscheine, aber wo wollte man sie einlösen, nachdem fast alle Textilgeschäfte zerstört waren? Dringend gesucht wurden auch Möbel. Tatsächlich trafen wenige Tage nach dem Angriff vom 9. Oktober 50 Waggons gebrauchter »Judenmöbel« aus Frankreich und Holland in Hannover ein, mangels Lagerungsmöglichkeiten mußten sie aber in die Landkreise weitergeleitet werden.

Ausschließlich der »Seelenmassage« diente eine interne Anweisung an die städtischen Dienststellen, derzufolge unmittelbar nach einem Angriff keine Geldstrafen, Steuern, Abgaben und sonstige Gebühren eingezogen werden durften. In die gleiche Richtung zielten Bemühungen, Schlangenbildungen vor den wenigen noch intakten Geschäften durch entsprechende »organisatorische Maßnahmen« (?) zu verhindern.[84]

Im Bewußtsein dessen, was das Café Kröpcke für den Ur-Hannoveraner bedeutet, begann man mit der Errichtung einer Holzbaracke auf der unbeschädigt gebliebenen Kellerdecke.[85]

Zu Weihnachten wurden mehr Weihnachtsbäume als in den Vorjahren auf den Straßen und Plätzen aufgestellt. »Sie sollen, auch wo sie in zerstörter Umgebung stehen, ihren Teil zu der weihnachtlichen Stimmung beitragen«,[86] hieß es in einer Presseverlautbarung der Stadtverwaltung. Auf das übliche weihnachtliche Glockengeläut mußte allerdings in diesem Jahre verzichtet werden. Von den hannoverschen Kirchen waren nur vier verschont geblieben, und diese standen in den Außenbezirken.

Natürlich war man sich darüber im klaren, daß Stimmung und Haltung der Bevölkerung mit Maßnahmen wie den eben geschilderten kaum zu beeinflussen waren. Um defaitistische Anwandlungen bereits im Keime zu ersticken, schreckte man auch vor drakonischen Schritten nicht zurück. Auf riesigen blutroten Plakatanschlägen wurden z. B. Plünderern und sogenannten Gerüchtemachern die schärfsten Strafen angedroht. In einem im Frühjahr 1944 erschienenen vertraulichen Erfahrungsbericht des Gauleiters lesen wir, daß in den ersten Wochen nach den fünf großen Angriffen 19 Männer, 6 Frauen und 6 Jugendliche wegen Plünderns verhaftet worden seien. 7 davon, darunter 4 Ausländer, habe man zum Tode verurteilen lassen. Eigens für ihre Hinrichtung war im Gerichtsgefängnis ein Galgen errichtet worden.[87]

Ebenso wie dieses Gerichtsgefängnis hatte auch das Neue Rathaus die Angriffe des Jahres 1943 relativ unbeschädigt überstanden. Das sollte auch bis Kriegsende so bleiben, so daß die Weisung Hoffmeisters an seine Stadträte, sich im Falle der Zerstörung des Rathauses durch einen Nachtangriff am folgenden Tag automatisch um 11.00 Uhr »auf dem Mittelweg des Trammplatzes« zur Lagebesprechung einzufinden, nie in Kraft zu treten brauchte.[88]

Aber auch so war das zu leistende Arbeitspensum kaum zu bewältigen. Es handelte sich um Sisyphus-Arbeit i. e. S., weil in der Regel ein Großteil der Aufräumungs- und Reparaturarbeiten durch die Folgen des nächsten Angriffs zunichte gemacht wurden. Nach dem Angriff des 18. Oktober z. B. standen 95 % des zuvor mühsam reparierten Gasrohrnetzes wieder unter Wasser. Ganze Stadtteile mußten von der Versorgung mit Gas, Wasser und Strom ausgeschlossen werden. Sie wurden »abgeschiebert«, wie der Fachausdruck lautete. Betroffen waren hiervorn vor allem die Neustadt zwischen Goethestraße, Humboldtstraße, Adolfstraße und der Leine sowie die Altstadt zwischen Aegidientorplatz, Georgstraße, Schmiedestraße und Osterstraße.[89]

Bis zum Jahresende beherrschten im übrigen Sprengkommandos der Feuerwehr und der Wehrmacht das Straßenbild, um die von den einsturzgefährdeten Häusern und Hausresten ausgehenden Gefahren zu beseitigen. Die zu sprengenden Objekte waren zuvor markiert worden. Dabei bedeutete ein schwarzes Kreuz im Kreis »Vollsprengung«, ein schwarzes Kreuz ohne Kreis »Teilsprengung« und ein rotes Kreuz »Betreten auf eigene Gefahr«.[90] Allerdings reichte die Anzahl der Spreng-Fachleute bei weitem nicht aus, um die zahllosen einsturzgefährdeten Häuser rechtzeitig vor den gefürchteten Novemberstürmen zu sprengen. Daher wurden zeitweise ganze Straßenzüge regelrecht zugemauert und so für den Durchgangsverkehr gesperrt. Hierzu gehörten u. a. die Henrietten-, Krausen-, Seiler-, Wein-, Sextro-, Iffland- und die Haarstraße.[91]

Sperrgebiet Birkenstraße

Vieles, was in diesen Tagen und Wochen innerhalb der fast permanent tagenden Dezernentenrunde, d. h des aus dem Oberbürgermeister und den Stadträten bestehenden Spitzengremiums, erörtert wurde, spricht für die Ohnmacht und Hilflosigkeit der Verantwortlichen: So der ernsthaft diskutierte Plan, die Dächer der Häuser so zu reparieren, daß sie – um keinen Anreiz für weitere Angriffe zu liefern – äußerlich weiter wie zerstört aussehen sollten.[92] Ganz im Gegensatz zu der bis dahin gewohnten Schönfärberei stand auch die Anweisung Hoffmeisters, die eingetretenen Schäden in der öffentlichen Propaganda eher noch zu übertreiben, in der Hoffnung, den Gegner damit von der Sinnlosigkeit weiterer Angriffe zu überzeugen![93]

N S D A P .
Gau Südhannover-Braunschweig
Gau- und Reichspropagandaamt

Hannover, den 3. 11. 43
Baracke Gaubefehlsstand

Betrifft: Besuch Reichsminister Dr. Goebbels in Hannover

Freitag, den 5. November 1943

10.50 Uhr Gauleiter Lauterbacher holt Reichsminister Dr. Goebbels in Kassel ab.

12.00 Uhr Mittagessen in Rotenkirchen.

13.45 Uhr Abfahrt von Rotenkirchen in Richtung Hannover.

15.00 Uhr Von der Göttinger-Chaussee kommend trifft Reichsminister Dr. Goebbels mit dem Gauleiter vor dem Gaubefehlsstand ein.
Vor dem Gaubefehlsstand haben mit Blickrichtung zum Bunker Aufstellung genommen:
1. Musikkorps der SS Junker-Schule Braunschweig
2. Ehrenkompanie unter Gewehr
3. Ehrenkompanie der Waffen SS unter Gewehr
4. Ehrenkompanie der Polizei unter Gewehr
5. Gauamtsleitung der NSDAP. mit Gauamtsleitern und Gauhauptstellenleitern.
6. Politische Leiter (1:60)
7. SA (1:60)
8. LSKK (1:60)
9. NSKK (1:60)
10. HJ (1:60)
11. SS (1:60)

Aufmarschleiter: SA-Brigadeführer Körner.
Meldung an Reichsminister Dr. Goebbels durch die Wehrmacht und SA-Brigadeführer Körner. Der Minister schreitet die Front der Ehrenformation ab. Gegenüber der Ehrenformation nehmen folgende führende Persönlichkeiten aus Partei, Staat und Wehrmacht Aufstellung, die der Gauleiter dem Minister vorstellt.

Heer:
1. General Bieler
2. Generalmajor Löning
3. Oberst Kütt

Luftwaffe:
4. General Wolf (Hamburg)
5. Oberst Wolz
6. SS und Polizeiführer Höfle
7. Oberst Keuck
8. SS Obersturmbannführer Rapp
9. Polizeipräsident Dr. Deutschbein
10. Oberst Heske

Staat:
11. Regierungspräsident Bredow
12. Regierungspräsident Dr. Binding
13. Regierungsdirektor Hoffmeister

Partei:
14. Oberdienstleiter Knop
15. Gaupropagandaleiter Parbel

- 2 -

Die meisten Straßen waren notdürftig geräumt, als am 5. November 1943 der Reichspropagandaminister Goebbels zu einer Kundgebung in Hannover eintraf. Er kam aus Kassel, wo soeben durch die Absetzung des dortigen Gauleiters, der sich bei einem der letzten Angriffe auf Kassel ausschließlich mit der Rettung seiner eigenen privaten Habseligkeiten beschäftigt hatte, ein Exempel statuiert worden war. Möglich, daß auch Gauleiter Lauterbacher dem Besuch des Ministers zunächst mit gemischten Gefühlen entgegen sah. Bis heute ist nämlich nicht geklärt, wo er sich in der Nacht vom 8. auf den 9. Oktober aufgehalten hat. Hartnäkkig hielt sich das Gerücht, daß er auf dem Gaubefehlsstand im Schützenplatz-Bunker nicht gesichtet worden sei. Eine Untersuchung fand allerdings nicht statt. Vielleicht fürchtete man gerade in Hannover neues Gerede, nachdem dort durchgesickert war, daß der Unfalltod des früheren hannoverschen Oberpräsidenten und Stabsführers der SA Viktor Lutze am 2. Mai 1943 nicht das »Ende einer Dienstfahrt«, sondern Ergebnis einer Hamsterfahrt in die Potsdamer Spargelgebiete gewesen war.

Goebbels jedenfalls kam nicht nach Hannover, um den Gauleiter zu maßregeln, sondern um eine »Botschaft des Führers« zu überbringen, jenes »Führers«, der bis Kriegsende – von Berlin abgesehen – keine der zerstörten deutschen Großstädte zu Gesicht bekommen hat. Die Kundgebung fand am Nachmittag des 5. November im Lichthof des Neuen Rathauses statt und wurde auf den Rathausvorplatz übertragen. Der hannoverschen Presse blieb es vorbehalten, jene eher gespenstisch anmutende Veranstaltung als »Demonstration des Siegeswillens« der Hannoveraner zu feiern.[94]

Am 14. November wurde in der noch begehbaren Marktkirche der Toten der letzten Angriffe gedacht. Der anschließende Schweigemarsch führte vor das erst im März eingeweihte neue Ehrenmal vor dem Neuen Rathaus und endete mit einer Kranzniederlegung Lauterbachers am Grabe Leibniz' in der Neustädter Kirche, »um an diesem Tage auch der Verehrung der Volksgemeinschaft für seine großen Geister Ausdruck zu geben, die ihr Leben und ihr Werk der Nation widmeten«.[95] (!)

Die bei seiner Blitzvisite in Hannover empfangenen Eindrücke hat Goebbels auf die ihm eigene Weise verarbeitet: Am 9. Dezember 1943 ordnete er an, »daß aus allen Organisationsplänen, Erlassen und Verordnungen und aus dem gesamten Sprachgebrauch das Wort ›Katastrophe‹ ausgemerzt wird, da es sich psychologisch und politisch unerfreulich auswirkt«. Statt dessen war künftig der Begriff »Soforthilfe« zu verwenden![96]

Anmerkungen

A Wenn nicht anders angegeben, sind die Daten und Zahlen zu den einzelnen Angriffen jeweils dem Bericht der Feuerschutzpolizei vom 2. 5. 1944 entnommen, der die Angriffe des 2. Halbjahrs 1943 zusammenfassend behandelt. (StAH: HR II L 30 Ua 5).

B Craven/Cate, Vol. II, S. 677.

1 Zitiert nach Kurowski, S. 218.

2 Slg. K. H. Woll.

3 Craven/Cate, Vol. II, S. 677.

4 Soweit nicht anders angegeben, sind diese und alle weiteren Schadensangaben und Berichte zum Angriff am 26. 7. 1943 entnommen: StAH: HR XXXIX zu E 2 i Nr. $1a^2$.

5 BAM: RW 21–27/4.
6 Craven/Cate, Vol. II, S. 678.
7 Slg. K.-H. Woll.
8 StAH: HR II L Ua 5 (Kriegschronik, Bericht des Städt. Verkehrsamts, Abt. II-Häfen).
9 Ebd. (Bericht der Feuerschutzpolizei).
10 BAM: R L 4 II/20.
11 Slg. K.-H. Woll.
12 StAH: HR XXI C Nr. 21 Ua f.
13 HZ 27. 9. 1943.
14 StAH: HR XXI C Nr. 21 Bd. I.
15 Zum folgenden StAH: HR II L 30 Ua 5 (Kriegschronik, Bericht des Stadtbauamts, Abt. I).
16 StAH: HR VII C zu 7 Nr. 8[15].
17 Ebenda.
18 StAH: HR II L 30 Ua 5.
19 StAH: Prot. Dez. 22. 3. 1943 und 19. 7. 1943.
20 StAH: Sozialamt Nr. 43.
21 HK 30. 7. 1943.
C PRO: Air 14/3411.
22 Vgl. Slg. K.-H. Woll: Zielkarte Hannover des »Bomber Command«.
23 Angaben zum Einsatz, den Verlusten und zur Flugroute sind entnommen: PRO: Air 14/3411.
24 PRO: Air 27/656.
25 Imperial War Museum: Interne Erläuterungen zum Film Ops. 132.
26 StAH: HR II L 30 Ua 5 (Kriegschronik, Bericht der Feuerschutzpolizei).
27 Ebenda.
28 BAM: RW 21–27/4.
29 StAH: Aktenabgabe Ortsverw. Misburg, noch o. Sign.
30 StAH: Prot. Dez. 24. 9. 1943.
C PRO: Air 14/3411.
31 Inf. G. Stoffert.
32 PRO: Air 27/656.
33 BAM: RW 21–27/4.
34 StAH: HR II L 30 Ua 5 (Kriegschronik, Bericht des Stadtbauamtes, Abt. S.).
35 StAH: Schulamt Nr. 1932.
36 BAM: RL 19/452.
37 PRO: Air 27/1234.
E PRO: Air 14/3411.
38 StAH: HR XXXIX E 2 a N1 b1.
39 StAH: HR XXXIX e 2 (»8./9. Oktober«).
40 StAH: Schulamt Nr. 1888 (Rundschreiben des Oberbürgermeisters vom 5. 7. 1943).
41 Hist. Museum a. Hohen Ufer: Fotoserie 3. 10. 1943.
42 SAAH: Aktenabgabe Ortsverw. Misburg, noch o. Sign.
43 Herington, S. 605.
44 PRO: Air 14/2677.
45 StAH: DB Kps. 1738.
46 StAH: HR XXXIX E 2 (»8./9. Oktober 1943«).
47 PRO: Air 27/1041.
48 PRO: Air 27/656.
49 SAAH: Einsendung R. Drewitz.
50 PRO: Air 27/450.
51 Frankland, Vol. II, S. 161.
52 Ebd., S. 203.
53 StAH: HR II L 30 Ua. 5.
54 Ebenda.
55 StAH: Dienstregistratur, Befragung von Treuenfels.
56 StAH: HR II L 30 Ua 5.
57 StAH: XIII C 3 c Nr. 5.
58 StAH: HR XXI C 21.
59 PRO: Air 14/3766.
60 Zum folgenden s. Anm. 15.
61 HZ 10. 10. 1943.
62 StAH: HR II L 30 Ua 5 (Kriegschronik, Bericht des Städt. Gesundheitsamts).
63 StAH: Prot. Dez. 12. 10. 1943.
64 Vgl. Anm. 62.
65 HZ 30. 6. und 2. 10. 1943.
66 StAH: HR XXXIX E 2 (Bericht eines SD-Hauptsturmführers vom 27. 10. 1943).
67 StAH: HR II L 30 Ua 5 (Kriegschronik, Bericht des Städt. Quartieramts).
68 StAH: Sozialamt Nr. 43.
69 StAH: Prot. Dez. 14. 10. und 15. 10. 1943.
70 PRO: Air 14/3766.
71 Ebenda.
72 Vgl. hierzu Nds. HStAH: VVP 17/2050 (»Erfahrungsbericht über 5 feindliche Terrorangriffe auf die Gauhauptstadt Hannover«).
F PRO: Air 14/3411.
73 PRO: Air 27/450.
74 StAH: HR II L 30 Ua 5.
75 StAH: HR XXI C 21 Ua c.
76 BAM: R W 21–27/4 u. 5.
77 Hampe, S. 453.
G StAH: HR II L 30 Ua 5 (Kriegschronik, Bericht des Stadtbauamts, Abt. S.)
78 Zum folgenden StAH: Prot. Dez. 20. 10. und 23. 10. 1943, Presseamt Nr. 134; HZ 1. 11. 1943.
79 Hierzu und zum folgenden v. a. StAH: Schulamt Nr. 239 und 1932.
80 StAH: Schulamt Nr. 1932.
81 NTZ 1. 3. 1943.
82 HZ 10. 10. und 13. 10. 1943.
83 Hierzu und zum folgenden: StAH: HR II L 30 Ua 5 (Kriegschronik, Bericht des Städt. Wirtschafts- und Ernährungsamts).
84 StAH: Prot. Dez. 30. 9. 1943.
85 Ebd. 20. 10. und 27. 10. 1943.
86 StAH: Presseamt Nr. 135.
87 Anm. 72.
88 StAH: Prot. Dez. 19. 10. 1943.
89 Ebd. 20. 10. 1943.

90 Ebd. 8. 11. 1943.
91 StAH: HR XXXIX E 2.
92 StAH: Prot. Dez. 19. 10. 1943.
93 Ebd. 26. 10. 1943.
94 Zum Goebbels-Besuch vgl. Nds. HStAH: VVP 17/2069, 2106, 2137.
95 HZ 15. 12. 1943.
96 Nds. HStAH: Hann. 130/49-1.

1944 bis März 1945: Dem Ende entgegen

Hannover ganz aufgeben?

Zum ersten Jahrestag der Zerstörung Hannovers rang sich die Hannoversche Zeitung zu einem bemerkenswerten Eingeständnis durch: »Es ist des Krieges Art, daß er sein ganzes Gesicht nicht von Anbeginn zeigt ... Hätte jemand irgendeinem Volksgenossen sagen wollen, wir würden statt vor den Toren Moskaus einmal mit zäher Verbissenheit auf der eigenen Türschwelle kämpfen müssen, so hätte er ihn vermutlich ärgerlich abgewiesen.«[1]

In der Tat, wer hätte, als die deutschen Truppen vor Moskau standen, zu prophezeien gewagt, daß gut zwei Jahre später, Anfang 1944, in Hannover ernsthaft erwogen werden würde, die schwer zerstörte Stadt endgültig aufzugeben und an anderer Stelle wieder aufzubauen?

Und doch waren solche Pläne Gegenstand einer Beratung der Verwaltungsspitze mit den Ratsherren, die am 3. März 1944 im Neuen Rathaus stattfand.[2] Der »Wehrgedanke« als künftige Leitidee der Städteplanung, dem sich alle anderen Planungsgrößen wie Verkehr, Wohnungsbau usw. unterzuordnen hätten, stand im Mittelpunkt jener heute fast gespenstisch anmutenden Sitzung. Gemeint war vor allem die bedingungslose Anpassung des Städtebaus an die Erfordernisse des modernen Krieges, insbesondere des Luftkrieges. Dafür war hügeliges bzw. bergiges Gelände gefragt, das man in der Gegend des Benther und des Gehrdener Berges westlich von Hannover gefunden zu haben glaubte. Dort, so meinte man, würde es möglich sein, den gesamten Verkehr auf Schiene und Straße unter die Erdoberfläche zu verlagern und die durch Grünanlagen aufgelockerten und bis Barsinghausen, Wennigsen und Egestorf reichenden künftigen Wohngebiete um einen Stadtkern zu gruppieren, der vornehmlich aus Bunkerhochhäusern (!) bestehen sollte.

Es war vor allem Stadtbaurat Prof. Elkart, der sich solchen Plänen widersetzte. Seine Argumentation verband historische mit praktischen Überlegungen: Hannover habe als »alte Hauptstadt des niedersächsischen Raumes« Wurzeln geschlagen, die nicht einfach ignoriert werden könnten. Vor allem aber gelte es, an der verkehrsgünstigen Lage der Stadt am Schnittpunkte wichtiger europäischer Ost-West- und Nord-Süd-Verbindungen festzuhalten, der Hannover seinen rasanten Aufstieg im 19. Jh. zu verdanken gehabt habe.

Daß der »Verpflanzungsplan« ziemlich rasch wieder zu den Akten gelegt wurde, ist wohl auch dem Oberbürgermeister, »Staatskommissar« Hoffmeister, zu danken, der sich – aus welchen Gründen auch immer – den Argumenten seines Stadtbaurats nicht verschließen zu können glaubte.

Zum Zeitpunkt der Sitzung vom 3. März waren indes die Tage Hoffmeisters als Verwaltungsoberhaupt bereits gezählt. Weshalb er gegangen ist bzw. gehen mußte, ob – wie schon bald in Hannover vermutet wurde – auch bei ihm Differenzen mit der Gauleitung eine Rolle gespielt haben, geht aus den Quellen nicht eindeutig hervor.

Während Hoffmeister im August 1944 ins Reichsministerium versetzt wurde, erfolgte am 18. Oktober die Amtseinführung seines – gleichfalls kommissarischen – Nachfolgers Egon Bönner.[3] Dieser – 1901 geboren, von Haus aus Jurist, Parteimitglied seit 1931, 1934 bis 1939 Landrat des Kreises Geldern, seit 1939 Bürgermeister von Essen, zuletzt Wehrmachtsbeamter im Generalsrang – hatte in Hannover ein schweres Erbe zu verwalten.

Im Laufe des Jahres 1944 verschlechterte sich die Versorgung mit Lebensmitteln, die bis dahin als einigermaßen geregelt bezeichnet werden konnte, rapide. Zwar wurden die Rationen auf dem Papier, d. h. auf den Lebensmittelkarten, kaum gekürzt, doch bereitete es immer größere Schwierigkeiten, die Zuteilungen zu realisieren.

Eine Vereinfachung des Kartensystems, die darin bestand, daß die verschiedenen Einzelkarten für Brot, Fleisch, Fett, Nährmittel usw. vom 16. Oktober 1944 an durch je eine Grund- und eine Ergänzungskarte abgelöst wurden, konnte nicht darüber hinwegtäuschen, daß Mangel und Improvisation an die Stelle einer bedarfsdeckenden Planung getreten waren. Die Ursachen lagen auf der Hand: zunehmende Einengung der Erzeugungsgebiete durch die zurückweichenden Fronten sowie Zusammenbruch der Transportsysteme.

Als besonders bezeichnend für die Verschlechterung der Lage empfand man, daß ab 1. Januar 1944 keine Zuckerwaren mehr hergestellt werden durften und es sogar Steckrüben nur noch auf Gemüsemarken gab.[4] Man aß weniger, kleidete sich schlechter, wohnte und lebte ärmlicher, hatte aber dafür um so mehr zu arbeiten.

Aus seinem bombensicheren Befehlsbunker heraus ordnete Gauleiter Lauterbacher am 28. April 1944 an, daß »auch bei Vollalarm ... bei nicht unmittelbar bevorstehendem Angriff grundsätzlich weiterzuarbeiten« war. »Unbedingt notwendige Arbeiten« mußten gar »bei Angriffen oder Flakbeschuß« fortgesetzt werden.[5]

Ende August wurde statt der 48-Stunden-Woche reichsweit die 60-Stunden-Woche eingeführt, eine Regelung, von der lediglich Schichtarbeiter ausgenommen waren. Diese hatten »nur« 57 Stunden zu arbeiten.[6] Lauterbacher konnte sich rühmen, eine solche Anordnung für die Beamten und Angestellten des öffentlichen Dienstes in seinem Gau schon einige Wochen vorher eingeführt und damit 39% der Beschäftigten für Wehrmacht und Rüstungsindustrie »freigesetzt« zu haben.[7]

Die in der Bevölkerung herrschende Stimmung hat der damalige Standortkommandant, Generalmajor Paul Wilhelm Loehning, nach dem Kriege so beschrieben:

»Die Bevölkerung war abgestumpft. Sie durfte keine feindlichen Nachrichten hören, und es wurde ihr systematisch alles vorenthalten, was ein klares Bild über die Lage hätte geben können. Rundfunk und Presse brachten nur die Verlautbarungen des Goebbels'schen Ministeriums. Die Feldpost funktionierte nicht mehr, und die Nachrichten von den Angehörigen an der Front blieben aus. Diese Ungewißheit beeinflußte die Haltung der Bevölkerung gleichfalls sehr stark. Es gab kaum noch jemanden, der mehr als seine Pflicht tat. Das einzige Interesse der Menschen richtete sich auf Verpflegung und Unterkunft, um die man sich in den Pausen zwischen den Alarmen kümmerte ... Zu den Versammlungen, auf denen Lauterbacher sprach, erschienen immer weniger Leute. Hauptsächlich kamen nur noch die Leiter von Parteidienststellen, die Bediensteten des öffentlichen Dienstes, Leute der Post, der Eisenbahn und Vertreter der Wehrmacht. Als die Fliegerangriffe immer stärker waren, fanden die Parteiveranstaltungen im Bunker statt, damit nichts passierte. Die Bevölkerung zeigte kaum noch Interesse am politischen Geschehen.«[8]

War dies der Nährboden, auf dem auch Äußerungen des Widerstandes gedeihen konnten?

Widerstand! Widerstand?

Trotz einiger verdienstvoller Vorarbeiten gehört die Geschichte des Widerstands gegen den Nationalsozialismus zu den weißen Flecken auf der Karte der hannoverschen Stadt-

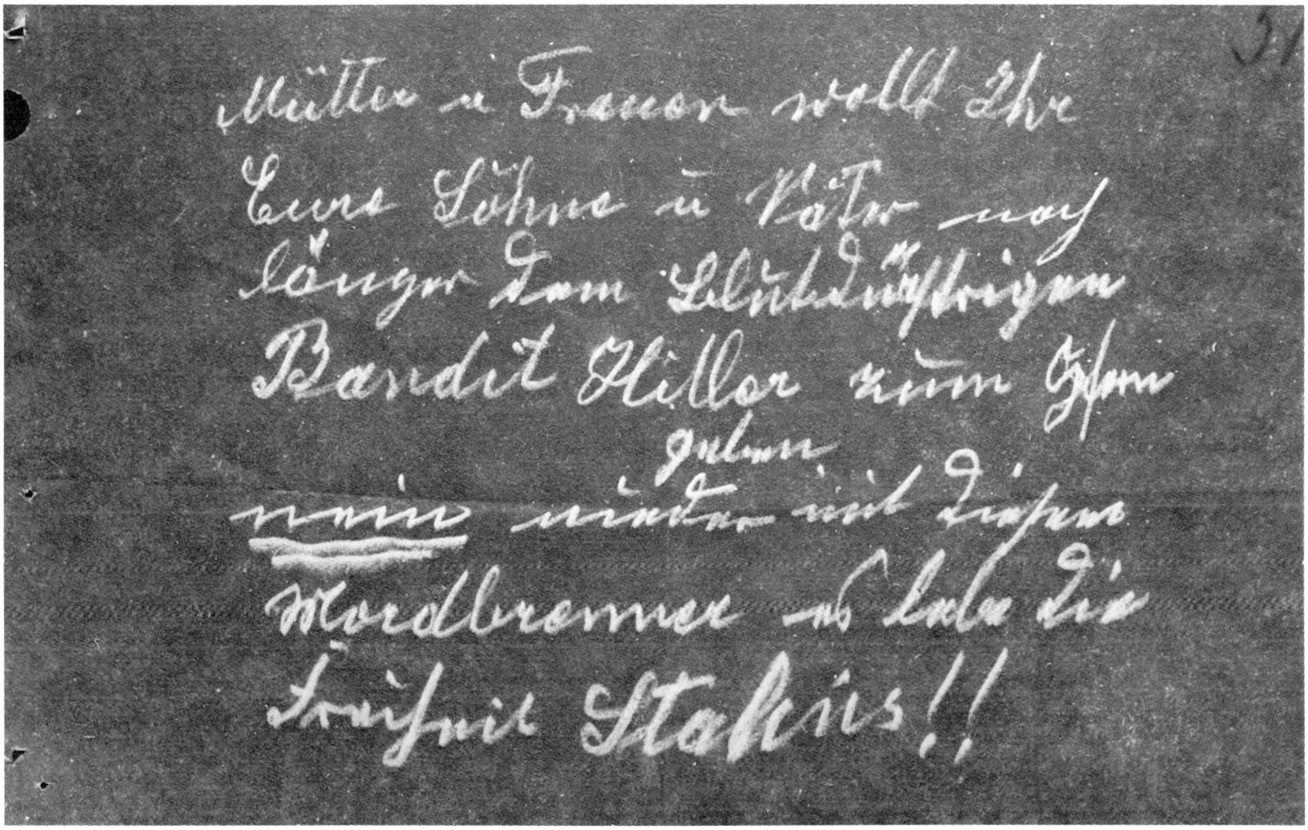

Aufruf aus dem Untergrund

geschichte. Dies gilt erst recht für die Kriegsjahre 1939 bis 1945. Auch wir können zu dem wenigen bisher Bekannten nur einige weitere Mosaiksteinchen hinzufügen.

Die Schwierigkeiten beginnen bereits bei der Definition des Begriffs »Widerstand«. Selbst wenn darunter »jedes aktive oder passive Verhalten, das sich gegen das NS-Regime oder einen Teil der NS Ideologie richtete und mit gewissen Risiken verbunden war«,[9] verstanden wird, bleibt strittig, ob auch das Abhören von »Feindsendern«, die »Verunglimpfung« führender NS-Persönlichkeiten, die bewußte Weitergabe regimefeindlicher Gerüchte und politischer Witze als Widerstand i. e. S. bezeichnet werden kann. Immerhin, die Verfolger haben solche Handlungen in der Regel als Äußerungen des Widerstands bewertet und entsprechend geahndet. Sie haben sich auch kaum um eine differenzierte Beurteilung des jeweiligen Tatmotivs bemüht, obgleich hier mit Dauer des Krieges Unzufriedenheit über den Verlauf des Krieges und Enttäuschung über die zunehmende Verschlechterung der individuellen Lebensbedingungen neben die prinzipielle Ablehnung des Nationalsozialismus getreten ist.

Der organisierte Arbeiter-Widerstand in Hannover, wie er z. B. von den kommunistischen bzw. sozialistischen Widerstandsgruppen »Komitee für proletarische Einheit« und »Sozialistische Front« repräsentiert wurde, war in Hannover bis etwa Mitte 1936 zerschlagen worden. Er flackerte erst in den letzten Kriegsjahren wieder auf. Seine Hauptbasis blieben die Großbetriebe, was durch das Beispiel einer bislang unbeachtet gebliebenen Widerstandsgruppe in der Hanomag belegt werden kann. Über ihre Tätigkeit sind wir durch die erhalten gebliebenen Ermittlungsakten des Sondergerichts Hannover recht gut unterrichtet. »Wegen Vorbereitung eines hochverräterischen Unternehmens, Feindbegünstigung und Wehrkraftzersetzung« verhaftete die Gestapo am 6. und 26. September sowie am 11. November 1944 insgesamt 19 Hanomag-Arbeiter, denen man durch einen im Oktober 1943 eingeschleusten Spitzel auf die Spur gekommen war.[10]

Diese Gruppe hat eine bemerkenswerte Aktivität entfaltet und dabei u. a.:

- Texte für Flugblätter entworfen
- in der Nacht zum 15. Juni 1944 die Parole »Nieder mit Hitler, hoch lebe Stalin« an der Mauer des Excelsior-Werks in Limmer angebracht
- die Sprengung des Kesselhauses der Hanomag und einer Eisenbahnbrücke bei Limmer vorbereitet
- ein Attentat auf Gauleiter Lauterbacher geplant
- Feindsender abgehört
- Sammelaktionen zugunsten der »Roten Hilfe« durchgeführt.

Fast jeder einzelne dieser Vorwürfe konnte für die Beschuldigten den Tod bedeuten, zumal die Ermittlungsakten Ende 1944 dem Volksgerichtshof übergeben wurden. So ist es fast als Wunder zu bezeichnen, daß die drei Hauptangeklagten, die sich am 10. April 1945, dem Tag der Besetzung Hannovers durch die Amerikaner, noch im Polizeigefängnis von Hannover befanden, den Krieg überlebt haben.

Der bürgerliche Widerstand, dessen spektakulärste Aktion das Attentat vom 20. Juli 1944 war, ist für Hannover mit der Person des ehemaligen Oberbürgermeisters Arthur Menge eng verknüpft. Über das, was sich an jenem 20. Juli in Hannover tat, hat Generalmajor Loehning nach dem Kriege folgendes berichtet:

»Ich wohnte damals in der Schopenhauerstraße und war gerade vom Dienst nach Hause gekommen. Da fuhr der stellvertretende Kommandierende General Bieler vor und holte mich ab ins Generalkommando, ohne sich darüber auszulassen, was eigentlich geschehen war. Im Generalkommando war der Chef des Stabes, General Kütt, anwesend und einige andere Offiziere, so der I a Oberst Kröger ... Während Bieler im Nebenzimmer telefonierte, eröffnete uns Kütt, was beabsichtigt sei. Einzelne Herren schienen nicht überrascht zu sein. Es wurden Maßnahmen besprochen, um das System zu stürzen. Mir wurde der Auftrag zuteil, den Gauleiter und die höheren Parteifunktionäre zu verhaften. Truppenteile wurden dafür unterstellt und die einzelnen Aufgaben durchgesprochen. Bieler führte immer noch Telefongespräche, es wurde dauernd angerufen. Er versuchte sogar, das Führerhauptquartier zu erreichen, aber die Verbindungen funktionierten nicht. Bis gegen Abend war allmählich durchgesickert, daß alles mißlungen war. Darauf wurden sofort alle Maßnahmen abgeblasen ... Lauterbacher war anfangs nicht zu finden gewesen, dann erfuhr man, daß er sich auf den Gefechtsstand auf dem Kipphut abgesetzt hatte. Bieler traf sich noch in derselben Nacht mit ihm, um die beiderseitigen Maßnahmen in Einklang zu bringen. Man war sehr vorsichtig miteinander und traf sich an einem neutralen Ort. Im Generalkommando herrschte eine sehr gedrückte Stimmung, jedoch kam es zwischen Bieler und Lauterbacher zum Ausgleich. Die Wehrmacht erschien bei den Parteiversammlungen und mußte sich anhören, wie der Gauleiter in übelsten Worten von dem Tun der Männer des 20. Juli sprach. Zu diesem Kreis zählte auch der ehemalige Oberbürgermeister von Hannover, Dr. Menge, der sich in den kritischen Tagen gerade in Bad Kissingen befand. Ich wollte ihn telefonisch warnen, konnte ihn aber leider nicht erreichen. Menge stand auf der Liste der Personen, die beim Gelingen des Aufstandes an führender Stelle verwendet werden sollten.«[11]

In der Tat erfolgte die Verhaftung Menges am 21. Juli. Auf jener von Loehning zitierten und noch am 20. Juli in der Berliner Bendlerstraße, dem Hauptquartier der Verschwörer, aufgefundenen Liste war Menge als »Politischer Beauftragter« des Wehrkreises XI aufgeführt, d. h. nach geglücktem Anschlag hätte er etwa das Amt eines Oberpräsidenten der Provinz Hannover zu bekleiden gehabt. Nach den Ermittlungen des Reichssicherheitshauptamts mußte Menge erst von dem für das Amt des Reichskanzlers in Aussicht genommenen Carl Goerdeler zur Übernahme dieser Funktion überredet werden, er selbst wäre lieber Innenminister oder Justizminister in einem Kabinett Goerdeler geworden.

Obgleich Menge von Goerdeler bei dessen Vernehmungen durch die Gestapo schwer belastet wurde, haben ihn glückliche Umstände vor dem Schlimmsten bewahrt. Am 28. Februar 1945 wurde er vom Volksgerichtshof zu 3 Jahren Gefängnis verurteilt und anschließend in das Zuchthaus Brandenburg eingeliefert.[12]

Fälle organisierten Widerstandes wie der Menges oder jener der 19 Hanomag-Arbeiter haben in Hannover – wie anderswo auch – zu den Ausnahmen gehört. Diese Feststellung wird vor allem durch die für die Zeit seit Ende 1943 recht vollständig vorliegende Aktenüberlieferung des Sondergerichts Hannover gestützt, das dem Landgericht in Hannover zugeordnet war und dessen Zuständigkeit sich auf den gesamten Oberlandesgerichtsbezirk Celle erstreckte. Neben Eisenbahn-, Post- und Feldpostdiebstählen dominieren hier Plünderungsdelikte – nach den Angriffen des Jahres 1943 ist fast jedes 3. oder 4. Haus in Hannover geplündert worden![13] – sowie Verfahren gegen »Rundfunkverbrecher« und »Volksschädlinge«.

Der Urteilsfindung lagen in der Regel das »Gesetz gegen heimtückische Angriffe …« vom 20. Dezember 1943[14] und die »Verordnung gegen Volksschädlinge« vom 5. September 1939[15] zugrunde. Sie lieferten auch die Handhabe für die Verfolgung antinationalsozialistischer Äußerungen, wie sie in Hannover vor allem nach den schweren Angriffen des Jahres 1943 verstärkt zur Anzeige gelangten. Einige typische Beispiele:

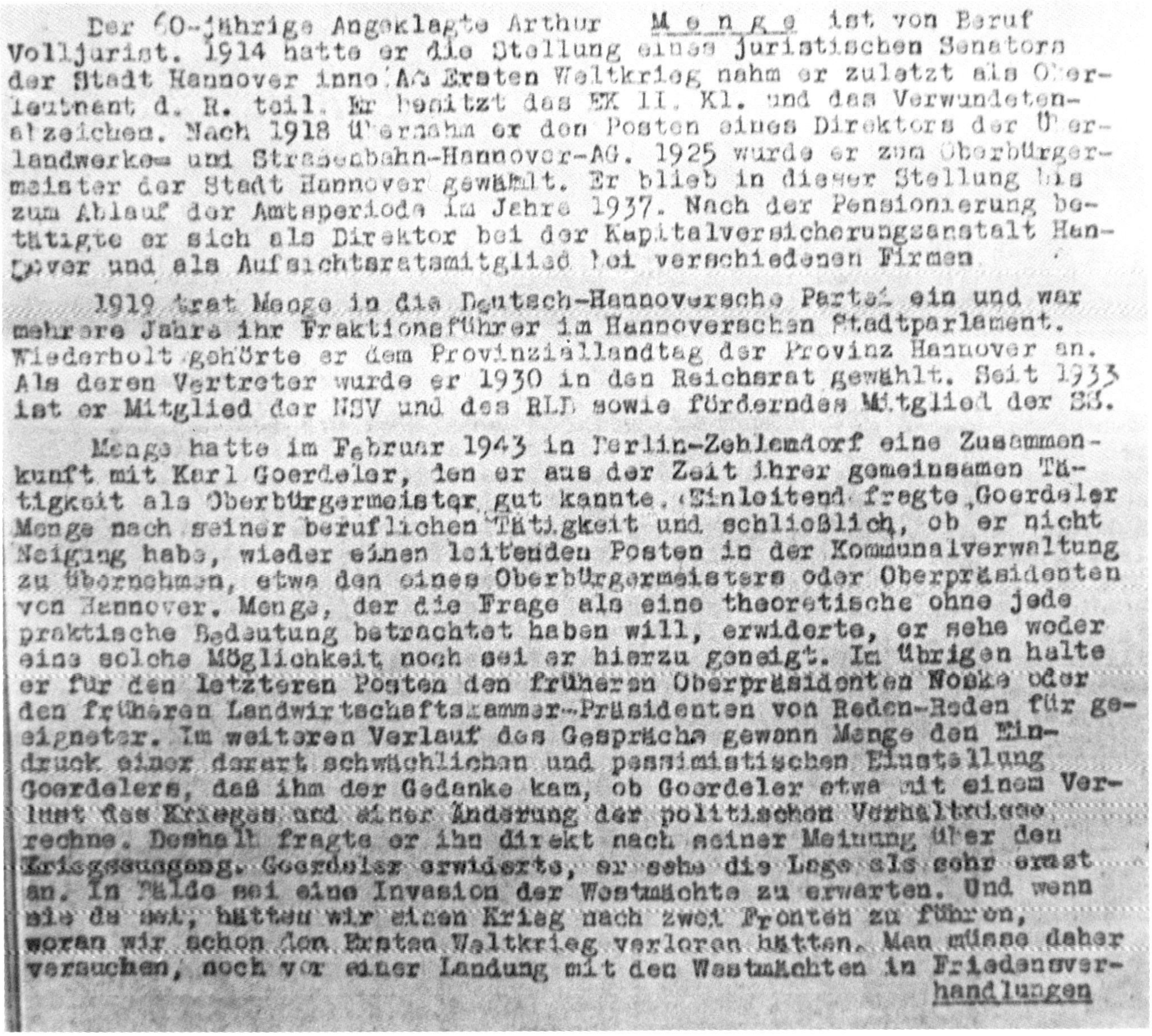

Der 60-jährige Angeklagte Arthur M e n g e ist von Beruf Volljurist. 1914 hatte er die Stellung eines juristischen Senators der Stadt Hannover inne. Am Ersten Weltkrieg nahm er zuletzt als Oberleutnant d. R. teil. Er besitzt das EK II. Kl. und das Verwundetenabzeichen. Nach 1918 übernahm er den Posten eines Direktors der Überlandwerke und Strassenbahn-Hannover-AG. 1925 wurde er zum Oberbürgermeister der Stadt Hannover gewählt. Er blieb in dieser Stellung bis zum Ablauf der Amtsperiode im Jahre 1937. Nach der Pensionierung betätigte er sich als Direktor bei der Kapitalversicherungsanstalt Hannover und als Aufsichtsratsmitglied bei verschiedenen Firmen.

1919 trat Menge in die Deutsch-Hannoversche Partei ein und war mehrere Jahre ihr Fraktionsführer im Hannoverschen Stadtparlament. Wiederholt gehörte er dem Provinziallandtag der Provinz Hannover an. Als deren Vertreter wurde er 1930 in den Reichsrat gewählt. Seit 1933 ist er Mitglied der NSV und des RLB sowie förderndes Mitglied der SS.

Menge hatte im Februar 1943 in Berlin-Zehlendorf eine Zusammenkunft mit Karl Goerdeler, den er aus der Zeit ihrer gemeinsamen Tätigkeit als Oberbürgermeister gut kannte. Einleitend fragte Goerdeler Menge nach seiner beruflichen Tätigkeit und schließlich, ob er nicht Neigung habe, wieder einen leitenden Posten in der Kommunalverwaltung zu übernehmen, etwa den eines Oberbürgermeisters oder Oberpräsidenten von Hannover. Menge, der die Frage als eine theoretische ohne jede praktische Bedeutung betrachtet haben will, erwiderte, er sehe weder eine solche Möglichkeit noch sei er hierzu geneigt. Im übrigen halte er für den letzteren Posten den früheren Oberpräsidenten Noske oder den früheren Landwirtschaftskammer-Präsidenten von Reden-Reden für geeigneter. Im weiteren Verlauf des Gesprächs gewann Menge den Eindruck einer derart schwächlichen und pessimistischen Einstellung Goerdelers, daß ihm der Gedanke kam, ob Goerdeler etwa mit einem Verlust des Krieges und einer Änderung der politischen Verhältnisse rechne. Deshalb fragte er ihn direkt nach seiner Meinung über den Kriegsausgang. Goerdeler erwiderte, er sehe die Lage als sehr ernst an. In Bälde sei eine Invasion der Westmächte zu erwarten. Und wenn sie da sei, hätten wir einen Krieg nach zwei Fronten zu führen, woran wir schon den Ersten Weltkrieg verloren hätten. Man müsse daher versuchen, noch vor einer Landung mit den Westmächten in Friedensverhandlungen

Auszug aus der Anklageschrift gegen Arthur Menge

- M. W., dienstverpflichtet in einem Rüstungsbetrieb und sowohl am 9. als auch am 18. Oktober 1943 ausgebombt: »Goebbels soll sich in Hannover nicht sehen lassen, sonst wird er an den nächsten Galgen gehängt und der Führer daneben.« (!).
  Der Angeklagten legte man außerdem zur Last, daß sie sich statt des Hitler-Grußes des in Hannover nach den schweren Angriffen sehr gebräuchlichen Grußes »Bleib über« bedient hatte.[16]
- A. B., Postfacharbeiterin, nach dem Angriff vom 26. Juli 1943: »Goebbels ... nimmt das Maul immer so voll, dabei ist er der Erste, der drei Möbelwagen vor seiner Tür stehen hat ... Hitler hat sich einen Bunker in der Schweiz bauen lassen.«[17]
- E. K., Werkzeugmacher, anläßlich des Goebbels-Besuchs am 5. November 1943 zu seinen Arbeitskollegen: »Dieses Lügenmaul, glaubt ihr das, was er erzählt? ... Was meint ihr wohl, wenn sie Adolf erst am Halfter über den Klagesmarkt führen.«[18]
- H. M., Kaufmann, 1933 in die NSDAP eingetreten, 1941 ausgetreten, weil gegen ihn ein Antrag auf zwangsweise Sterilisation wegen »zeitweiliger« Schizophrenie gestellt wurde, der 1943 zur Ausführung kam: »Wenn ich gewußt hätte, daß ich nach 10 Jahren sterilisiert würde, hätte ich 1933 den Führer erschossen. Ich hätte dazu die Gelegenheit gehabt.«[19]
- M. B., seit 1922 mit dem »Volljuden« L. B. verheiratet, der im März 1943 in ein Arbeitserziehungslager gebracht wurde, weil er den zusätzlichen Vornamen »Israel« nicht führen wollte, und der in diesem Lager nach kurzer Zeit an »Arterienverkalkung und Herzschwäche« starb: »Die Zeit wird kommen, wo sich das rächen wird. Die Rache kommt.«[20]

M. W. wurde vom Sondergericht zu 3 Monaten Gefängnis, A. B. zu 1 Jahr, 3 Monaten Zuchthaus, E. K. zu 2 Jahren, 6 Monaten Gefängnis und M. B. zu 7 Monaten Gefängnis verurteilt, während H. M. mit einem Freispruch davonkam.

Im gleichen Strafrahmen bewegten sich die Urteile gegen »Rundfunkverbrecher«. So erhielt der Flugzeugmechaniker K.-H. H. am 5. April 1944 1 Jahr und 9 Monate, weil er von Mitte Dezember 1943 bis zu seiner Festnahme am 15. Februar 1944 regelmäßig »Feindsender« abgehört hatte.[21] W. P. und J. St., beide als Ofenarbeiter bzw. Schmied bei der »Hanomag« beschäftigt, bekamen am 3. März 1944

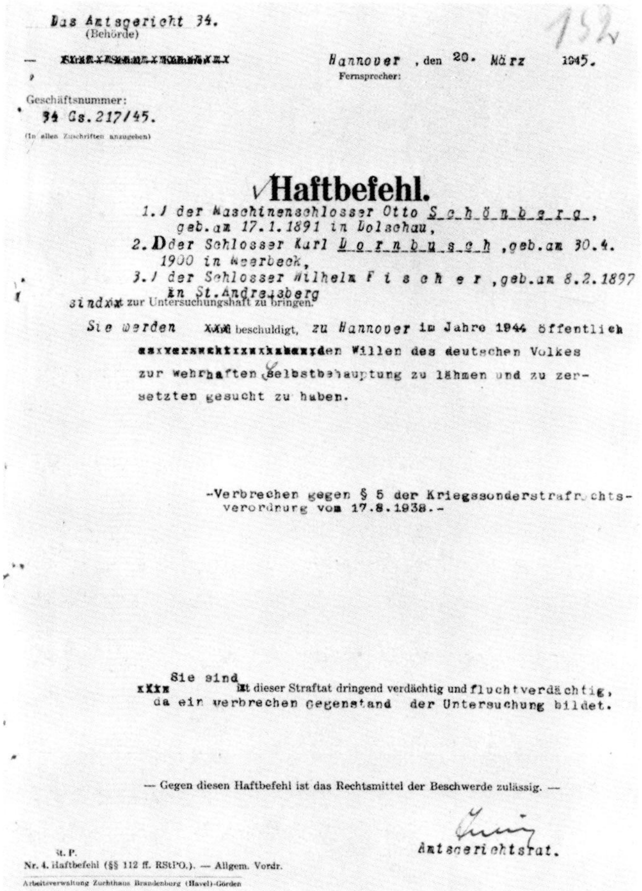

Das Amtsgericht 34.
(Behörde)

Hannover, den 20. März 1945.
Fernsprecher:

Geschäftsnummer:
34 Gs. 217/45.
(In allen Zuschriften anzugeben)

Haftbefehl.

1./ der Maschinenschlosser Otto Schönberg, geb. am 17.1.1891 in Dolschau,
2. Der Schlosser Karl Dornbusch, geb. am 30.4.1900 in Meerbeck,
3./ der Schlosser Wilhelm Fischer, geb. am 8.2.1897 in St. Andreasberg
sind zur Untersuchungshaft zu bringen.

Sie werden beschuldigt, zu Hannover im Jahre 1944 öffentlich den Willen des deutschen Volkes zur wehrhaften Selbstbehauptung zu lähmen und zu zersetzen gesucht zu haben.

-Verbrechen gegen § 5 der Kriegssonderstrafrechtsverordnung vom 17.8.1938.-

Sie sind dieser Straftat dringend verdächtig und fluchtverdächtig, da ein Verbrechen Gegenstand der Untersuchung bildet.

— Gegen diesen Haftbefehl ist das Rechtsmittel der Beschwerde zulässig. —

Amtsgerichtsrat.

St. P.
Nr. 4. Haftbefehl (§§ 112 ff. RStPO.). — Allgem. Vordr.
Arbeitsverwaltung Zuchthaus Brandenburg (Havel)-Görden

1 Jahr, 3 Monate sowie 1 Jahr, 6 Monate Zuchthaus dafür, daß sie – erstmals nach dem Angriff vom 8./9. Oktober 1943 – den englischen Sender, der im Volksmund »Sender Misburg« genannt wurde, eingestellt und das Gehörte an ihre Ehefrauen weitergegeben hatten.[22]

Zu den häufigsten Delikten gehörte der »Umgang mit Kriegsgefangenen«, wobei die Strafen erheblich höher ausfielen, wenn es sich um Ehefrauen handelte, deren Männer eingezogen waren. Bei Ledigen ließ man es in der Regel bei einigen Monaten bewenden, jedenfalls dann, wenn es sich »nur« um westliche Kriegsgefangene handelte. Eine Ausnahme bildete der Fall der Ch. R. aus Anderten, die im Oktober 1942 mit einem französischen Kriegsgefangenen nach Frankreich geflüchtet war, nach dessen Tod im Juli 1944 freiwillig nach Hannover zurückkehrte und hier vom Sondergericht wegen »Wehrkraftzersetzung« zu 3 Jahren Zuchthaus verurteilt wurde.[23]

Allerdings, auch dieses Urteil fiel, verglichen etwa mit der »Rechtsprechung« des Volksgerichtshofs, relativ milde aus. Man kann hierzu nur vermuten, daß der sich im Jahre 1944 abzeichnende ungünstige Ausgang des Krieges die Staatsanwälte und Richter am Sondergericht zu einer weniger forschen Gangart veranlaßt hat. Im übrigen ist zu bedenken, daß sich häufig an die Verbüßung der Strafe eine Einweisung in ein Konzentrationslager unmittelbar anschloß und ferner gegen Kriegsende immer mehr Fälle durch SS und Gestapo ohne ordentliches Gerichtsverfahren »erledigt« wurden. Hinrichtungen in der Außenstelle Ahlem der Staatspolizeileitstelle Hannover waren vor allem Ende 1944 und Anfang 1945 an der Tagesordnung.

Die Quellenlage läßt es nicht zu, quantitative Aussagen zu Umfang und Ausmaß von Verfolgung und Widerstand in Hannover während der Kriegszeit zu machen. Einige wenige Hinweise sind den regelmäßig erstatteten Lageberichten des Generalstaatsanwalts in Celle an den Reichsjustizminister[24] zu entnehmen, bei denen allerdings zu berücksichtigen ist, daß die betreffenden Angaben für den gesamten Oberlandesgerichtsbezirk gemacht wurden: Danach wurden von Oktober 1939 bis Mai 1940 42 Anklagen gegen 73 »Rundfunkverbrecher« erhoben. Im Jahre 1941 gab es bis Oktober 81 Verfahren gegen 173 »Volksschädlinge« gegenüber 39 Verfahren mit 55 Angeklagten während des gesamten Jahres 1940. Für die folgenden Jahre fehlen exakte Angaben, doch wird immer wieder in den Berichten Klage geführt, daß vor allem in Hannover die Zahl der politischen Verfahren nach den Großangriffen des Jahres 1943 erheblich gestiegen sei. Diese Aussage findet sich z. B. im Lagebericht des Generalstaatsanwalts vom 4. Oktober 1944, der außerdem den Hinweis enthält, daß alle Ermittlungsverfahren wegen »Äußerungen des Bedauerns über das Mißlingen des Attentats« vom 20. Juli an den Volksgerichtshof in Berlin abgegeben worden sind; auch dies ein Indiz dafür, daß keine voreiligen Schlüsse aus der relativ milden Strafpraxis des Sondergerichts Hannover gezogen werden sollten.

Exkurs: Evangelische Kirche zwischen Verfolgung, Anpassung und Widerstand

Trotz der im Laufe des Krieges zunehmenden Kirchenfeindlichkeit des Staates und insbesondere der Partei, die das von ihr beanspruchte Monopol der »Menschenführung« durch die Existenz der beiden christlichen Kirchen gefährdet glaubte, hat es in Hannover kaum Äußerungen eines politisch motivierten Widerstands seitens der evangelischen Kirche gegeben[25]. Als Ausnahme von der Regel kann Pastor Walter Klose aus Marienwerder gelten, der schon 1940 wegen politischer Äußerungen zu 6 Monaten Gefängnis verurteilt wurde. Vor allem aber ist der aus der hannoverschen Landeskirche hervorgegangene D. Hanns Lilje, der spätere Landesbischof, zu nennen. Er wurde am 19. August 1944 wegen seiner engen Beziehungen und Verbindungen zu füh renden Persönlichkeiten des 20. Juli, unter ihnen Carl Goerdeler, verhaftet und zu 4 Jahren Gefängnis verurteilt.

Beide Fälle waren nicht typisch für eine Kirche, deren Erscheinungsbild im 3. Reich wesentlich durch ihren Bischof D. August Marahrens geprägt worden ist. Dieser persönlich wohl integre, nach einer Formulierung Liljes »nicht immer in vorderster Reihe der Bekennenden Kirche, aber immer an Brennpunkten der Auseinandersetzung« stehende Mann ist wegen seiner nicht ganz eindeutigen Haltung gegenüber dem Nationalsozialismus bis heute umstritten geblieben.

Neben einer mindestens mißverständlichen Haltung in der Judenfrage sind vor allem zwei Handlungen, genauer: zwei an Hitler gesandte Telegramme noch während des Krieges auf scharfe Kritik gestoßen.

Das erste, am 5. Juli 1941 anläßlich des Angriffs auf die Sowjetunion übersandt, feierte diesen Überfall als »entscheidenden Waffengang gegen den Todfeind aller Ordnung und aller abendländisch-christlichen Haltung« und bezeichnete den Angegriffenen als »Pestherd«, der vom deutschen Soldaten beseitigt werden müsse. Das zweite – es wurde nach dem Attentat vom 20. Juli aufgesetzt – übermittelte Worte des Dankes »für Gottes gnädigen Schutz und seine sichtbare Bewahrung«.

Marahrens, von dem andererseits viele Beispiele mannhaften Eintretens für Bedrängte und Verfolgte bezeugt sind,

Kirchliches Amtsblatt

für die

Evangelisch-lutherische Landeskirche Hannovers

1944	Ausgegeben zu Hannover, den 21. Juli 1944	Stück 11

Dank für die gnädige Errettung des Führers.

Hannover, den 21. Juli 1944.

Tief erschüttert von den heutigen Nachrichten über das auf den Führer verübte Attentat ordnen wir hierdurch an, daß, soweit es nicht bereits am Sonntag, dem 23. Juli, geschehen ist, am Sonntag, dem 30. Juli, im Kirchengebet der Gemeinde etwa in folgender Form gedacht wird:

„Heiliger barmherziger Gott! Von Grund unseres Herzens danken wir Dir, daß Du unserm Führer bei dem verbrecherischen Anschlag Leben und Gesundheit bewahrt und ihn unserem Volke in einer Stunde höchster Gefahr erhalten hast. In Deine Hände befehlen wir ihn. Nimm ihn in Deinen gnädigen Schutz. Sei und bleibe Du sein starker Helfer und Retter. Walte in Gnaden über den Männern, die in dieser für unser Volk so entscheidungsschweren Zeit an seiner Seite arbeiteten. Sei mit unserem tapferen Heere. Laß unsere Soldaten im Aufblick zu Dir kämpfen; im Ansturm der Feinde sei ihr Schild, im tapferen Vordringen ihr Geleiter. Erhalte unserem Volke in unbeirrter Treue Mut und Opfersinn. Hilf uns durch deine gnädige Führung auf den Weg des Friedens und laß unserem Volke aus der blutigen Saat des Krieges eine Segensernte erwachsen. Wecke die Herzen auf durch den Ernst der Zeit. Decke zu in Jesus Christus unserm Herrn alles, was wider Dich streitet. Gib, daß Dein Evangelium treuer gepredigt und williger gehört werde, und daß wir unser Leben in Liebe und Gehorsam tapfer und unverdrossen unter die Zucht Deines Heiligen Geistes stellen.

Der Landesbischof.
D. Marahrens.

Das Landeskirchenamt.
J. V.: Stalmann.

fühlte sich ebenso wie seine ihn überwiegend stützende Pfarrerschaft Römer 13 verpflichtet: »Jedermann sei untertan der Obrigkeit ...« Eine politische Verantwortung der Kirche lehnte er ab und mit ihr auch die Berechtigung der Kirche zur Beurteilung staatlicher Maßnahmen.

Sehr wahrscheinlich aber war der Bischof auch davon überzeugt, daß das Überleben seiner Kirche nur durch ein fast bis zur Selbstverleugnung reichendes Maß an Anpassung gesichert werden konnte. Und in der Tat verschlechterte sich die Situation der Kirche von Kriegsjahr zu Kriegsjahr, Ergebnis einer ganzen Fülle kirchenfeindlicher Erlasse, die den Spielraum freier Religionsausübung immer weiter einengten und letztlich auf eine Gettoisierung der Kirche hinausliefen:

Schon im ersten Kriegsjahr mußte die Betreuung der zur Wehrmacht einberufenen Gemeindemitglieder durch die Heimatpfarrämter eingestellt werden.

Von der zum 1. Juni 1941 angeordneten Stillegung zahlreicher Presseorgane war vor allem kirchliches Schrifttum wie z. B. das seit 1868 erscheinende Hannoversche Sonntagsblatt betroffen.

Mit dem im April 1943 de facto erfolgten Verbot des Religionsunterrichts an Schulen korrespondierte die immer häufiger praktizierte Weigerung der HJ-Gebietsführung, Jugendliche für die Teilnahme an Sonntags- und insbesondere Konfirmandengottesdiensten zu beurlauben. Zur Gottesdienstzeit wurden nicht selten »Störungsmärsche« seitens der HJ angesetzt.

Hinzu kamen Eingriffe in die kirchlichen Feiertagsrechte. Nachdem bereits der Bußtag 1939 auf den folgenden Sonntag verschoben worden war, wurde diese Regelung durch einen Erlaß vom 27. November 1941 auf den Himmelfahrtstag und das Reformationsfest ausgedehnt.

Im März 1940, zu einem Zeitpunkt also, als militärische Notwendigkeiten dies sicherlich noch nicht erforderlich machten, erging eine Verfügung zur Ablieferung sämtlicher Kirchenglocken aus Bronze. Nur etwa 5% aller Glocken, die künstlerisch und historisch wertvollsten, haben diese Aktion überstanden.

Obwohl das Ergebnis den Aufwand in keiner Weise rechtfertigte, war die Partei ständig bemüht, das neue völkische Brauchtum zu propagieren. Vor allem für Parteigenossen wurde es zunehmend schwieriger, sich den für Ereignisse der »Lebenswende« wie Geburt, Hochzeit und Tod angebotenen Ersatzfeiern zu entziehen.

Wenig Erfolg war dagegen Versuchen beschieden, das Weihnachtsfest durch eine »Lichtfeier« zu ersetzen, und auch die sogenannten »Morgenfeiern« der Partei, die vor allem für die Marktkirche nach den Angriffen des Jahres 1943 bezeugt sind und als Ersatz für die kirchlichen Gottesdienste gedacht waren, wurden von der Bevölkerung kaum angenommen.

Härter noch als von solchen Schikanen und Einschränkungen wurde das kirchliche Leben in Hannover von den Folgen der Luftangriffe sowie davon betroffen, daß schließlich etwa 50% aller Geistlichen zur Wehrmacht eingezogen waren. Daß hiervon vor allem solche Seelsorger betroffen waren, von denen bekannt war, daß sie zur »Bekenntnisgemeinschaft«, d. h. einer mit der »Bekennenden Kirche« in Verbindung stehenden Gruppierung, gehörten, ist sicherlich kein Zufall gewesen. Ihr bekanntester Exponent und langjähriger Geschäftsführer, Pastor Friedrich Duensing, fiel am 25. Juli 1944 bei Dünaberg an der Ostfront. Bereits Anfang 1942 war Heinrich Brinkmann, Pfarrer an der Markuskirche, gefallen, der sich als einziger von der Kanzel herab kritisch zu den Ereignissen der sogenannten Reichskristallnacht vom 8./9. November 1938 geäußert hatte.

Zum personellen Aderlaß gesellten sich Lähmungserscheinungen, die von den Zerstörungen und Evakuierungen herrührten. Nach den Luftangriffen des Jahres 1943 war die Geschäftsstelle der »Bekenntnisgemeinschaft« ebenso ausgebrannt wie das Gebäude des Landeskirchenamts und der »Loccumer Hof«, der Amtssitz des Landesbischofs. Drei Viertel aller Kirchen Hannovers waren den Bomben zum Opfer gefallen, die Gemeindemitglieder in alle Richtungen zerstreut. In der St. Aegidien-Gemeinde z. B. waren nur noch 35 Häuser bewohnbar. Wie viele andere Geistliche war ihr Pfarrer fortan außerhalb von Hannover tätig, bei der Betreuung der Evakuierten.

Für sie alle ging der Krieg weiter und mit ihm auch die Bombenangriffe, obgleich es in Hannover nicht mehr viel gab, was noch zerstört werden konnte.

Im Visier: die Rüstungsindustrie

Während die Truppen der Westalliierten den Vormarsch auf der italienischen Halbinsel fortsetzten, kämpften ihre

Luftflotten im Frühling 1944 um die Luftherrschaft in Europa, die eine Vorbedingung für eine erfolgreiche Landung in Frankreich war.

Das Bomber Command konnte nur noch wenig zu diesem Kampf beitragen, da die nächtlichen Verluste im März/April 1944 eine Größenordnung angenommen hatten, die weitere Einsätze der schweren Bomber gegen Ziele in Deutschland nicht mehr vertretbar erscheinen ließen. Luftmarschall Harris' unerschütterliche Überzeugung, das Kriegsende allein mit Flächenangriffen auf Industriestädte erzwingen zu können, hatte das »Bomber Command« in 13 Monaten 2824 Maschinen und etwa 20000 Mann fliegendes Personal gekostet.[26]

Gerade zu dem Zeitpunkt aber, als deutsche Nachtjäger und Flakabteilungen die Luftüberlegenheit in der Nacht erkämpft zu haben glaubten, begann die konsequente Vernichtung der Luftwaffe bei Tage.

Die USAAF hatte aus ihren Verlusten vom Sommer und Herbst 1943 nicht die Konsequenzen der RAF vom Winter 1939 gezogen. Statt die Einsätze ebenfalls im Schutz der Dunkelheit durchzuführen, ließ die USAAF innerhalb kürzester Zeit Jagdflugzeuge entwickeln, die genügend Treibstoff mitführen konnten, um die Bomber auf der gesamten Flugstrecke zu schützen.

Primäres Ziel der amerikanischen Bomber und Jagdflugzeuge war im ersten Halbjahr 1944 die Zerstörung der deutschen Luftwaffe in den Fabriken, auf den Plätzen und in der Luft.[27] Am 11. Januar 1944 begann die 8. US-Luftflotte die Offensive mit einem Einflug nach Mitteldeutschland, wo Flugzeugwerke in Braunschweig, Halberstadt, Oschersleben und Magdeburg die Angriffsziele waren. Die Luftkämpfe zogen sich von den Niederlanden bis nach Braunschweig hin. Zwar gelang es den 239 eingesetzten deutschen Jagdflugzeugen, 59 Bomber und 5 Begleitjäger abzuschießen, sie selbst aber verloren dabei 40 Maschinen. Eine von ihnen stürzte auf die Reinigungsfirma »Stichweh«, wobei 28 Betriebsangehörige, zumeist Frauen, ums Leben kamen.[28] In der Traueranzeige, die Gauleiter Lauterbacher in der Hannoverschen Zeitung am 18. Januar veröffentlichen ließ, hieß es, die Menschen seien »einem tragischen Geschick in Verbindung mit Einflügen feindlicher Terrorflieger« zum Opfer gefallen.

Der sprunghafte Anstieg der Alarme machte eine Erweiterung des bisherigen Warnsystems erforderlich, um die Bevölkerung nicht mit jedem Aufheulen der Sirenen in Panik zu versetzen. Im Dezember 1943 wurden alle Telefonbesitzer aufgefordert, das Gehäuse ihres Fernsprechers über ein Kabel mit dem Antennenanschluß ihres Radiogerätes zu verbinden.[29] Über diesen »Drahtfunk« wurden bei Bedarf Lagemeldungen aus dem Gaubefehlsstand am Schützenplatz übertragen. Der Aufforderung, die eingeschalteten Radioapparate vor ein göffnetes Fenster zu stellen, um auch Nachbarn und Passanten das Mithören zu ermöglichen, dürften allerdings nur die wenigsten Besitzer der empfindlichen Röhrengeräte nachgekommen sein.

Die Durchsagen, die seit Ende März auch in das laufende Radioprogramm eingeblendet wurden, begannen mit einem Gongschlag, dem die stereotype Einleitung folgte: »Gaubefehlsstand Hannover: Wir bringen eine Luftlagemeldung!« In der Regel fuhr der Sprecher dann fort: »Die Spitze der eingeflogenen Kampfverbände befindet sich im Raum Stadthagen mit Ostkurs, Luftschutzmäßiges Verhalten in der Gauhauptstadt ist erforderlich. Mit Feindeinwirkungen muß gerechnet werden.«

Dieses Vokabular war bald auch den Kindern vertraut, die Luftlagemeldungen zu »zeitgemäßen« Abzählreimen umfunktionierten.

»Achtung! Achtung!
Ende! Ende!
Von Nordwesten Kampfverbände.
Über'm Maschsee fliegen Jäger.
Morgen kommt der Schornsteinfeger.«

Aufmerksame Drahtfunk- bzw. Radiohörer bemerkten bald, daß die Meldungen aus dem Gaubefehlsstand der aktuellen Lage um 10–15 Minuten »hinterherhinkten« und den Einflug kleinerer Verbände meist verschwiegen. Viele Hannoveraner zogen es deshalb vor, den Luftwaffensender »Primadonna« abzuhören, der auf Kurzwelle die präziseren Luftlageorientierungen der Jagddivisionen übertrug. Da die Standorte der anfliegenden Maschinen dort aber nur verschlüsselt durchgegeben wurden, benötigten zivile Hörer eine spezielle Landkarte mit einer Quadrateinteilung. »Gustav-Ulrich 5« bezeichnete übrigens das Planquadrat, in dem Hannover lag. Selbstverständlich waren derartige Karten nicht im Handel erhältlich, gute Zeichner konnten sie jedoch verhältnismäßig einfach rekonstruieren. Im Tausch gegen Lebens- oder Genußmittel wurden dann Kopien an Verwandte, Kollegen oder Freunde weitergereicht.

Die Ankündigung von Angriffen und die Angriffe selbst

Zerstörte Panzerfabrik in Linden

bestimmten zunehmend den Tagesablauf der Bevölkerung. Etwa 40 Tote wurden geborgen, nachdem die USAAF am 30. Januar 1944 versucht hatte, die Continental-Werke in Vahrenwald zu bombardieren. Bei bewölktem Himmel lagen die Abwürfe, zum Schaden der Bewohner in den angrenzenden Straßen, nicht sehr genau. Der Bombenteppich fiel vom Welfengarten durch die Nordstadt zum Welfenplatz. Die Rüstungsinspektion Hannover rechnete für die nächsten 2–3 Wochen mit einem leichten Produktionsrückgang bei der »Continental«.[30] Beträchtlich war aber der Schaden an der Bahnlinie und Eisenbahnbrücke beim Weidendamm. Die vielbefahrene Verkehrsstrecke mußte für 24 Stunden gesperrt werden.[31]

Am 21. Februar 1944 wurde der Zugverkehr in Richtung Süden vorläufig eingestellt, weil im Bahnhof Wülfel alle Gleise zerstört waren.[32] Bei geschlossener Wolkendecke hatten amerikanische Bomber, die Braunschweig angreifen sollten, ihre Bomben auf die eisenverarbeitenden Betriebe in Wülfel abgeworfen.[33] Unter den zahlreichen Toten waren auch viele Fremdarbeiter.

Noch einmal wurden die »Continental« und die benachbarte Eisenbahnbrücke am 9. März 1944 von amerikani-

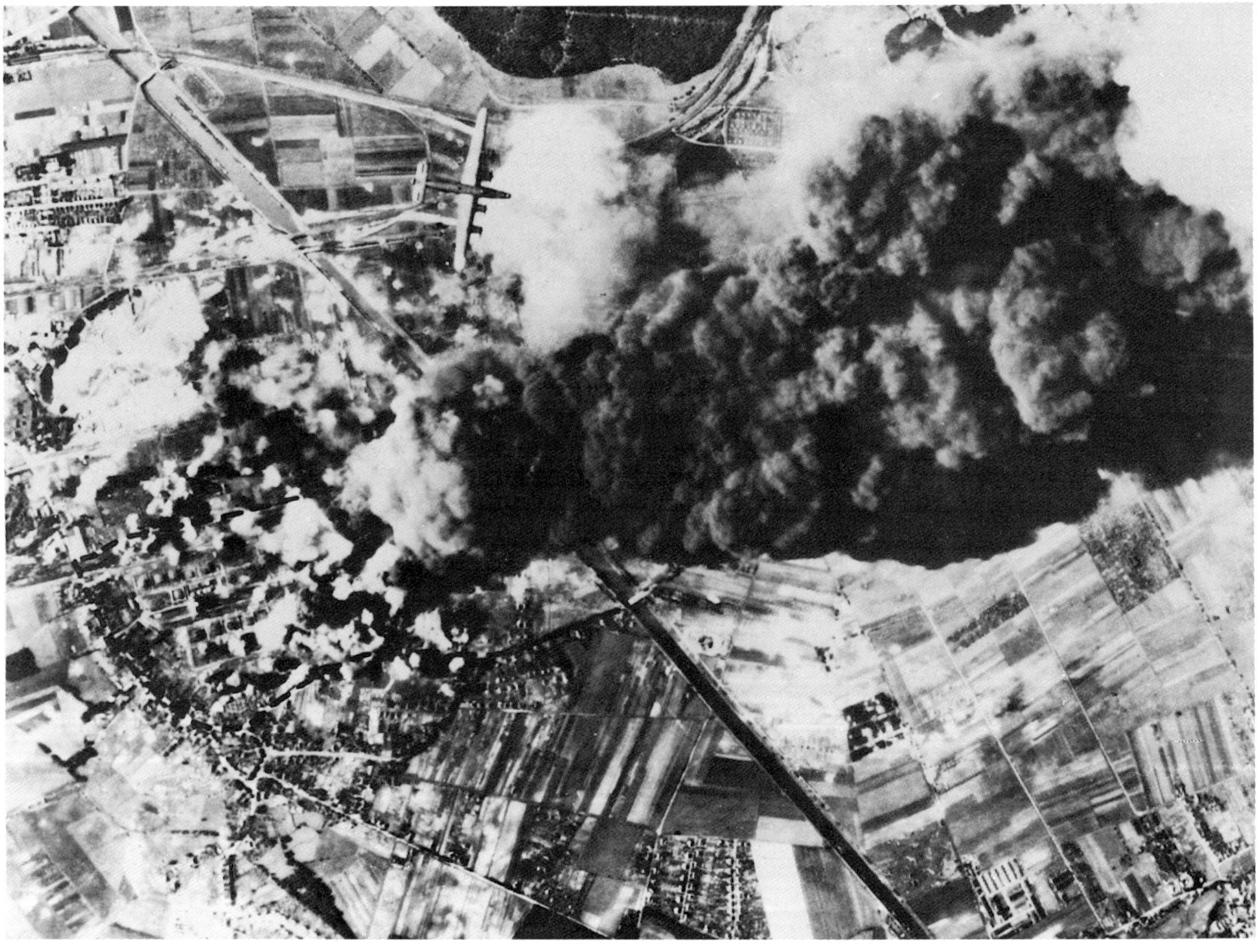

20. 6. 1944: Bomben auf die Misburger Raffinerien

schen Bomben getroffen, allerdings war die Bahnverbindung nur für 6 Stunden unterbrochen.[34]

Am 8. April 1944 registrierte das Städtische Bauamt nur geringe Zerstörungen im Stadtgebiet, weil das Ziel der USAAF der Fliegerhorst mit den Focke-Wulf-Werken in Langenhagen war.[35] Dutzende von Flugzeugen brannten an diesem Morgen auf mehr als 20 norddeutschen Flugplätzen. Trotz größter Anstrengung gelang es der USAAF jedoch nicht, die weitgehend dezentralisierte deutsche Flugzeugproduktion entscheidend zu schwächen. Im Juli 1944 erreichte die monatliche Fertigung mit über 4000 Maschinen aller Typen ihren Höhepunkt.[36]

Zur Vorbereitung der Invasion in der Normandie wurden die alliierten Einsätze gegen deutsche Städte im Frühsommer 1944 stark eingeschränkt. Wichtigstes Ziel in diesen Wochen war das französische Verkehrsnetz, dessen Unterbrechung deutsche Truppenverlegungen erschweren sollte. Lediglich die schnellen »Mosquitos« unternahmen einige Angriffe auf Hannover, um die Bevölkerung nicht zur Ruhe kommen zu lassen. 29 dieser Maschinen, dic neben anderen Bomben auch 18 schwere Luftminen abwarfen, zerstörten in

April 1945: Misburger Raffinerien-Gelände

der Nacht zum 30. Mai 1944 88 Wohnhäuser, zumeist in der Oststadt und in Vahrenwald. Die Gesamtzahl der Toten belief sich schließlich auf 184.[37]

Zwei bedeutende militärische Niederlagen beschleunigten im Juni 1944 das Ende des nationalsozialistischen Regimes. Im Westen begann am 6. Juni die alliierte Landung, der ein rascher Vormarsch durch Frankreich folgte. Bereits am 11. September 1944 betraten amerikanische Soldaten bei Aachen das Reichsgebiet.

Ein noch größeres militärisches Desaster bahnte sich im Osten an. In Absprache mit den Westalliierten befahl Stalin unmittelbar nach der Invasion in Frankreich eine Großoffensive im Mittelabschnitt der Ostfront. 25 deutsche Divisionen, mehr als in Stalingrad, wurden innerhalb weniger Wochen vernichtet. Im Oktober 1944 überschritt auch die Rote Armee in Ostpreußen die Reichsgrenze.

Weniger spektakulär, aber in ihren Auswirkungen letztendlich kriegsentscheidend, war die Offensive zur Zerschlagung der deutschen Treibstoffversorgung, die zwei amerikanische Luftflotten von Großbritannien und Italien aus durchführten.

Trotz der Hydrierwerke, in denen ohne Rücksicht auf die Kosten aus Kohle Benzin hergestellt wurde, war die angespannte Lage in der Treibstoffversorgung eine ständige Sorge der Wehrmachtsführung geblieben. Zudem boten die weitläufigen und empfindlichen Fertigungsanlagen ein ideales Ziel für Luftangriffe.

Nachdem die RAF in der ersten Kriegsphase daran gescheitert war, daß sie die Anlagen bei Nacht kaum finden konnte, unternahm die USAAF nun alle Anstrengungen, um Raffinerien und Hydrierwerke dauerhaft zu zerstören. Dabei wurde auch Misburg zwangsläufig wieder zum bevorzugten Angriffsobjekt, denn noch immer waren die Deurag-Nerag Raffinerien maßgeblich an der Herstellung hochwertiger Flugmotorenöle beteiligt.

Der erste amerikanische Bombenteppich ging am 15. Juni 1944 auf 4 Kilometern Länge und 900 Metern Breite nieder.[38] Er reichte von der Blindenschule in Kirchrode durch den Lönspark bis zum Misburger Waldfriedhof. Da dieses Gebiet nicht sehr dicht bebaut war, blieb der Personenschaden mit 26 Toten vergleichsweise gering.[39] Bei den kriegswichtigen Betrieben entstand kein nennenswerter Ausfall, lediglich die Bahnlinie hinter dem Lönspark mußte für 36 Stunden gesperrt werden.

Am 18. Juni griff die 8. US-Luftflotte erneut an, wieder unter Sichtbedingungen, die amerikanischen Angaben zufolge äußerst dürftig waren.[40] Der Bombenteppich erstreckte sich von Vahrenwald bis nach Misburg, vereinzelte Bomben fielen auch am Klagesmarkt und am Schiffgraben. 31 Menschen, darunter 10 Italiener, die in der Alemannschule, einem Fremdarbeiterlager der »Continental«, untergebracht waren, kamen ums Leben.[41] Die »Deurag-Nerag« selbst erhielt nur wenige Treffer, da der größte Teil der über Misburg abgeworfenen Bomben auf die Scheinraffinerie in der Nähe des heutigen Autobahnkreuzes fiel.

Mehr als 1000 Sprengbomben verwandelten innerhalb von 12 Minuten die Raffinerien und weite Teile des Ortes in ein Trümmerfeld, als am 20. Juni 1361 amerikanische Bomber unter dem Schutz von 729 Begleitjägern verschiedene Treibstoffanlagen in Norddeutschland angriffen.[42] Bei klarer Sicht waren die Abwürfe so exakt, daß auf hannoverschem Gebiet nur Flurschaden in Buchholz entstand.[43] Der Misburger Bürgermeister hingegen meldete 20 Tote in einem Luftschutzstollen, 37 total zerstörte Wohnhäuser und den völligen Ausfall der Raffinerien und Zementwerke.[44] Die überlebenden Misburger erhielten als »Prämie« für ihr Durchhaltevermögen eine Sonderzuteilung Fleisch.[45]

In den Raffinerien begannen sofort die Reparaturarbeiten, zu denen auch Insassen des Konzentrationslagers Neuengamme nach Misburg gebracht wurden.

Sie vergrößerten das Heer der Zwangsarbeiter in Hannover, der Ärmsten unter den Armen dieses Krieges.

Zwangsarbeit in Hannover

Charakteristisch für die deutsche Kriegswirtschaft war ein chronischer Arbeitskräftemangel, Folge massenhafter Einberufungen zur Wehrmacht bei vehement steigendem Bedarf der Rüstungsindustrie[46]. Es entsprach der Mentalität der nationalsozialistischen Machthaber, daß sie ohne Skrupel versuchten, die entstandenen Lücken mit Hilfe »fremdvölkischer« Arbeitskräfte aus den besetzten Gebieten zu füllen.

In der Reihenfolge, in der die betreffenden Territorien von der vorrückenden deutschen Wehrmacht besetzt wurden, kamen zunächst Polen – diese bereits im ersten Kriegswinter 1939/40 –, dann Franzosen, Holländer, Belgier, Dänen, Norweger, Sowjetrussen und schließlich auch Italiener als Zwangsarbeiter nach Hannover, um hier zunächst wegen der Furcht vor Spionage und Sabotage außerhalb der Rüstungsindustrie eingesetzt zu werden. Erst ab 1942 wurden Ausländer in großem Maßstab der Rüstungsproduktion zugeführt.

Ihre Unterbringung erfolgte in der Regel in Lagern, die meist in der Nähe der Betriebe angesiedelt waren. Solche Lager, die jeweils für mehrere 1000 Arbeiter ausgelegt waren, entstanden u. a. auf dem Mühlenberg für die »Hanomag« und in Stöcken für die dort gelegenen Akkumulatorenwerke (heute »Varta«).

Bis Kriegsende stieg die Zahl der Zwangsarbeiter in Hannover ständig an. Während sie im Dezember 1940 noch weniger als 3000 betrug, lag sie Ende 1942 bereits bei 18358, um bis Ende 1943 auf 33185 und bis Kriegsende auf 42070 zu klettern.

Aufschlüsselung der ausländischen Arbeitskräfte in Hannover, Stand April 1945[47]

15820	westliche Zivilarbeiter
3570	polnische Zivilarbeiter
3675	westliche Kriegsgefangene
3595	sowjetische Kriegsgefangene
10130	Ostarbeiter
4780	KZ-Häftlinge
500	ohne nähere Bezeichnung
42070	

Um diese Zahlen leichter einordnen zu können: Im September 1941 waren 41% aller in der hannoverschen Rüstungsindustrie beschäftigten Arbeitskräfte Zwangsarbeiter. Die Belegschaft der Akkumulatorenfabrik in Stöcken bestand sogar zeitweilig nur zu 25% aus deutschen Arbeitern, hingegen zu 35% aus KZ-Häftlingen und zu 40% aus ausländischen Zwangsarbeitern.[48]

Kennzeichnend für die Politik der Nationalsozialisten gegenüber den ausländischen Arbeitskräften war deren bewußte Ungleichbehandlung nach ethnischen und rassischen Gesichtspunkten. Eine solche Handlungsweise entsprach den rassistischen Glaubensgrundsätzen des Nationalsozialismus und war darüber hinaus geeignet, etwaige Solidarisierungstendenzen im Keime zu ersticken. So wurden im Laufe des Jahres 1943 Polen, Ukrainer, Russen, Esten, Letten und Litauer zur Gruppe der »Ostarbeiter« zusammengefaßt, einer Kategorie, der es ungleich schlechter ging als z. B. der Gruppe der westlichen Zivilarbeiter. Abstufungen gab es aber auch innerhalb der »Ostarbeiter«. Besonders schlecht waren die als rassisch extrem »minderwertig« eingestuften polnischen Zwangsarbeiter gestellt. Ab März 1940 wurden sie gezwungen, ein Nationalitätenzeichen in Form eines »P« auf der Kleidung zu tragen. Polen benötigten Passierscheine, wenn sie das Lager verlassen wollten, sie durften keine Fahrräder besitzen und nicht an deutschen Gottesdiensten teilnehmen. Vor Gaststätten konnte man Schildern begegnen, auf denen geschrieben war: »Für Juden, Polen und Hunde verboten.«

Zwangsarbeiter als Bombenräumer

Italienische Gefangene (»Badoglios«) beim Steine-Säubern

Es war in das Ermessen der Gestapo gestellt, bei angeblichen Vergehen von Polen die Einleitung eines Strafverfahrens zu veranlassen oder aber »staatspolizeiliche Maßnahmen« zu ergreifen. So gehörte es nicht zur Ausnahme, sondern zur Regel, wenn Polen, die des Geschlechtsverkehrs mit deutschen Frauen überführt werden konnten, von der Gestapo ohne Gerichtsverfahren liquidiert wurden.[49]

Auch die Unternehmensleitungen verfügten über genügend Möglichkeiten, die bei ihnen beschäftigten ausländischen Zivilarbeiter zu disziplinieren. Sie konnten Geldstrafen verhängen, Lebensmittelzuteilungen kürzen, notfalls auch körperliche Züchtigungen vornehmen lassen und waren im übrigen angewiesen, Fälle von »Arbeitsunlust« oder »Bummelei« sogleich der Gestapo zu melden. Diese fakkelte in der Regel nicht lange und sorgte für die Einweisung in ein Konzentrationslager. Hier war dann in jedem Fall die unterste Stufe aller Zwangsarbeiter-Kategorien erreicht.

KZ-Häftlinge als Zwangsarbeiter lassen sich in Hannover seit dem 17. Juli 1943 nachweisen. An diesem Tage traf ein Häftlingskommando aus dem KZ Neuengamme bei Hamburg in Hannover ein, um bei der Akkumulatorenfabrik in Stöcken ein Außenlager zu errichten, das nach seiner Fertigstellung mit 500 Häftlingen belegt wurde.

Zwischen der Werksleitung und der SS waren zuvor die vertraglichen Einzelheiten geregelt worden: Die SS stellte die Häftlinge und sorgte für deren Bewachung, während das Werk die für das Lager benötigten Baumaterialien zur Verfügung stellte, für die Verpflegung aufkam und darüber hinaus je Häftling und Schicht 4 RM für Ungelernte und 6 RM für Facharbeiter an die SS zu zahlen hatte. Das Stöckener Lager, das im Laufe des Jahres 1944 weiter ausgebaut wurde, faßte schließlich 2000 Häftlinge, die aus Belgien,

Dänemark, Deutschland, Frankreich, Polen und der Sowjetunion stammten.

Im gleichen Jahr noch entstanden 6 weitere Außenlager des KZ Neuengamme in Hannover, und zwar bei den Brinker Eisenwerken in Langenhagen, bei der »Conti« in Stöken und Limmer, bei der »Hanomag« auf dem Mühlenberg, bei den Asphaltgruben in Ahlem und bei der »Deurag-Nerag« in Misburg. Letzteres war eines der größten.[50]

Am 26. Juni 1944 trafen dort, wie erwähnt, die ersten 1000 Häftlinge aus Neuengamme ein, am 14. Juli weitere 500 gleichfalls aus Neuengamme und am 23. Juli 200 aus dem KZ Buchenwald. In einem zeitweilig aus Zelten bestehenden und am Mittellandkanal parallel zur Hannoverschen Straße gelegenen Lager untergebracht, wurden sie vor allem für Aufräumungsarbeiten nach Bombenangriffen und beim Bau von Luftschutzbunkern eingesetzt.

Die Arbeits- und Lebensbedingungen dieser bedauernswerten Menschen waren schrecklich. Unterernährt, nur notdürftig bekleidet, von den Wachmannschaften schikaniert und gepeinigt, bei den geringsten Verstößen gegen das Lager-Regime mit dem Tode bedroht, hatten sie bei einer Wochenarbeitszeit von nahezu 70 Stunden Übermenschliches zu leisten. Entsprechend hoch war die Sterblichkeit, besonders in Ahlem, wo Ende November 1944 ein Außenlager für den Bau von Asphaltstollen errichtet wurde, in das Rüstungsbetriebe verlagert werden sollten.

Ausklang 1944: Und immer wieder Bomben

Nicht zuletzt dem rücksichtslosen Einsatz der KZ-Häftlinge war es zu danken, daß die Misburger Raffinerien zum 1. August 1944 die Produktion wieder aufnehmen konnten. Aber schon am 24. August mußte die Produktion wieder eingestellt werden. An diesem Tag war neben den Flugzeugmontagehallen in Langenhagen auch Misburg wieder von amerikanischen Flugzeugen angegriffen worden.

Hannover selbst blieb an diesem Tag von Bombenabwürfen verschont, aber Tausende von Flugblättern flatterten durch die Luft. Ihr Titel: »Es geht zu Ende!«

Und in der Tat, es ging zu Ende. Wenn die Bewohner an klaren Tagen zum Himmel hinauf sahen, konnten sie amerikanische Bomberpulks mit ihren typischen Kondensstreifen beobachten. Im Sonnenlicht waren auch die Begleitjäger, die den Verband weiträumig abschirmten, als winzige Punkte zu erkennen.

Deutsche Jäger konnten immer seltener starten, weil die alliierte Bomberoffensive gegen die ölverarbeitende Industrie die Produktion von Flugbenzin von 175000 t im April auf 7000 t im September reduziert hatte.[51] Die Ausbildung neuer Piloten wurde auf ein Minimum an Stunden zusammengestrichen, was noch höhere Verluste bei den ersten Kampfeinsätzen zur Folge hatte.

So war Deutschland, als die alliierten Armeen im Osten und Westen die Grenzen überschritten, zu einem Haus ohne Dach geworden. Auch die bis dahin noch erfolgreichen Nachtjäger konnten nach dem Verlust der Frühwarnradarsysteme in Frankreich und Belgien nur noch selten an britische Bomber herangeführt werden.

Zum erstenmal in diesem Krieg waren nun die beiden Befehlshaber der alliierten Bomberverbände in der Lage, ihre Offensiven nahezu ungehindert durchzuführen. Jetzt erst war es möglich, ohne größere eigene Verluste Raffinerien und Verkehrsknotenpunkte zu zerstören und damit die Voraussetzung für einen schnellen Vormarsch der Bodentruppen zu schaffen.

Die Flächenangriffe aber, die Luftmarschall Harris auch weiterhin fliegen ließ, waren strategisch sinnlos geworden, erklärbar nur noch mit der starrköpfigen Haltung eines Oberbefehlshabers, der die grundsätzliche Veränderung der Situation nicht erkennen wollte.

Aber auch General Spaatz, Oberbefehlshaber der amerikanischen Luftwaffe in Europa, irrte, wenn er behauptete, die USAAF würde nur Präzisionsangriffe fliegen.[52] In der Praxis des schlechten Herbst- und Winterwetters unterschieden sich seine Angriffe letztendlich nicht mehr von denen, die Marschall Harris fliegen ließ.

Den Angriffen vom 11. und 12. September 1944 auf Rüstungsbetriebe in Linden bzw. die Raffinerien in Misburg folgten im Oktober Einsätze gegen Rangierbahnhöfe und Fahrzeugwerke. Von Hainholz bis Ricklingen und von Letter bis Badenstedt schlugen am 22. Oktober Sprengbomben in Bahnanlagen und Wohnviertel.[53]

4 Tage später war es die »Hanomag«, die bei schlechtem Wetter als Ausweichziel angegriffen wurde. 201 Menschen starben im Zentrum und in den westlichen Stadtteilen.[54]

Im November und Dezember 1944 wurden die Abstände zwischen den einzelnen Angriffen immer kürzer. In 15 Nächten fielen bei britischen »Mosquito«-Angriffen einzelne Luftminen und verursachten teilweise große Schäden.[55] 6 amerikanische Tagesangriffe galten wiederum Misburg oder Bahnanlagen.

Zusammen mit dem Rangierbahnhof Hainholz, der das Ziel der USAAF am 15. Dezember sein sollte, wurden 231 Wohnhäuser zwischen Stöcken und der Bödekerstraße zerstört. Das Friedhofsamt gab die Zahl der Toten mit etwa 100 an.

Zum Jahreswechsel fielen noch einmal Bomben in die Ruinen von Misburg. Obwohl Techniker und Zwangsarbeiter von neuem mit der Reparatur der Raffinerieanlagen begannen, gelang es ihnen bis Kriegsende nicht mehr, Schmier- oder Treibstoffe in nennenswertem Umfang herzustellen.[56]

Ein schlimmes Jahr ging zu Ende. Man hat errechnet, daß vom Sommer 1944 an in Deutschland mehr zerstört worden ist als in den Jahren seit Kriegsbeginn zusammengenommen; und obgleich am Ausgang des Krieges kein Zweifel bestehen konnte, mußten noch Millionen Menschen sterben. Sie starben, weil die führenden Männer des Nationalsozialismus schließlich nur noch ein Ziel kannten: die unvermeidliche Niederlage so weit als möglich hinauszuzögern.

Exakt in diesen Zusammenhang gehört auch jener »Führer«-Erlaß vom 25. September 1944, demzufolge »nach dem Versagen fast aller unserer Verbündeten« ein »deutscher Volkssturm« aus dem Boden gestampft werden sollte.[57] Seine Intention war die Erfassung aller 16–60jährigen Männer, die nicht der Wehrmacht angehörten, für Zwecke der Landesverteidigung; mithin ein letztes aus Kindern, Alten und Kranken bestehendes Millionen-Aufgebot, für dessen militärische Ausrüstung Himmler zuständig war, während die Ausbildung der SA übertragen wurde.

Am 12. November wurden 20000 Volkssturmmänner in Hannover von Gauleiter Lauterbacher vereidigt. Das 1. Bataillon erhielt den Namen »Scharnhorst«, womit wohl die erwünschte historische Assoziation zur Volkserhebung gegen Napoleon (!) 1813 unterstrichen werden sollte, eine Geschichtsklitterung, wie sie grotesker kaum sein konnte.

1945: Schutzlos ausgeliefert

Das neue Jahr wurde wie üblich von einem pathetischen Aufruf des Gauleiters Lauterbacher eingeläutet, der – abgedruckt in der Hannoverschen Zeitung – der Masse der Leser nur ein müdes Lächeln entlockt haben mag: »Wir sind entschlossen, nicht nur zu siegen, sondern eine neue Welt zu errichten ... Alle Voraussetzungen für eine Wende sind gegeben ... Vor allen Dingen haben wir Adolf Hitler. Er ist unser Schicksal und unser Leben« usw.

Die Realitätsferne solcher Sätze war kaum noch zu überbieten. Durch einen Himmler-Erlaß war Hannover wenige Tage zuvor, am 19. Dezember 1944, zur »Sperrgemeinde« erklärt worden, was bedeutete, daß »Umquartierte, Flüchtlinge oder Rückgeführte« das Stadtgebiet nicht mehr betreten durften.[58] Die Stadt selbst war im Begriff, in zunehmender Lähmung und Agonie zu versinken. Nach dem Verlust Oberschlesiens und der Zerstörung der Transportwege, die das Ruhrgebiet mit den übrigen Teilen des Reiches verbanden, war die Kohle – und damit auch die Gasversorgung – zu Beginn des Jahres 1945 praktisch zusammengebrochen. Geheizt wurde mit »Bergungskohle«, d. h. mit Kohle, die aus Kellern zerstörter Häuser geborgen wurde.[59]

Die Säuglingssterblichkeit stieg im Januar 1945 in Hannover auf 25%, im März gar auf 52%! Die häufigste Todesursache war Lungenentzündung als Folge der häufigen Bunkeraufenthalte bei ungünstigem Wetter.[60]

Wenn es noch eines Beweises bedurft hätte, daß das Ende nur noch eine Frage der Zeit sein konnte, dann war es am 20. Februar die Bekanntgabe des Signals »Panzeralarm« bzw. »Feindalarm«, identisch mit dem am 28. Dezember 1944 vom Oberkommando der Luftwaffe definierten Signal »Luftlandealarm«: ein 5 Minuten andauernder ununterbrochener Heulton bzw. ein ebenso langes Sturmläuten der Kirchenglocken[61].

1945 tobte der Bombenkrieg wie eine Naturkatastrophe, der ohne Unterschied alles zum Opfer fiel. Jetzt, wo die alliierten Oberbefehlshaber der Bomberwaffe sowohl die Luftherrschaft als auch eine noch nie dagewesene Fülle von Flugzeugen besaßen, ging es ihnen vornehmlich um den Beweis der Schlagkraft ihrer Staffeln. Die Zahl der Bomben und Einsätze war wichtiger als der strategische Sinn. Dabei erzielten verhältnismäßig wenige Bomben, die auf Kanäle, Eisenbahnbrücken oder Raffinerien abgeworfen wurden,

Blick vom Rathausturm

sehr viel größere Wirkung als Tausende von Tonnen auf Orte wie Hameln und Hildesheim oder zerstörte Städte wie Hannover, wo zwischen Neujahr und Anfang April mehr Bomben fielen als während des gesamten Jahres 1943.

Schon am Abend des 1. Januar 1945 waren wieder »Mosquitos« über der Stadt und warfen Luftminen auf Linden und die Nordstadt. Am Vormittag hatten bereits amerikanische Verbände Hannover auf ihrem Weg zu den Raffinerien in Dollbergen überflogen. Eines der wenigen deutschen Jagdflugzeuge, die an diesem Tag noch in der Luft waren, wurde dabei abgeschossen und bohrte sich bei Kaltenweide in einen Acker. Erst im März 1980 wurde das Wrack mit der Leiche des Piloten zufällig entdeckt.[62]

Erstmals seit dem Herbst 1943 unternahm die RAF am 5. Januar wieder einen Großangriff, der dem Stadtzentrum galt. Im überfüllten Bahnhofbunker kam es zu einer Panik, als die Lüftung ausfiel. Noch am folgenden Nachmittag brannten weite Teile der Ost- und Südstadt.

Bis Mitte Februar verging kaum ein Tag, an dem nicht irgendwo einige Bomben in der Stadt explodierten. Meist waren es Nachtangriffe von 30–50 »Mosquitos«, aber auch amerikanische Bomber flogen Hannover als Ausweichziel an, wenn sie ihren eigentlichen Angriffsauftrag aus technischen Gründen nicht erfüllen konnten.[63]

Der »Londoner Rundfunk« meldete in seiner Abendsendung vom 14. März den erfolgreichen Angriff amerikanischer Verbände auf drei Panzerwerke in Hannover, Ölanlagen in Misburg und Nienhagen sowie eine Formgießerei in Hildesheim.[64] Für die Hannoveraner, die an diesem Nachmittag ihre Wohnung in einem der 224 zerstörten Häuser verloren hatten, war es längst bedeutungslos geworden, welchem Angriffsziel ihr Eigentum zum Opfer gefallen war. Die meisten der 109 Toten mußten aus den Ruinen in der Nähe der »Hanomag« und des Wülfeler Eisenwerks ausgegraben werden.

Bereits am nächsten Abend ging der schwerste und zugleich auch letzte Luftangriff über Misburg hinweg. Geflogen wurde er dieses Mal von Bombergruppen der RAF, deren Befehlshaber dem wachsenden Druck des alliierten Oberkommandos nachgeben und wenigstens einen Teil seiner Bomber zur Zerstörung von Treibstoffzielen einsetzen mußte. Am folgenden Morgen glich der Ort einer Mondlandschaft, in der aber »nur« 7 Menschen ihr Leben verloren hatten. Noch einmal hatten die Bunker ausreichenden Schutz geboten. Rettungskräften gelang es, 400 Männer und Frauen aus einem verschütteten Luftschutzstollen der Portland-Zementwerke zu befreien.[65] Die Raffinerien wurden an diesem Tag endgültig geschlossen, weil ein erneuter Beginn der Instandsetzungsarbeiten angesichts der Zerstörungen sinnlos erschien.[66]

Auch in Hannover stellten die Firmen, die Rüstungsgüter produzierten, nacheinander ihre Arbeit ein ... Grund dafür waren hier weniger die Bombenschäden als der Mangel an Energie und Rohstoffen. Der Eisenbahnverkehr kam zum Erliegen, und der Kanal war nicht mehr passierbar, nachdem britische Bomber in Westfalen die Uferbefestigungen zerstört hatten. Für den Transport auf der Straße fehlte der Treibstoff, nachdem die Monatsproduktion im März 1945 nur noch 40 t betrug.[67] Der Zusammenbruch des »Dritten Reiches« stand unmittelbar bevor.

Dennoch fuhren die Bomber fort, auch noch die Reste der Städte in Trümmer zu legen. 600 britische Bomber griffen am 25. März 1945 erneut Osnabrück, Münster und Hannover an. Die Rauchwolken aus den brennenden Gummilagern in Vahrenwald waren an diesem klaren Sonntagmorgen noch weit über Hannover hinaus zu sehen.

3 Tage später erfolgte der letzte größere Luftangriff auf Hannover im Zweiten Weltkrieg. Als ob es noch eines Beweises für die Undurchführbarkeit einer präzisen Bombardierung ohne Bodensicht bedurft hätte, warfen etwa 350 amerikanische Maschinen ihre Bomben weitverstreut über dem gesamten Stadtgebiet ab. Die Liste der Toten, die das Friedhofsamt nach dem Krieg aufstellte, umfaßte noch einmal 249 Namen.

Wer noch in den Trümmern lebte, wartete mit Sorge auf das Herannahen der Front. Die letzten Reserven aus Ausbildungsabteilungen, Genesendenkompanien und Offiziersschulen wurden noch zusammengezogen, der 471. Infanteriedivision unterstellt und Ende März 1945 nach Westen verlegt, wo sie zwischen Osnabrück und Bad Oeynhausen eine Verteidigungsstellung aufbauen sollten.

Anmerkungen

1 HZ 7./8. 10. 1944.
2 Zum folgenden StAH: Prot. Ratsh. 3. 3. 1944.
3 Zu Bönner vgl. DC: Personalia Egon Bönner.
4 Schmitz, S. 51.
5 StAH: HR XXI C 21.
6 RGBl. I, S. 191 f.
7 HZ 18. 8. 1944.
8 StAH: Dienstregistratur Interview Mundhenke-Loehning.
9 Widerstand und Verfolgung in Bayern 1933–1945, Archivinventare Bd. 1, München 1975, S. II.
10 Hierzu und zum folgenden: Staatsanwaltschaft Hannover: Sondergericht Hannover 6 S Js 394/45.
11 Vgl. Anm. 8.
12 Zu Menge vgl. Mlynek, Politische Lageberichte, S. 132 f. und ders. Machtübernahme, S. 120 ff. Abschrift des gegen Menge ergangenen Urteils in: BA: NS 6/46.
13 BA: R 22/3359 (Lagebericht des Generalstaatsanwalts beim OLG Celle vom 29. 1. 1944).
14 RGBl. I, S. 1269 f.
15 RGBl. I, S. 1679.
16 Staatsanwaltschaft Hannover: Sondergericht Hannover 6 S Ms 29/44.
17 Ebd. 6 S Ms 9/44.
18 Ebd. 6 S Ms 5/44.
19 Ebd. 6 S Ms 20/44.
20 Ebd. 6 S Ms 42/44.
21 Ebd. 6 S Ls 96/44.
22 Ebd. 6 S Ls 59/44.
23 Ebd. 6 S Ls 276/44.
24 BA: R 22/3359.
25 Zum folgenden vgl. v. a. Klügel, S. 402 ff. und Röhrbein, S. 85 ff.

26 Richards, Vol. III, S. 29.
27 Craven/Cate, Vol. III, S. 8.
28 Soweit nicht anders angegeben, sind diese und alle weiteren Angaben zu Todesfällen entnommen: StAH: HR II L 30 Ua 5 (Kriegschronik, Bericht des Garten- und Friedhofamts).
29 Zum folgenden Inf. B. Koch.
30 BAM: RW 20/11–31.
31 Zwernemann, S. 10.
32 Ebd., S. 11.
33 Craven/Cate, Vol. III, S. 35f.
34 Zwernemann, S. 11.
35 StAH: HR XXI C 21.
36 Frankland, Vol. IV, S. 494f.
37 StAH: Sozialamt Nr. 43.
38 Zwernemann, Anhang, S. 7.
39 StAH: Sozialamt Nr. 43.
40 Craven/Cate, Vol. III, S. 284.
41 StAH: Sozialamt Nr. 43.
42 Craven/Cate, Vol. III, S. 284.
43 StAH: HR XXI C 21.
44 StAH: Aktenabgabe der Ortsverw. Misburg, noch o. Sign.
45 HZ 22. 6. 1944
46 Für den folgenden Abschnitt wurde ein Manuskript von Herrn Hans Hermann Schröder zur Verfügung gestellt, wofür an dieser Stelle herzlich gedankt sei.
47 Zusammenstellung H. H. Schröder.
48 Staatsanwaltschaft Hannover: 2 ks 2/63.
49 BA: R 22/3359 (Berichte des Generalstaatsanwalts beim OLG Celle vom 31. 7. und 29. 11. 1940).
50 Zum folgenden Fröbe, H 5ff.
51 Mac Isaac, Vol. V, Oil Division Final Report, S. 2f.
52 Craven/Cate, Vol. III, S. 727.
53 StAH: Sozialamt Nr. 43.
54 Ebenda.
55 Soweit nicht anders angegeben, sind diese und alle weiteren Angaben zu Gebäudeschäden in der Zeit vom 24. 10. 1944–17. 3. 1945 entnommen: StAH: HR XXXIX E 2 i Nr. 1 i.
56 Mac Isaac, a. a. O., S. 83ff.
57 Hierzu und zum folgenden: Nds. HStAH: VVP 17/2071.
58 StAH: HR XXI C 21 Ua g.
59 StAH: Prot. Dez. 10. 1. 1945.
60 Ebd., 15. 3. 1945.
61 Nds. HStAH: Hann. 87 a Nr. 1.
62 HAZ 27. 3. 1980.
63 BAM: RL 19/443.
64 Hist. Museum a. Hohen Ufer: Slg. Dürkefälden.
65 StAH: Aktenabgabe der Ortsverw. Misburg, noch o. Sign.
66 Mac Isaac, a. a. O., S. 83ff.
67 Ebd., S. 2f.

II.

Menschen im Kriege

1939 bis 1941 – »Eher gemütlich«

August 1939. An der Nordsee, auf Norderney. Eine Familie macht Urlaub.

»Meine Mutter«, so erinnert sich Gertrud Jänecke, »war eine begeisterte Reiterin. Eines Tages prescht sie wieder durch die Dünen. Plötzlich kommt ein Mann hoch und schreit ›Halt, hier nicht weiter!‹ Da sieht sie's: Die ganzen Dünen waren mit Holz überdeckt, dazwischen Seegras – überall Flakstellungen. In den letzten Augusttagen saßen wir mit meiner Mutter auf einer Bank an der Kurpromenade. Sie sagt zu uns: ›Nun seht euch mal den Sonnenuntergang an! So ging damals auch die Sonne unter, als Krieg kam!‹ Ich frage sie: ›Mutti, wie kommst du darauf?‹ – ›Na‹, sagt sie, ›ich hab so einiges gehört. Ich glaub', es sieht nicht rosig aus!‹ Da haben wir uns alle in den weißen Wollmantel meiner Mutter gekuschelt. Es ging ein grauenhafter Wind an diesem Abend auf Norderney.«

Währenddessen wurden in Hannover bereits die Stellungsbefehle ausgetragen. Aus einem Tagebuch vom 26. August 1939:

»Unruhevoller Tag! Schon am Morgen begann es. Ich wohnte zur Untermiete bei der Mutter meiner Freundin. Wir sind beim Kaffeetrinken. Da hören wir Pferdegetrappel. Wir eilen zum Balkon. Vorüber ziehen Pferde mit neuem Geschirr. Da steigen auch mir die Tränen in die Augen, während Frau M. in der Speisekammer weint und immerfort ›Mein Friedel‹ ruft. Inzwischen war das Telegramm gekommen, daß auch Friedel sich stellen muß.«

Abgesehen von solcher Wehmut, vom Ahnen und der Einschätzung manch Hellsichtiger war die Stimmung in der Stadt jedoch eher gefaßt, ja beinahe optimistisch. Besonders die Kinder »fanden es eigentlich nicht schlimm, es änderte sich auch kaum etwas«. Und auch die Kirche schüttete kaum Wasser in den Wein: »Was konnte uns schon passieren, wenn unser Pastor sonntags von der Kanzel herab sagte: ›Gott schütze unseren Führer!‹«

Auf das Geschäftsleben freilich hatte der Kriegsbeginn unmittelbare Auswirkung. Und das betraf alle: Großbetriebe, mittelständische Unternehmen wie den Einzelhändler an der Ecke. Aus einer Chronik der Firma Bahlsen:

»Die Kriegsmaßnahmen wurden sofort mit aller Schärfe fühlbar. Die Rationierung der Lebensmittel betraf vor allem die wichtigsten Rohstoffe der Keksfabrik; der Keks durfte nur noch auf Brotmarken an Kranke und Kinder abgegeben werden. Durch die Einziehung zur Wehrmacht fehlten die Arbeitskräfte; die Verkehrsabteilung stand nach der Einziehung aller Lastzüge, Liefer- und Personenwagen vor immensen Lieferschwierigkeiten. Bis auf elf Artikel wurde die Produktionsliste reduziert, dafür wurden andere aufgenommen: Zum Beispiel ›Rösta‹ und eine Notverpflegung für die Wehrmacht, Knäckebrot unter dem Namen ›Berliner Brot‹.«

Helmut Pancke war 1939 Geschäftsführer einer Großhandelsorganisation für Radios und Fahrräder. Seine Aussagen werden uns durch die kommenden Jahre bis zum 10. April 1945 begleiten. Hier erinnert er sich an die ersten vier Wochen nach Kriegsbeginn:

»Das Geschäft stagnierte völlig, weil die Bevölkerung nicht wußte, was auf sie zukam. Für mich rollten gerade etwa fünf Waggons mit Eisschränken – eine Riesendisposition! Die haben eine kleine Weile beim Spediteur gestanden. Dann setzte ein Boom von unvorstellbaren Ausmaßen ein. Jeder kaufte schnell irgend etwas, was er brauchte. Ob Eisschränke, Radios oder Fahrräder. Innerhalb weniger Wochen waren die Waggonladungen ausverkauft.«

Pancke schildert weiter, wie es seinem Betrieb erging: »Es wurde uns dann sehr bald anempfohlen, daß sich Betriebe gleicher Branche zusammentun sollten. So hatte auch ich mit einer Firma, die mit Autozubehör handelte, Gespräche geführt. Es gab da einen ganz klaren Druck. Der Radio-Sektor bei mir lief sehr schnell völlig aus. Außer Volksempfängern wurde ja nichts mehr produziert. Wir lebten ausschließlich vom Fahrrad und dem Zubehör. Das ging allerdings nur über ein Bezugsschein-System bis hinunter zum kleinsten Teil, bis zum Schlauch, zur Kette, zum Zahnkranz.«

Verse und Gedichte, Selbstgeschmiedetes und Weitergegebenes – in Reimform läßt sich manches leichter sagen. Viel bemüht in diesen ersten Kriegs-Monaten: das Lied von der »tapferen kleinen Soldatenfrau«, eine Art »Lili Marleen«, aber weniger »verrucht«. Hier die hoffnungs-schwangere vierte Strophe:

»Wenn siegreich der Krieg beendet ist dereinst / Dann ziehen wir ins Städtchen mit Musik / Die Fahnen flattern froh und du lachst und weinst / Denn es ist unser schönster Augenblick / Du trägst denn zwar kein Ordensband / Du strahlst denn allerwärts / Als der herrlichste Stern in dem ganzen Land / Dein tapferes, goldenes Frauenherz.«

Einladung

Am Sonnabend, 9. Dezember, abends 8 Uhr, veranstalten wir für alle ehemaligen und diesjährigen Schüler in sämtlichen Räumen der Stadthalle einen großen

Weihnachts-Ball

zu dem wir Sie sowie Ihre verehrten Angehörigen ergebenst einladen. Zwecks Übersicht wollen Sie bitte die beigefügte Karte umgehend absenden. Tischreservierungen erbittet die Stadthalle unter Ruf 28593

2 große Tanzkapellen

Mit Deutschem Gruß

Tanzschule Schmidt-Biehl

Eintritt 2.20 RM.
Eingang nur rechts von der Stadtseite

Herren: Möglichst dunkler Anzug – Damen: Möglichst Abendkleid

Noch ist alles wie gehabt: Ball-Einladung Weihnachten 1939

Zur Jahreswende 39/40 stieg die Emotions-Skala der Stadt, die nach Kriegsbeginn abgeflacht war, wieder an: Die ersten Urlaube waren fällig, die ersten Gefallenen-Meldungen kamen herein, die ersten Kriegshochzeiten fanden statt. Der »Kurier« vom 31.12.1939 meldet: »Im Dezember 1939 wurden in Hannover 812 Eheschließungen verzeichnet. Selbstverständlich ist das zum großen Teil auf die außerordentliche Häufung von Kriegstrauungen zurückzuführen.«

»Selbstverständlich ...« – das klingt nahezu abwertend; dabei wurde die Familiengründung von den Nazis favorisiert. Zitat aus der Broschüre »Sieg der Waffen – Sieg des Kindes«: »Dem sicheren Sieg der Waffen muß der Sieg des Kindes folgen. Es gilt, den Fortbestand und das Wachstum des Volkes zu sichern.«

Wenn ein Kind da war, so wurde es schnell zum Ankerplatz gemeinsamer Hoffnungen. Aus einem Brief: »Ich habe das Gefühl: Wenn du erst wieder bei uns bist, werden wir ein besseres Zusammenleben führen. Und wir werden es auch jetzt besser einteilen als sonst. Daran ist unser kleiner Liebling schuld!«

Dennoch blieb selbst unter solchen Bedingungen eine Sorge nicht ganz ausgeklammert: Würde man sich treu bleiben können? Die krassen Formulierungen der gleichen Briefschreiberin belegen den Stress, unter dem die Liebesbeziehungen in dieser Zeit standen. Und sie verweisen zugleich auf das Tabu, mit dem ehrliche Äußerungen zum Thema Sexualität selbst im Privaten eingekapselt wurden.

»In deinem letzten Brief schreibst du, ich sollte doch nicht in diesen Stunden etwas begehen, was dich betrüben könnte. Wie kannst du dich nur mit solchen Gedanken befassen! Solange ich den Ring trage, habe ich mich noch nicht an dir versündigt. Und mag das Leben noch so schwer sein: Mich könnte keiner mit Gold, Geld, Gut oder noch Schlimmerem verleiten. Obwohl der Krieg ja reichlich Gelegenheit bietet. Und ich bin auch kein Mauerblümchen. Aber jede

Frau, die sich in dieser Weise versündigt, das sage ich so wie du, müßte erschossen werden!«

In solcher Situation wird die Post zum Nabelstrang, lebt man für Briefe, auf Briefe hin. Noch einmal die gleiche Briefschreiberin: »Gott sei Dank, heute kommt wieder die Post. Da bin ich ja gespannt, ob sie was für mich dabei hat. Wenn nicht, dann weiß man nicht, was man machen soll. Der kleine Otto schimpft auch schon. Es grüßt und küßt dich deine Resi!«

Hochzeit – das war etwas für Kurzentschlossene, etwas für Früh-Voneinander-Überzeugte. Auf 43 Tage Urlaub innerhalb von zwei Jahren reduzierte sich zum Beispiel das Kennenlernen im Fall von Hermann Desendorf.[1] Dann wurde geheiratet, und zwar mit allen Schikanen. Jedenfalls unternahm man den Versuch dazu. Aus einer anderen Love-Story zur Kriegszeit werden diese Details vom großen Tag und den Vorbereitungen dazu überliefert:

»Meine Freundin, die war Verkäuferin in einem Textilgeschäft, die sorgte dafür, daß ich auch ohne Kleidermarken Stoff fürs Hochzeitskleid erhielt. Meine Fleischmarken bekam der Schlachter, der wegen der Festlichkeit eine Sonderzuteilung geben durfte. Da wir nur im ganz kleinen Kreise feierten, hatten wir gut zu essen – im Restaurant! Eine Wohnung besaßen wir noch nicht. Bestecke mußten wir mitbringen. Ich wünschte mir so sehr, in einer Kutsche mit Schimmeln zur Kirche zu fahren. Und da hat es Theo tatsächlich fertiggebracht, irgendwo in Hannover eine Kutsche aufzutreiben und an anderer Stelle zwei Apfelschimmel. Brautschuhe hatte ich nicht auf Bezugsschein kaufen können. So hat meine Freundin mir ihre geliehen.

Die Nacht verbrachten wir in einer Pension am Aegi. Zu essen oder irgendwo was zu trinken gab es abends nicht mehr. Vor Straßenlärm konnten wir die ganze Nacht nicht schlafen. Waschen konnten wir uns am Morgen auch nicht. Wir rieben uns Gesicht und Hände mit etwas Blumenwasser ab und gingen ins Frühstückszimmer. Frühstück fiel aber aus, da ich die Brotmarken vergessen hatte. Mittags landeten wir hungrig und müde bei meiner Tante zum Essen. Was weiß ich weiter, als daß der Tag wunderschön war.«

Nach der Hochzeit begannen jedoch oftmals erst die Sorgen. Unter welchen Bedingungen sich Jung-Verheiratete einrichten mußten, schildert der Bericht von Erna Willms.

»Meinem Mann war es geglückt, in der Ricklinger Straße eine Wohnung zu bekommen. Wir mußten sie uns selbst fertigmachen. Zunächst wohnten wir beide ja noch zur Untermiete, arbeiteten tagsüber und abends ging es mit dem Fahrrad nach der Ricklinger Straße. Als es uns schließlich zu umständlich wurde, beschlossen wir einzuziehen und dann (mit der Renovierung – d. Verf.) weiterzumachen. Außerdem konnten wir nun auch für uns richtig kochen. Selbst mal Strümpfe auszuwaschen, war zur Untermiete ein Problem für sich. Jetzt hatten wir sogar ein Bad. An Möbeln hatte ich einige Jahre zuvor eine sehr gute Couch gekauft. Ein Schlafzimmer kauften wir zusammen und bekamen noch gute Qualität. Die Schlaraffia-Matratzen jedoch – die ich lange zuvor zur Abholung bestellt hatte, wenn wir eine Wohnung hätten – waren inzwischen beschlagnahmt worden, wie der Verkäufer uns sagte. Wir bekamen nunmehr sehr dünne, harte Kriegsware. Oberbetten lieferte uns eine Versandfirma aus Thüringen, da in Hannover keine aufzutreiben waren. Die paßten zwar nicht zu den Maßen meiner Bettwäsche; doch ich war froh, daß ich überhaupt etwas hatte. Gardinen gab es auf Bezugsschein – aber nur für zwei Fenster. Da ich mehr hatte, sagte man mir, ich sollte mir selbst welche häkeln. Dazu mußte ich aber Beziehungen haben für Garn, und die hatte ich nicht. Die Flurfenster verklebte ich mit Papier, das aussah wie Gardine. Bei den Fenstern zur Straße ging das nicht; deswegen fragten mich dauernd Leute, ob die Wohnung noch frei sei. Geschirr konnte man noch etwas kaufen, nur Töpfe und Pfannen kaum. Schließlich ergatterte ich einen kleinen Eisentopf ohne Deckel sowie eine riesengroße, schwere eiserne Bratpfanne. Sogar einen Kochkessel zum Kaffeekochen konnten wir eines Tages kaufen.«

In dieser Situation mögen viele Frauen, die sich in ähnlicher Lage befanden, die Jagd nach den Kleinigkeiten für Haushalt und tägliches Leben als ermüdend empfunden haben. Sie konnten nicht ahnen, welches Himmelreich sich noch zwischen hart gestopfter Matratze und Kochkessel befand. In welchen Trümmerhaufen sie schon wenige Jahre später nach ihren Habseligkeiten suchen sollten. Oder wie sehr sie der wirkliche Kampf um den Erhalt von Wohnung und Eigentum noch beanspruchen würde. Im Moment jedoch war Organisationstalent gefragt. Und das wurde nicht nur bei großen Anlässen – wie Hochzeit oder Wohnungseinrichtung – groß geschrieben.

Schon die täglichen Mahlzeiten konnte mancher mit Pfiffigkeit aufbessern. Zum Beispiel, indem man jedes Fleckchen Grün ausnutzte: »Zu meiner Wohnung gehörte ein schmaler Seitengarten, in den ich alles Mögliche nach Feierabend hineinstopfte. Ich konnte sogar etwas Suppengrün und grüne Bohnen ernten.« Im übrigen aber war man auf Normalität bedacht. So mußte die Bäckerinnung, die »mit Rücksicht auf den Ausfall von Arbeitskräften« die Brötchen nach Kriegsbeginn nicht mehr auslieferte, bereits einen Monat später die Zustellung wieder aufnehmen.

Die familiäre Vorsorge konzentrierte sich, wie üblich, aufs Einmachen. Ganze Batterien von Gläsern füllten die Regale. Doch dabei ging es in diesen ersten Kriegsmonaten noch nicht um eine ganz persönliche »Überlebensration«, sondern eher um ein Miteinander stiftendes Ritual. Aus der Erinnerung von Erna Willms:

»In meiner Firma war eine Ausländerin. Wir beide mochten uns und sie bot mir an, mir beim Bohneneinmachen zu helfen. Ich besaß einen großen Steintopf, eine kleine Maschine für die Schnippelbohnen und viel Salz zum Einstampfen. Es machte uns beiden sogar viel Spaß. Sie blieb die Nacht bei mir.«

Ein anderer »Sport« aus dieser Zeit war das bei Kindern außerordentlich beliebte Sammeln der Flaksplitter. Stelzenlaufen, Tonnenreifenschlagen oder das Spiel mit Papierschwalben kamen plötzlich aus der Mode. Dafür »hatten wir die Flaksplitter in Schachteln und tauschten damit.« Die ersten Angriffe gegen Hannover wurden von dieser »Kundschaft« nahezu ersehnt: »Im Luftschutzkeller haben wir zu Beginn des Krieges oft ›gebetet‹, daß der Alarm doch noch etwas länger dauern möge, da wir dann am nächsten Tag später oder gar nicht in die Schule mußten.«

Aber auch die erwachsenen »Bunkeristen« nahmen Alarm wie ein Abenteuer auf: »Im Keller war's eher gemütlich. Es gab noch viel zu essen. Manche Frauen brachten Kuchen mit oder Frikadellen, die Männer Bier. Es wurde Skat gespielt und ich habe mich immer wohl gefühlt.«

Das Militär selber schien die hinter dem Horizont heranwachsende Bedrohung für ein schadloses Geländespiel – jedenfalls jetzt noch – zu halten. Wolfgang Grimpe wohnte damals mit seinen Eltern unmittelbar beim Friederikenschlößchen; während der Luftangriffe war dessen Keller, Quartier des Standortkommandanten, auch Schutzraum für die Zivilisten. Grimpe erinnert sich: »Während die Luftlagemeldungen sich überschlugen, trat der General auf mich zu, faßte mir unters Kinn und sagte mit seiner schnarrenden Offiziersstimme: ›Na Junge, das macht Spaß, was?‹ Worauf meine Mutter empört antwortete: ›Aber Herr General, wie können Sie so etwas nur sagen!‹«

Besonders schwer hatten es die jungen Leute, meist Schüler, die für eine Einberufung zu jung und für naiven Spaß an der Situation zu alt waren. Die Partei sah das Protest-Alter gern in straffem Griff. In der Broschüre »Pimpf – Dein Dienst im deutschen Jungvolk in der Hitlerjugend« werden die Eltern angehalten:

»Stört Gemeinschaftsgeist nicht durch den Schrei nach Ausnahmen, die Euren Sohn nur herausreißen würden aus der Gemeinschaft seiner jungen Kameraden!« Bedingungen der »Pimpfenprobe«: »60 Meter Lauf in 12 sec.; Weitsprung 2,75 m; Schlagball-Weitwurf 25 m; Kenntnis der Schwertworte des Jungvolk-Jungen; Kenntnis des Horst Wessel-Liedes und des HJ-Fahnenliedes.«

Und bald schon sollte auch das private Auftreten der jungen Leute reglementiert werden. So wurde diese Verordnung im »Kurier« bekanntgemacht: »Wegen der durch den Krieg bedingten veränderten Lebensverhältnisse wird bestimmt, daß Jugendliche unter 18 Jahren sich auf öffentlichen Straßen und Plätzen oder an sonstigen öffentlichen Orten während der Dunkelheit nicht herumtreiben dürfen. Der Aufenthalt in Gaststätten aller Art ist Jugendlichen unter 18 Jahren, die sich nicht in Begleitung des Erziehungsberechtigten befinden, verboten. Der Aufenthalt in Räumen, in denen öffentliche Tanzlustbarkeiten stattfinden ... ist Jugendlichen unter 18 Jahren nur in Begleitung des Erziehungsberechtigten gestattet und auch dann nur bis 23 Uhr.«

Im Unterrichtsstoff der Gymnasien machte sich die NS-Ideologie – im Gegensatz zur Situation an den Volksschulen – nicht so brutal bemerkbar, obwohl Richtlinien für »Erziehung und Unterricht in der Höheren Schule – Ziel und Weg der nationalsozialistischen Erziehungsarbeit« durchaus vorgeschrieben waren.

Eine Schülerin in der Elisabeth-Granier-Schule (heute: Ricarda-Huch-Schule): »Wir verschleppten im Unterricht unwillig die Pflichtlektüre aus Hans Grimms ›Volk ohne Raum‹. (Unsere Deutschlehrerin – d. Verf.) nahm darauf Rücksicht. Sie quälte uns nur mit dem Mindestmaß an NS-Literatur, indem sie nur das Schonendste auswählte. Meiner Meinung nach ging sie einen anderen Weg, um uns gegen den Nationalsozialismus zu wappnen: Sie versuchte, uns das Menschenbild des deutschen Idealismus zu vermitteln. Für uns bedeuteten Gewissen und Gewissenszweifel etwas. Wir haben Iphigenie und Egmont, Don Carlos und Wallenstein mit großer persönlicher Betroffenheit gelesen. In Macbeth ließ uns die Tragödie maßlosen Machtstrebens Parallelen zur Zeitgeschichte erkennen. Der Unterricht in Deutsch und Geschichte gab uns die Möglichkeit, verschleiert über unsere politischen und sozialen Fragen zu diskutieren.«

Der Schulbetrieb dagegen wurde »von Jahr zu Jahr störender« durch nationalsozialistische Rituale beeinflußt. Ein Lehrer des Kaiser-Wilhelm-Gymnasiums erinnert sich: »Viele Gedenkfeiern, der Dienst in der Hitlerjugend oder im Jungvolk, die Teilnahme an Sammlungen – zum Beispiel von Knochen – und der pflichtgemäße Besuch des sogenannten Gaukinos führen dazu, daß der Unterricht oft gekürzt werden oder ganz ausfallen mußte.« Eine Schülerin an einem anderen Gymnasium: »Bei einem Sieg wurde sofort die Schulfahne gehißt. Wir mußten antreten und die Lieder schmettern.« In der großen Pause wurden die von den Kindern angeschleppten Materialien sortiert und abgewogen; prägnante Erinnerung: »Die Knochentonne war mir immer besonders widerwärtig; denn oft waren die Knochen nicht richtig getrocknet, es wimmelte in und an ihnen.«

Noch mehr wurde der Tagesablauf durch die Sammelaktionen außerhalb der Schulzeit bestimmt. Die Kinder sammelten für Pakete, die an die Front geschickt wurden. Sie sammelten für den Volksbund für das Deutschtum im Ausland (der blaue VDA-Fahrrad-Wimpel war sehr begehrt). Sie sammelten vor allem für das Winterhilfswerk (WHW);

Bald bitterer Ernst: Luftschutzübung für Jugendliche

dazu bekamen sie rote Büchsen und Büchlein, so groß wie ein Heft-Etikett, die im Knopfloch befestigt werden konnten. Sie enthielten Kompreß-Versionen deutscher Märchen ebenso wie Kurz-Episoden aus dem Krieg oder »Lieder der Bewegung«.

Clou der WHW-Aktion im Spätsommer 1940 war die Nachbildung des U-Boots von Kapitänleutnant Prien, die vor dem Opernhaus aufgestellt wurde. Das Modell (Länge: sieben Meter) war von der Germania-Werft in Kiel hergestellt worden. Jeder Passant konnte in diesem Rumpf einen Nagel einschlagen. 20 Pfennig kostete der Stift, der in den Sockel ging, 10 Mark ein Nagel für den Rettungsring. Den Erlös kassierte das Winterhilfswerk. Am 20. September 1940 berichtet der »Kurier«:

»In diesen Tagen hat sich schon eine feste Stammkundschaft gebildet. Das sind vor allem diejenigen, die hier (vor dem Opernhaus – d. Verf.) den Heeresbericht hören. Sie sind gern gesehen, auch wenn sie nicht gerade in der Absicht kamen, sich spendenderweise zu betätigen. Aber irgendwo sitzen immer 50 Pfennige locker. Die andere Gattung der Stammkunden sind die 8- bis 12jährigen, die hier stundenlang warten, bis sie einen Nagel erwischen.«

Diesen jungen Leuten, die noch vor der Pubertät und manchen Aufbegehr-Versuchen standen, galt die ganze Wucht der nationalsozialistischen Jugend-Propaganda. Kein Wunder, daß die NS-Ideologie Stoff und Lehrbücher der Volksschulen am eindeutigsten infiltrierte.

Aus einer Fibel; Überschrift: »Ein Volk hilft sich selbst«; Textauszug: »Es klopft. Das ist wohl der Sammler für das Eintopfgericht. Geh, Margarete, bitte ihn hinein. Er ist gewiß müde vom Treppensteigen. Heute gibt's doppelt, weil Vater Geburtstag hat.« Darunter in deutscher Schrift die Parole: »Der Winter droht, teil dein Brot!«

Und aus einem Volksschul-Aufsatz zum Thema Luftschutz: »Hugo und Wolfgang standen vor einer richtigen Fliegerbombe. Die hatte der Luftschutz aufgestellt. Immer wieder mußten sie staunen. Hugo meinte: ›Die paßt ja nicht einmal in unsere Stube! Muß die schwer sein!‹ – ›Wie drei Säcke voll Kartoffeln‹, sagte Wolfgang, ›das weiß ich von meinem Vater. Und ganz viel Schießpulver ist da drin. Auha! Muß das eine Kraft geben, wenn so eine Bombe mal heruntersaust.‹«

Trotz der Allgegenwart des Regimes: Daß während der ersten Kriegsjahre »die Straßen sicher« gewesen seien, ist eine Legende. Die Zeitungen berichten über die ganze Palette der Verbrechen: Vom Gemäldediebstahl bis zur Vergewaltigung. Ein Gerichtsbericht vom 17. Juni 1940 aus dem »Kurier« belegt emotionale Ausweglosigkeit:

Zur Besichtigung aufgestellt: Abgeschossener brit. Bomber neben der Oper

»Auf einen gefährlichen Weg war die 26jährige Marga geraten, die bis zum Tode ihrer Mutter ein durchaus bürgerliches Leben führte, von diesem Zeitpunkt an aber gern bis in die frühen Morgenstunden in den Kaffeehäusern herumsaß. Ihr Gehalt reichte nicht mehr aus und sie versetzte Kleidungsstücke eines Verwandten, mit dem sie die Wohnung teilte, so auch im Herbst, als der Verwandte eingezogen wurde. Eines Tages kam er dahinter und verwarnte Marga. Als sie bald darauf weitere Sachen ins Pfandhaus trug, erstattete er Anzeige: Sie hatte sich nun nicht nur wegen Diebstahls, sondern auch wegen Verstoßes gegen die Verordnung zur Bekämpfung von Volksschädlingen vergangen. Das Gericht erkannte auf 10 Monate Gefängnis. Nur weil sie aus Leichtsinn gehandelt hatte, blieb sie vor dem Zuchthaus bewahrt.«

»Das ist eine alte Erfahrung im Großen wie im Kleinen: Wer die besseren Nerven hat, gewinnt! Erhalten Sie sich auch darum Ihre Nerven frisch und stark, pflegen Sie ihre angegriffenen Nerven mit Heumanns Nervenpillen. Für Reichsmark 3,70 in allen Apotheken.«

Die Angst vor Fehlern im alltäglichen Verhalten war mit Kriegsbeginn stärker geworden. Während der Erfolgs-Phase des Krieges wuchs sie weiter. Erna Willms erinnert sich an unliebsames Erwachen:

»Mein Mann war eines Nachts plötzlich nach Hause gekommen. Wir schliefen länger am Morgen. Da trommelte es gegen die Haustür. Erschrocken fuhr ich hoch und eilte zur Tür. Ein Schupo stand grimmig davor: ›Sie wissen doch, daß bis 9 die Straße gesäubert werden muß. Es ist längst über die Zeit. Wie stellen Sie sich dazu?‹ Ich stotterte etwas wegen des Urlaubs meines Mannes. Aber er meinte nur: ›In einer halben Stunde komme ich wieder vorbei, um mich zu überzeugen!‹ Inzwischen war auch mein Mann aufgestanden und hatte sich angezogen. Es half nichts, daß er brummelte ›Noch nicht mal im Urlaub kann man ausschlafen!‹ Noch frühmorgens war frischer Schnee gefallen, den wir dann vorschriftsmäßig von Bürgersteig und Straße beseitigten.«

Mit dem Einmarsch in die Sowjetunion und der Kriegserklärung an die USA erhielt der Krieg im Jahre 1941 eine andere Dimension. Eigentlich lag die Einschätzung selbst für Laien auf der Hand; doch nur wenige wagten, sie – und sei es nur in der Familie – auszusprechen. Zu diesen wenigen gehörte die Mutter von Karl Lange aus Hannover. Er erinnert sich genau:

»Ich hörte Nachrichten. Großmutter und Mutter waren in der Waschküche. Dann kam die Durchsage der Kriegserklärung (Hitler-Deutschlands gegenüber den USA – d. Verf.). Euphorisch rief ich diese Nachricht aus dem Fenster. Die Antwort meiner Mutter aus der Waschküche: ›Was? Dann verlieren wir den Krieg genauso wie 14/18. Der Amerikaner drückt uns die Augen zu!‹«

Widerstand war das alles nicht. Eher eine Art Trotz, sich das eigene Denken und Handeln nicht vollständig abnehmen zu lassen. Typische Szene, aus dem Gedächtnis geschildert:

»Wenn irgendwo Marschmusik erschallte, dann suchten viele einen Hauseingang, in dem sie verschwinden konnten, um das verhaßte Tuch nicht grüßen zu müssen. Ich kann mich entsinnen, daß ich einmal auf der Langen Laube stand, als ich vom Eingang der Straße her Marschmusik hörte. Ich ging schnell in ein Haus und wartete einen Moment, bis die Musik ganz nahe war. Da ging die Haustür auf und zwei SA-Leute kamen herein. Ich klingelte parterre und fragte eine ältere Dame: ›Entschuldigen Sie, wohnt hier Herr Grabowski?‹ Die Dame lächelte und sagte: ›Kommen Sie herein, Herr Grabowski wartet schon auf Sie!‹ Ich wurde zu einer Tasse Tee eingeladen und die Dame beruhigte mich: ›Der Spuk ist gleich vorüber. Ich persönlich kann auch schlecht den Arm hochreißen. Kommt mir vor wie der Geßler-Hut in Wilhelm Tell!‹«

Vom Umgang mit dem alltäglichen Entsetzen berichtet auch Elisabeth Kossmann [2] aus Stöcken:

»Im Nachbarhaus links wohnte Florian B., ein recht patenter junger Mann mit einer elegant wirkenden Frau und zwei reizenden kleinen Kindern. Er hatte keine Lehrzeit mitgemacht und wechselte öfters seine Arbeitsstelle. Bald wurde ihm schmutzige Arbeit im Eisenbahnausbesserungswerk zugewiesen. Die behagte ihm aber nicht. Dafür soll er in das unterirdische Munitionslager Liebenau eingeliefert worden sein.

Tag der Wehrmacht in Bothfeld

Und in der 3. Etage meines Elternhauses wohnte der Eisenbahnpolizist Eberhard W.. Sein großer Schäferhund lag, wenn er nicht mit im Dienst war, an einer Kette in unserem Hof. Eines Tages lasse ich mir vom Korridor aus (der Vater hatte einen Bäckerladen – d. Verf.) ein Brot geben. Da verwickelt mich die Verkäuferin herausfordernd in ein Gespräch: Ein Urlauber habe ihr erzählt, daß er auf der Flucht durch einen Fluß geschwommen sei und die Russen hinter ihm hergeschossen haben. Ich: ›Aber Krieg ist Krieg!‹ Ein Wort gibt das andere, wir werden beide sehr heftig. Ich stürze zornig weg durch die Wohnungstür. Da steht der Polizist W. horchend und jetzt überrascht grinsend hinter der Tür und betrachtet die Namenstafel der Mieter, die er seit 10 Jahren kennt. Er hat aber keine Anzeige gewagt. Ich war ja immerhin die Tochter des Hausbesitzers, den er sich so schnell nicht verärgern wollte.«

Aus einer Tagebuch-Notiz vom 17. Mai 1941: »Der Vati schreibt: Vier Monate, dann soll es aus sein. Ach, wenn es doch wahr würde!«

Anmerkungen

1 Pseudonym zum Schutz des Auskunft-Gebers.
2 Pseudonym auf Wunsch des Auskunft-Gebers.

»Unterricht am Objekt«: Schüler besichtigen eine Ju 52

1942 bis 25. Juli 1943 – »Die Kälte kommt«

März 1942. Eine Wohnung in Hannovers Altstadt, 2. Etage. Der Mann ist an der Front, die Frau hochschwanger.

»Eines Tages«, so erinnert sich Erna Willms, »meinte die Hausgenossin, es sähe aus, als ob es losginge. Ich solle zur Klinik fahren. Aber von dort wurde ich wieder nach Hause geschickt. Es könne zwar diese Nacht noch losgehen, aber sie hätten kein Bett für mich frei, da ich für diese Zeit noch gar nicht angemeldet sei. Ich krabbelte auf allen Vieren die Steinstufen zu meiner Haustür hinauf. Am übernächsten Tage mußte ich dann doch fort. Nun war ich ganz ruhig. Ob ich meinen Mann benachrichtigen wollte? Oh, ja, gern. Er würde sogar Urlaub bekommen, wenn ihm mitgeteilt würde, daß es Komplikationen gäbe. Nein, ich wollte nichts heraufbeschwören, ich fühlte mich wohl und das kleine Mädchen war gesund. Es wurde in der Klinik getauft, ohne Familie, ohne Taufkleid. Und das war richtig so! Man konnte ja nicht wissen, was am nächsten Tag war.«

Ende der fröhlichen Keller-Feste, mit denen in den ersten Kriegs-Monaten der Luftschutz-Zirkus (»Gemeinschaftslied ›Guten Abend, gute Nacht‹ – Begleitung von der Sirenenorgel«) verballhornt wurde. Ende des Wohlfühlens in Wehmut. Jetzt war sicher: Dieser Krieg würde dauern. Jetzt entstanden diese Verse: »Still und stumm sitzt man im Keller / Und man wartet / Manche sterben schneller / Ewige Alarmbereitschaft / Macht uns müde und so leer / Horch, es tönet die Sirene / Glocken läuten längst nicht mehr.«

Und diese Erinnerungen: »Stummes Hasten auf die rettenden Eingänge des elend frischen Betonklotzes zu. Der saugt die schweigenden Menschenströme ein. Jeder spart seinen Atem, denn der Sauerstoff ist knapp in den überfüllten, feuchten Räumen.

Wie wurden die Plätze verteilt? Ein »Sozi« von damals erinnert sich: »Wir waren bekannt als Anhänger der Gegenpartei. Deshalb mußten wir auf der Treppe stehen. Wäre eine Bombe vor die Tür geknallt, wären wir weg. Die anderen kriegten unten die Plätze. Selbst meine Mutter mußte später oben auf den Gang. Schließlich hatten wir davon die Nase voll. Ich sagte zu meinem Vater: ›Wenn wir diese Gesichter da sehen..., was wollen wir noch hier?‹ Wir sind dann immer in einen anderen Bunker gelaufen.«

Die Kriegs-Situation wurde zunehmend bewußter empfunden. Aber es gab auch immer noch so etwas wie einen Alltag. Zum Beispiel in der Kabbelei zwischen Eltern und Kind um eine Lehre:

»Ich habe Drogistin gelernt. Doch meine Eltern wollten diese Ausbildung zunächst nicht. Ich sollte ins Büro gehen. Ich sollte Steno- und Schreibmaschinen-Kurse besuchen. Doch ich habe lieber geschwänzt und bin dafür ins Kino gegangen. Schließlich mußte ich mein Pflichtjahr machen, wozu ich eine Stelle im Haushalt eines Diplom-Ingenieurs erhielt. Da mußte ich nun Teppiche ausklopfen und wischen. Ich hab mich richtig erniedrigt gefühlt. Als dieses Jahr herum war, sagte die Familie zu mir: ›Also Gisela, wenn dir die Lehre – ich durfte inzwischen Drogistin werden – keinen Spaß macht, dann kommst du wieder zu uns zurück!‹ Ich dachte nur: ›Ganz bestimmt nicht.‹ Die Lehrstelle habe ich dann durch das Arbeitsamt vermittelt bekommen – allerdings hatte mein Vater dort einen Bekannten sitzen.«

›Normalität‹ auch im Umgang mit Ersatzstoffen, die zunehmend die Versorgungs-Situation bestimmten. Daß die Decke allmählich dünner wurde, konnten die Menschen in Hannover auch am Einsatz von ungewöhnlichen Propagandamitteln erkennen. Die Figur des »Kohlenklau« (einer, der nicht spart) war schon vorher eingeführt worden – jetzt gab es ein Gesellschaftsspiel mit dem Titel »Jagd auf Kohlenklau«. Und in den Amtsstellen lag eine Schrift mit der Devise »Jetzt erst recht – Kampf dem Verderb« aus. Die Aufforderung, alles »bestmöglich zu verwerten«, erging sowohl an Privathaushalte (»Kartoffelreste lassen sich mannigfaltig verwenden.«) wie an den Einzelhandel (»Gelee-Eimer geschlossen halten«) und den Landmann (»Bekämpfe die Feldmaus energisch!«).

Dieter Ohlendorf erzählt, wie in seiner Familie mit Ersatzstoffen umgegangen wurde.

»Nach dem morgendlichen Kaffeetrinken – es gibt wie immer Spitzbohnen oder auch Zeppelinkaffee genannt – wird der gleiche Grundstoff auch noch einmal am Abend aktiviert. Da gibt es Bratkartoffeln. Papa findet den Geschmack unübertrefflich. ›Wie du das bloß immer wieder hinkriegst!‹ – ›Ganz einfach‹, entgegnet Mama. ›Die Kartoffeln brate ich in schwarzem Kaffee, denn unsere Fettration ist längst aufgebraucht!‹ Als der Tisch gerade abgeräumt ist, läutet es. Ich öffne. Herr Schünemann, ein Nachbar von gegenüber, steht vor der Tür. Ich bitte ihn herein. Herr Schünemann ist

Angestellter im Reformhaus. Er trägt bei uns den Spitznamen ›Scherzartikel-Lieferant‹, weil er uns des öfteren neue Kreationen der Nahrungsmittelbranche bringt. Meistens und so auch heute handelt es sich um undefinierbare Brotaufstriche. ›Sie verlängern die Reihe‹, sagt Mama. Die heutige Masse hat große Ähnlichkeit mit Marzipan. ›Von hohem Kaloriengehalt‹, versichert Herr Schünemann und fügt hinzu: ›Aber nur ganz dünn aufstreichen, sonst ist sie zu bitter!‹«

Urlaubsreisen während des Krieges waren ein weiterer Aspekt von Normalität. Auf den ersten Blick wirken sie ganz unwahrscheinlich, ja, fast »unmoralisch«, dann aber: Wieso eigentlich nicht? Jedenfalls: Es wurde in den Urlaub gefahren. Auszug aus einem Brief vom 6. Juni 1943; Poststempel: Fränkische Schweiz:

»Mit unserer Pension haben wir es gut getroffen. Die Verpflegung ist so gut, daß wir nur immer die Köpfe schütteln, wie das heute noch möglich ist. Mittwoch nächster Woche fahren wir schon wieder heim. Dann waren wir zweieinhalb Wochen hier. Dann gehen wir beide wieder in den Beruf. Ihr könnt Euch denken, wie wir die Freiheit genießen. Der totale Krieg hat ja alles erschwert!«

Zu diesen Bereichen, die zunehmend in Mitleidenschaft gezogen wurden, gehörte – auch schon vor Lauterbachers Rede vom »Totalen Krieg« – das Geschäftsleben. Noch konnte manche Situation durch Beziehungen und ungewöhnlichen Einsatz überbrückt werden. Großhändler Pancke:

»Nach den großen Angriffen auf Köln und Hamburg begann das Versorgungssystem brüchig zu werden. Da sind auch eine ganze Menge Fahrrad-Fabriken kaputt gegangen. Also fing ich an, Fahrräder aus dem Ausland zu importieren. Ich hatte das Glück, in Holland ein Kontingent zu bekommen. Dazu mußte ich mir in der Reichsstelle in Berlin Eisenscheine besorgen. Damit konnte ich dann zu holländischen Fahrradfabriken gehen. Die Holländer taten das gerne, denn so konnten sie ihren Betrieb laufen lassen. So hatte ich das Glück, bis zu 30000 Fahrräder zu importieren. Die Kalkulationsspanne war vorgeschrieben: Wir durften nicht mehr als vier Prozent verdienen. Zunächst haben wir die Räder mit Eisenbahnwaggons nach Hannover gebracht. Als der Bombenkrieg intensiver wurde, per Schiff auf dem Mittellandkanal.«

Ein anderer Bericht, aus der Arbeiternehmer-Perspektive, läßt nicht weniger Engagement erkennen. Marianne Rehde war damals in einem Unternehmen der Werbebranche beschäftigt, das sich mit der Diapositiv-Reklame in den Kinos befaßte.

»Als der Krieg ausbrach, hatte ich gerade meinen Kaufmannsgehilfenbrief erhalten und war noch in meiner Lehrfirma tätig. Bis zur Erklärung des ›Totalen Kriegs‹ – da wurde meine Firma geschlossen – war ich mit der Hilfe eines Lehrlings damit beschäftigt, das Unternehmen aufrechtzuerhalten. Da Zeichner und Vertreter, aber auch der Chef, eingezogen waren, und die Chefin mit den beiden Kindern evakuiert, habe ich praktisch alles allein bewältigt. Die beiden Hauptbücher, das Kunden- und das Auftragsbuch, trug ich jeden Abend mit nach Hause und in den Keller oder Bunker. Das waren dann auch die einzigen Unterlagen, die vom Büro übrigblieben.«

Neben dieser beruflichen Anspannung, in die manche jungen Leute schon frühzeitig hineingezogen wurden, gehörte der Dienst in den NS-Jugendorganisationen zum – oft ungeliebten – Pflichtprogramm.

»Mittwochs und sonnabends waren jeweils zwei Stunden HJ-Dienst. Da gab es scharfe Anwesenheitslisten. Man mußte in der Kluft hinmarschieren. Sonntags waren dann manchmal noch Aufmärsche.« Singen, wandern, Geländespiele, vorzugsweise in der Eilenriede, gehörten zum Repertoire. Oder »sonst blieben wir im Heim. Da saßen dann 30 Mann und dann wurden stramme Bücher gelesen«.

Wochenlang war Wolfgang Grimpe von der Einberufung zum Jungvolk verschont worden. Schon glaubte er sich vergessen, ... »da kreuzte urplötzlich ein Jungvolk-Führer bei uns zuhause auf und holte mich Knall auf Fall zum Dienst ab. Im Seitenflügel des Ballhofs, wo sich heute die Theatergarderoben befinden, waren die Gruppenräume des Jungvolks. Und da fand gerade ein Heimabend statt. Mein erster Auftritt dort war ausgesprochen unrühmlich. Ich kam als einziger in Zivil und als ich aus dem kalten Spätherbstwetter in den überheizten Gruppenraum hineinkam, da beschlug meine Brille, so daß ich fast blind herumtappen mußte. Ich war eingeteilt zum Fähnlein 60. Das bestand in der Mehrheit aus ziemlich üblen Schläger- und Rabaukentypen. Im großen und ganzen war der Dienst ziemlich eintönig und phantasielos. Von meinen Klassenkameraden in der Tellkampfschule ließ ich mich dann überreden, mich umzumelden. Da gab es eine Sondereinheit und da war der Dienst viel interessanter.«

Ja, viele junge Leute suchten nach Möglichkeiten, dem Konformitätsdruck und dem Drill zu entgehen. Das begann

Der Gaubefehlsstand der NSDAP (Er befand sich dort, wo heute das Niedersachsen-Stadion steht)

schon mit dem allwöchentlichen Ärger des Haareschneidens. Mit den Kinder-Köpfen der Nazi-Zeit verbindet man einen geradezu gnadenlosen Rundschnitt. Doch manche Jungen ließen sich nicht so einfach stutzen: »Wir sollten möglichst kurze Haare tragen und hatten Mähnen bis auf die Schultern.« Szene beim Friseur:

»Der alte Friseur ist mein ärgster Widersacher. Er schneidet uns Jungen die Haare nämlich nicht so, wie wir sie gern hatten, sondern so, wie er es bei einem deutschen Jungen für richtig hält. Wenn er mir die Haare schneidet, gerät er jedesmal in Begeisterung, weil ich wie der Führer einen Rechtsscheitel trage.«

Ein anderes, bis heute hin erprobtes Erkennungszeichen für Aufsässigkeit: Musik. Jazz und Tanzmusik blieben während des gesamten Krieges der zunehmend heimlich angesteuerte Hafen jugendlicher Protesthaltung. Bis zur Proklamation des »Totalen Krieges« konnte man auch noch die Tanzschulen besuchen. Doch »im Frühjahr 1943 kamen wir eines abends zur Tanzschule. Da saß die Leiterin da und heulte. Sie hatten ihr die Bude dicht gemacht. Wir versuchten sie zu beschwatzen. Doch vergeblich. Sie fürchtete um ihre Lizenz«.

Die jugendlichen »Hotter« ließen sich davon jedoch nicht abschrecken. Sie gingen »mehr und mehr zu sogenannten Hausbällen«, ein tragbares Grammophon – einen »Hotkoffer« – unter dem Arm und die Schellack-Platten des Schweizers Teddy Stauffer, der sogar das Horst-Wessel-Lied verhottet hatte, unter der Windbluse. Außerdem hatten »viele Eltern diese großen Radiogeräte. Bei jedem Wellenbereich kam 'ne andere Farbe. Wir wußten genau, bei welcher Tanzmusik was kam und woher. Obwohl das nirgendwo veröffentlicht war«.

Das Regime nahm dieses Kontrastprogramm durchaus ernst. In der »Berliner Illustrierten« erschien ein Foto von Benny Goodman auf Seite 1: »Da war nur eine Klarinette drauf. Und Hände. Darunter stand: Verbrecher-Hände.

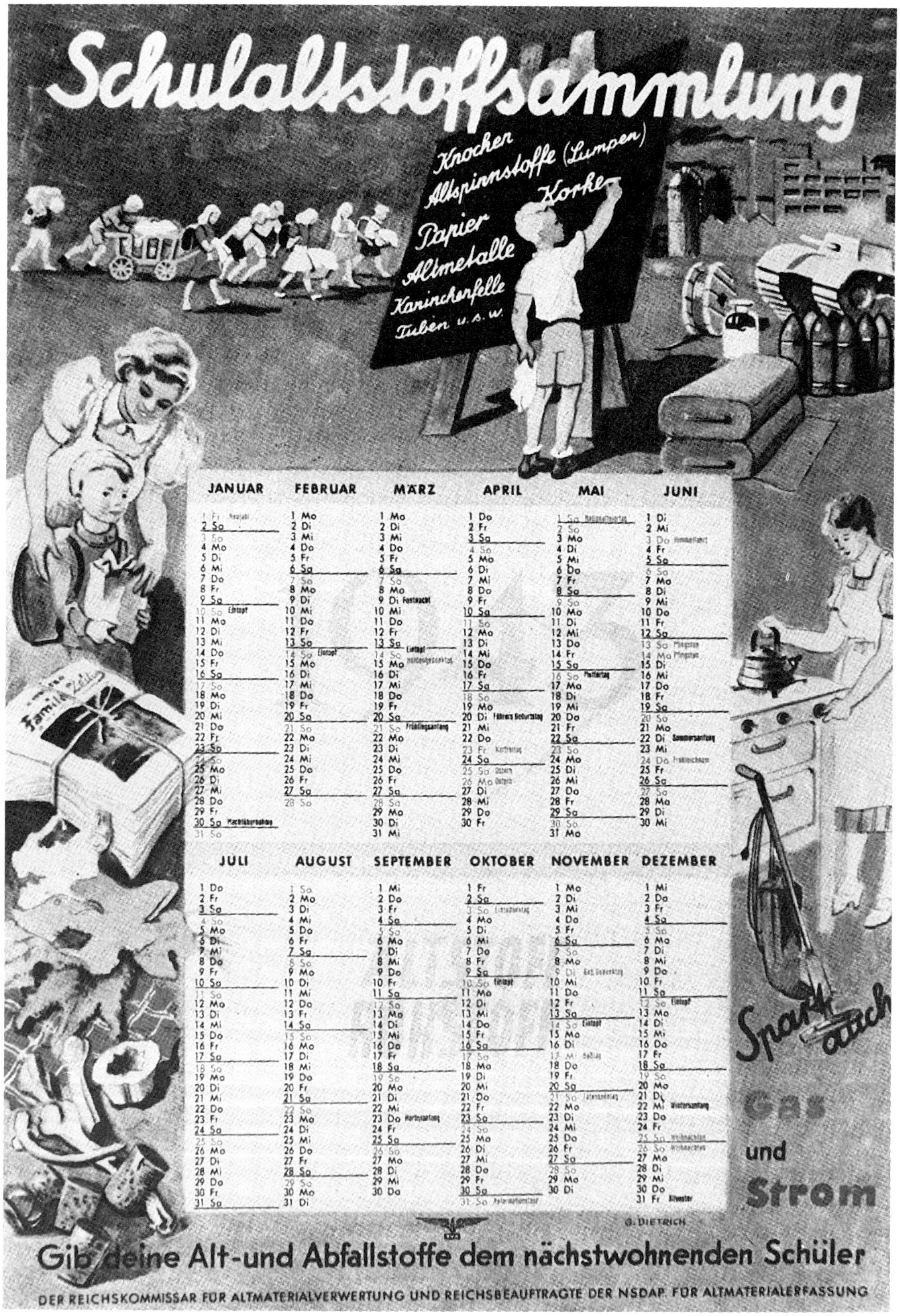
Schulaltstoffsammlung
Knochen
Altspinnstoffe (Lumpen)
Papier
Korke
Altmetalle
Kaninchenfelle
Tuben u. s. w.
JANUAR
FEBRUAR
MÄRZ
APRIL
MAI
JUNI
JULI
AUGUST
SEPTEMBER
OKTOBER
NOVEMBER
DEZEMBER
Spart auch
Gas
und
Strom
G. DIETRICH
Gib deine Alt- und Abfallstoffe dem nächstwohnenden Schüler
DER REICHSKOMMISSAR FÜR ALTMATERIALVERWERTUNG UND REICHSBEAUFTRAGTE DER NSDAP. FÜR ALTMATERIALERFASSUNG

Das vergesse ich nie.« Und auch der Chef der »Reichsmusikkammer«, ein Professor Peter Raabe, machte sich Sorgen: »Ein Übelstand, der sich in letzter Zeit unangenehm bemerkbar macht, ist die Tatsache, daß in einer Reihe von Kapellen nicht mehr nur musiziert wird, sondern daß man durch varieté-artige Einlagen den Unterschied zwischen dem Unterhaltungs-Musiker und dem Spaßmacher verwischt.«

Das führende Lokal für Swing-Musik war in Hannover der »Georgspalast« (GOP) gegenüber dem Opernhaus. Es gab noch eine Menge mehr: das Metropol, das Café Hochhaus, das Maxim, das Windmühlen-Casino ... Doch im GOP, da spielten alle großen Bands, die Formationen von Fud Candrix und John Kristel zum Beispiel. Am Eingang des GOP stand ein Portier. Und hinter dem ein Geschäftsführer im Cut. Wer an den Zerberussen vorbei wollte, der mußte seinen Ausweis vorzeigen – oder älter wirken. Dann wurde die Garderobe abgegeben.

Apropos Garderobe. »Sehnsucht eines jeden jungen Mannes war es, einen dunkelblauen Mantel zu besitzen und irgendwie an einen weißen Schal heranzukommen. Die Schläge an der Hose mußten möglichst weit sein.«

Schließlich saß man an den Tischen, vor sich einen Eisbecher, Reichsmark 1,25, an dem man so schön, wenn der Swing-Rhythmus einen packte, den Takt klopfen konnte. Die Zeit verging wie im Fluge. Das merkte man spätestens, wenn um 21 Uhr die HJ-Streifen vor der Tür aufkreuzten. Wenn der Geschäftsführer im GOP die kommen sah, »dann schloß er mal kurz die Tür ab, kam an unseren Tischen vorbei und mahnte ›Nun wird's aber Zeit!‹ Wir sausten dann zur Garderobe und nichts wie hinten raus!«

Die Begeisterung der »Swing-Heinis« ging aber noch über solche GOP-Erlebnisse hinaus. Manche gründeten eigene Amateur-Kapellen. Als Proberäume für die »Schniegels«, wie eine Gruppe sich nannte (Erkennungszeichen: ein dreieckiger Knick im steifen »Arbeitgeberhut« für die Achse Berlin/Rom/Tokio), oder die »Raben« (Erkennungszeichen: Spazierstöcke mit silberner Krücke, ein Fuß in der Gosse, einer auf dem Bürgersteig), dienten die Hinterzimmer mancher Lokale.

Als dieses problematisch wurde, marschierte die ganze Corona ins Grüne. Motto: »Den Broadway hoch, den Broadway runter, zieh'n Schniegels froh, zieh'n Schniegels munter«; zu singen, laut zu singen, nach der Melodie des verbotenen Armstrong-Titels »Some of these days«. Karl Bergener, einer der geschniegelten »Popper« von 1942, erinnert sich:

»Wir kämmten die Eilenriede nach geeigneten Plätzen durch. Und wir fanden schließlich einen Halbkreis von überdachten Bänken, betonierter Boden, in der Mitte eine kleine Nische, in die wunderbar unser Hotkoffer hineinpaßte. Diese Nische hatte einen drachenförmigen Aufbau auf dem Dach. Deshalb nannten wir unser Versteck das Schlangenhaus. Hierher brachte jeder seine neuesten Platten. Eines Tages waren wir gerade voll am Hotten, da hatten Kriminalpolizisten das Schlangenhäuschen umstellt. Das Grammophon wurde für 14 Tage beschlagnahmt. Als wir es geschlossen abholen wollten, mußten wir jeder zwei Reichsmark für das Rote Kreuz opfern.«

Wer mehrfach von den Streifen registriert worden war, mußte mit überraschenden Reaktionen rechnen. Heinz Rohleder,[1] ein Sport-As jener Tage, erinnert sich: »Plötzlich kamen Leute von der Gestapo zu uns in die Schule. Wir sollten alle mitkommen zum Ballhof. Mir ist es aber gelungen, im Parterre der Schule durch den Lokus abzuhauen. Übern Schulhof und weg war ich. Ich war damals sehr schnell. Mich kriegten die nicht.«

Immer häufiger wurde jetzt der Schuldienst durch permanente Alarmübungen, aber auch durch Abordnungen in militärische Funktionen, erschwert. So waren etwa zwei Klassen der Wilhelm-Raabe-Schule, eines Mädchen-Gymnasiums, für Tätigkeiten im Gaubefehlsstand, Lauterbachers Hauptquartier am Ihme-Ufer, abgestellt worden. Die Abenteuer-Gefühle der ersten Kriegsmonate und -jahre wichen zunehmend einer Ernüchterung. Noch in der Nacherzählung von Elisabeth Piper ist sie deutlich spürbar.

»Wir hausten in primitiven Baracken am Ihme-Ufer, mußten die schauderhaften sanitären Anlagen im überfüllten öffentlichen Teil des Bunkers benutzen und wir haßten die Ratten, die nachts durch den morschen Holzfußboden in die Baracken eindrangen und ungeniert herumsprangen. Einmal hatten sie meine lederne Schulmappe im hölzernen Spind angefressen, um an eine Scheibe Brot heranzukommen.

Im Gaubefehlsstand wurden wir zum Dienst gerufen, wenn die Bomber noch über Holland waren. Mit Kopfhörern hinter der Landkarte aus Milchglas stehend, stempelten wir die Kampfverbände als schwarze Pfeile spiegelverkehrt in Planquadrate, wie sie uns von der militärischen Luftüberwachung angesagt wurden. Eine von uns stempelte, zwei andere wischten mit schmierigen Lappen weg, was überholt war. Vor der Karte saß eine Schülerin als Sprecherin in einer Mikrofonkabine und gab die Lage über Radio an die Bevölkerung weiter, eine andere schrieb die Durchsagen mit. Die Sendungen waren stereotyp und drückten die Gefahr beschwichtigend aus.«

Aber es gab auch unreflektierte Begeisterung unter den jungen, besonders unter den ganz jungen Leuten. Auszug aus einem Volksschulaufsatz: »Endlich wieder Schule! Heute, am 16. März 1942, mußten wir endlich wieder in die Schule. Sechs Wochen hatten wir schulfrei, um in diesem kalten Kriegswinter Kohlen zu sparen. Das war fast wie ein Winterscherz. Nur alle paar Tage mußten wir unsere Schularbeiten holen. Heute hörten wir vom Weltkrieg. Das hat uns Spaß gemacht.«

Kälteferien. Was kann man mit der vielen freien Zeit anfangen? Schlittschuh-Laufen, natürlich. Auf dem Maschparkteich hinter dem Rathaus. Ein Wintertag im Leben des Dieter Ohlendorf: »Pullover, Schal, zwei Paar Socken, meine Skihose und das marineblaue Oberteil der HJ-Winteruniform mit den blanken Knöpfen. Auf dem Kopf die HJ-Mütze mit der Salmiakpastille vorne dran. So nennen wir das Emblem des Jungvolks. Die Ohrenklappen werden heruntergezogen. Meine Stiefel sind mir noch etwas zu groß. Ursprünglich waren sie mir zu klein gewesen. Es gab aber keine neuen und so riet uns der alte Schuster, sie vorschuhen

Wintervergnügen auf dem Maschteich: Französische Kriegsgefangene reinigen ständig die Eisfläche vom Schnee

zu lassen. Den Berechtigungsschein hierfür hatten wir vom Bezugsscheinamt erhalten. Die Stiefel waren nun auf Zuwachs von ihm verlängert worden. Ich hänge meine Schlittschuhe um und mache mich auf den Weg. Schließlich liegt die bläulich schimmernde Eisfläche vor mir. Ich höre den eigenartig hohlen Klang des Eises, hervorgerufen durch das Gleiten unzähliger Schlittschuhe.

Der Kartenverkäufer tritt von einem Bein auf das andere und stampft mit seinen dicken Filzstiefeln im Schnee. Von Zeit zu Zeit löst ihn sein Kollege ab und er verschwindet in der Wärmebude. Die Holzbänke zum Anschnallen der Schlittschuhe und die Bretterbuden sind schon wie jedes Jahr im Oktober aufgestellt worden und der Teich ist mit Stacheldraht umgeben. Ein Pänner,[2] wie wir ihn nennen, hält an der Umzäunung Wache. Ich zahle meinen Groschen Eintritt und schnalle mir die Kufen an. Vom Eis winken mir zwei Freunde zu. Wir spielten Packen oder Hockey mit Knüppeln oder wir üben Weitsprung über ein Paar Handschuhe. Den ganzen Tag über sind französische Kriegsgefangene damit beschäftigt, die Eisfläche freizuhalten. Mit einem Wasserstrahl vergießen sie die vielen Risse, die das Eis durch die strenge Kälte erhalten hat. Ab Mittag beginnt eine Schallplattenübertragung. Wir üben jetzt Figurenlaufen, wie wir es von den Leuten des Eissportclubs gesehen haben. Dann zeigt die große Rathausuhr an, daß die Zeit zum Aufbruch gekommen ist. ›Heil, bis morgen!‹ Wir streben unserem warmen Zuhause entgegen. Es dämmert bereits.«

Die Kälte – seit diesem Winter von 1942 auf 1943 wurde sie zunehmend in der Stadt spürbar, Kälte zwischen den Menschen, Kälte und Angst.

»Wir hatten uns am Abend den Film ›Die goldene Stadt‹ angesehen. Und wir waren friedlich bis ans Haus gekommen«, notiert eine Briefschreiberin vom 12. April 1943, »da erwartete uns unten Hilde Möller und oben die Polizei. Natürlich waren wir ganz perplex. (Die Polizei eröffnet den Leuten, daß ihnen ab sofort wegen mangelhafter Verdunkelung das Licht abgeschaltet würde. D. Verf.) Zum Glück hatte ich noch Kerzen. Wir haben hier schließlich vier Abende ohne Licht gesessen, da wir einen eigenen Anschluß nicht vornehmen durften. An diesen Abenden haben wir uns um 100 Jahre zurückgedacht. Am Montag waren wir dann doch froh, daß ein Mann vom E-Werk kam und auf Befehl der Polizei das Licht wieder anschloß. Gestern kam dann auch die Strafanzeige über einen Betrag von 15 Reichsmark.«

Auch die Bedrohung aus der Luft ist, trotz langer Phasen ohne Bombardements, nicht mehr gar so leicht zu nehmen. Die Privatkeller sind zu Schutzräumen ausgebaut worden. Dicke Balken stützen die Decken ab, Mauerdurchbrüche ins Nachbarhaus sollen Fluchtwege markieren, Etagenbetten, besonders für die Kinder, sind an den Wänden aufgestellt.

»Herrenhausen ist luftschutzbereit« – so prangt auf Bürgersteigen die Parole. Die »Gefolgschaft« der Betriebe ist in Feuerlösch-, Gas- und Wasserleitungstrupps sowie in Bereitschaftsdienste eingeteilt worden. Allmählich kommen die Karten in Gebrauch, die ein halbgeheimes Gitternetz mit den militärischen Codes (Bezeichnung für Hannover: »Gustav Ullrich 5«) über die offizielle Gaukarte legen und für jeden, der den Flaksender »Primadonna« hören kann, die Annäherung der feindlichen Geschwader nachvollziehbar machen – lange bevor der Gaubefehlsstand seine Warnmeldungen per Radio verbreitet. Am Kaiser-Wilhelm-Gymnasium wird ein Abitur-Lehrgang für kriegsversehrte Gymnasiasten eingerichtet. Viele glauben noch an die vermeintliche Freundschaftsbande des englischen Königshauses mit der Stadt Hannover, »schließlich gehörten wir ja mal zu England!«

Doch immer mehr Risse zeigen sich im bis dahin ziemlich unbeschädigten Nervenkostüm der Menschen in Hannover. Man ließ sich nicht mehr ohne weiteres einwickeln.

Beispiel 1: Ein Witz aus dem Frühjahr 1943. »Unser Brot ist so braun wie Adolf Hitler, so klein wie Goebbels, so schwammig wie Hermann Göring und so schnell verschwunden wie Rudolf Heß.«

Beispiel 2: Strafarbeit. »Beim Bäcker kaufe ich ein Gerstenbrot. Frau Schr., die früher unter ständigem Redefluß bediente, verrichtet ihre Arbeit jetzt schweigend. Sorgfältig schneidet sie die Brotmarken aus der Karte. Sie war einige Wochen verschwunden gewesen. Man munkelte, sie habe zu einigen Kunden angesichts der strengen Kälte gesagt: ›Unsere armen Soldaten, was müssen die jetzt aushalten! Der Krieg ist sowieso nicht mehr zu gewinnen.‹ Jemand hatte sie angezeigt, worauf sie abgeholt wurde. Nun ist sie zurück. Wöchentlich muß sie auf der Polizei einen handgeschriebenen Bogen abgeben mit 100mal demselben Satz: ›Unsere siegreichen, tapferen Soldaten!‹«

Beispiel 3: Berufsstreß. »Meine Arbeit, jeden Tag fünf Stunden in der Dunkelkammer, ist nur im Stehen zu verrichten. Da kommt es dann, daß ich nachmittags müde und ab-

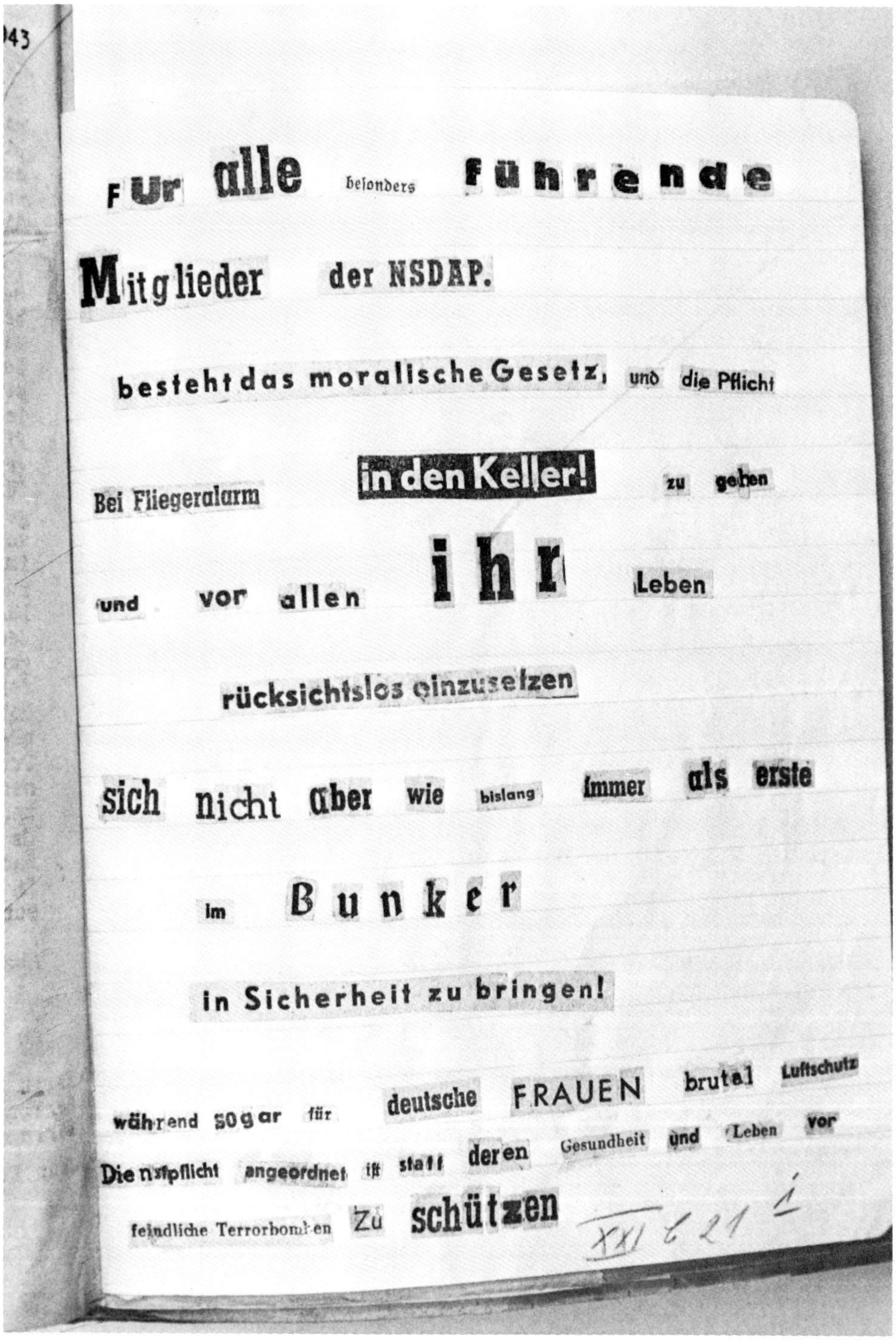

FUr alle befonders führende

Mitglieder der NSDAP.

besteht das moralische Gesetz, und die Pflicht

Bei Fliegeralarm in den Keller! zu gehen

und vor allen ihr Leben

rücksichtslos einzusetzen

sich nicht aber wie bislang immer als erste

im Bunker

in Sicherheit zu bringen!

während sogar für deutsche FRAUEN brutal Luftschutz

Dienstpflicht angeordnet ift statt deren Gesundheit und Leben vor

feindliche Terrorbomben Zu schützen

Anonymer Brief an die Stadtverwaltung

gespannt bin und für den Haushalt keine Lust mehr habe. Ich muß mich noch im einzelnen durchbeißen. Bisher habe ich noch nicht das richtige Programm für mich herausgefunden. Haushalt, Beruf, Essenkochen für mich, Einholen, dies alles morgens, das kann ich nicht schaffen.«

Beispiel 4: Stalingrad. »Meine Schwester Erika war mit einem Veterinäroffizier verlobt, der nach kurzer Zeit in Frankreich nach Rußland kam und dort in Stalingrad geblieben ist. Als das Ausmaß der Kämpfe dort bekannt wurde, litt sie sehr unter Angstzuständen und wachte oft laut schreiend nachts auf.«

Sicherlich gibt es auch Gegenbeispiele. Daß Solidarität eher anwuchs als abnahm. Daß eine Familie intakt blieb, statt zu zerfallen. Dieter Ohlendorf hat dieses erfahren dürfen:

»Vor ein paar Tagen war der Frost in die übrigen Räume unserer Wohnung eingezogen. Als wir am Morgen erwachten, zeigte eine dünne Eisschicht an unseren Deckbetten, daß das Thermometer unter Null gesunken war. Der Atem war über Nacht gefroren. Darauf hatten meine Eltern beschlossen, ein Nachtlager im Wohnraum, dem einzigen geheizten Zimmer, herzurichten. Abends wurde der große Eßtisch beiseitegerückt und mein Bett hereingerollt. Meine Eltern bauten sich aus Matratzen ihr eigenes Lager auf dem Fußboden. Ich empfand diesen allabendlichen Umbau als besonders gemütliches Ereignis. Meine Mutter nannte es ›Das Nachtlager von Granada‹.

Sie war ständig in Sorge, daß irgendjemand diesen Zustand zu Gesicht bekäme. Zum Beispiel, wenn ein Bombenfall in der Nachbarschaft Türen und Fenster zerstörte. Aber mein Vater beruhigte sie immer wieder.

Ehe ich ins Bett kriechen durfte, hielt meine Mutter noch mein Kissen an die heißen Kacheln des Ofens, um es anzuwärmen. Ich fühlte mich trotz aller schrecklichen Ereignisse unsagbar sicher und geborgen in meinem Elternhaus.

Ich war noch einmal eingeschlafen. Als ich wieder erwache, dämmert es bereits. Ich höre meine Mutter in der Küche hantieren. Sie deckt den Kaffeetisch und belegt die Brote für meinen Vater. Dann fällt die Wohnungstür ins Schloß. Von der Straße her vernehme ich das knautschende Geräusch sich entfernender Schritte im Schnee. Papa ist auf dem Weg ins Büro.

Leise betritt meine Mutter das Wohnzimmer, sieht – daß ich wach liege. ›Na, du bist ja auch schon munter‹, sagt sie. ›Dann können wir ja abbauen.‹

Sie rollt die Verdunkelungsrollos auf und schickt sich an, den Ofen wieder in Gang zu bringen. Der abends aufgelegte, fest in Zeitungspapier eingewickelte ›Eisenbahner‹ hat seine Pflicht getan. Sie rackelt die Asche durch das Rost, damit die schwache Glut Luft bekommt, legt einige Stücke Holz auf und schüttet Eierkohlen nach. Bald zeigt ein leises Bullern an, daß das Feuer neu erwacht ist. Rot leuchten die Flammen durch die Glimmerfenster der Ofentür.

Frühjahr 1943. Ein junger Bauer aus einer Randgemeinde kommt auf Urlaub nach Hause. Er zeigt ein Foto herum, auf dem er als Posten unter einem Galgen Wache steht, an dem drei Juden erhängt waren. »Sein Vater«, so erinnert sich Heini Ludewig, »wurde rot vor Erregung, zerriß das Foto in viele Stücke und knallte seinem Sohn kräftig durchs Gesicht. Dann sagte er: ›Du sollst Soldat sein und kein Henkersknecht! Und nun troll dich! Zieh wieder an die Front!‹ Er rollte am nächsten Tag wieder nach Osten, kehrte nie wieder zurück. Es kam nur ein Brief, in dem stand: ›Lieber Vater, du hast recht! Ich hoffe, daß ich eines Tages noch einmal die Heimat wiedersehe!‹«

Aus einem Brief vom 12. April 1943: »Das Wetter hier war einfach schlimm. Toller konnte es der April nicht meinen. Aber es wird trotzdem Frühling. Wenn man ihn nur richtig empfinden könnte vor lauter Kriegskümmernissen! Wie könnte es eigentlich bei uns und im großen Kreise schön sein, wenn wir den Krieg nicht hätten!«

Anmerkungen

1 Pseudonym auf Wunsch des Auskunft-Gebers.
2 Nicht identisch mit der heutigen, abwertenden Bedeutung des Wortes »Penner«. Damals: Ein Freiwilliger, der als »Ehren-Feldhüter« (so die heutige Bezeichnung) eingesetzt wird.

26. Juli bis 7. Oktober 1943 – »Das Maulwurf-Leben beginnt«

26. Juli 1943. Ein warmer, heller Sommertag. Familie S. aus Hannover besucht Verwandte in Rinteln. Gegen Mittag gehen alle in einem Waldstück spazieren.

»Als wir in die Nähe des Hotels ›Waldkaten‹ kommen, wird das Brummen in der Luft immer lauter. Von Westen kommen Flugzeuge heran, Bomber im Anflug auf Hannover. Sie malen ihre Kondensstreifen auf das Blau. Luftkämpfe.«

26. Juli 1943. Seit 1942 steckt Karl Lange in der Berufsausbildung. Heute ist sein erster Urlaubstag. Baden gehen steht auf dem Programm. Ins Fössebad. Ist ja nicht weit.

»Mein kleiner Bruder ist begeistert. Also geht's los, mit den üblichen Ermahnungen, vorsichtig zu sein. Dort angekommen, Badezeug hab ich schon an, jumpe ich mehr oder minder elegant ins Wasser. Noch beim Hineinspringen höre ich das Aufheulen von Hermann Görings Wunderhorn.

Es muß so etwas wie Vorahnungen geben. Ich komme sofort aus dem Wasser heraus und schnappe mir meinen Bruder. Wir laufen zu den Umkleidekabinen, ich trockne mich, so schnell es geht, ab, kleide mich an, ziehe meinem Bruder die Sachen an. Dann verlassen wir die Badeanstalt in affenartiger Geschwindigkeit. Das ist unser Glück!

Wir befinden uns auf einer kleinen Brücke, die das Rinnsal Fösse überspannt. Plötzlich höre ich einen oder mehrere schrille Pfeiftöne. Dann ein Geräusch, als wenn eine Jalousie heruntergelassen wird. Im nächsten Moment fliege ich mit meinem Bruder gegen einen Gartenzaun. Instinktiv schiebe ich den Kleinen unter mich. Dann erst wage ich einen Blick nach oben: Direkt über uns, da fliegen sie, die Amerikaner. Schwarz wie die Raben kommen wir zuhause an.«

26. Juli 1943. Am Vormittag fährt Marianne Bloser mit dem Zug von Uelzen nach Hannover. Ihre Familie ist dabei. Und ein großer Spankorb mit grünen Bohnen, Leberwurst und Mettwürsten. Man will zum Polterabend.

»Am späten Vormittag kommen wir auf dem Hauptbahnhof an. Zu Fuß gehen wir zum Hotel Luisenhof, wo wir einquartiert wurden. Unsere Zimmer liegen gegenüber dem Opernhaus.

Als wir uns frisch gemacht haben, ertönen plötzlich die Sirenen. Mein Mann schnappt sich gleich die Kinder, wir wollten ja eigentlich essen gehen. Er ruft: ›Komm du doch auch gleich!‹ – ›Ja, ich komme‹, antworte ich, ›aber ich muß mich doch erst noch kämmen!‹ Als ich das Treppenhaus runter gehe, rauschen schon die ersten Brandbomben durch den Schacht. Schließlich lande ich im Luftschutzkeller, wie alle Hotelgäste. Sehr komfortabel ist das nicht. Wir sind ziemlich nervös und ängstlich. Nach der Entwarnung sind wir noch mal nach oben. Während wir Koffer und Spankorb einsammeln, rennt mein Mann aus dem Hotel Richtung Opernhaus. Meine älteste Tochter schreit wie am Spieß. Doch er kann's nicht lassen: Er hat alles noch mal fotografiert.«

Im Gegensatz zu den ersten Kriegsjahren ist der Raum für private Anzeigen im »Kurier« wesentlich knapper geworden. Zwar gibt es die Filme fast noch alle: Der Polizeifunk meldet mit Lola Müthel; Der schwarze Korsar; Die Geliebte mit Willy Fritsch; Paradies der Junggesellen mit Heinz Rühmann; Hallo Janine mit Marika Rökk; Fräulein mit Ilse Werner; Robert und Bertram mit Rudi Godden; Im Namen des Volkes mit Rudolf Fernau; Die Frau ohne Vergangenheit mit Albrecht Schönhals.

Doch die Kinoanzeigen werden jetzt meist nur noch einspaltig eingerückt. Dafür machen die Heiratsgesuche den größten Teil des Anzeigenvolumens aus. Heiratsannoncen – und Anzeigen, in denen »Wachmänner« gesucht werden. Der Roman, der in diesen Tagen im »Kurier« abgedruckt wird, heißt »Außerdem liebte er sie«.

Die schwülstige Liebesgeschichte entspricht aufs Haar den Ersatzstoffen, die das Kinoangebot dieser Tage bestimmen. Sie entspricht aber auch den tatsächlichen emotionalen Mangelerscheinungen – ein wechselseitiger Bezug von Propaganda-Urheber und -Opfer.

Als die Sirenen vom Sommer 1943 an immer häufiger tönten, war »auch bei unseren Hausbewohnern Einsicht eingekehrt. Man ging in den Keller und verbrachte den Alarm nicht mehr, wie noch im Februar 1941, in der Küche«. Kurzum, das »Maulwurf-Leben« begann. Die Karte mit den Planquadraten (Hannover = »Gustav Ullrich 5«), nach denen der Weg der Bomberflotten bestimmt werden konnte, begann sich durchzusetzen. Das »Bunkergepäck« mit den wichtigsten Habseligkeiten lag stets griffbereit. Und wer zudem mit feuchten Tüchern zum Schutz der Atemwege in Keller oder Bunker anrückte, der wurde nicht mehr belächelt.

Die Luftschutz-Themen in den Zeitungen plazierten sich

Ende Juli 1943: Am Holzmarkt

immer dichter, immer hektischer. Propagandasprüche durchzogen die Spalten: »Pflege deine Volksgasmaske!« oder »Bereitsein ist alles!«. Auszug aus dem »Kurier« vom 1.7.1943:

»Nicht nur jedes dritte oder jedes zweite Haus muß sich zu einer vorbildlichen Abwehrbereitschaft zusammenschließen, sondern Haus für Haus muß in höchstem Maße gerüstet sein, damit eine lückenlose Abwehr wirkungsvoll eingreifen kann. Jedes Haus eine Festung im Kampf gegen den Britenterror – das ist die Forderung!« Die Zeitung zeigt Bilder, auf denen Kinder mit den Schildern »Mehr Sand!« und »Mehr Wasser!« paradieren.

Auszug aus dem Merkblatt »Was der Luftschutz von euch fordert«: »Die Brandmasse kann mit Wasser und Sand gelöscht werden, da beim Einschlag der Phosphorbombe die starke Feuererscheinung schnell nachläßt. Laßt den Mut nie sinken! Wenn ihr auf euch selbst vertraut und euch bewußt seid, daß einer für den anderen miteinstehen muß, dann werdet ihr gemeinsam der Schwierigkeiten Herr werden!«

Tatsächlich benötigten die Menschen in Hannover diese Aufforderungen gar nicht mehr – jedenfalls dann nicht, wenn sie, statt in den anoymen Bunkern, in Kellern sich verkrochen. Else Kümmerling erinnert sich:

»Mir passierte es infolge der Überbeanspruchung, daß ich im ersten Tiefschlaf die Sirenen nicht hörte. Ich bat darum meine Nachbarin, immer Sturm bei uns zu klingeln, wenn sie nicht hört, daß wir auf sind.

Einmal standen schon die berüchtigten Tannenbäume[1] über der Südstadt, da rannte alles halb angezogen in den Keller. In unserer Wohnung drehte der Hausluftschutzwart noch schnell die Sicherungen heraus, damit nicht noch irgendwelche Lampen brennen konnten. Unten im Keller bei der Prüfung – da fehlte mein Sohn Günther. Ich wollte sofort nach oben stürzen, aber man hielt mich fest. Denn unser Nachbarsjunge Oscar war schon auf dem Weg nach oben. ›Nein, wenn Oscar etwas passiert, es können doch jeden Moment die Bomben fallen, das geht nicht!‹, rief ich aus. Aber da kam er schon mit dem zornigen Günther an der Hand heruntergelaufen. Ich sagte: ›Kind, was machst du denn nur?‹ – ›Na‹, grollte Günther, ›wenn man mir das Licht ausdreht und ich nichts mehr sehen kann beim Anziehen!‹«

Und eine andere Frau berichtet: »Es gab wohl nie ein größeres Zusammengehörigkeitsgefühl als unter den Ausgebombten. Wo man ging und stand, tauschten wir nicht nur Schicksale aus, sondern auch, was wir an Lebensmitteln besaßen. Hatte einer ein Butterbrot, teilte er es mit den Nachbarn.«

Weniger Solidarität bekamen diejenigen zu spüren, die auf einen der Bunker angewiesen waren oder dorthin eilten, weil sie sich so einfach sicherer fühlten:

»Bei Fliegeralarm stürzten die Menschen wie die Wilden zum Bunker. Jeder wollte zuerst hinein. Es war immer ein schreckliches Geschubse. Mein Mann war schon eine Ecke

26. 7. 1943: Abgeschossener amerikanischer Bomber am Mecklenheider Forst

vor mir im Gedränge vor dem Bunker, als ein Baby aus der Luft direkt auf seinen Arm flog. Er war ganz erschüttert und rief mir zu: ›Oh, Schatz, ein Baby!‹ Ich rief ihm zu, er solle es beim Roten Kreuz im Bunker abgeben. Später haben wir uns erkundigt: Das Baby war wieder heil bei seiner Mutter gelandet.«

Die Mutter – »unter der Wolke des Todes« war sie für die Kinder ein unersetzlicher Hort des Durchhaltens und der Hoffnung. Ein Junge erinnert sich an Nachtstunden, irgendwann im zweiten Halbjahr 1943. Der Bericht wurde 1953 in dem Buch »Tod und Leben« zur zehnjährigen Wiederkehr des Datums von der Vernichtung Hannovers veröffentlicht.[2]

»Nacht. Ich liege im Bett. Ich habe Angst, auf irgendetwas lausche ich, und doch ist alles still. Kaum wage ich zu atmen, es ist mir, als klopfe etwas Furchtbares an die Türen, an die Fenster. Angestrengt blicke ich durch das offene Fenster hinaus. Zerrissene Wolken, unruhig wogende Bäume. Ich starre in eine Ecke des Zimmers, aber auch dort ist das Dunkel wie etwas Drohendes, das auf mich zustürzt.

Plötzlich, es wirkt wie Erlösung, heult es in die Nacht: die Sirene. Meiner Stimme nicht mehr mächtig, greife ich nach meinem Mantel, der neben mir liegt. Die Mutter reißt die Türe auf und ich stolpere hinaus, die Treppe hinunter. An den Wänden flammen Irrlichter auf. Mein Körper ist ganz das Gefäß meiner unfaßbaren Angst.

Ich habe den Keller erreicht, falle nieder auf mein Ruhebett. Ich höre der Mutter Stimme. Ich besinne mich. Ich sehe, daß ich nur im Schlafanzug bin und bekleide mich. Hier unten hören sich die Geräusche furchtbar an. Es ist, als brülle eine Stimme durch einen riesigen Trichter. Bei der Mutter will ich mich trösten. Sie sitzt da, vorgebeugt, jeden Augenblick bereit, auf mich zuzustürzen und mich mit ihrem Körper zu schützen. Meine Augen treffen auf ein schreckverzerrtes Gesicht.«

Manche haben weder Bunker noch Keller bevorzugt – sie konnten eine dritte Luftschutz-Lösung wählen. »Ich habe Glück gehabt, daß ich in meinem Garten mit unglaublichen Anstrengungen einen Spitzbunker mir hingestellt habe. Da gingen drei Personen rein. Einer davon war mein Freund, der immer wie ein Schatten neben mir war. In diesem Betonhütchen haben wir rund 100 Angriffe mitgemacht und überstanden.«

Helmut Pancke, der sich diesen Privatbunker in den Garten bauen konnte, war in Hannover Großhändler für Fahrräder. Sein Bericht von einem Geschäftsvorgang im Jahre 1943 setzt die früheren Auskünfte fort:

»Dann kam die Stunde, in der eine Schiffsladung Fahrräder ankam. Ich ging zur Gauleitung und die verwies mich an ein Büro in der Walderseestraße, das für Mittel- und Großbetriebe zuständig war, und zwar für Finanzierungen.

Da gab es einen Regierungsrat, der saß auf einem Holzstuhl, vor ihm stand eine Kiste und dann hatte er einige Papiere. Mit meinen Dokumenten hab ich ihm klar gemacht, was an Fahrrädern gekommen war und noch käme. Und ich habe gesagt: ›Ich muß das bezahlen!‹ Da stellte er mir einen Scheck über 500000 RM aus und betonte, ich müsse innerhalb von einem halben Jahr einen Verwendungsnachweis erstellen, dann würde das legitimiert. Ich bekam das Geld gewissermaßen als Notstandsdarlehen.«

Fahrräder und Drogeriewaren – für die konsum-orientierte Wirtschaft der Stadt waren dieses zwei Eckpfeiler des Geschäfts. Fahrräder, weil man sich auf andere Weise privat kaum noch fortbewegen konnte. Und Drogeriewaren, weil ein starker Tee oder ein Stück Seife fast schon zu den Seltenheiten zählten.

Dem Großhandel wuchs dadurch eine wichtige Drehscheiben-Funktion zu. Und wie Pancke seine Fahrrad-Importe finanziert bekam, so hatte auch das Drogeriehaus »Ereka«[3] schon bald nach der Zerstörung durch Bomben ein Ausweichquartier gefunden: Man verteilte sich auf mehrere Gaststätten im Raume Seelze, zentrale Expedition im Dorfkrug. Jeden Nachmittag verließ ein Lieferwagen den Ort, um die verschiedenen Stadtapotheken entsprechend den Bestellungen zu beliefern.

In den Drogerien und Apotheken selber beherrschte eine bunte Mischung aus Heil- und »Putz Mitteln« das Sortiment. Die Hitliste bei den Heilmitteln wurde angeführt von Borwasser für die Augen, dann folgten Vaseline, Baldrian, Arnika und Hoffmannstropfen. Sehr begehrt war auch Pfefferminztee, 50 Gramm pro Tüte. Und unter den »Putz-Mitteln«, da war ein Stift beliebt, nicht größer als der kleine Finger, der hieß »Khasana« – ein Lippenstift. Seine Benutzung wurde von den Nazis zwar verpönt, aber nicht verboten. Und dann die Salbe gegen Sommersprossen, Marke Dr. Elisabeth Frucht-Schwab. Die Werbung für diese Paste setzte auf den klassischen Vorher/Nachher-Effekt: Ein Frauengesicht mit, eins ohne Sommersprossen. Auf Bezugsschein gab's dunkelgrüne Toilettenseife.

Zum Standard-Repertoire, wenn gesungen wurde, gehörte dieses Lied – entnommen einem Schulheft: »Heilig Vaterland in Gefahren / Deine Söhne stehn, dich zu wahren / Von Gefahr umringt, heilig Vaterland / Schau, von Waffen blinkt, jede Hand !«

Freilich – in den Aulen der Schulen war strammer Gesang kaum noch zu hören. Die meisten Hallen waren für andere Aufgaben beschlagnahmt. Viele Klassen waren evakuiert. Und viele Schüler als Flakhelfer eingezogen. Der Unterricht selber, sofern er noch stattfand (»Heil Hitler bitte setzen«), wurde immer mehr zur Farce, schon durch den ständigen Alarm. Ursula Petzel berichtet für die Elisabeth-Granier-Schule (heute: Ricarda-Huch-Schule):

»Latein wurde, wenn auch mühsam, zunächst auch noch bei Hauptalarm im Keller erteilt. Als unmenschlich empfanden wir es jedoch, daß gelegentlich Lehrer den Versuch machten, Klassenarbeiten bei Hauptalarm im Klassenzimmer zu beenden, was wegen der groben Gefährdung der Schülerinnen verboten war. Dieses Problem löste sich aber dadurch, daß wir bei vorliegender Bescheinigung der Eltern bei Voralarm nach Hause gehen durften. Irgendwie fühlte man sich im elterlichen Keller heimischer als im Schulkeller und wollte wohl auch lieber mit den Angehörigen sterben als mit den Lehrern und Mitschülern.«

Anfang September 1943 entschloß sich die Schulleitung, drei Jahrgänge mit Lehrkräften nach Hannoversch-Münden zu evakuieren. »Für viele Eltern war es ein harter Entschluß. Aber als Kind hat man das alles nicht so empfunden. Mein Pummelchen guckte nach oben aus dem Rucksack. Als meine Mutter mich zum Bahnhof brachte, war mir so, als führe ich in die Ferien. In Hannoversch-Münden wurden wir in Privatquartieren untergebracht. Für unsere Eltern war das kostenlos. Unsere Schule lag im Kern der Stadt. Wir waren als Gäste im Gymnasium und hatten nachmittags Unterricht.

Wir bekamen alle Lebensmittelkarten für das Frühstück, das sich jeder selber fertigmachen mußte. Morgens waren wir zum Teil uns selbst überlassen. Um 12 Uhr traf man sich zum Mittagessen im ›Weißen Rössl‹. Dort auf dem Hinterhof hatten wir einen Raum, wo wir gemeinsame Mahlzeiten einnehmen konnten. Einige Mütter waren mit ihren Kindern mitgekommen und übernahmen die Essensausgabe.

Um 14 Uhr begann unser Unterricht. Wir hatten alle Fächer. Um 18 Uhr trafen wir uns wieder zum gemeinsamen Abendbrot. In unserer Freizeit versuchten alle Lehrkräfte, uns zu beschäftigen. So suchten wir gemeinsam mit viel Spaß Bucheckern in den großen Wäldern.

Jeden Mittwoch und Sonnabend wurde, wie auch schon in Hannover, Dienst abgehalten, denn wir waren ja alle im BDM. Wir nahmen das sehr ernst. Wir sangen, bastelten, trieben Sport und unternahmen große Wanderungen. Jede größere Wanderung mußte bei der Lagerleitung genehmigt werden.

Doch nicht immer waren wir folgsam. Einmal wurde eine Wanderung uns nicht erlaubt – wir liefen aber trotzdem los. Wir übernachteten im Stroh in einer Scheune. Gerade in dieser Nacht wurde Kassel bombardiert. Wir beobachteten das grausame Schauspiel von weitem, der Himmel war ein einziges Flammenmeer. Kleinlaut und sehr verängstigt wanderten wir am nächsten Tag zurück und steckten unsere wohlverdiente Strafpredigt ein!«

Und die Jungen, die Flakhelfer mit den ersten Bartstoppeln? Wie war ihre Einstellung zu dem neuen »Job«? Blieb überhaupt Zeit, darüber nachzudenken? Zwischen Grundausbildung und Latein-Pauken, zwischen dem heimlichen BBC-Hören und dem Ringe-an-die-Geschütze-Pinseln, ein Ring für jeden Abschuß. Ganz einfach: »Man empfand das als sinnvolle Tätigkeit. Wir waren der Auffassung, den Krieg müssen wir gewinnen. Da die Bomben auf uns schmissen, sagten wir uns: So nun auch nicht.« Grundstimmung: »Wir waren froh, daß wir endlich an der Kanone waren!« Dieselben Bengels, die im GOP der HJ-Streife entwischten. Die ihren »Hotkoffer« zu den »Privatbällen« mitschleppten. Oder die als Mitglieder der Schlangenhaus-Innung im Laden augenzwinkernd »Märkische Heide« verlangten und dafür Louis Armstrongs verbotenen Titel »Some of these days« erhielten.

Schon bald sollte diese »So nun auch nicht«-Einstellung der jungen Leute radikal überprüft werden. Batterie Langenhagen. Es ist die Nacht vom 27. auf den 28. September 1943.[4]

»Die Brandbomben sprühen hellauflodernd zum Himmel. Hunderte von ihnen müssen in unserer Stellung liegen. Und immer neue hageln nieder. Wir müssen uns gewaltig zusammennehmen, alles das darf uns nicht kümmern. Ein Gedanke beherrscht uns: Abdecken, schießen! Da geht der Strom aus. Geschütze auf Handbetrieb umstellen! Ist das eine Arbeit! ›Sperrfeuer mit Umwertung!‹ Aber wir kriegen keine Munition mehr heran. Die Russen machen nicht mehr mit. Da sind nur noch K 8, K 7 und K 9 zum Munitionstra-

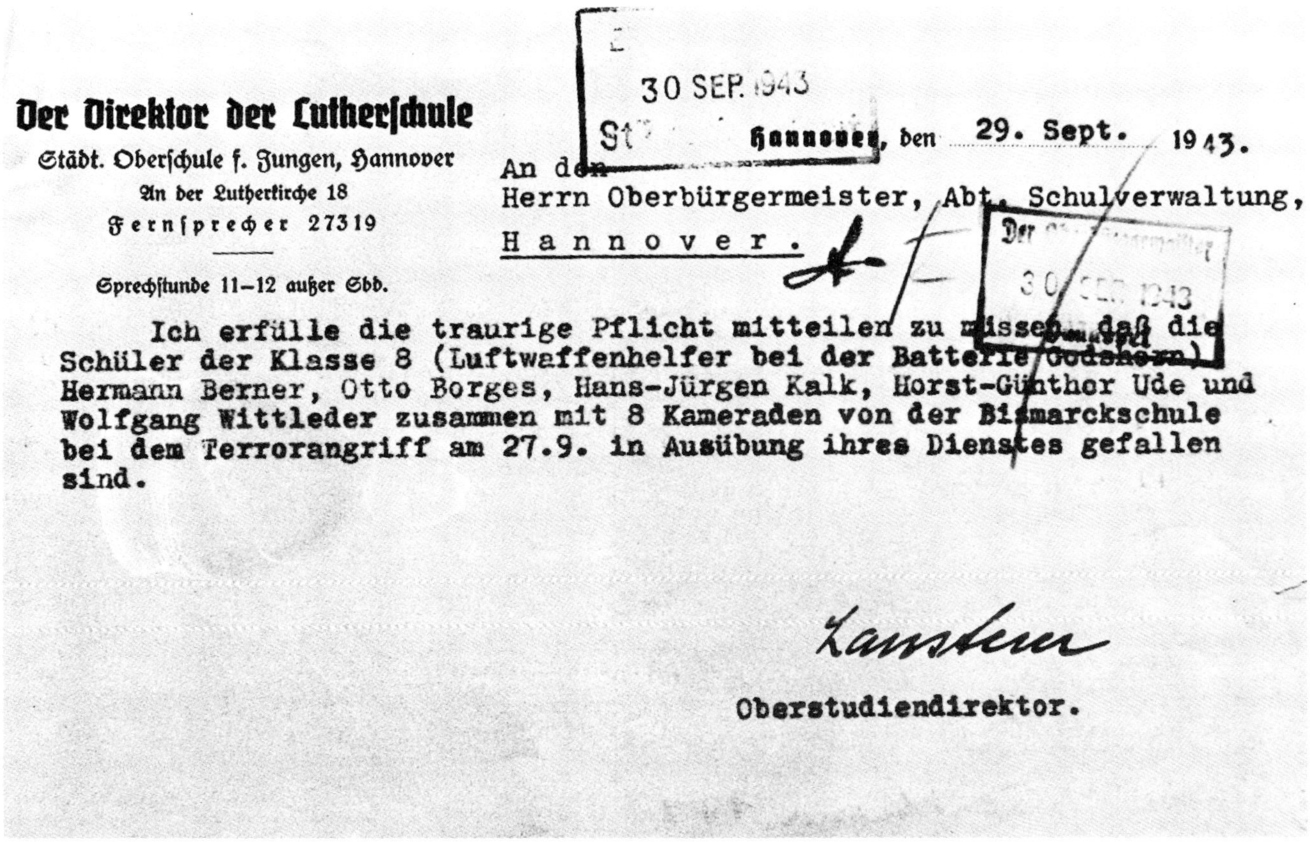
Der Direktor der Lutherschule
Städt. Oberschule f. Jungen, Hannover
An der Lutherkirche 18
Fernsprecher 27319
Sprechstunde 11–12 außer Sbd.

30 SEP. 1943

Hannover, den 29. Sept. 1943.

An den
Herrn Oberbürgermeister, Abt. Schulverwaltung,
Hannover.

30 SEP 1943

Ich erfülle die traurige Pflicht mitteilen zu müssen, daß die Schüler der Klasse 8 (Luftwaffenhelfer bei der Batterie Godshorn) Hermann Berner, Otto Borges, Hans-Jürgen Kalk, Horst-Günthor Ude und Wolfgang Wittleder zusammen mit 8 Kameraden von der Bismarckschule bei dem Terrorangriff am 27.9. in Ausübung ihres Dienstes gefallen sind.

Oberstudiendirektor.

Wenige Tage zuvor von Godshorn nach Langenhagen verlegt und dort gefallen

gen da. Sie müssen auch noch mit am Ansetzerseil ziehen, damit die Patrone ins Rohr geführt wird. Immerhin bekommen wir auf diese sehr mühevolle Art noch 5 Schuß heraus. Unser Geschütz ist jetzt das letzte der Batterie, das noch schießt.

Aber es hat keinen Zweck mehr. Wir haben ja auch keine Werte mehr und müßten höchstens frei Schnauze zielen. Das Höllenkonzert fallender Bomben dauert immer noch an. Splitter, Dreck und Funken fliegen über uns hinweg. Mein Gott, will das denn gar kein Ende nehmen? Wir spüren die Einschläge einiger besonders schwerer Bomben in nächster Nähe. Das muß in unserer Stellung gewesen sein! Dann das Kommando: ›Alle Mann zum Löschen!‹

Ich laufe, soweit ich das wegen des Übermantels vermag, zu den Baracken. Wo die anderen bleiben, weiß ich im Moment nicht. Ich sehe, wie die Dora-Baracke zu brennen beginnt. Ich schließe mich einem Feuerlöschtrupp an. Doch es ist aussichtslos, den Brand löschen zu wollen. Da kommt schon wieder ein neuer Befehl: ›Volltreffer in die B/I! Alle Mann dorthin zu Bergungsarbeiten!‹

An der B/I sieht es wüst aus. Mehrere schwere Bomben haben den Betonklotz in einen Trümmerhaufen verwandelt. An einigen Stellen steigt Rauch auf. Schreie Verwundeter dringen zu uns. An die Arbeit! Zuerst werden die oben liegenden Angehörigen der Bedienung des Kommandogeräts, die verwundet sind, geborgen. Sie werden auf einen Acker gelegt und in Decken eingewickelt. Einige von ihnen sind schon tot. Die Leute vom FMG sind verschüttet. Sie liegen nicht so tief und bald haben wir sie alle ausgebuddelt. Außer Busch, der tot ist, sind alle verwundet.

Aber wo sind die Umwerter? Sie müssen noch unter den Trümmern liegen. Wir suchen und ziehen zunächst die grausig zerfetzten Körper der Vermittler heraus. Einer lebt noch. Es liegen noch einige Arme, Beine und ein Kopf herum. Und es gehören schon starke Nerven dazu, die übriggebliebenen Fleischstücke, Uniformfetzen und Glieder zum Sammelplatz zu bringen.

Von fern dringt der Ton der Entwarnung an unser Ohr. Ein paar Mädchen vom Reuterdamm verteilen heißen Kaffee. Gegen vier Uhr findet in der Kantine ein Appell statt. Der Chef ruft die Namen auf. Die Hälfte der Batterieangehörigen ist nicht da.«

Flakhelfer Heinz Rohleder hat Glück gehabt. Der Herschelschüler war zunächst nach Langenhagen gekommen, dann aber nach Godshorn verlegt worden. Doch »unsere Parallelklasse, die blieb in Langenhagen. Ein Klassenkamerad von mir hatte seinen Bruder in dieser Parallelklasse. Ich mußte den Eltern dann beibringen, daß ihr Sohn gefallen ist. Die wohnten in der Südstadt. Ich klingelte unten. Je höher ich kam, desto lauter wurde das Weinen einer Frau: Die Mutter wußte es schon. Als sie mich dann auftauchen sah, schrie sie nur: ›Ist es wirklich wahr, ist es wirklich wahr?‹ Ich habe keinen Ton herausgebracht. Der Vater bebte am ganzen Körper. Trotzdem haben sie mich dann mit Zigaretten beschenkt. Die hab ich nachher verkauft.«

Gerit Hermeling wurde in dieser September-Nacht in ihrem Keller verschüttet. In einem Brief an ihre Schwiegermutter schildert sie wenige Tage später das Ereignis:

»Ich liege jetzt bei meinen Eltern zu Bett. Es war etwas zuviel, was ich erlebt habe. Wir waren sieben Personen im Keller. Viele haben starke Blutungen am Kopf; sie wurden von der Auffangstelle ins Krankenhaus gebracht. Ich selbst bin wie durch ein Wunder unverletzt. Hatte mich gleich nach der ersten Bombe auf den Steinboden gesetzt auf eine Wolldecke, weil mir schon durch den Luftdruck schwindlig wurde. Als unser Haus getroffen wurde, wurde ich in eine Ecke geschleudert. Als ich wieder zu mir kam, tat mir die Schädeldecke und das Rückgrat sehr weh und ich konnte kaum aufstehen. Habe mich auf herabgestürzte Steine gesetzt. Über meinen Körper hatte ich keine Gewalt mehr. Dann haben wir uns alle Tücher vor das Gesicht gebunden. Die Augenblicke dann waren fürchterlich. Mit einem Mal hörten die anderen Klopfzeichen. Da kam die Rettung. Durch ein kleines Loch wurden wir herausgeholt, erst durch den Sicherheitsdienst in einen anderen Luftschutzkeller gebracht und gleich darauf mit dem Sanitätsauto in die Auffangstelle gefahren. Dort blieb ich bis 7 Uhr, dann wurde ich zu meinen Eltern gefahren.«

Platzkarte

Herr / ~~Frau~~ / Frl. Frau Elly Blusch

Wohnung Gneisenaustr. 55 II.

ist berechtigt, im LS-Bunker ...

den Raum Nr. II mit ...... Kind ~~-ern~~ zu benutzen.

Hannover, den 5. X. 1943.

Der Polizeipräsident
als örtlicher Luftschutzleiter.
Im Auftrage: Meyer
(Unterschrift)
(Siegel)
Meyer, Meist. d. Schutzp.
E/0637

Am gleichen Tag noch, am 28. September, kam ihr Mann aus Bückeburg, wo er stationiert war, nach Hannover: »Bomben-Urlaub«. Da ist der Verschüttungs-Schock schon fast überwunden: »Vorläufig arbeite ich auch nicht, da Willi drei Wochen Urlaub hat. Willi und ich sind so gefaßt, daß wir beide Hand in Hand alles in den späteren Zeiten wieder aufbauen werden. Hoffentlich reißt uns der Krieg nicht auseinander!«

Erste Überlegung: Was ist noch zu retten, was könnte in dem Schutthaufen noch drinstecken? Zunächst sah's deprimierend aus: »Unsere Sachen sind überhaupt nicht zu entdecken. Besonders übel war die Tatsache, daß der Mittelgang zum Keller eingebrochen war und wir befürchten mußten, daß alle Sachen, die wir unten sichergestellt hatten, zerstört waren!«

Dann jedoch ... »fand ich vom Nebenhaus aus, daß aus dem Kellerdurchbruch die Steine herausgefallen waren. Ich leuchtete vom Nebenkeller in das Loch hinein und plötzlich sah ich die vertrauten Dinge in unserem Keller«.

Sogleich begannen die Ausgrabungen. »Ich kam mir vor wie der alte Schliemann. Teilnehmer: Zunächst ich, dann die Kaufholzens, die über uns wohnten, dann die Hauswirtin. Als Hilfskräfte erschienen SA-Leute, Militär, Handwerkertrupps, einige Leute vom W + E, Badoglios, Hitlerjugend. Diese Hilfstruppen waren allerdings nur sporadisch anwesend.

Also, oben lag das Dach, allerdings umgedreht, so daß Balken auf Balken abgeschlagen werden mußten. Die Steine türmten sich allmählich auf Straßen und Garten zu Bergen. Langsam drangen wir in die oberste Wohnschicht ein. So begann die Bergung des Kaufholzschen Haushalts. Die Möbel waren meist zusammengedrückt, aber Teppiche, Läufer, Matratzen waren noch zu retten. In den ersten Tagen war nicht ein Stück von uns zu sehen, aber dann kam langsam der ganze Haushalt zutage. Restlos kaputt waren die Gardinen, sämtliches Geschirr, Vasen, sämtliche Möbel und Lampen. Sodann konnte ich alles aus dem Keller bergen. Da befand sich der alte Kleiderschrank von Großmutter mit viel Garderobe und Wäsche und Schuhen, das gute Geschirr, der Kinoprojektor, die Schreibmaschine, die Fahrräder, sämtliches Eingemachte, der Wein, einige Säcke mit Koks, einige Koffer mit Fotosachen.«

Mit der Bergung dieser Habseligkeiten ging ein anderer, glücklicher Zufall einher: Die Wohnung der Schwiegermutter hatte den Angriff überlebt! Gerit Hermeling und ihr Mann Willi konnten dorthin ausweichen: »Wir haben jetzt zunächst einmal deine Wohnung beschlagnahmt. Wenn wir auch die Sachen verloren haben, so haben wir doch unsere Gesundheit und unseren Mut behalten.«

Apropos »Bomben-Urlaub«. Er wurde meist so prompt gewährt, daß man auch manchmal mit-durchschlüpfen konnte, obwohl der Urlaub einem formal gar nicht zustand. Heinrich Feesche machte das so: »Ich hatte meinen Angehörigen gesagt, ich würde mich nie erschrecken, wenn sie einmal telegrafisch Sonderurlaub wegen Bombenschaden beantragen würden. In der Nacht zum 28. September fiel in den Chor der Aegidienkirche eine Luftmine, die in der näheren Umgebung erhebliche Verwüstungen anrichtete, auch in unserem Haus am Georgsplatz – aber meine Wohnung in der Adelheidstraße blieb unberührt. Das benachbarte Polizeirevier deklarierte diesen Schaden am Georgsplatz freundlicherweise als schweren Bombenschaden der Klasse B, bestätigte das telegrafisch an mein Ersatzbatallion und verschaffte mir so 18 Tage Sonderurlaub.«

Nach der Angriffsnacht kursierte in Hannover dieses Lied, zu singen nach der Melodie von »Nordseewellen«; erste Strophe: »Wo vor vielen Tagen Cafe Kröpcke stand / Wo der halbe Marktkirchturm leuchtet weit ins Land / Wo die Flammen schlagen aus dem Opernhaus / Da ist meine Heimat, da bin ich zuhaus!«

Es kennzeichnet recht genau die merkwürdig gemischte Stimmung, die über der Stadt am Vorabend ihrer definitiven Zerstörung lastete: Eine Mischung aus Trotz, Anhänglichkeit, Überlebenswillen und Motzerei.

Knochenhauerstraße, Oktober 1943: »Wer plündert, wird mit dem Tode bestraft«

8./9. Oktober 1943 – »Nicht wiederzuerkennen«

Der 8. Oktober ist ein »schöner, sonnenklarer Herbsttag, so recht dazu geschaffen, die letzten Birnen und Äpfel im Garten zu ernten«. Am Nachmittag macht sich Gertrud Jänecke fein, zieht sich ihre hochhackigen Schuhe an und stökkelt dann, wie so oft zuvor, ins Schauspielhaus, zu ihrem »Blauen Strohhut«, so heißt das Stück.[5] Gegen 20 Uhr tritt sie ihre Nachtschicht in der Polizeidienststelle an. Der Mann einer Kollegin war plötzlich auf Heimaturlaub gekommen und so springt sie ein.

Um diese Zeit ist in den meisten Familien der Abendbrottisch bereits wieder abgeräumt. »Da man immer mit Alarm rechnen mußte, war zeitiges Zubettgehen ratsam.« Wer sich noch nicht um Schlaf bemüht, hat das Radio angestellt, nach einem Blick auf die mit Löschwasser gefüllte Badewanne und die Tüten mit Sand vor der Etagentür. Manche spielen Skat, andere »Fang den Hut«.

Bevor Heinrich Feesche, der als Soldat auf Bombenurlaub in der Stadt weilt, zu Bett geht, hört er noch einmal die Luftlage ab. Der Nebenanschluß zu seiner Wohnung ist durch einen Fehler in der Zentrale mit dem Telefonnetz der Flak gekoppelt. Obwohl er diesen Umstand gemeldet hatte, »war es wegen Personalmangel nicht möglich, der Sache nachzugehen«. Um 21 Uhr erregen seine Informationen noch keine »ernsten Befürchtungen«.

Währenddessen sitzt Helmut Pancke in einem Zug, der aus Holland Richtung Heimat dampft. Er hat ein paar Tage Urlaub erhalten, weil sein Betrieb, der Fahrrad-Großhandel, telefonisch »Notstand« signalisiert hatte. In der Gegend von Osnabrück beginnt das Rollen der Bombergeschwader, die von Westen her einfliegen, das Rattern des Zuges zu übertönen. Alle Lichter sind abgeblendet, immer wieder wird auf offener Strecke gehalten.

Über Hannover liegt derweil bleierne Ruhe, erwartungsvoll. Die meisten Straßen sind wie leergefegt, alle Häuser dunkel. Ein fahler Mond steht über den Fachwerk-Giebeln; sein blaues Licht bricht sich in den Ruinen von Marktkirche, Opernhaus und Leineschloß.

Nur auf dem Bahnhof brodelt es. Von einer Dichterlesung in Bückeburg kommend, trifft dort der Schriftsteller Eugen Roth[6] ein, um in den D-Zug Richtung München umzusteigen. Er bemerkt »Ströme von Gestalten aller Art, die sich begegnen, ineinander verkeilen, immer die einen begierig, dorthin zu kommen, wo die anderen herkamen. Dazwischen stehen andere Gruppen, (...), teilnahmslos Geduldige auf Bündeln und Koffern, Mütter mit weinenden Kindern, Hamsterer, ängstlich über pralle Säcke spähend , Geschäftsreisende, Soldaten mit Waffen und schwerem Gepäck, Feldpolizisten, die das Gewühl durchkämmen und plötzlich wird eine Kette von Fahnenflüchtigen vorübergezerrt, Hand an Hand gefesselt«.

Kurz nach Mitternacht. Um 0.14 Uhr wird Voralarm ausgelöst: Durchdringend heult das Sirenensignal über die Stadt hinweg. Karl Lange bleibt mit einigen Jungen seines Alters auf der Straße. Voralarm ist schließlich noch kein Vollalarm. So hatten sie es oft genug erfahren, so denken sie auch jetzt. Lange unterhält sich mit einem Freund, der als Fallschirmjäger in Italien zur Zeit auf Heimaturlaub ist. Um 0.34 Uhr gehen die Sirenen erneut auf: Vollalarm, Fliegeralarm! Als die Sirenen verstummen, hören die beiden ein Flugzeuggeräusch. »Das ist ein deutscher Nachtjäger!« behauptet der Soldat, und der muß sich wohl auskennen. »Oh«, ruft er erstaunt, »jetzt höre ich mehrere Tommys!«

Kurz nach ein Uhr morgens. Eugen Roth ist inzwischen in Lehrte eingetroffen. Von dort, so hatte er im Hauptbahnhof erfahren, wird sein Zug nach München gehen. Doch, »daß hier ein Zug kommen soll, wird zu glauben mir von Viertelstunde zu Viertelstunde schwerer. Die Zeit ist um, die Minuten dehnen sich: Kein Fahrdienstleiter erscheint, kein Signal ist zu sehen. Und dann hört das lauschend angespannte Ohr doch das dumpfe Rauschen, ein Laternenschwenker taucht aus dem Nichts, riesig schiebt sich die Maschine heran. Mein Schnellzug hält, hält für den einzigen Fahrgast von Lehrte, von Hannover«.

Der Schlafwagenschaffner prüft freundlich seine Fahrkarten, weist ihm ein Bett an, fragt dann wie er seit eh und je die Reisenden fragt, ob sie noch einen Sprudel wünschen. »Ja, bittschön!« Selten hat ein kühler Trunk dem Schriftsteller so wohlgetan. In diesem Moment schwillt das Gedröhn der Flugzeuge an. Flakscheinwerfer fingern über den Nachthimmel. Grellweiße »Tannenbäume«, dann auch rote und grüne Leuchtkugeln, Zielmarkierer für die Britischen Bomber, schweben über der Stadt. Die Abschüsse der Batterien werden immer lauter.

Roth ist aufgesprungen. In Hemd und Unterhose steht er am Fenster, neben dem schweigenden Schaffner. Sie starren in das beginnende Inferno – »aber der Zug fährt und fährt«.

27 Minuten nach eins. DRK-Helferin Helene Turnier schließt die Stahltür des Bahnhofsbunkers, da schlägt die erste Bombe ein. Nach kurzer Pause weitere Erschütterungen, das Licht flackert und erlischt. Rauch beginnt in die Sektionen zu sickern, in denen sich insgesamt etwa 8000 Menschen aufhalten. Der Bahnhof brennt! In den Katakomben hören sie das Zusammenkrachen des Gebäudes. Die ersten Rauchvergiftungen, Herzkrämpfe, Ohnmachten. Im Schein ihrer Taschenlampen huschen die Helferinnen zwischen den nach Luft Schnappenden hin und her.

Eine Phosphorbombe setzt die Aula des Kaiser-Wilhelm-Gymnasiums in Flammen. Grünliches Feuer schwappt über die Abiturientenakten der Jahrgänge 1879 bis 1943. Auch die Bibliothek der Schule, die erst vor kurzem durch einen Zukauf vergrößert worden war, verbrennt.

Betont lässig und gleichgültig, wie es sich für einen Frontsoldaten gehört, ist Heinrich Feesche in den Keller gekommen, nur mit Uniformhose und Nachthemd bekleidet, die Zigarrenkiste unter dem Arm. Solange es der Lärm zuläßt, bespricht er mit den Nachbarn die Lage. In der Ecke sitzt, wie immer, das Fräulein Kaminski. Sie schreibt die Hundesteuer-Heberolle ab, »damit diese, für den Fall, das das Rathaus vernichtet wird, erhalten bleibt«. Kurze, scharfe Pfiffe der Sprengbomben und dumpfes Orgeln der Luftminen zeigen Einschläge in nächster Nähe an. Als man sich in einer Pause aus dem Keller traut, wird deutlich: Alle Fenster, fast alle Türen sind durch den Luftdruck heraus; die Dachziegel

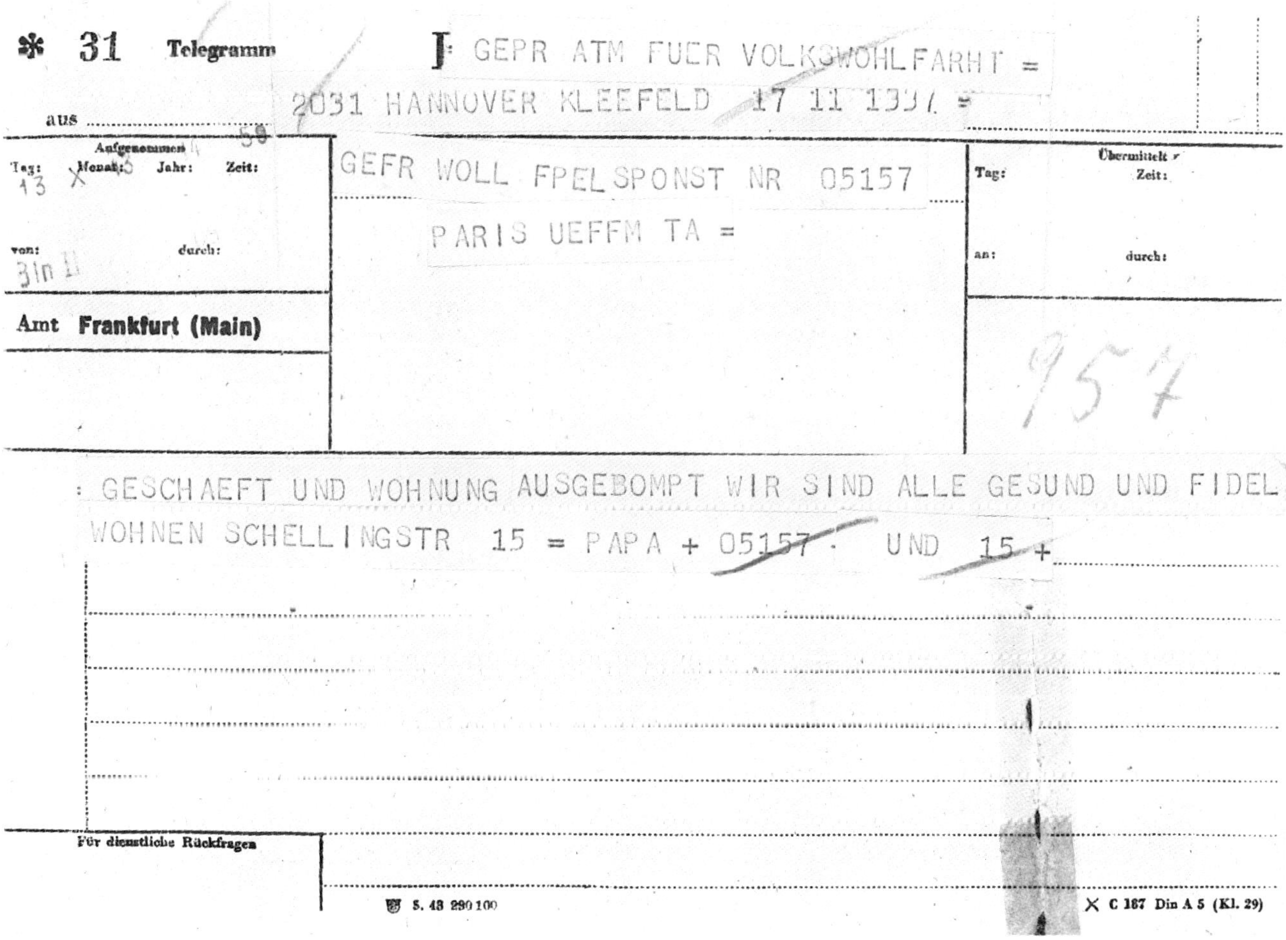

* 31 Telegramm
J: GEPR ATM FUER VOLKSWOHLFARHT =
2031 HANNOVER KLEEFELD 17 11 1337 =
aus
Aufgenommen
Tag: Monat: Jahr: Zeit:
13 X
von: durch:
3 In II
Amt Frankfurt (Main)
GEFR WOLL FPELSPONST NR 05157
PARIS UEFFM TA =
Übermittelt
Tag: Zeit:
an: durch:
957
GESCHAEFT UND WOHNUNG AUSGEBOMPT WIR SIND ALLE GESUND UND FIDEL
WOHNEN SCHELLINGSTR 15 = PAPA + 05157 UND 15 +
Für dienstliche Rückfragen
S. 43 280 100
C 167 Din A 5 (Kl. 29)

abgedeckt, die Sparren vom Ruß, der aus dem Schornstein fuhr, als die Mine nahebei detonierte, verschmiert; auf dem Boden lodert ein mittelgroßer Brandherd, im ersten Obergeschoß flackern kleinere. Löschen!

Der Wasserhahn gibt nur ein schwaches Gurgeln von sich. Alle sind auf die große Zinkbadewanne angewiesen, die im Flur des Dachgeschosses, seit 1941 mit Wasser gefüllt, auf ihren Einsatz wartet. Durch die leeren Fensterhöhlen stieben Funken in die Wohnungen: Glühende Holzkohle, brennende Papiere, schwelende Lumpen. Während die Männer Brandherde und Funkenflug bekämpfen, Gardinen abreißen und ein kokelndes Sofa aus dem Fenster kippen, beginnen die Frauen, die notwendigsten Habseligkeiten im Garten zusammenzutragen.

Andere Häuser sind bereits zusammengestürzt. Noch hocken in den Kellern darunter die Menschen. Durch die zertrümmerten Luken dringt der Feuerschein. Teile der Kellerdecken sind heruntergekommen. In den Kehlen und Augen hängt der Mörtelstaub. Bei jedem neuen Einschlag schwingen die Wände, tanzt die Ruine. Viele beten, haben sich angefaßt; manche schreien hysterisch »Macht doch die Türen zu!« Es gibt keine Türen mehr. In der Ecke eines Luftschutzkellers liegt ein Kind, in Decken gewickelt, in einen Lehnstuhl gelegt, ein feuchtes Tuch und die Gasmaske gegen den Rauch vor dem kleinen Gesicht. Die Erwachsenen sind nicht mehr da. Sie kämpfen um ihr Haus, buddeln Brandbomben aus den Zwischendecken aus, schütten sie mit Sand zu. Da stürzt die Mutter die Kellertreppe hinab, reißt die Tür auf – und bleibt wie angewurzelt stehen: Aus der Ecke kommt, verzerrt durch die Gasmaske, aber doch vertraut, die Stimme des Kindes. »Ihr Kinderlein kommet«, singt das Stimmchen und, ohne daß eine Pause entsteht, als die Strophe zuende ist, »Alle Vögel sind schon da!«

Stabbrandbomben und Phosphor plattern auch auf die Kuppel des Neuen Rathauses. Sie durchschlagen den Kupferbelag. Das Gebälk darunter beginnt zu glimmen. Männer der Turmwache seilen sich an und werden von oben zu den gefährdeten Stellen herabgelassen. In ihrem Rücken spüren sie den Hitzesog des Feuersturms; dennoch gelingt es ihnen, den Brand an der Kuppel im Keim zu ersticken.

Viele Keller sind jetzt nicht mehr zu halten. Die Glut kommt herunter, der Inhalt von Einmachgläsern beginnt, Blasen zu werfen. Raus, schnell raus!

Durch den Mauerdurchbruch in den nächsten Keller, von dort durch das Fenster über Steine und Balken in den Hof. Der Rauch ist so stark, daß man seinen Vordermann nicht sehen kann. Durch Rufen findet die Familie zusammen. Mit nassen Tüchern werden Augen und Nase bedeckt. Ein Sauerkrauttopf voll Wasser, zufällig neben dem Birnbaum im Hof, rettet alle vor unsäglicher Hitze. Die bringt sogar einen Gebirgsenzian zum Blühen, der sich seit Jahren wegen des kühlen Klimas nicht entfaltet hatte.

Raus – auch aus dem Keller unter dem UFA-Palast (an der Stelle des heutigen Theaters am Aegi – d. Verf.). Eine Mutter mit sechs Kindern, alles Bengel, hat hier Zuflucht gesucht. Das Licht war gleich ausgegangen, jetzt dringt der Qualm durch die Gänge. Plötzlich steht oben, wo die Stufen herunterführen, ein Mann im fahlen Widerschein. »Über uns brennt alles, rette sich, wer kann«, schreit er in den Niedergang.

Gertrud Jäneckes Polizeidienststelle in der Prinzenstraße steht ebenfalls in Flammen. Noch immer hat sie die hochhackigen Schuhe vom »Blauen Strohhut« an. Jetzt soll sie damit unter einer angefeuchteten Decke zum Maschsee laufen. Das Wasser macht die Wolldecke schwer – sie ist das erste, was Gertrud Jänecke verliert. Als nächstes bleibt ein Schuh in den Straßenbahnschienen hängen. Am Aegi wirbeln glühende Poststücke umher. Durch die Flammen, so scheint es ihr, kommt »ein Riese von Mann« auf sie zu. An sein Koppel geklammert, erreicht sie mit einigen anderen Menschen den Friedrichswall. Das Rathaus ist nahe, eine kleine Tür. Sie geht hinein und traut ihren Augen nicht: Da steht ein Luftschutzbett! Sie muß wohl geschlafen haben, als sie Stimmen hört und erschreckt hochfährt: Der Phosphor an ihren Schuhen hat zu brennen begonnen. Da hetzt sie weiter und landet auf der Treppe des Provinzialmuseums (heute Landesmuseum). Ein alter Herr mit einer Katze im Korb schenkt ihr einen Bonbon.

In der ganzen Stadt sind die Plätze und Rasenstücke überfüllt. Die Südstadt trifft sich auf dem Stephans- und auf dem Karl-Peters-Platz. Unbekannte Menschen fallen sich in die Arme.

Heinrich Feesche beschließt, sich zum Georgsplatz durchzuschlagen. Bis zur Hildesheimer Straße kommt er von der Südstadt her gut voran. Vor der Stadtbibliothek versperrt ihm ein Flammenmeer den Weg. In einem Kübelwagen der Flak schafft er es schließlich bis zum Aegi. Georgsplatz 13, das Haus seiner Familie, liegt unberührt da.

Im Flur stolpert er über Berge von Betten. Die Wohnung seiner Mutter! Im Salon steht eine elegante, weiße Clivia

Lebenszeichen von Hausbewohnern in der Calenberger Straße

und darunter liegt eine schwelende, übel riechende Masse. Ein Mensch? Ein straff zusammengewickeltes Oberbett. Was soll er bergen? Bücher, Bilder, Familienpapiere waren rechtzeitig verlagert worden. Auch die Geschäftsbücher aus den Räumen im ersten Stock scheinen sicher untergebracht zu sein. So rettet er das, was für einen Buchhändler das Wichtigste ist – die Bibliographien. Auf dem Rasen des Georgsplatzes lagern schließlich die Bände der Jahrgänge 1925 bis 1940. Nur, wo sind die Angehörigen? Ein Löschpolizist weiß, daß »alle Zivilpersonen« zur Masch evakuiert wurden. Feesche holt sich vom Hof ein Damenfahrrad, die Decken angekokelt und die Schläuche ohne Luft. Am Aegi unter der Normaluhr findet er einen Einbeinigen, der nicht mehr weiterkann, den lädt er auf den Gepäckträger. Gegen vier Uhr morgens treffen die beiden am Ufer des Maschsees ein.

Hierher sind die meisten Menschen aus der brennenden Innenstadt geflüchtet. Zehntausende lagern hinter dem Rathaus, auf den Freiflächen um den Gaubefehlsstand (auf dem heutigen Schützenplatz-Gelände – d. Verf.) und an den Ufern der Wasserläufe. Dort ganz besonders, denn Wasser verheißt Schutz vor den Flammen und Kühlung der Augen, die viele, von Hitze und Mörtelstaub verklebt, nur unter großen Schmerzen noch öffnen können. Die Auffangstellen halten Borwasser und Biseptol zur Behandlung bereit, manch einer besitzt auch eine Schutzbrille – nur, in diesem Moment der Flucht denkt niemand an solche Linderungen.

Am Maschsee hebt sich als erstes die Nacht ein wenig, die diesen dunklen Tag – so hieß der Film im »Gloria-Palast«, der dort am 8. Oktober gezeigt wurde – bestimmen sollte. Schwarzgelb steht eine Rauchwand über den Bombardierungsflächen. Die Brände dahinter sind vom Wasser her

Kochstelle auf dem Hof Bischofsholer Damm 26

Hannoveraner herhören!

Es ist eine Erfahrungstatsache, dass der Feind nach schweren Luftangriffen auf deutsche Städte und Dörfer durch üble Brunnenvergiftung die unerschütterliche Standhaftigkeit der Bevölkerung zu untergraben versucht. Englische und bolschewistische Sender sowie Agenten setzen Gerüchte und Verleumdungen in Umlauf, um uns knieweich zu machen. Dem müssen wir mit aller Geschlossenheit und Entschiedenheit entgegentreten.

Es gilt gerade jetzt, eine verſchworene Gemeinſchaft zu ſein und über alle Nöte zu bleiben

Nur so überwinden wir die Schwierigkeiten des Krieges und schaffen die Voraussetzungen zum Sieg.

Daher verpflichte und ermächtige ich alle Volksgenossen, Gerüchtemacher und Gerüchteverbreiter vorläufig festzunehmen und dem nächsten Polizeibeamten bzw. einer Dienststelle der Partei oder des Staates zu übergeben. Soweit dies nicht möglich ist, sind Anschriften mit Sachverhalt zu melden.

Wer dies nicht tut, macht sich mitschuldig und wird entsprechend behandelt.

Hannover, den 14. Oktober 1943

Lauterbacher
Gauleiter und Reichsverteidigungskommiſſar

Waisenhaus Buchdruckerei Braunschweig

kaum zu erkennen. Auch der Geruch von Lumpen und verbranntem Fleisch ist hier nicht so penetrant wie in der Innenstadt, wo er sich tagelang nicht verflüchtigt. Auf Kindergröße geschrumpfte Leichen, verkohlt, verstümmelt, liegen dort auf den wenigen von Schutt freien Flächen.

Gertrud Jänecke, die sich vom Provinzialmuseum inzwischen zur Südstadt durchgeschlagen hat, ist jetzt wieder auf dem Weg zur Masch. Vorbei an halbierten Häusern, in denen noch die Wohnzimmerlampe schaukelt, die Treppengeländer rot-golden glühen, die zerrissenen Gasleitungen bläulich fauchen. Am Altenbekener Damm wird sie zu einem Schluck Rotwein eingeladen. Irgendwer drückt ihr zum Wasserglas mit Wein ein Brot mit Rübensaft in die Hand.

Am Ufer des Maschsees schlafen erschöpfte Menschen in mit Strohballen ausgefüllten Bombentrichtern. Pantoffel liegen herum. Endlich, fast an der Säule mit dem Fackelträger, sichtet sie im Gewühl ihre Mutter und ihre Schwester. Die Mutter, zerbeulter Hut auf dem Kopf, schwenkt die Rotkreuz-Tasche, in der sich ihr Lieblingsparfüm, einige Stücke Seife und eine Dose mit Bohnenkaffee befinden. Jetzt erst sieht sie auch in ihre eigene Bindfadentasche: Gertrud Jänecke hat eine Tüte Tomaten, einen Kleiderbügel und das Etui mit Ausweisen bei sich. Ihre Wohnung, so hört sie, ist total zerstört. Der Vater kam beim Marsch durch den Feuersturm, als die Stichflammen bis in die Mitte der Strassen schlugen, abhanden.

In der Nähe der Ihme brennt das Dachgestühl eines großen Hauses. Auch die Gardinen der Obergeschosse haben schon Feuer gefangen. Unten geht die Haustür auf. Ein Mann mit zwei Koffern kommt heraus. Er bleibt einen Moment stehen, schaut nach oben und ruft: »Karin, komm schnell runter, ich hab schon die Koffer aus dem Keller! Karin, wo bleibst du?« In der zweiten Etage geht ein Fenster auf und er hört seine Frau rufen: »Ich kann nicht, das Treppenhaus brennt!« In diesem Moment bricht oben vom Dach eine ganze Front des Mauerwerks ab. Balken und Steine rauschen auf die Straße. Sie begraben den Mann mit den zwei Koffern, meterhoch.

Zwischen vier und fünf Uhr morgens fährt ein Zug aus Holland in Hameln ein. Helmut Pancke steigt aus und geht zum Schaffner: »Was ist los, warum halten wir hier, wann kommen wir nach Hannover?« Antwort: »Das kann ich Ihnen nicht sagen. Wir werden aber umgeleitet!«

Tatsächlich geht die Fahrt noch weiter. 40 Minuten später schieben sich die Wagen in den Lindener Bahnhof Fischerhof. Der Himmel ist pechschwarz. Pancke schnappt sich seinen Koffer und macht sich zu Fuß Richtung Rathaus auf den Weg. Auf Höhe der Maschsee-Gaststätten sind Tische aufgedeckt, Kaffee und Brötchen werden ausgeteilt. Menschen mit herunterhängenden Haaren, rußverschmierten Gesichtern, Brandflecken in der Kleidung, hauptsächlich Frauen und Kinder, werden von Helfern des Roten Kreuzes und der Technischen Nothilfe versorgt.

Drei Anlaufpunkte hat Pancke in Hannover: Seine Wohnung in der Bödeckerstrasse (steht noch), sein Geschäftshaus in der Marienstrasse (das Vorderhaus völlig runter, auf dem Sockel des früheren Büros Hirout ein Geldschrank, unversehrt) und der Betrieb in der Dietrichstrasse (brennt lichterloh). Während er von Steinhaufen zu Steinhaufen wandert, gehen ihm diese Gedanken im Kopf herum: Gott sei Dank, daß Frau und Kinder im Deister ... nach diesem Angriff ist der Krieg verloren ... ich muß ein Notstandsbüro einrichten!

Kirchrode. In der Nacht sah man die Stadt brennen; am Morgen ist man sehr früh auf. Gruppenweise zuckeln die Menschen aus der Eilenriede hervor. Am Vormittag erscheinen bei den Eltern von Elisabeth Piper die Verwandten aus der Bürgermeister-Fink-Straße mit Kisten, Koffern und einem kleinen Wägelchen. Ganz klar: »Ihr bleibt bei uns!« Schon gegen Mittag kehrt die ganze Familie in die verwüstete Südstadt zurück – zum Buddeln. Man hat sich Butterbrote eingesteckt, auch »Jungmädchen« Elisabeth. Als sie in einer Pause das Brotpapier wegwirft, ermahnt sie ihr Onkel: »Heb bitte das Papier auf!« Ganz traurig: »Wenn schon alles zerstört ist, müssen wir nicht auch noch etwas hinzufügen!« Da sieht sie plötzlich, daß dieses ja immer noch der Garten ist, obwohl die Rotbuche angesengt und das Haus zerstört wurde. Voller Scham hebt sie das Butterbrotpapier auf.

Mittag am Maschsee-Nordufer. Tausende von Menschen erklimmen die Ladeflächen von Lastwagen, die dort eintreffen. Sie werden evakuiert. Nach Hildesheim, so hören sie, soll es gehen. Viele haben nur das gerettet, was sie am Leibe tragen, manche schleppen ihr Bunkergepäck mit sich herum. Der Fahrtwind kühlt ihre Abschürfungen und Brandwunden.

Am späten Nachmittag ist auch Gertrud Jänecke mit Mutter und Schwester in Hildesheim. Dort quetschen sie sich mit wimmernden, stinkenden Menschen in einem Zug. Im Dunkeln hält er schließlich, irgendwo. Das abgeplatzte

Emailleschild läßt »Alm ...« erkennen. Almstedt-Segeste, ein kleiner Ort hinter Hildesheim. Die Bauersfrauen warten schon mit feuchten Tüchern.

Auch Heinrich Feesche hat einen Teil seiner Familie wiedergefunden. Die Frauen sind von der Masch, wohin sie in der Tat evakuiert worden waren, in die Innenstadt zurückgekehrt. Entlang der Hildesheimer Straße dringt die Familie, über Verkohlte, über Balken und Straßenbahndrähte stolpernd, bis zum Altenbekener Damm vor. Unter den Mauern der Brauerei steht ein Bauer aus Neustadt mit seinem Lieferwagen voller Kartoffeln. Sie riechen schön erdig nach all dem Gestank. Ein Dutzend anderer Ausgebombter bettet sich ebenfalls auf die Knollen. Dann geht es nach Wunstorf. Am späten Abend schließlich erreicht Heinrich Feesche seine Schwiegereltern in der Nähe von Bad Oeynhausen.

In der zweiten Hälfte des 9. Oktober lastet über Hannover wieder eine bleierne Stimmung, niedergeschlagen. Am Nachmittag hatte es erneut Alarm gegeben: Zehn Flaksalven (die Sirenen blieben mundtot) und fünf zur Entwarnung. Doch im Gegensatz zum Vorabend sind die Straßen belebt. Wie unter Hypnose hasten die Menschen durcheinander. Sie malen mit Kreide ihren Verbleib an die Ruinen. Viele ziehen kleine Bollerwagen hinter sich her, auf denen sie ihre Habseligkeiten verstaut haben. Wo immer sich ein Lastwagen zeigt, rufen hundert Stimmen: »Mitnehmen! Mitnehmen!« Verheult und benommen taumeln sie vor den Automobilen einher.

10. Oktober. Über der Stadt liegt noch immer eine schwarze Wolke. In den Kellern der Ruinen glühen die Kokshaufen. Eine Frau sitzt vor dem Anzeiger-Hochhaus am Bordstein und weint vor sich hin. »Alle verbrannt«, hadert sie. »Meine Mutter, mein Vater, meine Kinder. Ich hab ihnen noch zugerufen: ›Raus hier!‹ Aber mein Vater sagte: ›Hier im Keller sind wir noch am sichersten!‹« Ein Rot-Kreuz-Mann kommt vorbei: »Mütterchen, paß auf. Du mußt drüben auf den Platz vor der Christuskirche. Da stehen Busse, die euch rausbringen. Ihr kommt alle in das Tal zwischen Deister und Süntel!« Ein Passant sieht die Szene; er sagt, so ganz nebenhin: »Gebt mir vier Jahre Zeit und Ihr werdet Deutschland nicht wiedererkennen!« Der Rot-Kreuz-Mann dreht sich um und antwortet scharf: »He, Sie, was haben Sie da eben gesagt?« – »Ich habe ein Wort unseres vielgeliebten Führers zitiert«, kommt die Antwort. Der Passant hastet weiter.

11. Oktober. Margot Pohle, in der Nacht vom 8. auf den 9. ausgebombt, meldet sich in der »Auffangsammelstelle«, die an der Ecke Alte Döhrener/Siemensstraße eingerichtet worden ist. Am Vormittag fährt sie mit einem Wehrmachts-Lastwagen nach Weetzen zum Küchenzug, um bei den Köchen ein paar Kübel Eintopf mehr herauszuhandeln. Mittags wird dann das Essen ausgegeben. Alten Leuten und Familien mit vielen Kindern kann sie auf diese Weise eine Kelle zusätzlich verschaffen. Dann schenkt sie Tee aus, der »unterm Tisch« organisiert worden ist. Das Getränk reicht nicht für alle Südstädter, die hier Schlange stehen. Auch ein großer Trupp Glaser aus Sachsen, die in diesem Gebiet in Einsatz sind, wird von Margot Pohle und den anderen Helfern der Sammelstelle versorgt.

Ende 1943 – Zwischen zwei Polen

Hilfestellung fürs Durchhalten gab auch nach wie vor die Kirche mit ihren Unternehmungen und Dienststellen. Und sei es nur, daß jemand regelmäßig – und ohne wirklich »fromm « zu sein – den Kreis der »Jungmädel« in einer Gemeinde besuchte. »Dann wurden erst mal ein paar Bibelworte gesprochen, dann gesungen und Spiele gemacht. Unsere Leiterin war eine Institution. Die hat alles mitgemacht. Alle kamen mit ihren Sorgen und Nöten zu ihr. Sie war immer fröhlich, auch wenn sie bestimmt innerlich ihren Kummer hatte.«

Manch einer der jungen Leute, die im Herbst 1943 die Schule verlassen mußten, zum Reichsarbeitsdienst oder in eine Flak-Stellung kamen, mag sich an seine wenige Monate zurückliegende Konfirmation erinnert haben. Wie hatte sich die Stadt in der Zwischenzeit verändert! Die Erinnerung hakte sich fest am Tonfall des Pastors, am Alarm, den es während der kirchlichen Feierstunde gab... und daß der geliehene Konfirmationsanzug an den Ärmeln scheuerte. Dann stiegen Kernworte auf: ... Kampf ... Lohn ... rein bleiben. Auszug aus einer Konfirmationspredigt:

»Kämpfen – dieser Schlachtruf unserer Tage erinnert zuerst an die Aufgaben, die Ihr auch einmal Eurem Vaterlande schuldig seid.

Foto Seite 148/149: Die Henriettenstraße in der Südstadt (heute Sonnenweg)

Betreten des
Sperrgebietes

Vor meinem geistigen Auge stehen die vielen, welche vor Euch an dieser Stelle gekniet haben und von denen mancher schon sein junges Leben für uns in den Tod gegeben hat.

Doch nicht nur die äußere Freiheit vom Feinde ist es, darum es uns geht, sondern: Daß die deutsche Seele auch innerlich edel und rein bleibe. Ihr seid Glieder der christlichen Kirche in unserem deutschen Volk, sie, die in 1200 Jahren in Not und Gefahr wie eine gute Mutter Trost und Halt gegeben hat und ohne deren Dienst auch heute Gewissen und Herz nicht fertig werden können. Wartet nicht auch sie auf Euren Einsatz?

Gewiß, es ist heute keine Glanzzeit in der Kirche. Es gibt viele, die ihr den Rücken kehren. Aber daß eine große Sache auch manchmal im Angriff sich bewähren muß, zeigt wohl eher ihren Wert als ihre Schwäche. Wir leben in einer Zeit, wo uns allen deutlich wird: Unser Volk bleibt nur solange, als es glaubt.

Ich las in diesen Tagen in dem Brief eines Gefallenen, der auch ein rechter Jesusjünger war: ›Ich suche die ganze Härte des Krieges, weil ich nur so seinen ganzen Gewinn nehme.‹ Was liegt darin für eine männliche Kraft. Aber gilt dasselbe nicht auch für unseren Glaubenskampf: Je ernster Ihr ihn nehmt, desto größer wird der Lohn sein!«

Favorisiert der Prediger nun den Glaubens- oder den Grabenkampf? Mal scheint seine Ansprache eindeutig in dieser, mal in jener Richtung zu sein – getreues Spiegelbild der Kirchenhaltung insgesamt gegenüber dem Nationalsozialismus. Ein Schimmer von Unwirklichkeit, von Täuschung, liegt auch über dieser Szene: »Eines Abends führte mich mein Weg an der Marktkirche vorbei – arg zerstört zwar, aber ich hörte jemanden die Orgel spielen! Jeder, der diese Zeiten mitgemacht hat, wird verstehen, daß ich ziemlich stark weinen mußte.«

Flugblätter am Morgen nach den Angriffen waren zu einer Art normalem »Straßenbelag« geworden. Sie wurden inzwischen nicht nur von den Jungens unter 10 gesammelt – obwohl's verboten war, obwohl der Vater sagte ›Weg damit!‹ und obwohl man sie schnell mit »Feindpropaganda« überschrieb, damit die Richtung wieder stimmte. Auch die Erwachsenen konnten an den geschickt formulierten Botschaften, die ihre Alltags-Skepsis gegenüber einen »Endsieg« bestärkten, nicht mehr vorbeigehen.

»Eines Morgens im Dezember kommt ein Kollege zu mir, drückt mir einige Papiere in die Hand und sagt: ›Haben die Amis gestern über Linden abgeworfen. Lies sie durch und wirf sie in den Papierkorb!‹ Ich sehe sie durch. Eines sagt: ›... um Zeit zu gewinnen‹ und zeigt tote deutsche Soldaten und auf der Rückseite das ausgebrannte Hamburg. Ein anderes zeigt eine Erklärung von Roosevelt und Churchill. Da sagt Churchill an einer Stelle: ›Wir planen eine Welt, in der alle Völker Glieder einer Familie sind...‹ Nichts als schöne Worte, denke ich. Warum hat euer Chamberlain nicht mit der Faust auf den Tisch oben auf dem Obersalzberg gehaun, als die Tschechei zerstückelt wurde?«

Um die Weihnachtszeit 1943 war in Hannover, neben vielen anderen, folgender Witz zu hören:

»Eine alte Frau guckt lange an einem Regierungsgebäude in Berlin hinauf. Als Goebbels herauskommt, fragt er sie: ›Was stehen Sie denn hier?‹ – ›Ick kann dat nich läsen!‹ – ›Das heißt Endlich frei‹ – ›Sooo? Sind dä Nazis wäge?‹«

Witze! Dabei war die Gefahr durchaus real. Die Spitzel des Regimes lauerten überall.

»Mein Mann berichtete mir eines Abends ganz aufgeregt, er habe in einer Kneipe allein am Tisch ein Bier getrunken. Da setzt sich ein Fremder, schon reichlich angetrunken, zu ihm und behauptet, ihn schon lange zu kennen. Wußte auch vieles über ihn. ›Sie sind da fünf Jahre lang nach Herrenhausen gelaufen. Die Alten wollten nicht, daß ihr heiratet. Krach. Tochter raus ... in Stellung für zwei Mark monatlich geschickt. Das Kleine war dann wohl ein Fünf-Monats-Kind?‹ Augenzwinkernd: ›Das zweite wohl schon unterwegs?‹ Er ergötzte sich am Erstaunen meines Mannes, bis er den Mantelrevers zurückschlug: Gestapo! Er habe uns jahrelang immer wieder zu beobachten gehabt. Und wir haben es nicht bemerkt, trotz aller Erfahrung in unserer Umgebung. Was Wunder, daß wir verstört und sehr, sehr vorsichtig wurden!«

Und dann stand Weihnachten vor der Tür – wohl das traurigste Christfest, das die Hannoveraner im Krieg erleben mußten. Viele hatten keine Wohnung mehr. Viele sahen keine Möglichkeit, das Fest auch nur ein wenig auszuschmücken. Die Tannenbäume zwischen den Trümmern stimmten wenig froh. Bei vielen war der Sohn oder Mann vermißt oder gefallen oder soweit entfernt, daß es keinen Unterschied mehr machte. Nach Stalingrad und Hamburg und nach den Bombenangriffen im zweiten Halbjahr 1943 war die große Hoffnung auf ein schnelles Ende des Krieges längst begraben und die auf ein glückliches Ende ganz klein geworden.

Im November hatte sich das Regime nach der Parole

»Sieg der Waffen, Sieg des Kindes« noch einmal fürsorglich gezeigt. Die werdenden Mütter wurden auf dem Schützenplatz versammelt.

»Dann wurden wir mit Bussen nach Hahnenklee ins ›Haus Waldgarten‹ gebracht, wo meine Schwester und ich dann unsere Kinder zur Welt brachten. Vor der Entbindung fragte die Hebamme: ›Haben Sie Kaffee? Dann geht es besser!‹ Also wurde erstmal von den 50 Gramm Kaffee gekocht und dann ging es weiter. Die Versorgung dort war gut, weil wir auch oft Besuch bekamen.«

Nur wenige Eheleute konnten so komfortabel Weihnachten feiern wie Gerit Hermeling mit ihrem Willi, der noch immer in Bückeburg stationiert war. Sie schreibt auf einer Postkarte vom 30. Dezember: »Ich wohne in einem Hotelzimmer, das mir Willi gleich besorgte, nachdem er vom Urlaub wieder hierher kam. Ich bin am Heiligabend gekommen. Willi hatte während der Weihnachtstage Ausgang und Nachturlaub. Das Zimmer ist ganz gemütlich hier, auch warm, da können wir uns gut aufhalten. Hat Willi keinen Ausgang, so sah ich ihn doch marschieren, mit Stahlhelm und Gewehr.«

Weniger possierlich die Erinnerung von Dorothea Pollack[7] an die Kriegsweihnacht. Durch Vermittlung ihrer Freundin hatte sie einen bis dahin ihr unbekannten Soldaten brieflich kennengelernt. Beide waren unendlich verliebt. Im Dezember 1941 war Verlobung: »Einen Extra-Tanz für das Verlobungspaar!« Sie reist ihm nach Trier und sogar bis

Provisorische Meldestelle am Kröpcke

Oberschlesien nach, wo er in einem Lazarett lag. Inzwischen hatten sie sich ferntrauen lassen.

»Weihnachten 1943« – so berichtet Corin Wickman, die nach dem Krieg nach England zog und dort heiratete –, »Weihnachten bekam ich von meinem Mann einen lieben Brief. Oh, leider, leider habe ich diesen Brief nicht mehr. Aber seine Worte werde ich wohl nie vergessen. ›Wenn am Heiligen Abend die Glocken läuten und die schönen, alten Weihnachtslieder erklingen, sei nicht traurig, mein liebes Mädel, denk daran, wievielen es genauso geht wie dir. Die ihren Mann, ihren Liebsten draußen haben, die genauso alleine sind wie wir!‹ Ich weinte und weinte! Was wird nun das Neue Jahr bringen? Die Briefe an meinen Mann kamen zurück. Wieder: ›Neue Anschrift abwarten!‹ Wieder war er verwundet worden (der arme Kerl). Im Februar oder März kam er nach Hause. Wir waren so glücklich und verliebt. Nun ging es wieder nach Trier. Ich hinterher. Auf dem Bahnsteig sang er in mein Ohr: ›Tapfere, kleine Soldatenfrau!‹ Der Zug fuhr so langsam weg und wir winkten und winkten, 30 Minuten später brannte der Bahnhof. Ein Sonderbus fuhr uns nach Koblenz und dann weiter nach Hannover.

Mein Mann schrieb mir noch ein paarmal. Ich schrieb und schrieb, so liebe Briefe, aber alle Briefe kamen zurück: ›Vermißt‹ stand drauf. Immer wieder lagen meine Briefe im Briefkasten. Wie oft blieb ich auf der Treppe sitzen mit den zurückgekommenen Briefen in der Hand. Wie blöd saß ich auf den Stufen, bis jemand kam: ›Kommen Sie, liebe Frau, Sie können hier doch nicht für immer sitzen bleiben!‹«

Acht Jahre später. Der Krieg ist schon lange vorbei. Auf Anraten einer englischen Besatzungsfamilie, bei der sie arbeitete, war die spätere Frau Wickman nach Großbritannien gezogen. Noch immer wußte sie nicht, was mit ihrem Mann geschehen war. Doch ... »im März 1951 erhielt ich einen dicken Brief aus Hannover. Darin stand etwas von der ›schmerzlichen Nachricht vom Tode‹. Ich hatte den Brief in der Hand. Mein Mann war tot. Für mich war das größte Wort auf Erden ›Hoffnung‹ gewesen. Ich hoffte und hoffte! Nun sind sie alle tot, die ich liebte und gern hatte.«

Doch dies ist ein Vorgriff auf die Auflösung mancher Schicksale in den ersten Nachkriegs-Jahren. Ende 1943 hält die Spannung in der zerfurchten Stadt noch an. Sie pulsiert zwischen zwei Polen wie ein unter Strom gesetzter Körper. Helmut Pancke erinnert sich: »Es hatte gar keinen Zweck, als einzelner zu resignieren. Man tat seine Pflicht und dachte trotz manch' schwerer Bedenken, hier geht es um die Existenz!« In einem Feldpostbrief dagegen, den eine Mutter mit tränen-verwischter Tinte an ihren Sohn schrieb, deuten sich bereits nachhaltige Schäden an: »Heute sind es sechs Wochen her, wo wir der Hölle entronnen sind. Ich gebe mir die größte Mühe zu schreiben, aber es will nicht, meine Hände zittern. Wenn nur die Angstzustände aufhören möchten!«

Anmerkungen

1 Weiße Leuchtzeichen, die von den angreifenden Bombern zur Markierung der Ziele abgeworfen wurden und stufenförmig – mal als »Tannenbaum«, mal als »Weintraube« vom Boden aus erkennbar – niederschwebten.
2 Zitat aus dem Buch »Tod und Leben« (siehe Quellenverzeichnis).
3 Pseudonym anstelle des korrekten Firmennames.
4 Der Augenzeugenbericht wurde Ende 1943 niedergeschrieben.
5 »Der blaue Strohhut«, Lustspiel von Friedrich Michael.
6 Zitat aus Eugen Roth, »Spaziergänge mit Hindernissen«, (siehe Quellenverzeichnis). Die von Roth geschilderte Szene wurde ins Präsens übersetzt.
7 Pseudonym zum Schutz des Auskunft-Gebers.

1944 – Schrille Töne

Februar 1944. Familie Jänecke aus Hannover im sechsten Kriegsjahr.

Vor kurzem ausgebombt, wohnt man jetzt in Kleefeld. Manchmal kommen die Jäneckes in die Stadt, um unter den Trümmern verlorenes Gut aufzutreiben. Sie finden Stoff-Fetzen, einen Klumpen geschmolzenes Tafelsilber und ... »Fasern von Muttis weißem Wollmantel, an den wir uns noch gekuschelt hatten, als wir an der Nordsee waren ...«, damals, im August 1939, als »ein grauenhafter Wind« den Feuersturm ankündigte.

Inzwischen haben sich auch die Kinder verändert. Viele sind ihren Eltern fremd geworden – und bleiben fremd den Familien, von denen sie, evakuiert, aufgenommen wurden. Eine Mutter schreibt darüber ihrem Ehemann an die Front im Westen:

»Rosi sieht übrigens sehr gut aus, ist gewachsen und hübsch rund. Aber sie ist auch sehr nervös, weint gleich los, wenn man ihr was sagt, hat dauernd Widerworte. Frau R.

schrieb mir auch in dem Brief, den Rosi mitbrachte, ich möchte doch auf Rosi einwirken, sie sei oft so widerspenstig. So gibt es immer wieder Sorgen. Ich fürchte, mit Rosi werden wir es immer schwer haben. Sie ist so unausgeglichen. Auf der anderen Seite kann sie wieder so lieb und vernünftig sein. Es ist eben ein Jammer, daß sie nicht immer bei mir sein kann. Ein Fremder gibt sich eben doch nicht so viel Mühe, sie zu verstehen und zu leiten. Man verkennt sie wohl auch oft.«

1944 war die tägliche Ernährung zu einem vordringlichen Problem geworden. Vorüber die Zeit der kommunikationsstiftenden Einmach-Folklore. Wenn noch eingeweckt und im Keller eingelagert wurde, dann, um Not-Rationen zu haben. Aufbesserungen gab's nur, wenn der Fronturlauber was mit nach Hause schleppte. Auch Ersatzmittel gaben nur noch wenig Anlaß zum Ulken, dazu schmeckten sie einfach zu scheußlich.

»Nahrung ist Rache« hieß die Parole, die das Regime jetzt an die jungen Leute ausgab; sie war sicherlich nicht so gemeint:

»Wir hatten eine große Überschwemmung im Leine-Tal. Passend dazu wurde an die Bevölkerung in Hannover Stockfisch verteilt. Ich dachte bei mir, Fisch ist Fisch, ich bin ja selbst geborener Fisch. Also bestellte ich im Personalauftrag einen Liter reinen Lebertran und richtete mir meinen Stockfisch her.«

»Unsere Familie war ziemlich abgemagert. In der neuen Gegend (nach der Ausbombung – d. Verf.) kannten wir auch die Kaufleute noch nicht und das war ziemlich entscheidend bei der Beschaffung von Eßbarem. Beliebt war stets die Wurstbrühe, um die man zeitig anstehen mußte; Mutti machte künstliches Schmalz aus Gries, Salz und einer Maggiart. Alles war Ersatz. Unser Brot belegten wir mit ›Flora-Salat‹, einer Erfindung aus roten Rüben mit winzigen Fisch-Stückchen – oder auch nicht – in einer Art Mayonnaise.«

Zum Thema Essensvorbereitung – und zugleich Energiesparen – dieser Auszug aus einem Schulaufsatz vom 1. Juni 1944:

»Jetzt im Kriege kommt es besonders darauf an, daß wir richtig kochen und dabei auch verstehen, Gas zu sparen. Man braucht das Essen nicht stundenlang auf großer Flamme bruzzeln zu lassen. Es brennt dann leicht an oder es fließt über den Topf. Dabei gehen wichtige Nährstoffe verloren. Darum stelle ich die Flamme klein, sobald die Speise kocht. Ich achte auch darauf, daß das Feuer nicht unter dem Topf herausschlägt und daß der Deckel gut abschließt. Die Hitze muß voll ausgenutzt werden. Dazu soll das Turmkochen Gewohnheit werden.

Gestern aßen wir Pellkartoffeln mit Fisch. Da habe ich auf den Topf mit den Kartoffeln, die bei kleiner Flamme kochten, den Fischtopf gestellt und der Fisch, den ich in siedendes Wasser gelegt hatte, ist völlig gar geworden. Der Wasserdampf des Fisches wiederum hat das Abwaschwasser gewärmt.

Mutters Essen wärme ich nachmittags auch nicht mehr auf. Ich schlage den Topf in Zeitungspapier und eine alte Wolldecke und stelle ihn in die Kochkiste. Das Essen bleibt stundenlang warm. Es ist nicht wegen des Geldes, sondern wir wollen doch alle zum Siege beitragen.«

Bunkerszenen. Genauer: Vor-dem-Bunker-Szenen. Denn bereits dort beginnt das Inferno. Kein Schlendern mehr, auch kein stummes Hasten. Jetzt ist sich jeder selbst der nächste.

Zum Beispiel in der Nacht vom 14. auf den 15. Juli 1944. Wie immer steht eine lange Schlange von Menschen vor den Eingängen zum Ulagesmarkt-Bunker. Nur langsam geht es in der Dunkelheit die Stufen hinunter. Plötzlich stehen die »Tannenbäume« über dem nachtdunklen Himmel. Ein Aufschrei, das Gedränge wird immer stärker. Lisa Bachmann hat gerade die Eisentür am Fuß des Schachts erreicht und wird von den Ordnern in den noch schwach besetzten Bunker gezogen. Dann schließen sich die Türen. Am nächsten Tag erfährt sie von ihrem Vater und ihrer Schwester, was sich in diesem Moment im Niedergang abspielte.

»In ihrer panischen Angst drängen die Menschen noch stärker die Treppe herunter – sie wissen ja nicht, daß die Türen bereits geschlossen wurden. Dadurch werden vor allem alte Leute und Kinder erdrückt und zertreten. Vom Geländer aus springen einige Männer in das Gewühl hinein.

Meine Schwester befindet sich etwa auf der halben Treppe, sie trägt ihre Habe im Rucksack. Dadurch wird sie hochgeschoben, sie kann atmen und bleibt am Leben. Mein Vater steht noch weiter hinten in dem Knäuel; er kann sich herauswinden und sucht Deckung vor den Bomben hinter einer Mauer auf dem nahegelegenen Friedhof.

Nach der Entwarnung lassen sich die Türen des Bunkers nicht mehr öffnen, soviele Tote und Verwundete liegen davor. Durch einen Notschacht steigen die Ordner aus und sorgen dafür, daß der Ausgang freigemacht wird.«[1]

Auch Ernst Jünger – der in seinen »Kirchhorster Blättern« eine sprachmächtige, von zunehmender Skepsis gegenüber dem Nationalsozialismus geprägte Chronik der letzten Kriegsmonate Hannovers liefert – ließ sich von den Treppenschächten berichten: »Das Heulen und Stöhnen aus dem dunklen Schlunde drang weithin durch die Nacht.«

Wer den Bunker-Eingang dann gewonnen hat, begann zu taumeln. Denn seit man »im Keller eines Hauses keine Sicherheit mehr hat, da die Bomben und Minen so schwer sind und alles auseinanderreißen«, sind die Betonklötze überfüllt. »Dort ist der Aufenthalt einfach entsetzlich. Wie die Heringe stehen die Menschen dicht beisammen. Und diese Luft dazu!!!«

Ernst Jünger weiter über eine Szene im Bunker: »Der Raum war von Seufzen, Schreien und Stöhnen erfüllt, die Frauen wurden ohnmächtig. Den Kindern hatte man, weil sie sich vor Angst übergaben, Tücher vor das Gesicht geknüpft. Eine Frau drohte niederzukommen. (Manche) lagen zitternd, mit Schaum vor dem Munde, am Boden ausgestreckt. Selbst die robuste Hanne meinte: ›Ek was fertig, as es to Enne was.‹«

Bei vielen hatten sich mit beginnendem Herbst, besonders, wenn sie doch in ihren Kellerlöchern geblieben waren, Erkältungen eingestellt. »Alles tut mir weh, Hals, Zähne, Ohren.« Wenige Tage später: »Heute fühlte ich mich schon etwas besser. Habe jetzt nur einen ziemlich quälenden Husten, aber die Hals- und Brustschmerzen sind doch wenigstens verschwunden! Ich war auch ganz marode. Muß mir das vor acht Tagen geholt haben, als wir zweimal in der Nacht Hals über Kopf in den Keller mußten. Es ist doch jetzt im Keller sehr kalt, zumal, wenn man aus dem warmen Bett kommt.«

Arbeit wurde zur Fron. Die Bereitschaft, etwas zu leisten, war in dem Maße geschwunden, wie die Trümmerberge wuchsen und die Anmarschwege länger wurden.

»Man vegetierte einfach so dahin. (Dann) wurde meine Firma geschlossen und ich dienstverpflichtet. Das bedeutete, daß ich noch 1½ Stunden eher aufstehen und meist zu Fuß die sechs Kilometer nach Langenhagen wandern mußte.«

»Als ich mich heute früh anzog um 5 Uhr, da gab es Voralarm und nach einer halben Stunde Entwarnung. Als wir ungefähr vorm Werk waren, gab's wieder Voralarm, so gegen ¾ sieben. Wir hörten die Flugzeuge schon vorher brummen. Im Werk war alles Licht aus. Da standen wir

HEINZ REENTS, Luftw.-Helfer (Herschelschüler), unser herzlieber ältester Junge, unser heißgel. Bruder, unser Stolz, starb am 16. April 1945 im blühenden Alter von kaum 17 Jahren in den Kämpfen vor Berlin für sein Vaterland den Heldentod. In unsagbarem Herzeleid: Jan Reents und Frau Lina; Siegfried, Hartmut und Wolfgang Reents. Kaltenweide üb. Hannover.

KARLHEINZ PFEIFFER, Luftw.-Helfer (Herschelschüler), unser herzensguter, lebensfroher einz. Junge u. Großsohn, mein geliebter Bruder, uns. aller Stolz, fiel am 16. April 1945 im blüh. Alter von 16 Jahren in den Kämpfen vor Berlin. Schmerzlich betrauert und nie vergessen von seinen Eltern Richard Pfeiffer und Frau Elly, geb. Weise; Edith und Verwandte. Hannover, Friedastraße 24.

dann bis zur Entwarnung, die um viertel vor acht kam. Dann kam mittags der Angriff und um ¾ vier, ich hatte gerade mein Mittagessen auf den Teller gelegt, kam wieder Voralarm. Wir müssen den Dienst sehr genau nehmen und täglich fünf Stunden, außer Sonnabends, einhalten. Ich muß auch unbedingt pünklich zur Arbeit erscheinen, sonst habe ich die größten Unannehmlichkeiten.«

Von der in den ersten Kriegsjahren aufmüpfigen Jugend, sofern sie sich überhaupt noch in der Stadt aufhielt, waren nur Schatten übriggeblieben. Im Sommer 1944 wurden Abiturientinnen Hannovers zu einem einwöchigen Pflichtseminar in ein Barackenlager bei Salzgitter verfrachtet, um dort in nationalsozialistischer Ideologie geschult zu werden. Bei dieser Gelegenheit riß der Schleier, hinter dem man solange seine eigene Meinung versteckt hatte:

»Wir mußten einen Aufsatz schreiben. Entweder ›Wie ich mir die deutsche Frau und Mutter vorstelle‹ oder ›Hitlers Mein Kampf‹. Wir belächelten dieses und schrieben hin, was gewünscht wurde. Die Verpflegung war schlecht. Milchsuppe mit fünfzig gezählten toten Fliegen, ein Eßlöffel Kartoffelsalat und eine hauchdünne Scheibe Rotwurst, während die Führerinnenbaracke Mettwurstbrote aß, eine kaum noch bekannte Köstlichkeit.

In dieser Atmosphäre starken politischen Drucks und vermehrter persönlicher Unbequemlichkeiten haben wir zum ersten und einzigen Mal abends im Dunkeln auf den Betten hockend als ganze Klasse untereinander politisch unsere wahre Meinung gesagt, daß wir nämlich den Krieg für verloren hielten.«

Die Unterhaltungslokale, darunter auch der Georgspalast, waren weitgehend zerstört. Ausgehen? Ein tristes Vergnügen.

»Ein Tanzstundenfreund kam auf Heimaturlaub und machte mich sogar ausfindig. Er fror ganz schrecklich in seiner Tropenuniform und auch vor Entsetzen über seine zerstörte Heimatstadt. Es gelang uns aber trotzdem, in der Holländischen Kakaostube, ausquartiert am Hugenberg-Platz (heute: Lister Platz), einen ›Kakaoschalentee‹ zu uns zu nehmen – auch ein Ersatzgetränk.«

Mutter und Tochter auf dem Weg, den evakuierten Sohn und Bruder zu besuchen – wie fast jedes Wochenende. Der Ratsgymnasiast war in Celle bei einem Freund der Familie untergekommen.

»Wieder Fliegeralarm. Wir müssen aus dem Zug raus und da sagen wir uns, kurz vor dem Bahnhof: ›Och, die paar hundert Meter gehen wir zu Fuß!‹ Da kommen wir an ein Abstellgleis in der Nähe der Bahnsteige. Da standen Waggons. Und drin hat's immer getappt und gehustet. Meine Mutter hat dran gebollert und gerufen: ›Hallo, ist da jemand?‹ Das Schlurren hörte auf. Dann hustete es wieder. Da habe ich gesagt: ›Mutti, vielleicht müssen wir das in verschiedenen Sprachen sagen!‹ Und da haben wir's in englisch und französisch gesagt. Keine Antwort ...«

Nur in der Gruppe der ganz Jungen hielt die Verführungskraft des Regimes unvermindert an. Am 10. September 1944 schreibt ein Schüler diese Knittelverse auf ein ramponiertes Stück Papier:

»Am 1. 9., für Polen war's ein Schreck, deutsche Stukas schossen in jede Eck / Die Armeen Adolf Hitlers gingen vor / In Polen ergab sich fast jedes Korps / Am 18. wurden die Häuser verziert / Denn Polen hatte kapituliert / Am 3. d. M. fingen leider England und Frankreich an / Da fing in Deutschland die neue Arbeit an / Durch Holland und Belgien ging ein riesiger Zug / Frankreich hatte auch schon genug / Wir hatten dann ganz Frankreich besetzt / In Deutschland wurde's auch sehr geschätzt / Wir hatten auch Dänemark und Norwegen besetzt / Und die serbisch-griechische Armee gänzlich zerfetzt / Wir schlugen die Feinde auf dem Meer / Die feindlichen Staaten staunten sehr / In Rußland hatte die große deutsche Offensive begonnen / Meist hatten die deutschen Truppen gewonnen / Aber als die Schlacht bei Stalingrad beendet / Ging es nicht mehr so behende / Die Deutschen sind viel mehr zurückgegangen / Statt in Afrika hat jetzt in Italien die Schlacht angefangen / Die Feinde gehen jetzt immer weiter voran / Und ziehen sich dicht an die deutschen Grenzen heran / Aber wir müssen glauben an den Sieg / Denk an den Siebenjährigen und den Befreiungskrieg / Der Sieg muß unser sein!«

Andere Reste einer Beharrungs-Mentalität: Im September kommt der Mann noch einmal von der Front zurück; im Oktober wird noch einmal konfirmiert; im November noch einmal ins Kino gegangen.

September 44: »Willi sieht ganz gut aus, sehr braun. Ist wohl nicht dicker geworden, etwas herber Gesichtsausdruck zuweilen, besonders in Uniform. Aber wie gern war er hier und wie wohl fühlte er sich. Aus diesem Grund freue ich mich nun doch, daß ich alles eingerichtet habe, damit er auch etwas Eigenes hatte. Habe gleich das zweite Bett aufgestellt und Willi hat in seinem neuen Bett gut geschlafen.

Es war auch schön, daß wir uns mal über manches erzählen konnten.« (Auszug aus einem Brief)

Oktober 44: »Ihr draußen im Land sollt es wissen, daß wir hier in Hannover trotz all dem schweren Erleben ganz getrost und zuversichtlich sind. Wissen wir uns doch in Gottes Hand. Möge (dieser Konfirmandenbrief – d. Verf.) Euch etwas helfen zu stehen in dem Kampf, der Euch verordnet ist!« (Auszug aus dem Schreiben einer Gemeindehelferin)

November 44: »6. 11. 44. Die Tommys lassen in den Abendstunden wieder einmal etwas fallen. 7. 11. 44 Schule (gemeint: Berufsschule – d. Verf.) fällt aus. Wir gehen aber nicht ins Geschäft (wo man als Lehrling angestellt war – d. Verf.). Fahren durch die Stadt und gehen dann mit Hilde ins Kino. Es stürzt eine Mauer ein. Wir können den Film nicht zuende sehen.« (Auszug aus einem Tagebuch)

In diesen November-Tagen wird in England ein Heftchen gedruckt. In Tausenden von Exemplaren und nicht größer als ein Handteller. Es soll die künftigen britischen Besatzungssoldaten auf ihre Rolle in Deutschland vorbereiten und schildert dazu in Kompreßform Geschichte, Mentalität und aktuelle Situation in Deutschland. Auszug:

»In westlich von Hamburg gelegenen Städten südwärts durch das Ruhr- und Rheingebiet und östlich bis nach Nürnberg und München werden Sie Gebiete sehen, die aus Ruinen ohne Dach und Fenster bestehen. Städte wie Berlin und Hannover in Zentral-Deutschland sehen auch nicht besser aus. In all diesen Gebieten hat das kommunale Leben keinen Bestand mehr ...« (Übersetzung)

Die letzten Monate des »Dritten Reiches« nationalsozialistischer Prägung waren angebrochen. Ernst Jünger in seinen »Kirchhorster Blättern« unter dem Datum vom 16. September 1944. Er bezieht sich dabei konkret auf die Reaktionen des Regimes zum Stauffenberg-Attentat vom 20. Juli:

»Die Lemuren beginnen eine große Anzahl von Morden zu begehen, die schon auf den Zustand nach ihrem Tode berechnet sind. Sie üben eine Art von prophylaktischer Rache. Wären sie intelligenter, so könnte man ihnen mit Seneca sagen: ›Wie viele ihr auch umbringen werdet, eure Nachfolger werden nicht unter ihnen sein.‹ So aber kann man nur hoffen, daß ihnen nicht allzu lange Frist mehr bleibt.«

Die Stimmung in der Stadt ist jetzt nicht nur nervös wie 1942/43, sie ist schrill. So schrill wie das im Dezember 1944 eingeführte neue Signal für »Luftlandealarm«: Ein Heulton, fünf Minuten lang, ununterbrochen.

Der Allgegenwart von Polizei und Spitzeln steht die rapide sinkende Bereitschaft gegenüber, noch ein Blatt vor den Mund zu nehmen. Doch man war immer noch nicht widerborstig aus grundsätzlicher Gegnerschaft zum Unrechtssystem – man war erschöpft oder doch kurz davor.

Elma Schrott berichtet über ihre Erfahrungen mit der Polizei:

»Eines Tages wurde ich zu einer Aussprache hinausgerufen. Sofort nahmen mich zwei weibliche Kriminalpolizisten in Empfang. Sie griffen zwecks Untersuchung sofort überall an mir herum, fragten nach allen möglichen Dingen und wünschten, sofort mit mir in meine Wohnung zu gehen, was dann natürlich auch geschah. Dort verfolgten mich neugierige Blicke aus den Fenstern: ›Die hat wohl gestohlen!‹ Peinlich für mich! Zu Hause stöberten die gewissen Damen in Schränken, Schubladen alles durcheinander. Sie fanden aber nur in meinem Wohnzimmerschrank einen ganzen Berg von Medikamenten jeder Art, sie nahmen alles mit sich.

Diese Medikamente trugen alle den Aufdruck ›Ärztemuster‹. Ich selbst hatte diesen Aufdruck nicht einmal beachtet und fürchtete, das würde sich für mich ungünstig auswirken. Ich hatte aber ein reines Gewissen. Denn diese Sachen hatte mir ein Bekannter gegeben. Sie stammten vom Hof seines Hauses, wo ein Arzt gewohnt hatte, der ausgebombt worden war. Dieser ältere Herr wollte mich nur befragen, ob dabei wohl ein Wurmmittel sei, was tatsächlich der Fall war. Bei meinem Chef beschwerte ich mich wegen des spontanen Überfalls der beiden Damen von der Kripo. Ich bekam nur zur Antwort: Das sei nichts besonderes, das hätten sie bei ihm zuhause genauso gemacht, das hätte er sich auch alles gefallen lassen müssen.«

Selbst in den Briefen ließen viele Hannoveraner ihre Vorsicht fallen, zu groß war die Verbitterung. Herrenhausen am 29. November 1944. Nachricht aus einem grauen Tag an die Verwandten in Celle. Blaßblaue Tinte geht über das holzige Papier:

»Liebe Gerda, lieber Karl und Neffen!

Wenn ich schreibe, daß die Eltern keine Zeit haben, so ist das viele In-den-Bunker-Laufen die Ursache. Ich bedaure nur die Eltern, die jetzt jeden Abend in den Bunker gehen, auch wenn kein Alarm ist. Sie müssen schon frühzeitig gehen, damit sie einen Sitzplatz bekommen. Wenn sie bei

15. 12. 1944: Kurz vor dem Angriff strömen die Menschen in den Bahnhofsbunker

Alarm hineingehen, müssen sie nicht nur jagen, sondern kriegen auch nur Stehplätze. Daß da die Eltern nicht besonders gut aussehen können, könnt ihr euch wohl denken. Es ist ja nur schade, daß diejenigen, die seinerzeit so geschrien haben, als wir den totalen Krieg proklamierten, nichts davon abbekommen. Man fragt sich nur, wielange dieses so weitergehen soll und wie das einmal enden wird. Die Gegner haben auch scheinbar keine Angst vor unserem Volkssturm. Lieber Karl! Hast du denn schon Dienst machen müssen? Ich hoffe immer noch, daß dieser Sturm ein Lüftchen bleibt; denn Lust und Liebe hat doch wohl keiner. Ich frage mich nur immer, ob die Leute, die das zu verantworten haben, überhaupt kein Gewissen haben. Aber man muß ja still sein. Inzwischen ist es 21.45 Uhr geworden. Und ich bin soeben aus dem Bunker gekommen. Es ist allerdings erst Vorentwarnung. So pendelt man nun immer hin und her und das ganze nennt sich ›In großer Zeit leben‹.«

Wie schon in den ersten Kriegsjahren (mit der Kolportage, Hannover würde absichtlich geschont), so taucht auch in diesen letzten Kriegsmonaten ein Luftschloß auf – allerdings parteiamtlich abgesichert: die Wunderwaffen, die die Wende bringen sollen. Und tatsächlich zogen ja die »Vergeltungs«-Träger V 1 und V 2 ihren Feuerschweif über den britischen Kanal.

»In der letzten Zeit«, so das Zitat aus einem Brief vom 11. 7. 1944, »haben wir verhältnismäßig viel Ruhe gehabt, die beinahe unheimlich anmutet. Viele Menschen glauben schon, das seien die Auswirkungen unserer V 1.« Und auch den Alliierten werden Superwaffen zugeschrieben: »Ungeheuer große Flugzeuge, die ungewöhnlich große Bomben mit sich führen. Diese sollen so kostbar sein, daß sie nur abgeworfen werden dürfen, wenn das Ziel sicher getroffen werden kann. Und von den Bomben-Lastenseglern hast du gewiß auch schon gehört.« Man sieht, »einer furchtbaren Waffe folgt noch eine schrecklichere. Und die Leidtragenden sind immer die Völker«.

Gesten aus Unbotmäßigkeit und Erschöpfung. Zum Beispiel: Feindsenderhören. Von Strafe bedroht, aber weitverbreitet. Zum Beispiel: Kontakt mit Fremdarbeitern. Von Strafe bedroht, doch immer wieder praktiziert.

Da ließ einer die russische Katrin, die immer wieder an den Zaun kam, schließlich im Garten mitarbeiten. Da legte man Brot auf die Toilette, so daß eine direkte Übergabe nicht nachgewiesen werden konnte. Da gab einer seinem Werkmeister die Anweisung, für die gefangenen Hilfsarbeiter jeden Mittag einen Topf Kartoffeln zu kochen. Da ...

»Als ich mal unterwegs war und die Sirenen gingen, lief ich schnell in den Keller einer Schule. Mein Nachbar, ein SS-Mann, kam auch und der Keller war sehr voll. Er schrie: ›Alle Ausländer raus von hier!‹ Er sah einen flämischen Arbeiter. Er ging auf ihn zu und meinte: ›Du bist Ausländer!‹ – Antwort: ›Nein, ich bin genauso wie du, Gott hat mich in die Welt gebracht.‹ Die Frauen nickten und fingen an zu schimpfen, er soll doch den jungen Mann zufrieden lassen. Da konnte er bleiben.«

Immer häufiger kam es jetzt auch zu Kontakten mit abgeschossenen Angehörigen von Flugzeugbesatzungen. In den Reaktionen überwog, wenn auch manchmal verständliche Wut eine Rolle spielte, Mitleid und Mitmenschlichkeit. Große Worte, die aber durch eine Menge kleiner Gesten, risikovoll genug, gestützt wurden.

Erste Szene – Wut. Qualmend torkelt ein Bomber aus Richtung Misburg auf die Podbielskistraße zu. Die leichte Flak nutzt diese seltene Gelegenheit, auf niedrig fliegende Maschinen zu schießen: Sie feuert aus allen Rohren. Etwa über der Einmündung vom Eulenkamp bricht eine Tragfläche ab und trudelt zur Erde. Die Maschine scheint einen Augenblick in der Luft zu stehen, zwei oder drei Körper lösen sich, dann stürzt das Flugzeug brennend in einen Innenhof. Teile von Rumpf und Leitwerk reißen die Hauswand auf und verwandeln die Wohnküche von Frida Dietrichs in ein Gewirr aus Dachbalken, Metallstücken und Fallschirmstoff, zwischen den umgestürzten Möbeln krümmen sich zwei Körper. Ein anderes Besatzungsmitglied schleift am Fallschirm über die Flachdächer der gegenüberliegenden Häuserfront, verschwindet im Eichenplan und bleibt über dem Boden in einem Baum hängen. Frauen beschimpfen den Flieger und drohen ihm mit den Fäusten. Wenig später fährt ein Krad vor. Zwei Soldaten springen heraus und holen den Fallschirmspringer vom Baum. Sie interessieren sich besonders für sein seidenes Halstuch, auf dem eine Deutschlandkarte eingedruckt ist. Der Mann gibt es ihnen – »that's all«. Im Beiwagen wird er fortgebracht.

Zweite Szene – Mitleid. Gertrud Jänecke erinnert sich: »Bei einem Rückflug aus Berlin landete ein englischer Pilot ausgerechnet auf dem zerbombten Dach der Firma Brenninkmeyer und wurde sofort gefangengenommen. Man brachte ihn in unsere Polizeidienststelle. Er sah übel aus, auch verletzt, so daß ich es nicht lassen konnte, ihn anzusprechen und ihm von meiner giftgrünen Waldmeisterbrause etwas anzubieten. Leider fanden das meine Vorgesetzten so schlimm, daß sie mir mit dem Kriegsgericht drohten. So zitterte ich dann genauso wie der arme abgeschossene Tommy.«

Dritte Szene – Mitmenschlichkeit. Bernfried Koch hat während eines Angriffs Dienst in der Schnellkommando-Einsatzstelle, Polizei-Revier am Welfenplatz; da trifft die Meldung ein, daß das Besatzungsmitglied eines Bombers dem Werkschutz der Conti übergeben worden sei. Zusammen mit zwei älteren Polizeibeamten läuft er durch die brennenden Straßen, um den Flieger abzuholen. Er übernimmt den völlig verstörten Gefangenen, Navigator eines kanadischen Bombers, kaum älter als zwanzig Jahre. Dann versuchen alle, wie gehetzt die Dienststelle wieder zu erreichen. Sprengbomben! Die Einschläge zwingen sie, in einem Keller Schutz zu suchen. Der Kanadier liegt lang auf dem Boden und umklammert einen Abstützbalken, während die Wände beben. Bald schon können die Taschenlampen den Staub zwischen den Menschen, der den Raum erfüllt, nicht mehr durchdringen. Als der Angriffslärm abklingt, krabbeln sie gemeinsam die von Steinbrocken übersäte Kellertreppe hoch, einer stützt den anderen, der »Feind« den »Feind«.

Schließlich kommen sie im Keller am Welfenplatz wieder an. Heißer Bohnenkaffee aus der Einsatz-Sonderzuteilung wird ausgeschenkt, eine Schnapsflasche macht die Runde. Erinnert sich Koch: »Der Junge in seiner Fliegeruniform,

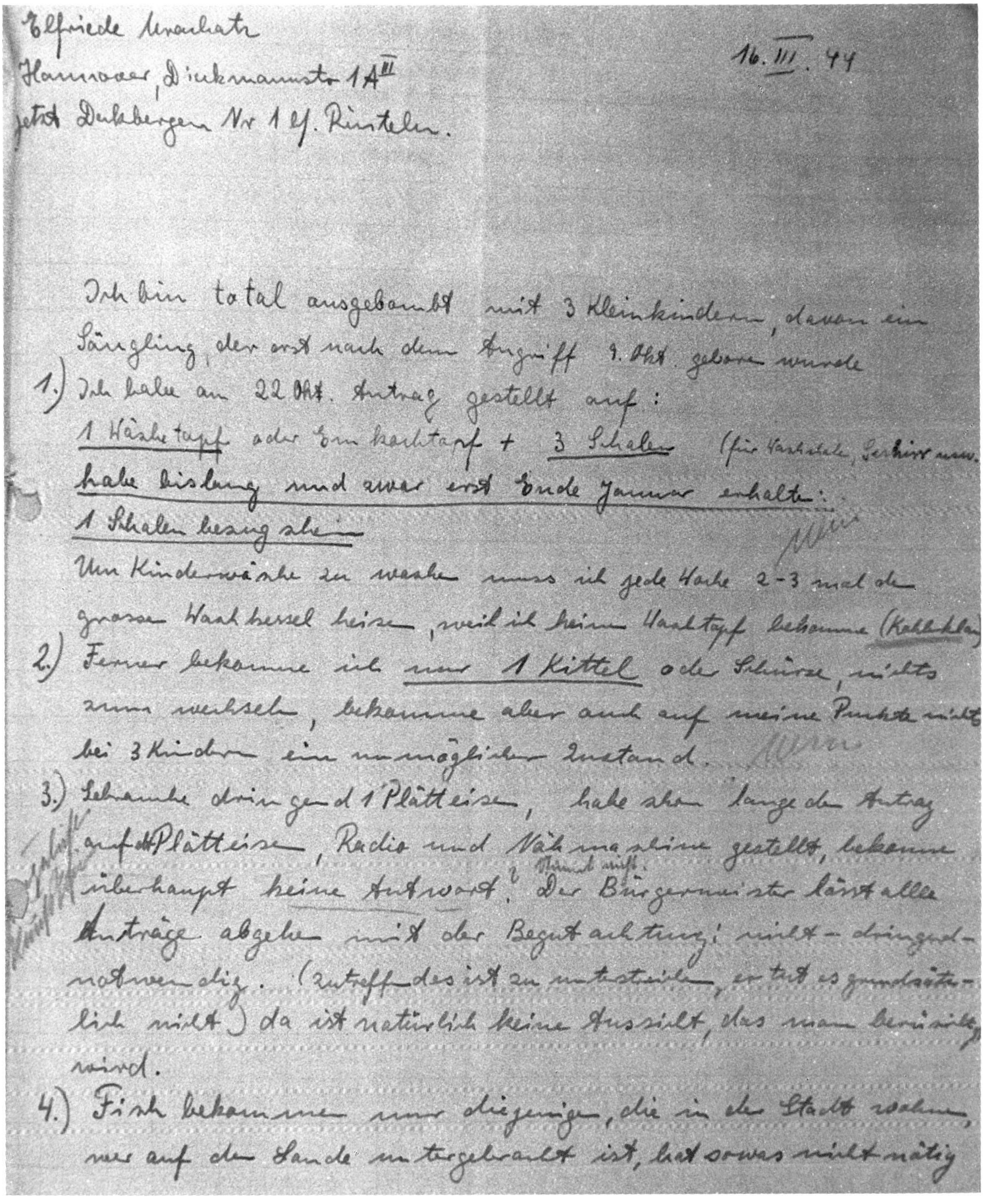
Elfriede Urachatz
Hannover, Dieckmannstr. 1A III — 16. III. 44
jetzt Deckbergen Nr 1 b/ Rinteln.

Ich bin total ausgebombt mit 3 Kleinkindern, davon ein Säugling, der erst nach dem Angriff 9. Okt. geboren wurde
1.) Ich habe am 22 Okt. Antrag gestellt auf:
1 Wäschetopf oder Einkochtopf + 3 Schalen (für Waschschale, Geschirr usw.
habe bisher und zwar erst Ende Januar erhalten:
1 Schalen bezugschein
Um Kinderwäsche zu waschen muss ich jede Woche 2–3 mal den grossen Waschkessel heizen, weil ich keinen Waschtopf bekomme (Kohlenklau)
2.) Ferner bekomme ich nur 1 Kittel oder Schürze, nichts zum wechseln, bekomme aber auch auf meine Punkte nichts bei 3 Kindern ein unmöglicher Zustand.
3.) Brauche dringend 1 Plätteisen, habe schon lange den Antrag auf ein Plätteisen, Radio und Nähmaschine gestellt, bekomme überhaupt keine Antwort! Der Bürgermeister lässt alle Anträge abgehen mit der Begutachtung: nicht – dringend notwendig. (zutreffendes ist zu unterstreichen, er tut es grundsätzlich nicht) da ist natürlich keine Aussicht, dass man berücksichtigt wird.
4.) Fisch bekommen nur diejenigen, die in der Stadt wohnen, wer auf dem Lande untergebracht ist, hat sowas nicht nötig

Beschwerdebrief einer Evakuierten an die Stadtverwaltung

auf dem Oberarm ein Abzeichen ›Canada‹ aufgenäht, erschien mir wie ein Kamerad, mit dem wir gemeinsam einer großen Gefahr entronnen waren.«

Mit den Worten »Wo ist der Kerl?« poltert plötzlich ein Zivilist in den Luftschutzraum. Er schlägt dem Kanadier mit der flachen Hand die Zigarette aus dem Mund. Dann zückt er die Pistole und fordert ihn auf, mit ihm hinauszugehen. In diesem Moment fragt keiner, welche Legitimation der Zivilist vorweisen kann und wohin er den Gefangenen bringt. Alle sind geschockt und verwirrt.

Die eigentliche Zitterpartie spielte sich allerdings woanders ab: Im Zagen und im Kampf um die noch stehengebliebenen, noch verschonten, von Wohnungssuchenden nahezu belagerten Häuser. Wielange würden sie noch Obdach bieten? Vor allem aber: Wielange würden ihre Bewohner, würden Hannovers Frauen noch standhalten?

Eine Mutter, ein Kind, ein Raum. Für keinen Moment läßt Rosis Mutter – die zu Beginn dieses Kapitels über die Sorgen um ihre Tochter berichtet hatte – in den Briefen an ihren Mann einen Zweifel daran, daß sie gewillt ist, an der Wohnung festzuhalten. Obwohl, »mit einem Totalschaden muß man jetzt immer rechnen. Heute hatten wir den ganzen Tag Alarm. Man kam zu nichts. Ich bin aber trotz allem fest entschlossen, mit Anna hierzubleiben. Man entgeht ja doch seinem Schicksal nicht. Was kommen soll, das kommt. Ich bin auch ganz ruhig und gefaßt. Ich will hierbleiben, denn irgendwie kommt doch wohl bald die Entscheidung. Und solange unser Haus steht, ist unser Heim doch der Pol, wo wir uns alle wieder zusammenfinden«.

Wenig später, am Ende des Jahres, klingt's aus den Briefen an die Front noch gefaßter: »Du machst dir zuviel Gedanken um uns. Wir haben doch alles ganz gut gemeistert. Daß unser Büfett im Zimmer beschädigt ist und das große Königsee-Bild ein Loch hat, schrieb ich dir schon.«

Während Rosis Mutter also ganz getrost ins Neue Jahr sieht, ist Willis Frau, ist Gerit Hermeling ganz hin- und hergerissen. Erinnern wir uns: In der Nacht vom 27. zum 28. September 1943 war die Wohnung der beiden ausgebombt worden. Willis »Ausgrabungen« während des Bombenurlaubs hatten noch einiges Verwertbare zutage gefördert. Man hatte Glück im Unglück: Die große Wohnung der Schwiegermutter stand leer und war unzerstört; hier fand man ausreichend Unterschlupf. Und das Weihnachtsfest von 1943 auf 1944 konnte das Ehepaar sogar gemeinsam in einem Hotel in Bükkeburg, wo Willi stationiert war, verbringen.

Eine nur zum Teil genutzte, große Wohnung bringt freilich Sorgen ganz eigener Art mit sich. Aus einem Brief (wie alle nachfolgenden an die Schwiegermutter gerichtet) vom 7. 3. 1944:

»Inzwischen habe ich noch so allerlei Erkundigungen eingezogen und viele Wege machen müssen, um zu wissen, ob man auch das Rechte tut. Soweit ich vom Wohnungsamt erfahren habe, ist deine Wohnung mit drei leeren Räumen dort schon gemeldet. Nun hatten sich schon verschiedene Interessenten die Räume angesehen, die alle unverblümt sich dahin äußerten, die Zimmer seien in einem so schlechten Zustand, daß man nicht hineinziehen könne.

Meine alten, braven Leute habe ich leider nicht für die Wohnung (als Untermieter – d. Verf.) kriegen können, da sie nicht mehr berufstätig sind. Auf dem Wohnungsamt hörte ich, daß ich wohl mit den Zimmern noch Schwierigkeiten haben würde, denn leere Zimmer gäbe es jetzt genug, da die meisten Menschen ihre Sachen aus der Stadt geschafft hätten. Und die Ausgebombten hätten keine Möbel für leere Zimmer. Aus diesem Grunde suchen die Leute möblierte Zimmer.

Willi und ich sind mit RM 50 an der Wohnung beteiligt. Diesen Betrag bekommen wir als Mietsatz von der Familienhilfe ersetzt. Haben wir aber keinen neuen Mieter, bleibt ein Restbetrag von RM 48,22. Lieber Mutter, ich tue, was ich kann. Und ich habe alles getan, dir diese Sorgen mit der Wohnung abzunehmen. Aber ich muß sagen, ich bin fast erschöpft vor lauter Bemühen, Absagen usw. Es ist eine Zumutung, was ich alles über mich ergehen lassen mußte. Es ist nicht so leicht, heute in der Stadt zu wohnen.«

Auszug aus einem Brief vom 23. 3. 1944: »Heute hat sich eine Frau die Zimmer angesehen, die mir sympathisch ist. Nun muß ich mich auch noch mit solch schlimmer Arbeit (Ausbessern der Wohnung – d. Verf.) befassen. Und dies alles, weil ich keine Hilfe habe. Einen Maler kann ich nicht mehr bekommen. Morgen werden wohl die Fensterscheiben eingesetzt. Dann war ich schon wegen der Wand zum Flickkommando. Ich hoffe, liebe Mutter, du bist einsichtsvoll wegen der Tapete. Ich kann die Räume in diesem Zustand nicht vermieten.«

Auszug aus einem Brief vom 7. 7. 1944: »Die Frau ist jetzt eingezogen und hat mir schon die Miete für den ersten Monat gegeben. Dann ist der Maler gekommen. Das rote Zimmer ist jetzt das gelbe. Frau Z. hat neue Tapeten bewilligt gekriegt. Hoffentlich bleibt alles heil.«

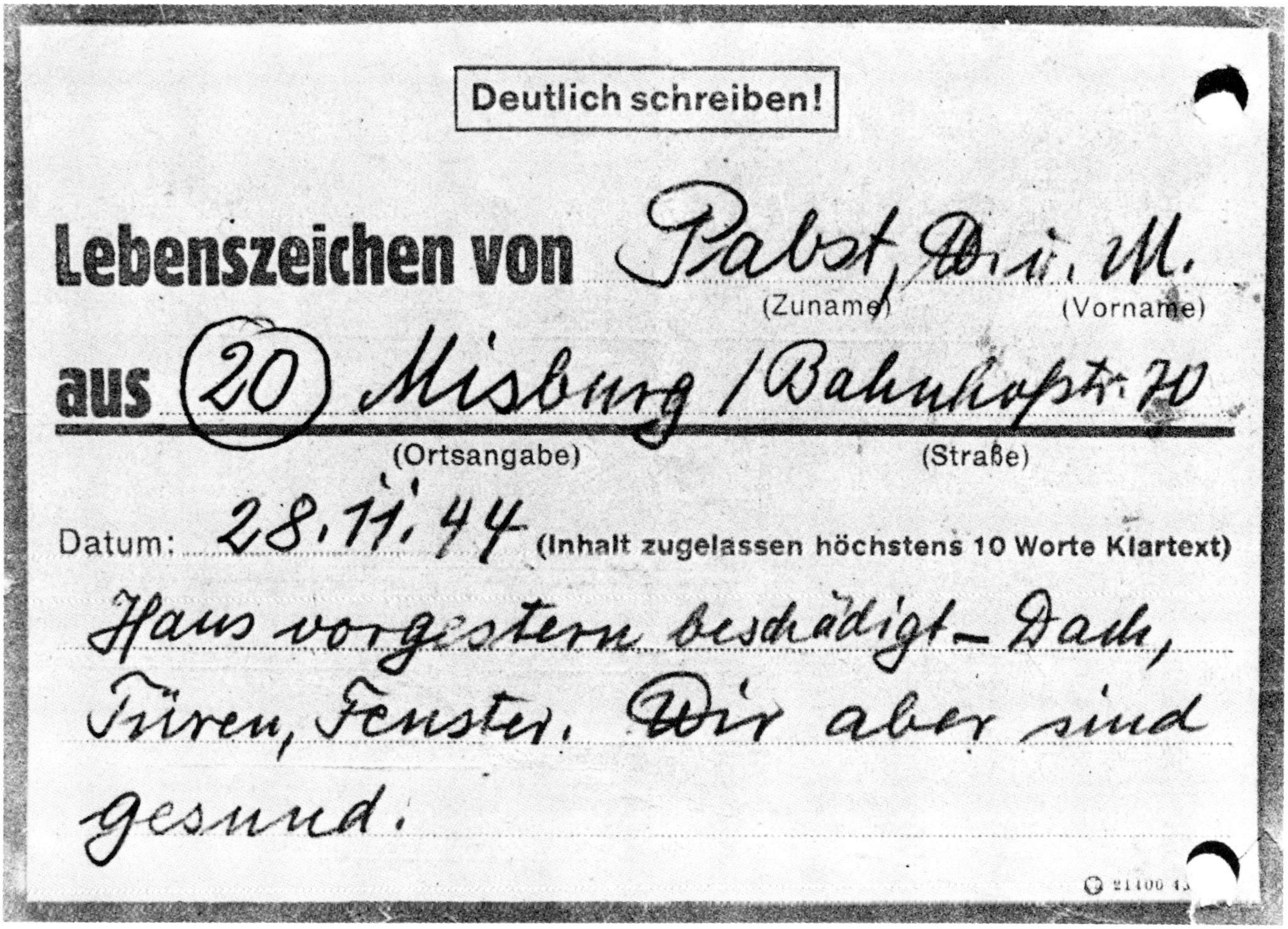

Deutlich schreiben!

Lebenszeichen von Pabst, Dr. u. M.
(Zuname) (Vorname)

aus (20) Misburg / Bahnhofstr. 70
(Ortsangabe) (Straße)

Datum: 28. 11. 44 (Inhalt zugelassen höchstens 10 Worte Klartext)

Haus vorgestern beschädigt – Dach, Türen, Fenster. Wir aber sind gesund.

Im Gegenteil. (Fast) alles geht kaputt. Auszug aus einem Brief vom 15. 11. 1944: »Wir haben in der Nacht ganz notdürftig geschlafen. Unausgezogen habe ich auf deiner Chaise gelegen, hinter dem Kopf deinen Wäschetrockner als spanische Wand, sonst alle Fenster offen. Stell dir das vor. Und alles im Dunkeln.

Du kannst dir denken, daß ich nun die ganzen Tage damit zu tun hatte, hier wieder aufzuräumen und auch erstmal die Fenster mit Pappen zu verdichten; die zu beschaffen, war schon schwierig, weil es keine gab. Jetzt bin ich soweit und habe alle Oberlichter schön vernagelt, denn da darf kein Glas mehr eingesetzt werden. Heute habe ich nun die beiden Fensterflügel zum Verglasen gebracht. Den Kitt muß jeder selbst abklopfen und dabei regnete es und schneite es ununterbrochen. Morgen sollen die Scheiben eingesetzt werden. Ihr könnt euch denken, wie ich hier augenblicklich sitze, mit Mantel und Schal bei offenen Fenstern. Ein Übergang. So muß man sich selbst trösten.«

Und wieder einen Monat später. Auszug aus einem Brief vom 17. 12. 1944: »In vier Wochen habe ich nun zum 6. Mal vernageln müssen. Durch den Bombendruck reißt alles wieder kaputt. Ich rechne jetzt damit, daß wir noch wieder ausgebombt werden. Wenn ich nun schon zu euch gefahren wäre, dann hätte ich sofort zurück müssen, denn sonst steht die Wohnung offen und wüst da und kein Mensch kümmert sich drum. Aus diesem Grunde bleibe ich hier. Könnt ihr das verstehen? Ich möchte noch so vieles verwahren, aber ich weiß nicht, wie ich das anstellen soll. Manchmal bin ich schon ganz gleichgültig geworden, weil ich mir so allein keinen Rat weiß. Willi schreibt, daß das Leben das Wichtigste ist.«

Am gleichen Tag schreibt auch Rosis Mutter, deren Schicksal parallel verläuft, einen Brief – an ihren Mann; Auszug: »Ich habe keine Hoffnung mehr, daß wir unseren Kram behalten. Dieser letzte Angriff hat uns allen ganz deutlich gezeigt, daß sie ganz systematisch vorgehen.[2] Ich bin aber ganz ruhig und sehe allem gefaßt entgegen. Sollte das Schlimmste eintreten, werde ich es auch schon schaffen. Die Italiener kommen heute nicht; dafür morgen früh zwei deutsche Soldaten, um mir die Oberlichter zuzunageln.«

Ernst Jünger in den »Kirchhorster Blätter« vom 18.12.1944. Auszug: »Nachmittags wieder in Hannover, wo immer noch Dampfwolken aus den Trümmern aufsteigen[3]. Möbel säumten die Gehsteige, während es zu regnen begann. Seltsam berührt es, daß die Straßen ganz sauber sind. Ein überlebender Ordnungszug, der so oder so beurteilt werden kann. Ich fand ihn halb widrig, halb anerkennenswert.«

Ordnung selbst noch ... nein, gerade im Tode. Auch bei dem Tod, der von draußen in die Stadt kommt. Im Herbst 1939 waren die Soldaten ausmarschiert. Im Herbst 1944 kehren manche zurück. Das erste Schreiben[4] lag am 31.10. im Briefkasten, es kam aus Frankreich: »Es ist mir eine traurige Pflicht, Ihnen mitteilen zu müssen, daß Ihr Sohn, der Füselier Erich Osterfeld, seit Ende August südlich Duclaer vermißt wird ... daß ihn sein vermutliches Schicksal in treuer Pflichterfüllung ereilte ... mit aufrichtigem ...«

Der zweite Brief wurde am 13. November unter der Haustür durchgeschoben. Dieser Brief kam aus Rußland; Auszug:

»Ich habe die traurige Pflicht zu erfüllen, Ihnen mitzuteilen, daß Ihr Sohn bei einem Sturmangriff ostwärts Kusminitschi gefallen ist. Voll stolzer Trauer können Sie an diesen wahrhaft deutschen Kämpfer zurückdenken, der als ein Vorbild soldatischer Treue und Pflichterfüllung im Kampf gegen den Todfeind des Nationalsozialismus Blut und Leben für die Zukunft des deutschen Volkes ließ. Die Kampflage hat es bisher nicht ermöglicht, Ihren Sohn zu bergen und beizusetzen. Sobald dieses möglich ist, geht Ihnen noch Nachricht zu.«

Drei Monate danach ein Einschreiben des Wehrmeldeamtes, Hannover 1a. Text: »Als Anlage wird Ihnen der Wehrpaß Ihres für Großdeutschland gefallenen Sohnes Otto-Ullrich überreicht. Anl.: 1 Wehrpaß.«

Die Vermißtenmeldung aus dem ersten Schreiben wollte Paul Osterfeld seiner Frau nicht präsentieren. Die Belastung durch das Schicksal der beiden Söhne, so befürchtete er, wäre zu stark gewesen. Erst als sich herausstellte, daß Erich Osterfeld in amerikanische Gefangenschaft geraten war, Monate später, da präsentierte er auch die ursprüngliche Schock-Meldung.

Starre liegt über der Stadt in diesen Wintertagen um die Jahreswende. Die Karte mit den Planquadraten braucht jetzt niemand mehr: Jeder weiß, was »Gustav Ullrich 5« bedeutet. An manchen Häuserfronten wird Bombenmüll bis zur Höhe der Fensterbretter angeschüttet, »so daß man von draußen gut in die Fenster steigen kann«. Die Wohnungen sind nur noch kalt und kein romantisches »Nachtlager von Granada« mehr. Manche heizen mit Briketts und Magerkohle notdürftig einen Raum. Andere besorgen sich »Emscher Schlamm«, eine »mit Wasser angereicherte Angelegenheit mit Kohlestaub«, die von Händlern an den Bordstein gekippt wird. Holz wird aus den zerstörten Häusern geklaubt, um wenigstens den Herd unterhalten zu können. Das Gas fehlt seit Tagen und zeitweilig auch das Wasser, während zum Beispiel der Hugenberg-Platz (heute: Lister Platz) durch Rohrbrüche ganz unter Wasser steht. Wenn's in der Leitung gurgelt, dann kommt oft eine schwarze Brühe, nicht zu gebrauchen. Willis Frau nagelt mit »Trümmermöbeln« die Fenster jetzt definitiv zu; ihr Resümee: »Aufhalten kann man sich nicht mehr in der Wohnung.«

»Es war eine hoffnungslos traurige Zeit.« Die meisten waren mit ihren Gedanken beim Kriegsende und beim Bis-dahin-Überleben. Doch die Kinder, die ganz Jungen, die so Beeinflußbaren – die konnten sich »nicht vorstellen, wie es wäre, wenn der Krieg vorbei wäre. Die Vorstellung, Engländer oder Amerikaner wären plötzlich da und der Krieg wäre aus, die gab es gar nicht«.

So schreibt Anna, Rosis Schwester, am 31.12.1944 einen langen Brief an ihren heißgeliebten Vater, nach dem sie sich sooo sehnt.

»Ich danke dir für die Sachen zu Weihnachten. Das Malbuch ist schön und ich bin dabei es abzumalen. Gestern sind hier Bomben gefallen. Heute dürfen wir bis 12 aufbleiben. Wir wohnen ganz in Omas Zimmer, wo wir auch schlafen. Wir denken immer es ist Alarm, wenn das Radio mal eine kurze Pause macht. Wie in der Schule die Bomben gefallen sind, waren wir gar nicht darauf eingestellt. Mancher wurde erst um luftschutzmäßiges Verhalten gebeten. Wenn du dis liest hast du bald für zwei Tage genug meinst du nicht auch. Hoffentlich kommt nachher wenn der Führer spricht, kein Alarm. Die Kuchen hier in deinem Päckchen hat Mutti im Alarm gemacht. Wir haben sie ausgesteckt das tust du doch auch so gern. Warum schickst du die Post, die wir dir schreiben, immer zurück. Schreibe es mir mal. Wir suchen jetzt immer Holz. Rosi und ich sind so im Schreiben vertift. Hoffentlich kommt kein Alarm. Das Gedicht, das dir Rosi aufgeschrieben hat, kann ich auch. (Text des ›Gedichts‹: ›Weihnachten 1944 fällt aus! Maria ist dienstverpflichtet/Joseph ist eingezogen/das Christkind ist kinderlandverschickt/der Ochse ist schwarzgeschlachtet/der Esel ist von der Wehrmacht beschlagnahmt/das Stroh bekamen die Ausgebombten/und im Stall steht die Flak!‹) Wir haben uns vier Bücher gelin und davon 3 ausgekriegt und das andere kannte ich schon aus Lemgo, das hiß ›Helenes Kinderchen‹ es ist sehr schön. Es handelt sich um eine Frau die verreist und gibt ihre beiden kleinen Kinder ihrem Bruder. Jetzt habe ich genauso viel wie Mutti geschrieben. Ich bin gesund und munter und mager wie ein Swirnsfaden. Gleich ist es Mitternacht. Viele Grüße und Küsse!«

»Gleich ist es Mitternacht«, Jahreswechsel. Das Bangen

Marktstände im Neuen Rathaus, 1944

um den Erhalt oder Verlust der beiden Wohnungen war noch nicht ausgestanden. Und damit auch die Frage: Wer wird durchhalten, wer wird aufgeben? Bleiben wir zunächst bei Rosis Mutter, die mit ihrer zweiten Tochter Anna in der kalten Wohnung sitzt und mit klammen Fingern Briefe schreibt.

Aus einem Brief vom 12. Februar: »Hauptsache ist, daß wir diesen Krieg bald und glücklich überstehen. Aber vorher werden wir wohl noch einiges erleben. Der Gauleiter sprach davon, daß evtl. auch Frauen und Kinder den Feind bekämpfen müssen.« Aus einem Brief vom 24. Februar: »Ich bange ja jetzt sehr um Rosi. Wer weiß, wann wir uns mal wiedersehen. Das ist es ja, was das Kind so quält. Eben kommt Anna zu mir ins Bett gekrochen. Ich soll dich vielmals grüßen und küssen und dir sagen, daß du bald kommen sollst. Sie singt jetzt in allen Tonarten ›Ich möchte meinen Papa haben!‹ Das Kind hängt doch sehr an dir. Sie hat mir neulich erklärt, daß du als Vater für sie ja auch viel mehr bedeutest als für mich als Mann. Vati wäre mehr als Mann.«

Aus einem Brief vom 21. März: »Ans trockene Brot habe ich mich schon gewöhnt. Es schmeckt auch. Wegen der Esserei gehe ich nicht aufs Land. Ich komme schon durch. Dem Kinde gebe ich alles, so gut ich kann.«

Am 25. März: Das Ende. Das Ende der Wohnung und des Hauses für Rosis Mutter, aber nicht das Ende ihres Muts. Am Morgen des 26. März 1945 wird dieser Brief (Auszug) geschrieben:

»Mein Liebster! Ich stehe auf der Straße an unserem Büfett und schreibe. Dreck und Staub um mich herum durch die vielen ausgebrannten Häuser. Unser Haus ist total ausgebombt. Wir haben Furchtbares erlebt, sind aber gesundheitlich gut davongekommen. Ich habe alle Sachen gerettet, bis auf Bücher, Schrank, Klavier und Mutters Sachen. Wir haben stundenlang Wasser von den Pumpen bis zum vierten Stock geschleppt und Unmenschliches geleistet. Wäre die Feuerwehr gekommen, hätten wir das Haus gehalten. Ich weiß noch nicht, was ich mache ...«

Willis Frau hat es gegenüber Rosis Mutter schwerer und leichter zugleich: Sie muß sich nicht um Kinder sorgen. Aber sie hat dadurch auch keinen Ankergrund für ihre Unrast. Die Briefe an die Schwiegermutter und an die anderen Evakuierten der Familie erhalten zunehmend einen rechtfertigenden oder anklagenden Unterton.

Auszug aus einem Brief vom 8. Januar: »Bedenkt auch mal, daß ich in den letzten zehn Wochen mit aller Mühe, die ich bei den vielen Alarmen aufgebracht habe, die Wohnung immer wieder vernagelt habe. Zweimal bin ich im Bunker nun umgefallen. Dazu kein Licht, kein Holz und Pappe zum Vernageln mehr, auch keine Nägel.«

Und am Ende dieses Briefes, der auch von einem Herzanfall berichtet: »Mir ist noch im Augenblick alles unklar, was ich tun muß. Der einzige Trost sind Willis Briefe. Aber die sind schon wieder so lange unterwegs. Die Hauptsache ist doch, daß wir am Leben bleiben. Dann wollen wir später ein bescheidenes Leben wieder beginnen, sei es auch nur in einer Stube.«

Zehn Tage später. Die körperliche Konstitution hat sich gebessert. Dafür nimmt der Ärger um die Wohnung zu. Auszug aus einem Brief vom 18. Januar: »Heute nachmittag kam ein Beamter, der die ganzen Wohnungsverhältnisse in der List zu prüfen hat und besah unsere Wohnung. Der Herr unterbreitete mir so allerhand neue Bestimmungen, die in jüngster Zeit inkraft getreten seien. Er fragte zuerst, wieviele Personen in der Wohnung wohnten. Willi als Soldat sei neuerdings nicht zu berücksichtigen, da nach dem Kriege neue Bestimmungen herauskämen. Auch kämest du als Inhaberin der Wohnung (gemeint: die Schwiegermutter – d. Verf.) nicht in Berücksichtigung, da du dich hier nicht mehr aufhieltest. Ich hätte daher als Einzelperson Anrecht auf 1 Zimmer mit Küchenbenutzung. Es seien demnach 5 Zimmer von der Wohnung für Ausgebombte frei. Ich könnte mir nur ein Zimmer aussuchen. Dann müßten außerdem die Möbel, die von mir nicht benutzt werden, den Ausgebombten zur Verfügung gestellt werden. Du kannst dir ja denken, was mir jetzt im Kopf herumgeht. Ob ich die Wohnung ganz aufgebe? Überlege mal, was das noch ist, wenn man in der Küche und auch sonst mit mehreren Parteien zusammen ist.«

Tatsächlich jagt diese Perspektive Willis Frau soviel Schrecken ein, daß sie die Wohnung aufgibt. Auszug aus einem Postkarten-Text vom 5. Februar: »Da ich nicht mehr in der Wohnung bin (man war zu Freunden an den Stadtrand gezogen – d. Verf.), kann ich auch keine Verantwortung mehr übernehmen. Wenn du hier wohntest, würdest du meine Lage begreifen. Ich habe vor, meinen Anteil als Untermieter in der Wohnung aufzugeben. Da die Kriegslage sehr kritisch ist, kann ich dir keine Pläne machen. Und ich werde das tun müssen, was ich für mich am richtigsten halte.«

Zehn Tage später: Der Umschlag. Moral? Druck der

Schwiegermutter? Oder einfach die Rückkehr zu der hartgesottenen Stimmung, die es einem unmöglich macht, klein beizugeben? Jedenfalls: »Ich werde ab nächster Woche wieder in die Wohnung ziehen.« Der Frühling kündigt sich an, die Glühbirnen glimmen wieder auf und ein neuer Untermieter steht auch an: »Gestern haben sie vom Wohnungsamt eine ausgebombte Heilpraktikerin zu mir geschickt, die drei Zimmer haben will.«

Aus einem Brief vom 19. Februar: »Augenblicklich sehe ich schlimm aus. Alle raten mir ja zu, die Wohnung bis zuletzt nicht aufzugeben, aber das Leben hier ist schrecklich. Ich habe so entsetzliche Sehnsucht nach Willi, um mich mal auszusprechen.«

Dann zieht die Heilpraktikerin ein und auf einmal wird die Wohnung wieder brauchbar. Aus einem Brief vom 9. März: »Aus der Küche ist jetzt ein Sprechzimmer geworden. Dort ist ein Steckkontakt gelegt, auch eine Klingel, außerdem ein Kanonenofen gesetzt, im anschließenden Wohnzimmer unter dem Fenster ein zweiter Steckkontakt angebracht, überall neue Scheiben eingesetzt. Das Wohnzimmer ist als Wartezimmer eingerichtet. Frl. B. möchte darin noch deinen Blumenständer stellen, darf sie das?«

Die aktive Benutzung der Wohnung sollte ein gutes Omen sein: Dieses Haus überstand den Krieg. Übrigens: Rosis Mutter und Willis Frau auch. Ihr Mann fand bereits kurz nach Kriegsende nach Hannover zurück. Ob Rosis und Annas Vater überlebte, wissen wir nicht.

Anmerkungen

1 Die Angaben über die Todesopfer der Panik am Eingang zum Klagesmarkt-Bunker schwanken. Nach einer Anzeige der Gauleitung, die allerdings erst eine Woche später im »Hannoverschen Anzeiger« gedruckt wurde, waren 27 »tragische Unglücksfälle« zu beklagen. Zur Panik vor dem Eingang zu diesem Tiefbunker kam es u. a. auch noch einmal am 18. Oktober 1944.

2 Entgegen dieser weit verbreiteten Einschätzung gingen die Bomberflotten alles andere als »systematisch« vor; das belegen die Details aus dem ersten Teil dieses Buches »Stadt im Krieg«.

3 Der Angriff selber war bereits am 15. Dezember 1944 erfolgt.

4 Bei der Passage mit den Kondolenzschreiben sind sowohl Namen wie Datierung verändert worden.

1945 – Erschöpfung

15. Januar 1945. Eine Wohnung in Hannover, Nähe Celler Straße. Zehn Tage lang hatte die Frau, die hier ausharrt, weder Gas, Wasser noch Licht zur Verfügung. Sie kommt sich entsetzlich verdreckt vor. Seit heute mittag nun gibt es wieder Wasser im Luftschutzkeller. Der Druck reicht nicht aus, um das Wasser bis in die Wohnung zu bringen. Dennoch ist sie heilfroh über den kleinen Unterschied zu den darbenden Volksgenossen.

Ihr erster Gedanke: Waschen! Sich von oben bis unten abseifen. Und dann die Kleider in die Lauge stecken – egal, ob's draußen kalt ist und in der Wohnung nicht minder. Doch daraus wird, natürlich, nichts. Die Probleme sind einfach zu riesig.

Auszug aus einem Brief vom 18.1.1945: »Die Wäschereien sind fast alle zerstört, auch meine in der Wörthstraße, unsere Waschküche ist nicht zu benutzen, desgleichen der Trockenboden nicht. Das Pumpenwasser, worauf noch der größte Teil der Bevölkerung angewiesen ist, ist für Wäsche nicht zu gebrauchen, selbst wenn man es schleppen wollte. Damit haben sich schon so viele die Wäsche verdorben, weil es so stark eisenhaltig ist. Einen Waschkessel und Waschtubben besitze ich ebenfalls nicht, so daß ich oben koddeln könnte. Schließlich könnte ich mir diese Teile leihen; aber worauf sollte ich die Wäsche kochen? Herd besitze ich nicht. Bis jetzt habe ich kleinere Teile schon mal in meiner Grude gekocht. Doch jetzt ist meine Grude alle, und wahrscheinlich bekomme ich die Flammgrude, die ich nur gebrauchen kann, nicht wieder. Dann ist mir die letzte Möglichkeit genommen, etwas auszukochen. Was soll man da tun?«

Einer in der Stadt braucht sich diese Sorgen ganz gewiß nicht zu machen: Hartmann Lauterbacher, der Gauleiter. Anfang 1945 war auf dem Kipphut, einem Hügel außerhalb von Sarstedt, ein nagelneuer kleiner Bunker gebaut worden. Sobald der Beton hielt, zog Lauterbachers Befehlsstand vom Ihme-Bunker in diese vergleichsweise sichere Gegend um. Mit ihm einige Mädchen von der Wilhelm-Raabe-Schule, die bereits im alten Bunker Dienst gehabt hatten. Sie wohnten in einer großen alten Villa nebenan. Und sie aßen »in einer nahen Gaststätte, die noch im Februar von oben bis unten renoviert, frisch gestrichen und mit Läufern ausgestattet wurde. Uns war unbegreiflich, wie dort Tischler und Maler arbeiten konnten, während in Hannover und Hildesheim die Trümmer rauchten.«

Lauterbachers Hang zum Komfort äußerte sich aber auch noch anders. »Der Gauleiter kümmerte sich hauptsächlich um seinen Wohn-, sprich Fluchtwagen, über dessen Herkunft im allgemeinen Mangel man ebenfalls nur erbittert staunen konnte. Wir durften das tadellos ausgestattete Gefährt einmal bewundern, nachdem man aus unseren Zimmern zur weiteren Verschönerung einfach Kissen eingesammelt hatte, die uns privat gehörten. Unsere Wut darüber mußten wir für uns behalten. Ich glaube, es war Ende März, als der Gauleiter nebst Wohnwagen Richtung Harz entschwand.«

Auflösungserscheinungen aber nicht nur im Bonzen-Milieu. Fahrrad-Großhändler Helmut Pancke, der Anfang, aber auch noch während des Krieges ganze Waggonladungen geordert und verkauft hatte, besaß in diesem Frühjahr noch einen Bestand von genau 150 Rädern. Um sie über das Kriegsende zu retten, hatte er das wertvolle Gut in dem Schuppen eines Beerdigungsinstituts untergebracht. Die Besitzer hatten aufgegeben und ihm sogar Leichenpferd und Kranzwagen überlassen. Eines Tages ...

»erschien plötzlich ein Feldwebel mit einem LKW und Bezugsschein, der sagte: ›Bitte, wir haben hier in unseren Büchern, daß Sie da noch einen Bestand an Fahrrädern haben. Ich möchte Sie bitten, uns die auszuliefern!‹ Um das gegenzuprüfen, rief ich einen Freund bei der Wehrmacht an. Der bestätigte: ›Ja, das ist in Ordnung, da werden Panzerfäuste drauf montiert!‹ Und schon war ich meine 150 Räder los. Wie ich später erfahren habe, hat der Feldwebel den Leuten in seiner Truppe gesagt: ›Fahrt nach Hause und schönen Gruß!‹«

Die Stimmung in der Stadt in diesen letzten drei vollen Kriegsmonaten pendelt zwischen ›Lethargie‹ und ›Weglaufen‹. Sicher, da gab es noch einmal die erprobten Höhepunkte im familiären Umfeld – sofern dieses noch bestand. Da wurde noch einmal konfirmiert (ausgemergeltes Gesichtchen mit Puppe auf Trümmern vor der Kamera). Und im Januar hatten vor der Industrie- und Handelskammer die Kaufmannsgehilfen-Prüfungen stattgefunden, mit dem üblichen (»es war sehr schwer«) und unüblichen Bangen: »Gehen se hin«, sagte der Spieß zu einem Lehrling, der inzwischen eingezogen worden war. »Aber ich rate Ihnen, kommen se nich wieder und sagen se mir, Sie haben nich bestanden!«

Die Reste des Leibniz-Hauses

Doch aufhelfen, aufputschen konnten diese Ereignisse auch niemanden mehr. Die Erschöpfung der Menschen in Hannover hatte ganz einfach ihren Höhepunkt erreicht. Es wurde geklaut, wo etwas offen stehenblieb. Man hatte Angst, in der Dämmerung Schritte hinter sich zu hören, die nicht zu benagelten Soldatenstiefeln paßten. Die Frauen mußten früher aufstehen, denn die Arbeit begann jetzt bereits um sieben Uhr morgens (ab 13 Uhr war der Strom zu schwach); ihr Arbeitslohn für gut zwei Monate: RM 103,75.

Über 7000 Menschen litten an offener, ansteckender Tuberkulose – bei Kriegsbeginn waren's dreitausend weniger gewesen. Hauteiterungen und Körperungeziefer zeigten sich ebenfalls bei Tausenden von Hannoveranern und Einquartierten.

Am 25. März war einer der letzten größeren britischen Angriffe über Hannover hinweggerollt. Dabei wurden einige Waggons mit Lebensmitteln, die auf dem Gelände des Hauptgüterbahnhofs am Weidendamm abgestellt worden waren, zerstört und seitlich aufgerissen. Dort eingesetzte polnische Arbeiter hatten sich von den Lebensmitteln etwas genommen, hungrig wie sie waren. Als Bahnbeamte dieses bemerkten, trieben sie sechs von ihnen an die Laderampe des Bahnhofs.

Die Hände des einen Polen waren noch vom Rübensirup verschmiert, er leckte daran, als ein offener Kübelwagen mit einem Wehrmachts-Angehörigen und einem Zivilisten eintraf. Der Zivilist sprach mit dem Bahnbeamten einige Worte. Dann zog er seine Pistole. Um ihr Leben bettelnd, sanken die Polen auf die Knie. Sie wurden alle nacheinander durch Kopfschüsse getötet. Einer schlug seine mit Sirup verschmierten Hände vors Gesicht, der Schuß traf ihn durch die Hände in den Kopf, dann fiel er vornüber.

Vor den Leichen wurden Schilder in deutscher, polnischer und kyrillischer Schrift aufgestellt. »Zur Abschreckung« ließ man die Toten vor der Rampe noch eine ganze Reihe von Tagen liegen.

Ende März in einem Zug, der Richtung Harz rollt. Das Abteil ist überfüllt, die Gesichter verschwimmen. Elisabeth Kossmann aus Hannover kann es nicht schnell genug gehen. Zwei Jahre lang hat sie ihren Mann nicht gesehen. Vor zwei Tagen hat er ihr geschrieben: »Bin von Finnland im Harz gelandet, sollen weiter nach Tirol. Bitte komm gleich!« Die junge Frau beginnt zu reden, wie für sich, aber laut genug: »Es kann sich nur noch um Sekunden handeln, der Spuk ist vorbei!« Inzwischen ist es Nacht geworden. Bei einem Halt steigt ein Mann, der scheinbar schlafend in der Ecke gesessen hatte, aus. Er redet aufgeregt auf den Stationsvorsteher ein und weist empört auf das Abteil. Doch der »zuckt mit den Schultern, hebt die Hände, tut sehr beschäftigt und pfeift ab«.

Derweil sitzt eine andere Frau in ihrem Zimmer in Herrenhausen. Eben wurde Entwarnung gegeben. Sie hat den Kerzenstummel von Vor-dem-Alarm noch einmal angezündet und die Schnürsenkel der Schuhe, in denen sie Tag und Nacht steckt, ein wenig gelockert. Sie schreibt einen Brief. Sein Text ist schonungslos deutlich und umfaßt wie in einem »fernen Spiegel« alles Leiden der letzten fünfeinhalb Jahre. Alles Leiden, seit an einem Abend im August 1939 auf Norderney die Sonne unterging und »ein grauenhafter Wind« aufkam. Auszug:

»Heute mittag bin ich um mein Leben gerannt wie noch nie bisher. Es war gleich nach 11 Uhr morgens öffentliche Luftwarnung, die mich natürlich wie immer nicht beeindruckte. Ungefähr 2½ Stunden später, ich hatte die Warnung schon längst wieder vergessen, rumste es in unserer Nähe ganz anständig. Der Schreck ist mir dermaßen in die Glieder gefahren, daß ich im Moment nicht gehen konnte. Als wir im Bunker ankamen, waren wir dem Umfallen nahe. Ich bin dermaßen lebensmüde, ich habe wirklich keine Lust mehr zu diesem Leben und doch läuft man wie ein Faßbender, wenn es bedroht ist. Ich gehe immer erst bei Vollwarnung in den Bunker. Dann kann es natürlich auch zu spät sein, wie ich heute mittag gesehen habe, aber trotzdem, vorher gehe ich grundsätzlich nicht. Dann habe ich eben Pech gehabt. Wenn ich auch während der öffentlichen Luftwarnung im Bunker sitzen soll, dann hänge ich mich lieber auf. Ich habe keinen Lebensmut mehr. Meine Widerstandskraft hat erheblich nachgelassen. Seit heute mittag kann ich verstehen, daß man vor Schreck lahm werden kann.«

»Vor dem Sturm«: Theodor Fontanes Romantitel, von Ernst Jünger in seinem Kirchhorster Domizil auf die Situation um Hannover angewandt, kennzeichnet gleichermaßen Lage und Stimmung in den ersten Apriltagen. Eine gespannte Ruhe, wie ein Atemholen vor dem Paukenschlag zum Schluß, lag über Stadt und Land. Die Alliierten wurden seit langem erwartet, doch wie die Begegnung ausfallen würde, konnte sich kaum einer korrekt vorstellen. Zu verwirrend waren Versprechungen und Drohungen, die Einschüchterungen von beiden Seiten. Und zu erschöpft waren die Menschen, nach allem, was sie bewerkstelligt und was sie erlitten hatten.

Viele Hannoveraner erlebten diese Tage auf dem Lande, in den Dörfern ringsum ihre verwüstete Heimatstadt. Sie würden die ersten sein, die die Besatzungssoldaten zu Gesicht bekämen. Also traf man Vorbereitungen. In manchen Dörfern wurden Panzersperren aufgebaut. Quer über die Straßen gelegte Eggen, aber auch von gefangenen Franzosen, Russen und Polen ausgehobene Panzergräben sollten die Tanks aufhalten.

Diesen Vorbereitungen widersprach das Interesse der Bauern, an erster Stelle ihre Höfe zu erhalten. Manche wagten sich nicht zu erklären, denn das war – meint Ernst Jünger – »höchst gefährlich«. Manche leisteten aber auch ganz eindeutigen Widerstand. Als in Bissendorf zum Beispiel der Ortsbauernführer Panzergräben ausheben ließ, schimpfte der Bürgermeister, weil er wußte, »de scheit uns dat ganze Dörp in Klump«, und er ordnete an, sie wieder zuzuschütten.

Aufrufe, sich zum Volkssturm zu melden, werden in diesen Tagen nur noch höchst widerwillig befolgt. Müde Gestalten sammeln sich am 3. April in einem kleinen Lokal am Stadtausgang. »Ein Lehrer steht vorn am Pult und ruft einige Namen auf. Sagt dann: ›So, das sind die ersten fünfzig

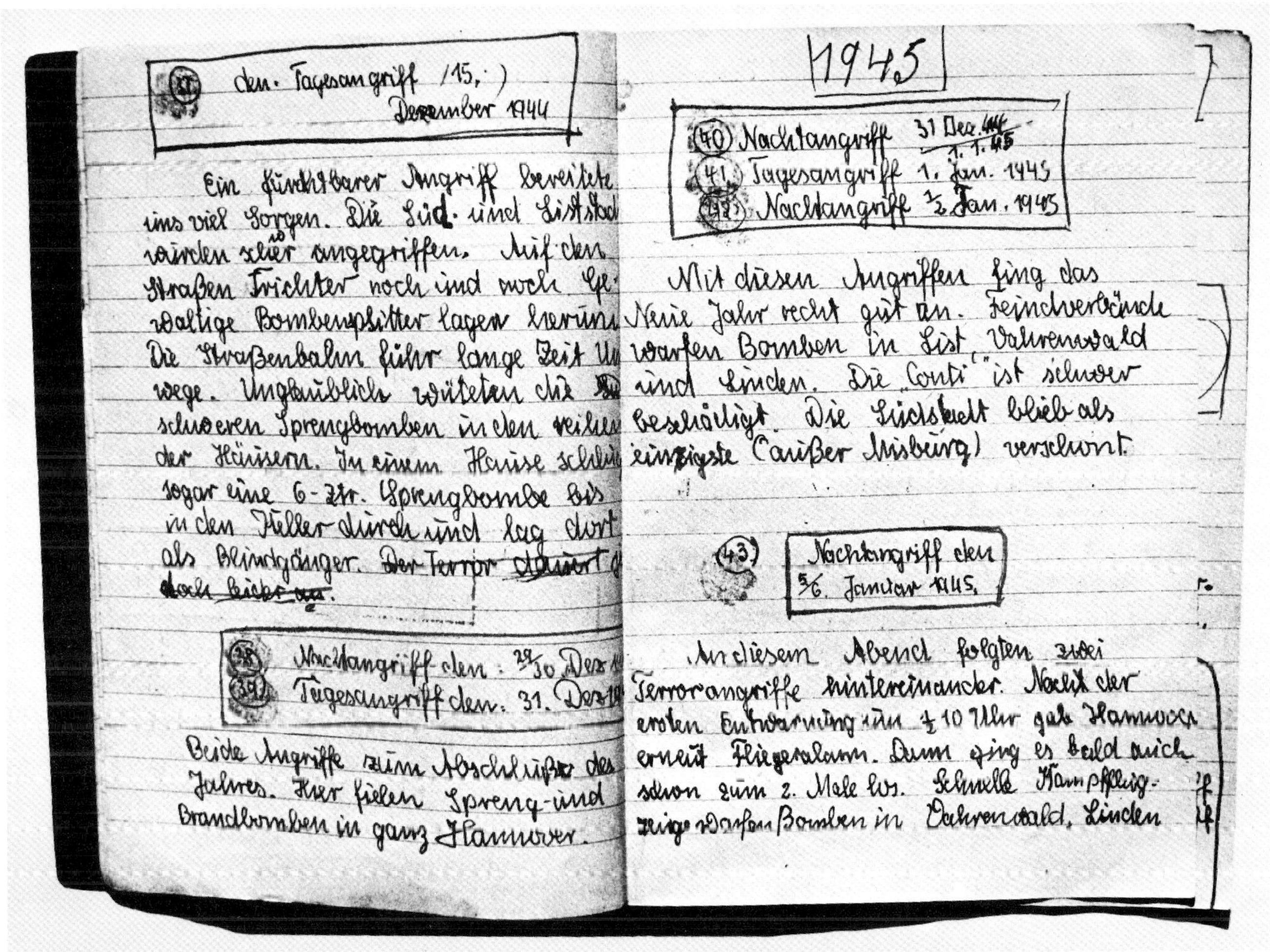

(37) den. Tagesangriff (15.) Dezember 1944

Ein furchtbarer Angriff bereitete uns viel Sorgen. Die Süd- und Liststadt wurden schwer angegriffen. Auf den Straßen Trichter noch und noch. Gewaltige Bombensplitter lagen herum. Die Straßenbahn fuhr lange Zeit Umwege. Unglaublich wüteten die schweren Sprengbomben in den Reihen der Häusern. In einem Hause schlug sogar eine 6-Ztr. Sprengbombe bis in den Keller durch und lag dort als Blindgänger. ~~Der Terror dauert~~

(38) Nachtangriff den 29/30 Dez 44
(39) Tagesangriff den 31. Dez 1944

Beide Angriffe zum Abschluß des Jahres. Hier fielen Spreng- und Brandbomben in ganz Hannover.

1945

(40) Nachtangriff 31 Dez. 44 / 1. 1. 45
(41) Tagesangriff 1. Jan. 1945
(42) Nachtangriff 1/2 Jan. 1945

Mit diesen Angriffen fing das Neue Jahr recht gut an. Feindverbände warfen Bomben in List, Vahrenwald und Linden. Die „Conti" ist schwer beschädigt. Die Südstadt blieb als einzigste (außer Misburg) verschont.

(43) Nachtangriff den 5/6. Januar 1945.

An diesem Abend folgten zwei Terrorangriffe hintereinander. Nach der ersten Entwarnung um ½ 10 Uhr gab Hannover erneut Fliegeralarm. Dann ging es bald auch schon zum 2. Male los. Schnelle Kampfflugzeuge warfen Bomben in Vahrenwald, Linden

Aus dem Tagebuch eines Schülers

…edersächsische Hitler-Jugend!

Überall – ran an den Feind!

Der Gegner meint, er hätte schon den Sieg in der Tasche — weil seine Truppen in Ost und West auf deutschem Boden kämpfen.

Immer wieder versucht er, uns mit seinen Bombenteppichen und Tieffliegerangriffen mürbe zu machen.

Auch der feindliche Nachrichtendienst läuft auf vollen Touren, um die Siegeszuversicht und das Vertrauen des deutschen Volkes auf seine Führung zu zerstören.

Wieder werden im Feindlager Termine für unsere endgültige Vernichtung festgesetzt, und wieder muß der Gegner Tag für Tag erleben, daß er die Rechnung ohne den Wirt gemacht hat.

Das deutsche Volk kämpft und arbeitet wie nie zuvor, weil es weiß, daß es um die Entscheidung und um unser aller Leben geht.

Unsere zerstörten Städte, unsere gemordeten Mütter und Geschwister machen uns noch fanatischer und entschlossener im Widerstand und im Haß gegen die Kriegsverbrecher und ihre Söldlinge!

Unseren Glauben an den Führer und an den Sieg können auch die schwärzesten Nachrichten der Feindsender nicht erschüttern.

Gegen ihre Propagandaparolen sind wir gefeit — weil wir wissen, daß unsere Stunde im Kommen ist.

Dieser Krieg ist der totale Krieg des ganzen Volkes!

Auch die Heimat ist zur Front geworden. Neben der Wehrmacht kämpfen die Männer und Jungen des Deutschen Volkssturmes.

Frauen und Mädel helfen in den rückwärtigen Diensten der Wehrmacht.

Die niedersächsische Hitler-Jugend steht in diesem Ringen an vorderster Stelle!

Täglich spürt der Gegner, daß unsere Jungen ihre „Panzerfaust" zu gebrauchen wissen. **Täglich lernt er** die Härte der deutschen Jugend im Geben und Nehmen kennen und die Kraft ihres Glaubens, den niemand nehmen kann. Nicht nur die **älteren Hitlerjungen,** nein auch die **Mädel und Pimpfe** stehen auf ihrem Platz in der Abwehrfront! Wer keine Waffe führt, kämpft auf seine Weise!

Es gilt, den Feind zu schlagen, wo man ihn auch trifft!

Jede Waffe und jedes Mittel ist dazu recht. Jeder Schaden, der dem Gegner auf deutschem Boden zugefügt wird, hilft zum Sieg! Keine große Ausbildung, keine Technik, keine Waffen sind dazu notwendig.

Nur Mut, Einsatzbereitschaft, Schnelligkeit, Umsicht und fanatischer Haß tun Not,

um die Waffen **unseres Widerstandes** zu handhaben:

Mit Hammer, Zange, Messer, Schraubenschlüssel und Geschick kann die feindliche Kriegsmaschine erheblich gestört werden. Sie werden sich an uns die Zähne ausbeißen, die Söldlinge der Plutokratie und des jüdischen Kapitalismus!

J e d e r Pimpf im feindbesetzten Raum hat seinen Auftrag — und der heißt:

dem Gegner schaden, wo man ihn trifft!

Wenden!

Auf das **Wie, Was** und **Wo** kommt es dabei an. Darum merkt Euch: Der eine lebenswichtige Schlagader. Sie zu durchschneiden, ist mitentscheidend für Kriegsverlauf.

Wie stört man Kraftfahrzeuge?

1. Durch die Einfüllung von Zucker in den Benzintank.
   Folge: Düsenverstopfung, Kolben brennen fest, Kraftfahrzeuge werden nachhaltigst betriebsunfähig.
2. Indem man beim Montieren von Reifen feine Metallspäne zwischen Decke und Schlauch bringt.
   Folge: Schläuche zerreißen, Decken werden unbrauchbar, die entstehenden Reifenpannen sind nicht einmalig, sondern entstehen immer wieder, bis die vollkommene Unbrauchbarkeit der Reifen sich herausstellt.
3. Dadurch, daß man Nagelbretter auf die Straßen eingräbt.
   Folge: Reifen platzen, bei größerer Geschwindigkeit gerät der Wagen ins Schleudern und überschlägt sich. Bei geschickter Eingrabung sind die Folgen nicht einmalig, sondern werden sich in den meisten Fällen bis zur Entdeckung mehrmalig wiederholen.
4. Drahtseile hinter Kurven spannt, und zwar so, daß sie sich nicht vom Hintergrund abheben. Angerosteten Draht benutzen!
   Folge: Schwere Kraftfahrzeug-, insbesondere Kraftradunfälle.
5. Telefonleitungen kurz schließen durch Verbinden der Drähte miteinander, aus Tarnungsgründen dünne Drähte zum Zusammenschließen benutzen.
   Folge: Verständigung nicht mehr möglich und Störungsstellen schwer auffindbar.
6. Verbindung der Telefonleitung mit Starkstromleitung durch Überwerfen eines mit einem Stein besch[illegible] Drahtes.
   Folge: In allen angeschlossenen Aemtern schmoren die Apparate durch, bei Berührung der Apparate in den meisten Fällen Verletzungen und Ausfälle.

Wie stört man Bahnen?

1. Man verklemmt auf Eisenbahnstrecken die Weichen mit Steinen oder hebt das Zugseil der Weichen aus bzw. zerschneidet es.
   Folge: Zugentgleisung.
2. Man legt auf freier Strecke einen Hemmschuh. (Diesen rechtzeitig sicherstellen!)
   Folge: Zugentgleisung.
3. Man zerschneidet die Zugdrähte für die Signaleinrichtung der Eisenbahn.
   Folge: Zusammenstöße.
4. Man läßt das Schmieröl ab aus den Schmierbüchsen der Achsenlager von Eisenbahnwaggons und preßt möglichst Sand oder aus Tarnungsgründen eine Sand-Fett-Mischung ein.
   Folge: Lager laufen heiß, Waggons fangen unter Umständen an zu brennen, dies führt bei Munition- oder Kraftstoffzügen zu Explosionen und macht im allgemeinen zeitweilig, im letzteren Fall sogar sehr nachhaltig Eisenbahnstrecken unbrauchbar.
5. Zerschlagen von Kontrolleinrichtungen aller Art.
   Folge: Maschinenausfall.

Das Wichtigste - - - -

Nicht dabei erwischen lassen, Dumm stellen, findig sein, immer neue Schliche und Wege gehen, dann ist der Erfolg sicher.

Wo der Gegner auch einbrechen mag, überall trifft er auf unsere Front in der Heimat. Wir kämpfen unseren Kampf so lange, bis die Stunde des deutschen Soldaten wieder schlägt, bis unsere Wehrmacht endgültig den deutschen Raum von seinen Feinden säubert.

Für diese Stunde kämpfen wir, unser Krieg ist unser Sieg!

Werwölfe packen zu!

Lesen und an die Kameraden weitergeben!

Mann. Übermorgen am Hauptbahnhof. Wir werden sofort verladen. Waffen erhalten wir unterwegs. Vielleicht sogar Uniformen. Alles klar?‹ – ›Wenn ich nicht als Soldat eingekleidet werde und eine Waffe erhalte, dazu einen Lehrgang, wie man damit umgeht, dann bleibe ich zu Hause. Ich werde nach der Genfer Konvention ...‹ – ›Wir scheißen auf diese Konfession!‹ schreit der Lehrer vorn am Pult. ›Es geht um Deutschland. Wenn das nicht in ihren Ribbeleskopf reingegangen ist ...‹ – ›Der Mann hat recht‹, rufen einige andere. ›Erst Uniform, dann Übungen mit dem Gewehr und alles, was dazugehört!‹ – ›Ich bin reklamiert von meiner Fachschaft‹, ruft einer. ›Zeigen Sie her‹, ruft der Mann am Pult. Der Mann kommt nach vorn, gibt dem Lehrer das Attest und der zerreißt es in tausend Fetzen. ›So, das war das Attest. Übermorgen früh am Hauptbahnhof. Noch einer mit Attest?‹ – ›Ich gehe morgen früh ins Krankenhaus‹, ruft einer. Dann meldet sich von ganz hinten eine Stimme. ›Na, was ist?‹ ruft ungeduldig der Lehrer. Die Stimme sagt eisklar und ganz verständlich: ›Sie können mich am Arsch lecken‹ und geht dann schnell nach hinten raus. Ein Lachen brandet auf, und ich denke: ›So eine schöne deutliche Antwort, das war früher nicht möglich‹. Die Männer brechen auf. Unaufhaltsam. Der Mann am Pult bleibt mit zwei Getreuen allein. Der Volkssturm hat sich aufgelöst.«

Während auch einige Flüchtlinge vor den heranrückenden Amerikanern und Engländern sich ostwärts wandten, kamen immer neue Trecks aus dem Osten am Stadtrand an. So standen plötzlich eine alte Frau mit einem Köfferchen und ein jung verheiratetes Paar vor der Tür von Hermine Desendorf. Vor wenigen Monaten noch waren sie nach Schlesien verzogen und hatten die Wohnung den Desendorfs vermietet. Jetzt hieß es: »Können wir nicht wieder hinein? Wir können uns doch einrichten!« Nach einigem Stühlerücken wurde jedenfalls die alte Dame aufgenommen.

Viele der Flüchtlinge aus dem Osten hatten aber nicht solch' Glück. Sie vagabundierten ohne Ziel über die Straßen, ohne Aussicht auf ein Ende ihrer Odyssee. Karl Dürkefälden hat in seinem Tagebuch einige Gespräche mit diesen am Stadtrand Hannovers Gestrandeten notiert.

»Den zweiten Wagenführer, einen älteren Mann, habe ich angesprochen. Er hatte nur ein Pferd von Anfang an und mußte unterwegs einen Teil seiner Habe abwerfen, weil er zu schwer geladen hatte. Der Mann war unzufrieden. Am 28. Januar sei er aus dem Kreise Goldau in Ostpreußen abgefahren. Vier Wochen hatten sie nochmals Aufenthalt in Ostpreußen, dann ging es täglich weiter. Jetzt hörte ich zum erstenmal, daß die Trecks gar kein Ziel haben, sondern immer weiter geschickt werden: ›Wir fahren in den Tod!‹ Der dritte Treck kam von einem großen Gut aus Rositten in Ostpreußen. Ein großer Wagen war sogar mit sechs Pferden bespannt. Am Ende dieses Wagens saß ein Ehepaar unter dem großen Dach: ›Wir sind 11 Wagen. Wer will schon einen so großen Treck haben? Wir wissen nicht, wohin wir sollen. Wir werden immer weiter gejagt. Warum hat man uns dort hinten bloß nicht gelassen, hier fahren wir auch nur in den Tod. Vier Kinder hat unser Treck schon verloren. Eines liegt noch dort tot auf dem Wagen!‹«

Bei den Jungen freilich kam selbst diese Botschaft nicht an. Sie waren mit dem Nationalsozialismus aufgewachsen. Sie hatten die »Sirrebändchen« – die Staniolstreifen, die von den alliierten Flugzeugen zur Verwirrung des deutschen Radars abgeregnet wurden – wie Sterntaler gesammelt. Ihnen hatten Schriftenreihen wie die »Kleinen Kriegshefte« (Preis pro Ausgabe: 10 Pfennig) oder die »Kriegsbücherei der deutschen Jugend« (20 Pfennig) gegolten. Ihnen waren die Ikonen des »Dritten Reiches« besonders nahegebracht worden – Auszug aus einem Aufsatz vom Frühjahr 1945: »In unserer Schulstube ist es schön, mollig und warm. Hübsche Bilder hängen an der Wand. Wie Rotkäppchen, von Hindenburg, Hitler und Jesus am Kreuze.«

Kein Wunder, daß diese Pimpfe noch immer an den »Endsieg« glaubten. Wolfgang Grimpe erinnert sich: »Unser Hauswirt, ein fanatischer Parteigenosse, erzählte mir ständig von dem nun kurz bevorstehenden Einsatz neuer Wunderwaffen. Er redete auch öfter von KZs, in die Reichsfeinde, Spione und sogenannte Volksschädlinge eingeliefert würden, um sie dort durch Arbeit umzuerziehen. Er sagte jedoch nicht KZs, sondern ›Konzertlager‹.

Kurz vor dem Einmarsch beschlossen wir Hitlerjungen vom Jungzug Ronnenberg, uns Panzerfäuste und einen LKW zu besorgen, um nach Berlin zu fahren und die Reichshauptstadt verteidigen zu helfen. An Panzerfäusten mangelte es nicht. Einige von uns besaßen solche Dinger. Nur das Auto war nicht zu beschaffen, so daß unser phantastischer Plan unausgeführt blieb.«

III.

Kultur im Kriege

Die trügerische Stille

In der letzten in den Archiven greifbaren Ausgabe der Hannoverschen Zeitung vom 6. April 1945 ist nur noch von der immer näher heranrückenden Front die Rede, vom unerschütterlichen Durchhaltewillen, von Lebensmittelzuteilungen und Gefallenen. Die so lange aufrechterhaltene Kulturfassade ist abgebröckelt; übriggeblieben waren zum Schluß Kleinanzeigen von fünf Kinos. 1939 hatten 16 inseriert, mindestens acht weitere lebten von ihrem Stammpublikum und brauchten keine Werbung. Die brauchte nun niemand mehr.

Am Beispiel Hannover wird die Verschiebung des Realitätsbegriffs besonders deutlich. Wird der Krieg am Anfang von den Kunstschaffenden nicht oder nur ornamental zur Kenntnis genommen und die Kunst für die eigentliche Wirklichkeit gesetzt, so schieben sich mit der Eskalation des Bombenkrieges schöner Schein und rauhes Sein hart nebeneinander. Je aussichtsloser die Lage wird, je größer die materielle Not, desto hektischer der Veranstaltungsbetrieb. Und eines Tages sind es nur noch Seifenblasen, die da platzen können.

Spiegel der kulturpolitischen Schizophrenie ist die Presse, die der Hauptschriftleiter von Kurier/Tageblatt, Fritz Hirschner, im Mai 1944 vor Studentenführern als »Kampfinstrument der Staatsführung« bezeichnet. Am 28. März 1944 prahlt Gauleiter Lauterbacher mit einer »Blütezeit auf allen Gebieten der Kultur«, am 1. August verhöhnt die Zeitung die kleinmütigen Engländer, am 26. August kommentiert sie die Liquidierung der deutschen Theater mit längst bekanntem verständlichen Ärger der Front über solchen Luxus.

Am 1. September 1939 hat der Hannoversche Anzeiger keinen Platz für Kunstberichte (wie Kritiken seit 1936 hießen). Das Luftschutzgesetz und die Hitler-Rede vor dem Reichstag füllen die Spalten. Doch hurtig bei der Hand ist eine Unterhaltungsbeilage mit dem Titel »Schwert und Glaube«, und vom Trivial-Barden Rudolf Herzog findet sich ein pathetischer Hymnus »Du deutsches Danzig«. Das Blatt schürft nach Dichtern, die Soldaten waren, und läßt bekannte Künstler von Fronterlebnissen aus dem Ersten Weltkrieg schwärmen.

Der Spielzeitbeginn geht seinen gewohnten Gang: Die Oper mit den »Meistersingern«, das Schauspiel mit »Faust«, alles seit einem Jahr vorgeplant, nun aber auf das große Geschehen hin deutbar (wie nach dem mißglückten Attentat auf Hitler im Münchner Bürgerbräukeller am 9. November tiefe Bezüglichkeiten zum »Fliegenden Holländer« und zu »Wallenstein« entdeckt werden). Doch bald wird die stählerne Zeit wieder aus dem Feuilleton verbannt – es sei denn, die Kino-Wochenschau mit Frontberichten sei zu würdigen.

Keine Eile mit der Gleichschaltung

Unangefochten geht die Oper zunächst ihren Weg, seit 1924 geleitet von Generalmusikdirektor Rudolf Krasselt. Sein Ruf war so groß, daß Bruno Walter, einer der bedeutendsten Dirigenten des Jahrhunderts, aus Berlin seine Tochter zu ihm in die Lehre schickte. Während des Krieges holt der Reichssender Hamburg Krasselt mit Solisten in die Zentrale und kommt zu einer Direktübertragung (Monteverdi – Puccini – Vollerthun) ins Haus. Der Deutschlandsender überträgt einen Querschnitt aus »Morana« von Jacov Gotovac.

Diese Oper des jugoslawischen Komponisten, der von 1923 bis 1958 am Nationaltheater Zagreb amtierte, war nur eins von zwölf zeitgenössischen Werken des Musiktheaters, die Krasselt allein zwischen 1939 und 1943 herausbrachte; insgesamt gab es unter seiner Ägide zehn Ur- und über 60 Erstaufführungen. Daß er zuwenig für die Lebenden getan habe, war eine der Verleumdungen, die 1943 seine Abberufung motivieren sollten – auch in fast jedem seiner Sinfoniekonzerte stand ein Werk des 20. Jahrhunderts.

Pikanterweise präsentierte gerade der gewiß nicht opportunistische Krasselt im September 1940 (»mit der ihm eigenen verantwortungsbewußten fanatischen Hingabe«, wie nachher zu lesen war) eine Neuerscheinung des Dresdner Pfarrerssohnes Gottfried Müller, eines auf Parteitagsaufträge fixierten ausdrücklichen Hitler-Protegés. Krasselt wie seine Kollegen begannen den umtriebigen jungen Mann jedoch zu meiden, als er seinen Förderer Karl Elmendorff beim Propagandaministerium schlechtmachte; seine Karriere versandete.

Krasselt, dem in Arno Grau ein repertoirebeherrschender 1. Kapellmeister zur Seite stand, war vor allem ein vorbildlicher Orchestererzieher. »Wer hat das einstudiert? Professor Krasselt? Danke, ich brauche keine Probe«, erklärte dem versammelten Orchester Hans Knappertsbusch, der wie Elmendorff, Siegmund von Hausegger, Franz von Hoeßlin, Eugen Jochum, Clemens Krauss gern an diesem Pult erschien. Ohne hu ahnen, daß sie nach 1945 Krasselts Nachfolger würden, gastierten im Krieg Franz Konwitschny und Johannes Schüler.

Viele Orchestermitglieder zählten, wie einst Krasselt selber als legendenumwobener Cellist, zum sommerlichen Stamm von Bayreuth, eine Tradition, die geblieben ist. Wagners Werk gehörte zu Krasselts Stärken. Mitten im Krieg brachte er den gesamten »Ring« neu heraus – übrigens parallel zu Hebbels »Nibelungen« im Schauspielhaus –; am 19. März 1940 begann der Zyklus mit »Rheingold«, am 24. Juni war Premiere »Götterdämmerung«. Im Mai 1943 leitete Krasselt in Paris mit »Walküre« die erste deutsch-französische Koproduktion.

Die Orchestermusiker waren ständig auch solistisch tätig. In der Berichtszeit wird häufig das Ladscheck-Quartett erwähnt. Konzertmeister Max Ladscheck taucht in Joseph Wulfs Dokumentation »Musik im Dritten Reich« auf: Der Kampfbund für Deutsche Kultur forderte 1933 seine Entlassung aufgrund einer Denunziation wegen antinazistischer Äußerungen. Krasselt stellte sich vor ihn, sogar unterstützt vom Verwaltungsdirektor Katz, obwohl der ihm 1933 als Parteigenosse aufgezwungen worden und alles andere als genehm war.

Krasselts Entlassung erfolgte durch Gauleiter Lauterbacher, der ihn eben noch scheinheilig zum Opernbeirat für den Gau gemacht hatte, »wegen Erreichung der Alters-

Generalmusikdirektor Prof. Rudolf Krasselt

grenze«, in Wahrheit vorzeitig. Ihn wurmte besonders die schäbige Art seines Nachfolgers Sellner, in Kastens Hotel mit den Ensemblemitgliedern zu verhandeln, ohne in der Intendanz einen Besuch zu machen. Nach seiner Abschiedsvorstellung mit »Walküre« feierte ihn das Publikum eine volle Stunde lang, mit Tränen in den Augen stand er auf der Bühne.

Es war wie ein Menetekel: Auf Wotans Feuerzauber folgte der Bombenhagel; am 26. Juli sank der Lavesbau in Trümmer. »Das Theater in Hannover, Ihr Theater, ausgebrannt, nachdem Sie fort sind!! Es durfte nach Ihnen kein anderer einziehen. Das ist ein schreckliches, aber großartiges Gedicht!« schrieb aus München der Komponist Ermanno Wolf-Ferrari, dessen »Kuckuck von Theben« Krasselt wenige Wochen vorher uraufgeführt hatte, Krönung einer systematischen Pflege, die seit »Sly« (1928) im ganzen Reich Beachtung fand.

Daneben führte das Schauspiel ein vergleichsweise glanzloses Dasein. Sein Intendant Alfons Pape war 1933 aus München in die Stelle des seiner jüdischen Abstammung wegen verjagten Georg Altmann berufen worden. Menschlich wird über Pape nur Positives berichtet. Er konnte sich auf ein hervorragendes Ensemble stützen, mit Kräften wie Fridel Mumme, Theodor Becker, Hugo Rudolph, Hans Teschendorf; der brillante Hans Ebert starb 1942. Papes Spielplan orientierte sich an Klassik, Zeitgenössischem und leichter Kost.

Pape brachte, in Bühnenbildern von Kurt Söhnlein, den gesamten Schiller heraus, mit Ausnahme von »Fiesco«, aber einschließlich »Wilhelm Tell«, möglicherweise als letzte deutsche Bühne vor 1945. Premiere war am 9. Februar 1942, und am 3. Juni teilte Reichsleiter Martin Bormann vertraulich den Führer-Wunsch mit, das Stück über den Tyrannenmord künftig weder aufzuführen noch im Unterricht zu behandeln. Ein offizielles Verbot für beides folgte alsbald. Sogar Zitate mußten aus den Lesebüchern verschwinden.

Ernst Bacmeister, Erwin Guido Kolbenheyer, Curt Langenbeck, Eberhard Wolfgang Möller hatte Pape auch vor 1939 schon gespielt. Aus heutiger Sicht eine seiner bemerkenswertesten Erwerbungen ist »Das Dorf bei Odessa«, dessen Verfasser Herbert Reinecker, nachmaliger Kommissar- und Derrick-Autor, »im Auftrage der Reichsführung SS die Umsiedlung der Bessarabiendeutschen erlebt« hatte. Die Hamburger Schauspielerin Inge Stolten spricht von einer »Mischung aus Kitsch und aggressivem völkischen Sendungsbewußtsein«.

Zu Ostern hatte Pape seinen »Faust« im Haus wie Krasselt seinen »Parsifal«. Und weil damals über Klassiker zumindest in den Texten noch eine Art Konsens bestand, war es ihm möglich, in seine stehenden Inszenierungen zu besonderen Festwochen Berliner Protagonisten zu holen: 1941 waren es Liselotte Schreiner, Heinrich George und Werner Krauss, 1942 kam Paul Hartmann. Zu einer Woche mit zeitgenössischer Dramatik lud er ferner im Sommer 1942 die Ensembles der Nachbartheater aus Braunschweig und Göttingen ein.

Hannover war in jenen Jahren ein Dorado für Operettenfreunde. Während die berühmten Titel von der »Fledermaus« bis zum »Zarewitsch« im Opernhaus ihren Platz hatten, brachte das Mellini in der Artilleriestraße, der heutigen Kurt-Schumacher-Straße, in erstaunlicher Vielzahl Neuheiten heraus. Wenige Tage vor Kriegsbeginn wurde es dem privaten Besitzer Anton Lölgen abgenommen und in ein parteiamtliches KdF-Theater umgewandelt, das mit populärer Unterhaltung wirksamste Kulturpolitik zu machen hatte.

Als freilich der frisch bestallte Leiter, Kapellmeister Paul Cornelius, die »neue Linie« verkündete, mögen manche geschmunzelt haben. Sie lautete: »Musikalisch sauber, orchestral ausgefüllt«. Cornelius amtierte zwei Jahre. Nach Operettenabenden und einem Stadtteilkonzert in Kirchrode mit Klassik, ferner einem Konzert mit Paul Lincke als Gastdirigent eigener Melodien war der große Start im Mai 1940, mit Propagandawirbel vorbereitet, die Operette »Das große Rennen« eines Italieners namens Giuseppe Petri.

Der Star der Stunde hieß Brigitte Mira. Sie schwärmte 1974 in einem Interview mit der Neuen Hannoverschen Presse: »Hannover hatte damals ein richtiges Großstadt-Operettenpublikum«. Auch Gutheims »Schäfchen zur Linken« hob sie aus der Taufe. Als »Graf von Luxemburg« überbrachte der gefeierte Hansheinz Bollmann die Grüße Franz Lehárs, von dem bald »Paganini« folgte. Willi Domgraf-Faßbaender war einer der prominenten Konzertgäste. Das Haus brachte auch Tanzveranstaltungen, so Liselotte Köster und Jockel Stahl.

Unter dem nächsten Intendanten Robert Nästlberger, der nach einer Spielzeit starb, wurden NS-Bühne und KdF-Kulturgemeinde zur NS-Gemeinschaft Kraft durch Freude zusammengelegt, das Ende von Konkurrenz- und Rivalitätskämpfen innerhalb der Partei. Programmgestaltung und Besucherorganisation lagen nun in einer Hand, für die arbeitenden Künstler eine Vereinfachung. Mit »Liebe in der Lerchengasse«, »Clivia«, »Saison in Salzburg«, »Reiter der Kaiserin«, alles ganz neu, und Winterhilfskonzerten lief der Laden.

Der letzte Mellini-Chef, Paul Wrede – er kam nach dem Kriege als liebenswert-skurriler Schauspieler zur Landesbühne und lebt als 91jähriger in der Südstadt –, konnte am 15. September 1942 von der Gauleitung einen Scheck von zusätzlichen 100000 Mark für die kriegswichtige Tätigkeit dieses Operettenhauses in Empfang nehmen. Zu seiner Zeit gab es unter anderem Nedbals »Polenblut«, dessen nun unerwünschter Titel in »Die Erntebraut« umgeändert wurde, ferner »Monika« und »Bezauberndes Fräulein«.

Auch das Mellini fiel am 9. Oktober 1943 in Trümmer; die Kellerruine diente nach 1945 den Kammerspielen als Avantgarde- und Amüsierfeld. Wredes Ensemble wurde im Wolfenbütteler Lessing-Theater einquartiert, die Einwohner gaben ihre besten Zimmer her. Es gab Abstecher nach Braunschweig, Peine, Salzgitter, Uelzen, Lüneburg, Hameln, Celle, Wolfsburg, bei Kälte, in überfüllten Zügen und bei Fliegeralarm. Die Schließungsnachricht ereilte die Truppe in Königgrätz, wohin sie zur Soldatenaufheiterung beordert worden war.

Thierfelders heroischer Beethoven

Zum musikalischen Angebot mit überregionaler Ausstrahlung gehörten die 1932 durch den Kapellmeister Otto Ebel von Sosen ins Leben gerufenen Schloßkonzerte. Aus dem nur mit Holz heizbaren Schloß, dessen Saal akustisch unvorteilhaft war und nicht genügend Besucher faßte, nach mehreren Interimslösungen schließlich ins Konzerthaus an der Goethebrücke verlegt, wurden sie regelmäßig vom Norddeutschen Rundfunk übertragen, als Pendant zu den Hamburger Hafenkonzerten und den Auftritten der Bremer Stadtmusikanten.

Am 3. Oktober 1939 nun meldet der Hannoversche Anzeiger, daß diese Schloßkonzerte, »die einige Wochen zum Schweigen verurteilt worden waren«, am 23. Oktober wiederaufgenommen werden sollen: der Dirigent war »von der Ostfront zurückgekehrt«. Am 7. November wird das 370. Konzert gezählt. Im Juli 1942 wird eine Unterbrechung registriert, am 17. Dezember das 400. gemeldet. Nach der Zerstörung des Konzerthauses 1943 kam ein letztes aus dem Ufa-Kino Oberstraße, die letzte Rundfunksendung aus Hannover überhaupt.

Bestritten wurden diese Konzerte durch das Niedersächsische Sinfonieorchester, kurz Niedersachsenorchester genannt, und das war ein ständiges Sorgenkind. 1928 durch Ebel von Sosen gegründet, hatte es 1933 durch die Verpflichtung Fritz Lehmanns eine künstlerische Aufwertung erfahren. 1938 war dann aus Berlin Dr. Helmuth Thierfelder entsandt worden, 1935 vom Reichskulturwart Hinkel als stellvertretender Leiter der Reichsmusikerschaft vorgeschlagen, mit glänzenden Beziehungen, die dem Orchester zugutekamen.

Am 4. Oktober dirigierte der »soeben von der Front zurückgekehrte Leutnant d. R.« wieder ein Konzert – und wenige Tage später wurde verkündet, Gauleiterstellvertreter Schmalz und Oberbürgermeister Dr. Haltenhoff hätten die Rettung des finanziell gefährdeten Orchesters erreicht. Unter anderem durch den Rundfunkauftrag von sechs Konzerten als Zyklus »200 Jahre Orchestermusik«, Beginn einer Vielzahl von Aktivitäten neben den Abonnementskonzerten, die bei Thierfelder deutschbewußt Stammkonzerte hießen.

Indem er sich zunächst des heroischen Beethoven zugunsten des Winterhilfswerks annahm – 1943 und 1944 führte er die Neunte Sinfonie zu Hitlers Geburtstag auf –, begann Thierfelder bald mit Frontkonzerten, »begeistert die Männer der Luftwaffe in den Fliegerhorsten, in den Küsten- und Landstädten« (Anzeiger), mit Tschaikowskys »1812« und Bachs Brandenburgischen Konzerten. Im Mai 1940 wurde das 50. Wehrmachtkonzert abgehakt. Dazu kamen Freilichtkonzerte in Northeim, das Weihnachtsoratorium in der Aegidienkirche.

Fuhr er mit Orchester nach Dänemark und Belgien, so hatte er Soloangebote, Wagner zu dirigieren, ob in Minden oder bei den Zoppoter Waldfestspielen, wo seine »Umsicht ein reibungsloses Bewältigen aller Fährnisse gewährleistete«. Der Komponist Jean Sibelius, für den er auch nach 1949 unermüdlich eintrat (und nun mit Auslandsbeziehungen vornehmlich nach Südamerika), lud ihn nach Helsinki ein und wünschte den Deutschen Glück für ihren Krieg, scherzte dabei »mit gütigem Humor« über amerikanische Bomber.

Die Liste der Gastdirigenten in diesem Zeitraum reicht vom Leiter der Abteilung Musik im Reichspropagandaministerium Dr. Heinz Drewes bis zu Koryphäen wie Hermann Abendroth. In Werner Heutling, heute Hochschulprofessor, zog der Orchesterchef sich einen 18jährigen Konzertmeister heran – und ließ mit Max Ladscheck den bei der Partei so übel beleumdeten 1. Konzertmeister des Opernhauses immer wieder als Solisten auffahren. 1941 leitete Hans Pfitzner in Detmold ein Konzert mit Eigenem. Thierfelder hier – Thierfelder dort.

Das Orchester bespielte auch die Sommer-Serenaden in Herrenhausen (entgegen dem verdienstvollen Buch von Kurt Morawietz nicht bis 1942, sondern sogar bis 1943) – unter Thierfelder selber, dann unter dem Schauspielhaus-Kapellmeister Siegbert Mees, schließlich unter dem jungen Karl Münchinger (nach 1945 Stuttgarter Kammerorchester). Im Gartentheater, wo 1941 die Figuren frisch vergoldet wurden, entzückte das Opernballett unter Alice Zickler mit der bezaubernden Solotänzerin Annemarie Herrmann und Partner Paul Böhm.

Berühmte auswärtige Orchester kamen auch während des Krieges in die Stadt: Wilhelm Furtwängler erschien mit den Berliner, Hans Knappertsbusch mit den Wiener, Oswald Kabasta mit den Münchner Philharmonikern, Hans von Benda mit dem Berliner, Hans Schmidt-Isserstedt mit dem Hamburger Kammerorchester. Gino Marinuzzi führte im Kuppelsaal das Scala-Orchester Mailand vor. Die Pariser Sängerknaben waren zu hören, Günther Ramin mit den Thomanern; die Opern-Ballettgruppen aus Stuttgart und aus Essen waren zu sehen.

An Solisten, ob in Opernkonzerten oder allein, gehörten fast zur Familie die Sänger Heinrich Schlusnus (am Flügel Sebastian Peschko, der nach 1950 im Funkhaus die Abteilung Lied aufbaute), Erna Berger und Franz Völker (beide brachten als Begleiter den, wie ein Kritiker fand, »edeltönigen« Ferdinand Leitner mit), Gerhard Hüsch, die Pianisten Elly Ney und Wilhelm Kempff, die Tänzer Ilse Meudtner und Harald Kreutzberg (dieser aus alter Anhänglichkeit als Solist und Partner Yvonne Georgis in den frühen dreißiger Jahren).

Daneben regelmäßig eine Reihe hannoverscher Musiker, die wiederum außerhalb gefragt waren, wie der großartige Bassist Paul Gümmer, der im März 1944 auch in Göttingen die Johannes-Passion leitete, der junge Pianist Erik Then-Bergh, 1940 Deutschlands jüngster Nationaler Musikpreisträger, der nachmalige Stadtkantor Gustav Sasse mit Orgelstunden wie seine Kollegin Ellinor Dohrn. Immer wieder Ladscheck mit und ohne Quartett, der Flötist Karl Kirsten, die junge Annemarie Neumann profilierte sich als Klavier-Partnerin.

Wenn wir in die Programme schauen: Neben dem zeitgemäßen Beethoven wurden Bach und Händel geehrt, Telemann wurde damals schon genauso unentwegt wiederentdeckt wie heute. Josef von Manowarda wurde sehr belobt,

Büste Dr. Helmuth Thierfelder

weil er aus Manuskripten lauter Lieder unbekannter lebender Komponisten sang – sie sind inzwischen noch unbekannter geworden. Die deutsch-italienische Freundschaft trug Früchte, eine flämische Woche wurde begangen, Finnisches, Rumänisches vorgestellt. Die Besucherzahlen schlugen überall die der Vorjahre.

Zu den wichtigsten Aktivposten gehörte die Hannoversche Musikgemeinde, die, soeben in Kammermusikgemeinde umbenannt, im Herbst 1939 ihr zehnjähriges Bestehen hätte feiern können, aber mit Rücksicht auf die politische Lage darauf verzichtete und die Mitgliederversammlung im Februar 1940 zu einer Bilanz benutzte. Obwohl sie dem Virtuosentum absagte, nahm sie auch weiterhin Aufgaben wahr, die sie heute Funkhaus und Konzertdirektion überläßt: Karl Erb sang, Eduard Erdmann und Wilhelm Kempff gaben Klavierabende.

Der Hinweis »Nächster Luftschutzraum: Lotte-Kestner-Schule« auf dem Programmzettel vom 15. Oktober 1939 ist, so vermerkt Heinrich Sievers in seinem Buch über Kammermusik in Hannover, zunächst das einzige, was auf Krieg hindeutet – die Programme für die Saison lagen ja seit langem fest. Nur der Franzose Alfred Cortot sagte ab, Ironie des Schicksals, denn gerade er wurde später als Kollaborateur zur Rechenschaft gezogen. Aber es kamen das Stross- und das Strub-Quartett. Experimente wurden freilich nun ausgespart.

Vom Fabrikanten Bernhard Sprengel, längst Programminspirator, seit 1940 auch offiziell geleitet, konnte die Kammermusikgemeinde bis Sommer 1944 ohne Niveauverlust, sogar mit dem Glanz von Bach- und Händel-Tagen unter Fritz Lehmann, ihre Arbeit fortsetzen, nach Zerstörung des Konzerthauses in Ausweichsälen der Aula Georgsplatz (damals Rustplatz) und des Ärztehauses. Auch im Hause Sprengel fanden Konzerte statt; hier bedankte sich Wolfgang Schneiderhan mit einem feurigen Csardas für das hochwillkommene Nachtquartier.

Je länger der Krieg dauerte, desto größer die Betriebsamkeit gerade im musikalischen Bereich. Die Kammermusikgemeinde, die in den Vorjahren sieben Konzerte anzubieten

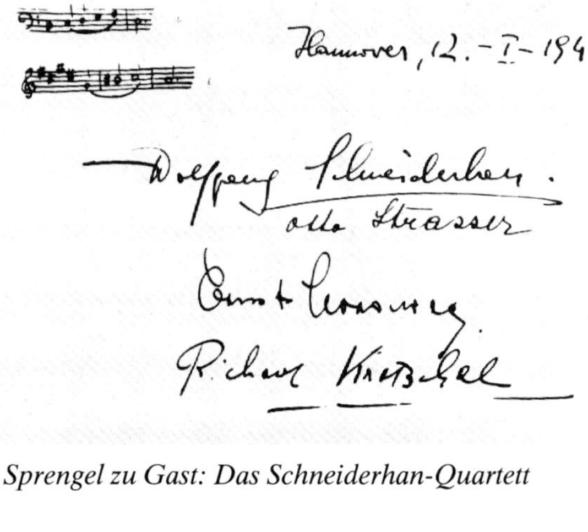

Bei Sprengel zu Gast: Das Schneiderhan-Quartett

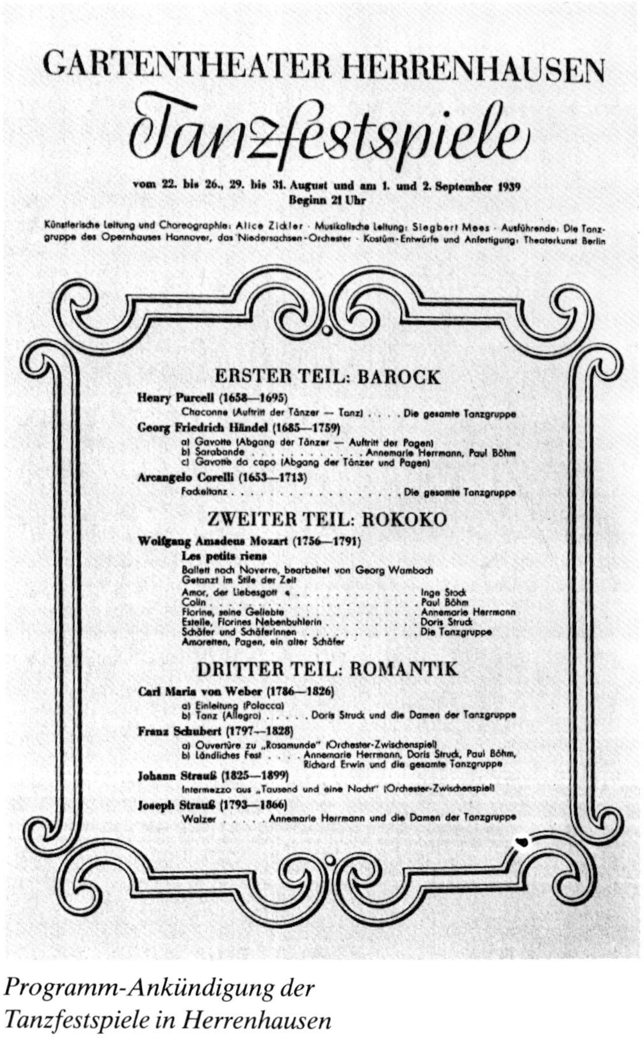

GARTENTHEATER HERRENHAUSEN

Tanzfestspiele

vom 22. bis 26., 29. bis 31. August und am 1. und 2. September 1939
Beginn 21 Uhr

Künstlerische Leitung und Choreographie: Alice Zickler · Musikalische Leitung: Siegbert Mees · Ausführende: Die Tanzgruppe des Opernhauses Hannover, das Niedersachsen-Orchester · Kostüm-Entwürfe und Anfertigung: Theaterkunst Berlin

ERSTER TEIL: BAROCK

Henry Purcell (1658—1695)
Chaconne (Auftritt der Tänzer — Tanz) . . . . Die gesamte Tanzgruppe

Georg Friedrich Händel (1685—1759)
a) Gavotte (Abgang der Tänzer — Auftritt der Pagen)
b) Sarabande . . . . Annemarie Herrmann, Paul Böhm
c) Gavotte da capo (Abgang der Tänzer und Pagen)

Arcangelo Corelli (1653—1713)
Fackeltanz . . . . Die gesamte Tanzgruppe

ZWEITER TEIL: ROKOKO

Wolfgang Amadeus Mozart (1756—1791)
Les petits riens
Ballett nach Noverre, bearbeitet von Georg Wambach
Getanzt im Stile der Zeit
Amor, der Liebesgott . . . . Inge Stock
Colin . . . . Paul Böhm
Florine, seine Geliebte . . . . Annemarie Herrmann
Estelle, Florines Nebenbuhlerin . . . . Doris Struck
Schäfer und Schäferinnen . . . . Die Tanzgruppe
Amoretten, Pagen, ein alter Schäfer

DRITTER TEIL: ROMANTIK

Carl Maria von Weber (1786—1826)
a) Einleitung (Polacca)
b) Tanz (Allegro) . . . . . Doris Struck und die Damen der Tanzgruppe

Franz Schubert (1797—1828)
a) Ouvertüre zu „Rosamunde" (Orchester-Zwischenspiel)
b) Ländliches Fest . . . . Annemarie Herrmann, Doris Struck, Paul Böhm, Richard Erwin und die gesamte Tanzgruppe

Johann Strauß (1825—1899)
Intermezzo aus „Tausend und eine Nacht" (Orchester-Zwischenspiel)

Joseph Strauß (1793—1866)
Walzer . . . . . Annemarie Herrmann und die Damen der Tanzgruppe

Programm-Ankündigung der Tanzfestspiele in Herrenhausen

Strauß-Walzer in Herrenhausen

pflegte, erhöhte 1942/43 auf zehn, am 3. Dezember, als dem 100. Abend, glänzte der Lieblingscellist Enrico Mainardi mit Bach. Die amtliche Statistik meldet in diesem Winter außerdem: acht Opernhaus, zehn Niedersachsenorchester, 21 Kdf-Kulturgemeinde, dazu Bühnentanzgastspiele und zahlreiche Solistenabende amtlicher und privater Einzelveranstalter.

Auch das Collegium musicum der Technischen Hochschule trat wiederholt auf den Plan, so Ende Januar 1941 mit altitalienischen Raritäten. Sein Leiter war der Musikwissenschaftler Prof. Theodor W. Werner. Bevor er zum Mozarteum Salzburg wechselte, hielt er lange Jahre mit väterlicher Strenge im Hannoverschen Kurier kritische Wache. Sein Pendant beim Anzeiger seit 1936, Erich Limmert, von 1942 an Soldat, nach Rückkehr bei der Hannoverschen Presse, dann bei der HAZ tätig, ist noch heute auf seinem Gebiet unumstrittene Autorität.

Hier ein Seitenblick auf die Kulturredaktionen. Beim Kurier versah Hauptschriftleiter Kurt Voß sie mit, er fiel schon 1939. Der hochgebildete Fritz Kageler vom Tageblatt rückte 1941 ein und kam nicht zurück. Beim Anzeiger war Otto Lothar Riemasch für Schauspiel zuständig, der ständig gefährdete Friedrich Rasche für Literatur und Bildende Kunst. Der freiberufliche Branchensenior Johann Frerking spielte den Statthalter für die Eingezogenen und schrieb März 1945 (Nachruf auf Börries von Münchhausen) das letzte Fueilleton.

Die Reichsschrifttumskammer verbietet

Auch das literarische Leben der Stadt, soweit es Vermittlung, weniger Hervorbringung von Dichtung betrifft, gedieh weiter. Als repräsentativ sei die Goethe-Gesellschaft herausgegriffen, deren Vorsitz der Erste Staatsanwalt Dr. Max Döring seit 1929 innehatte und bis 1947 beibehielt. 1925 ge-

Lektüre für die Jugend

gründet, war sie 1937 von der Buchhandlung Sachse & Heinzelmann in Obhut genommen worden, der eigene Lesungen, aufgrund eines überlaufenen Abends mit Hans Carossa, auf Weisung der Reichsschrifttumskammer untersagt worden waren.

Mit Unterstützung dieser Buchhandlung, deren langjährige Inhaberin Margarete Jockusch noch heute die Geschäfte der Gesellschaft führt, fanden 1939 noch drei Abende mit lebenden Dichtern im Ärztehaus bzw. Alten Rathaus statt – Georg Grabenhorst, Börries von Münchhausen, Kurt Kluge –, im wesentlichen aber, und von 1940 an ausschließlich, Vorträge über und Rezitationen aus Klassik und Romantik, überwiegend in der Stadtbibliothek, aber auch im Künstlerhaus, im Volkstumsmuseum – und ganz zuletzt noch im Beethovensaal der Stadthalle.

Dazu kamen der Droste-Forscher Julius Lothar Schükking, die Professoren Artur Kutscher und Hans Wahl, die Rezitatorinnen Helene Craney, Theamaria Lenz und Asta Südhaus, es wirkten mit der Vorsitzer-Stellvertreter Oberlandeskirchenrat Dr. Walther Lampe und der Kritiker Johann Frerking. Aus München reiste November 1939 Rudolf Bach mit Goethes »Pandora« an, die er am 21. Mai 1944 zum Kehraus wiederholte, nun als Chefdramaturg der Städtischen Bühnen (darüber später) und jetzt bereits alter Freund der Familie Jockusch.

Am 23. Mai 1941 schrieb der Präsident der Goethe-Gesellschaft Weimar, der Leipziger Insel-Verleger Anton Kippenberg, an den hannoverschen Vorsitzenden, er stelle fest, »daß Sie sich vollkommen auf Goethe und seinen Kreis beschränken und von zeitgenössischen Dichterlesungen absehen. Das bedeutet, daß Sie nach einer Verfügung des Propagandaministeriums dem ›Reichswerk Buch und Volk‹ *nicht* anzugehören brauchen«; das wäre dann der vierte Ortsverein, der so verfahre, und er hoffe, auch die anderen dahin zu bringen.

Solche Auslegung der Richtlinien höchster Regierungsstellen war durchaus nicht ungefährlich, aber möglich – es geschah nichts. Die Goethe-Gesellschaft hatte übrigens bei keiner Veranstaltung Alarm. Aber Frau Jockusch hat nicht vergessen, wie der Hamburger Thalia-Schauspieler Wolf Beneckendorff, der am 23. August 1943 »Hermann und Dorothea« sprach, sein Schluchzen nicht unterdrücken konnte, als die dichterische Beschwörung der Kriegsruinen ihn an die ganz frischen Wunden seiner zerstörten Alsterheimat erinnerte.

Daneben gab es die Raabe-Gesellschaft, die, unter maßgeblicher Mitwirkung Johann Frerkings, ihren Patron und seine Beziehungen zu anderen Autoren behandelte. Die Deutsch-Italienische Gesellschaft wartete sogar am 13. Juli 1944 noch mit einem Dante-Abend auf, Gedok und Frauenkultur arbeiteten, daneben alle möglichen Partei-Dienststellen, Arbeitsfront, Frauenschaft, Kreisleitung, Gauleitung – diese präsentierte im Januar 1944 Hans-Friedrich Blunck, »nachdem ein geeigneter Raum hergerichtet werden konnte«.

Marie Hamsun, im November 1939 von Gauleiter-Stellvertreter Schmalz unter Hinweis auf die Deutschfreundlichkeit ihres Mannes Knut besonders bewillkommnet, kam 1942 wieder; es kamen Carossa, Waggerl, Wilhelm Schäfer, Robert Walter, Mirko Jelusich, Herbert Böhme. Der einheimische Werner Krynitz wartete unermüdlich mit Goethe auf; der populäre Albrecht Schoenhals gestaltete eine Stunde mit Kleist und anderem; Heinrich George, als Hjalmar Bergmans »Swedenhjelm« gastierend, las nebenbei Nordisches.

Vergnügen bis zum »Dunklen Tag«

Für Kabarett waren die Zeiten nicht günstig. Nach einem Auftritt der Acht Entfesselten Ende Oktober 1939 war nichts mehr zu ermitteln. Dafür erfreuten sich die Kleinkunstbühnen, vor- und nachmals Varietés, regen Zuspruchs, so wurde der junge Imitator Werner Kroll gefeiert. Beliebte Tanzorchester kamen außer in die Tanzcafés auch in Kuppelsaal und Konzerthaus: Juan Llossas, Will Glahé, Bernhard Etté (einmal die Kapelle ohne Chef), Georges Boulanger (den Hannoveraner Ladscheck spielend), Peter Kreuder.

Ein Abend des Orchesters Robert Gaden im Konzerthaus erregte Anstoß bei einem Rezensenten, weil Brahms und Boccherini zwischen Stücken mit Saxophonbesetzung plaziert waren (das Wort Niggermusik fiel nicht). Unangefochten waren Barnabas von Geczy – und der Komponist des vom Hannoveraner Hermann Löns verfaßten England-Liedes Herms Niel. Ihm schrieben 1941 tausend Mädchen, deren jedes sich ein Lied auf seinen Vornamen von ihm komponiert wünschte – das hatte er mit seiner Landser-Schnulze »Erika« angerichtet.

Hannover begrüßte Stars des Wunschkonzerts des Großdeutschen Rundfunks wie Rosita Serrano, begleitet von Fritz Schulz (heute der »schräge Otto«), und Wilhelm Strienz (»Heimat, deine Sterne«). Dieser brachte im November 1941 als Flügelmann eben jenen Bruno Seidler-Winkler mit, den im Juni 1933 als Kapellmeister der Berliner Funkstunde die Musikorganisationen der Partei (vor Gründung der Reichsmusikkammer) auf die dritte Entlassungsliste gesetzt hatten und der nun mit Tingeln und Chorarrangements sein Dasein fristete.

Einmal, im März 1940, verschrieb Hannover sich selbst ein Wunschkonzert. Zwar erschien nicht die groß angekündigte Zarah Leander, aber immerhin Marika Rökk, die Chansonnière Kirsten Heiberg mit ihrem Mann Franz Grothe, Bernhard Etté, der Opernsänger Rudolf Bockelmann; von der hannoverschen Oper Milly Stolle und Conrad Siegmund, der Silcherbund unter Wilhelm Bein, Ebel von Sosen mit dem Niedersachsenorchester und ein HJ-Stammführer Weber, der sich nach 1945 kurzfristig als Generalmusikdirektor ausgeben konnte.

Eine immer größere Rolle als Ablenkungsfaktor spielten, wie überall im Reich, die Kinos. Es gab die großen Gruppen

UFA, Scharnofske und Kuschel mit je mindestens vier Häusern. Außer dem Hinweis auf die Kriegswochenschau gab es zunächst nichts Auffallendes. Daß in Helmut Käutners »Kitty und die Weltkonferenz« der geistreiche Fritz Odemar einen englischen Diplomaten zum Sympathieträger machte, fiel hier am 15. September nicht auf; als der Film am 3. Oktober in Berlin anlief, reagierte die Reichsprüfstelle prompt mit Verbot.

Im Juli 1940 neue Anfangszeiten: die Abendvorstellung beginnt um 8.15 statt 8.45 Uhr (die hannoverschen Filmtheater haben bis zum Schluß die Zählung von 13 bis 24 Uhr nicht zur Kenntnis genommen – auch hier das niedersächsische Beharrungsvermögen). Ende Oktober weitere Vorverlegung auf 6.30 Uhr, im April 1941 mit der Sommerzeit wieder 7.30 Uhr, im Oktober automatisch zurück auf 6.30 Uhr. Großer Schlager war während des Frühjahrs 1941 offensichtlich die »Lachparade« im bis dahin seriösen Planetarium des Anzeiger-Hochhauses.

Mit besonderer Aufmerksamkeit wurde im März 1942 der erste deutsche Farbfilm »Frauen sind doch bessere Diplomaten« aufgenommen. Im Mai kam Wolfgang Lukschy, Peer Gynt und Gyges des Städtischen Schauspiels der 30er Jahre, zum Plauderstündchen anläßlich der Premiere des Dachdeckerfilms »Zwischen Himmel und Erde« nach dem Roman von Otto Ludwig – das war damals noch ein Ereignis; denn erst 1949 wurde Hannover für ein gutes Dutzend Jahre die meistbegehrte Uraufführungsstadt der bundesdeutschen Nachkriegsfilmindustrie.

Als nach und neben anderen Kinos am 9. Oktober 1943 auch der Gloria-Palast an der Hildesheimer Straße im ehemaligen Rollschuhpalast (weiter südlich, als er später im Ärztehaus wieder eingerichtet wurde) in Schutt und Asche versunken war, bekam die stehengebliebene Fassadenreklame mit dem Plakat »Der dunkle Tag« Symbolwert, der Titel als nachträgliches Omen, so wie 1933 in Berlin, als die Flammen im Reichstagsgebäude die Menschen verstörten, gerade »Brennendes Geheimnis« nach Stefan Zweig an den Säulen prangte.

Um dem Mangel an Vorführmöglichkeiten abzuhelfen, ließ die Gaufilmstelle im Juli 1944 auf einem ehemaligen Schulhof in der Friesenstraße ein Freilichtkino installieren. Zur Einweihung gab es das Lustspiel »Romantische Brautfahrt«, was insofern einen leicht makabren Beigeschmack hatte, als die Hauptdarstellerin Marte Harell mit der des »Dunklen Tags« identisch war. Doch das hatte den ganz simplen Grund, daß sie als Frau des Produktionschefs Karl Hartl bei der Wien-Film immer erste Wahl war.

Was das Herstellen von Filmen angeht, lag Hannover ja nie sehr weit vorn: Wilfried Basses 1932 vom Verlagshaus Madsack finanziertes Dokumentarwerk »Deutschland gestern und heute« war die Ausnahme geblieben. Anfang 1940 versammelten sich Amateure und drehten mit dem Urgeschichtsprofessor Jacob-Friesen vom Provinzialmuseum ein Stück Stadtgeschichte. 1944 wurde gemeldet, »die deutsche Filmindustrie« bereite fünf Filme über Niedersachsen vor, federführend Alfred Merwick. Doch dazu kam es nicht mehr.

Kinderreiche Mütter nach Bayreuth

Ein buntes Kapitel ist die Truppenbetreuung: Veranstaltungswellen in kriegswichtigen Betrieben – und umgekehrt die Präsenz musizierender Wehrmacht im Stadtbild. 1939 lief es sachte an, das Opernballett unter Alice Zickler – das übrigens 1942 nach Paris eingeladen und dort von den Soldaten und in der deutschsprachigen Pariser Zeitung enthusiastisch gefeiert wurde – erfreute Angehörige der Luftwaffe, die Dresdner Philharmonie brachte Peter Anders in die Hanomag mit, Barnabas von Geczy spielte für die Conti auf.

Anfang 1940 wurden der Schauspieler Hans Ebert, der Opernbariton Paul Wiesendanger und der Regisseur Hans Winckelmann dazu bewogen, von Fronttheater im Ersten Weltkrieg zu plaudern; im Mai desselben Jahres brach die Landesbühne (damals in der Stadt weniger aktiv als die heutige) mit der Bauernkomödie »Wenn der Hahn kräht« zu einer Polen-Tournee auf, ein Jahr später fuhr sie schon kurz nach Beginn des Rußlandfeldzuges mit »Krach um Jolanthe« an die Ostfront, im September 1942 war sie in Jugoslawien und Griechenland.

Die Oper lud Verwundete, Rüstungsarbeiter und Blutordensträger ein, im Mellini waren Verwundete Gäste des Gauleiters, Opernkünstler traten im Lazarett und vor der Hitlerjugend auf, ebenso das Ladscheck-Quartett und das Duo Garvens/Quennet; das Opernorchester spielte in einem nicht genannten Kriegsmusterbetrieb; vom Niedersachsenorchester war die Rede. Vor Verwundeten wurde

MARTE HARELL
WILLY BIRGEL
Der dunkle Tag

der Rembrandt-Film gezeigt, eine Genesendenkompanie in Bothfeld revanchierte sich kraft eigener Liebhaberbühne mit dem »Etappenhasen«.

Als besondere Auszeichnung zu betrachten war im Juli 1941 eine Fahrt zu den Bayreuther Festspielen; hannoverschen Arbeitern und Soldaten wurde dort der »Fliegende Holländer« vorgesetzt. Ein Jahr später brachte der Zug nach Bayreuth »700 Soldatenfrauen, Rüstungsarbeiterinnen, kinderreiche Mütter, Frauen im schlichten Kleid kriegswichtiger Organisationen«. Im Herbst 1941 unternahm Georg Grabenhorst, der sein Fronterleben von 1914–1918 poesievoll verarbeitet hatte, eine Dichterreise zu Soldaten in Nordfrankreich.

Daß Künstler der Bühne Geschenke zur Flak brachten, ist die letzte Meldung dieser Art, die wir unterm 15. Juli 1944 entdeckt haben. Damit endet dieses Kapitel Kulturpolitik offiziell – doch wir werden noch sehen, wie Improvisationsgeist, Erfindungsreichtum und Überlebenswille vor allem junger Leute dem Krieg, ohne ihn zu verherrlichen, aber auch ohne ihn wegzuleugnen, eine Art Galgenhumor abgewannen, die gerade sie nach dem Ende beflügeln sollte, ohne Selbstmitleid aus den Ruinen neues Leben blühen zu lassen.

Schon 1940, bevor die Befehlszentrale mit großsprecherisch formulierten Fernzielen operierte, wurde in den Räumen der Hanomag eine Ausstellung mit Malerei und Plastik gezeigt. Im übrigen brachte der Krieg auf dem Gebiet der bildenden Kunst sowohl in der Quantität wie in der Qualität – und hier ist die Thematik mitgemeint – erstaunlich wenig Veränderungen. Einer der professionellen Betrachter, der »im feldgrauen Rock« herbeieilte, äußerte denn auch sein Mißfallen über die Zeitferne im Künstlerhaus.

Der Führer in Zement und Kohle

Die Herbstausstellung 1939 des Kunstvereins, die traditionell vor allem das regionale Schaffen beleuchten sollte, konnte erst mit Verspätung, am 19. November, eröffnet werden. Zunächst waren die Säle als Schlafräume für einige Hundertschaften der Hilfspolizei beschlagnahmt worden, das Lesezimmer diente als Wachlokal, das Sekretariat als Dienstraum für den Wachoffizier. Aber das ging vorüber, und der normale Ausstellungsbetrieb konnte bald weitergehen – mit allem, was damals hier Rang und Namen hatte.

Um einige der noch heute Bekannten zu nennen: Franz Belting, Carl Buchheister, Hermann Fischer-Roloff, Otto Gefers, Grethe Jürgens, Albert Knoke, Harm Lichte, Karl Pohle, Erich Rhein, Kurt Sohns, Ernst Thoms, Erich Wegner, Carl Wiederhold. Es wurde nach einem neuen Modus gesucht, weil es kaum Einsendungen von Künstlern unter 30 gegeben habe und wenig in der Altersgruppe von 50 bis 60 – das war, acht Wochen nach Kriegsbeginn, die Hauptsorge. Freilich, die Nominierungen waren noch in scheinbar tiefem Frieden erfolgt.

Ein Führer in Zement von Otto Hohlt, ein Führer in Kohle von Otto von Kursell blicken den Besucher am 8. Mai 1940 an. Fischer-Roloff zeigt Spähtrupp und Kampfgebiet. Er wird in den folgenden Jahren nahezu der einzige bleiben, der Kriegerisches gestaltet, bis auch er an den Dorfrand wechselt, den Wintertag an der polnisch-russischen Grenze oder die Kalmückensteppe festhält. Ringsum sonst Schlüsselblumen, Heidelandschaften, Näherinnen wie immer, ein zahmer, selten monumentaler Realismus als bevorzugtes Stilprinzip.

Im Herbst 1941 ist Otto Modersohm mit 16, im Herbst 1942 Carl Wiederhold sogar mit über 40 Arbeiten vertreten (worunter bei dem letzteren Titel wie »Die Front der Heimat« und »Die Front der Frau« Minderheit bleiben). Der Maler Adolf Wissel und der Bildhauer August Waterbeck porträtieren einander gegenseitig. Einer »Bildnisbüste des Führers«, die Waterbeck zum 22. März 1942 anliefert, sind Zeitungsleser schon im August 1941 begegnet – damals prangte sie in einer Sonderausstellung anläßlich seines 65. Geburtstags.

Unterdessen lebte die große Überzahl der Maler bis zum Schluß in einer Art innerer Emigration. Auch Richard Seiffert-Wattenberg, Konservator des Kunstvereins seit 1924, wies Stilleben mit Obst und Blüten vor. Ihn lud für Februar 1943 Reichsstatthalter Baldur von Schirach zu einer Schau »Junge Kunst im Reich« ins Wiener Künstlerhaus ein. Sie erregte ob ihrer relativen Liberalität Aufsehen, wurde aber auf Geheiß aus Berlin kurzfristig geschlossen, als Reichsbühnenbildner Benno von Arent sie inspiziert hatte.

Unter den Gast- und Sonderschauen des Kunstvereins war im September 1940 eine mit Werken italienischer Maler, und in seiner Chronik zum 125jährigen Bestehen erinnerte Johann Frerking sich 1957, sie habe eindeutiges Zeugnis da-

Sonderschau August Waterbeck

Ehe die Ausstellung der Vereinigung „Nordwestdeutscher Künstler“ ihre Pforten schließt, möchten wir noch einmal darauf hinweisen, daß sie zugleich auch als Ehrung eines hervorragenden Mitgliedes des Bundes, des Bildhauers August Waterbeck gedacht ist, der in diesem Jahre seinen 65. Geburtstag feierte. Aus diesem Anlaß räumte die Schau dem Künstler, auf den Hannover mit Recht stolz sein kann, und von dessen Werk nicht nur die städtischen Anlagen (Wisent und Hirsch) sehr reizvoll berichten, sondern auch in der näheren und weiteren Umgebung imposante Ehrenmale Zeugnis ablegen, einen bevorzugten Raum ein. Sie zeigt uns im Werk den vielseitigen Künstler, erhellt aber zugleich auch den klaren und geraden Weg seiner Entwicklung, indem sie aus allen Epochen dieses nun schon bald vier Jahrzehnte umfassenden Schaffens (25jährig nahm Waterbeck, ein gebürtiger Westfale, seinen Wohnsitz in Hannover) Arbeiten beherbergt. Und wenn auch, trotz der zwei großen Hauptsäle und noch manchem Nebenraum, den diese Sonderschau im Rahmen der Ausstellung einnimmt, was sie birgt, immer nur ein Bruchteil dessen sein kann, was in der großen Zeitspanne aus den unermüdlich schaffenden Bildnerhänden hervorging, so ist doch ein gültiger Aufschluß über das Wesen dieses schönen und starken Werkes gegeben, und sind alle Gebiete, die es in sich einschließt, umfaßt. Kein Wunder darum, daß es dem Betrachter oft schwer fällt, zu entscheiden, zu welchem Einzelwerk es ihn am lebhaftesten hinzieht. Denn die männlich fest durchgestalteten Porträtköpfe mit den willensmäßig beherrschten Zügen in diesem und dem markant geistigen Ausdruck in jenem Falle, sprechen ebenso warm für sich und ihren Zeitalter, wie etwa das weiche Rund eines Kinderköpfchens oder manches Frauenantlitz in Marmor oder Bronze, bei dem der feinsinnig aufmerkende Künstler insbesondere dem seelischen Ausdruck nachzuspüren berufen war. Gleich gebieterisch treten uns aber auch die lebensvoll der Natur nachgestalteten Tierplastiken entgegen, in deren Reihe das edelste Tier, das Pferd, die Krönung darstellt. Ganz gleich, ob es, für sich allein dastehend, erzählt vom Adel seiner Artung, oder ob es im stolzen Reiterbild mit dem Menschen, der es bändigt, zu einer Einheit verschmilzt. Hier sehen wir frühe schon im kleinen Bronzemodell den Weg beschritten, der endlich zu den monumentalen Pyrmonter und Hildesheimer Ehrenmalen und dem Lüneburger Reiterstandbilde führte. Denkmalsgestaltungen, von denen die überlebensgroßen Modelle ebenfalls in der Sonderschau aufgestellt sind. Hier wollen sie allerdings, gedacht für Freilicht und Weite, den immerhin doch begrenzten und überdachten Raum beinahe sprengen.

Untrennbar zu dem Bildhauer gehört auch die meisterliche Zeichnung, die wir als Entwurf oder Studienblatt immer wieder antreffen. Ganz für sich aber stehen einige wenige frühe Bilder, von denen insbesondere eine kolorierte Federzeichnung zeigt, was für ein ausgezeichneter Maler Waterbeck geworden wäre, hätten Meißel und Hammer in der kraftvollen Hand nicht schon früh Palette und Pinsel verdrängt. Aber auch noch einen anderen Waterbeck lehrt die Schau uns kennen: den Lehrer. Denn von den vier Porträtköpfen, die ein dritter Raum aufweist, ist nur einer, die sehr reizvolle Gestaltung „Klein-Schorchika“ von Waterbeck selbst. Die drei anderen sind Arbeiten seines Lieblingsschülers Georg Heinemeier, der sich damit gültig als Mitglied der zünftigen Gilde der Porträtplastiker ausweist.

August Waterbeck: „Bildnisbüste des Führers“
Aufnahme: Hildegard Müller

August Waterbeck ist auch in der diesjährigen „Großen Deutschen Kunstausstellung“ in München mit drei Werken eindrucksvoll vertreten. Es sind das Bronzemodell des „Wisent“, sowie zwei männliche Porträtbüsten, darunter ein Marmorkopf.

Georgine Mergler

Hannoverscher Anzeiger vom 13. 8. 1941

Ohne Kriegsbezug: »Fischerboote« von Karl Pohle in der Frühjahrs-Ausstellung 1943 des Kunstvereins

von gegeben, »daß unser Verbündeter jenseits der Alpen sehr viel freiere Kunstanschauungen hegte und betätigte, als bei uns zugelassen waren.« Im Frühjahr 1942 wurden hannoversche Maler in Düsseldorf vorgestellt. Die Frühjahrsausstellung 1943 war die letzte des Kunstvereins bis 1950.

Die Herbstausstellung 1943 war schon gehängt und der Presse vorgeführt, der Katalog bis auf den Bildeindruck fertig – vergilbte leere Blätter im Archivexemplar –, da fielen kurz vor dem Eröffnungstermin, dem 10. Oktober, die Bomben. Immerhin erreichte Schatzmeister Fricke die Auszahlung der vollen Versicherungssumme für alle 344 Bilder und Plastiken, ein Trostpflaster für die Künstler. 1943 gab es kleine Ausstellungen in Wohnräumen; das Sekretariat zog nach Hildesheim, wo es bei Kriegsende ausbrannte.

Den Krieg über fanden in der Landesgalerie, im Provinzialmuseum am Maschpark, vornehmlich während des Sommers Ausstellungen der Vereinigung Nordwestdeutscher Künstler statt, mit Thematik wie »Heimat und Ferne«. In einem Künstlerwettbewerb »Niedersachsen am Werk« ging der Preis an Albert Knokes »Schlachthof«; Ernst Thoms war hier mit der »Backstube« vertreten. 1942 gab es einen »KdF-Wettbewerb der Freude« für bildende Künstler, 1944 eine Gaukunstausstellung über »Heimatlandschaft und Geschehen der Zeit«.

Die Landesgalerie, mit der Städtischen Galerie unter einem Dach zur repräsentativen Kunstsammlung vereinigt, hatte ihre schwersten Schäden 1937 davongetragen, als rund 270 »entartete« Kunstwerke beschlagnahmt und zum Teil ins Ausland verkauft worden waren. Der Bombenkrieg richtete zwar im Oktober 1943 im Obergeschoß des Hauses empfindliche Schäden an, insbesondere ging die charakteristische Kuppel verloren – aber die beweglichen Schätze hatten, zum Teil in letzter Minute, in Sicherheit gebracht werden können.

Zur Vermeidung von »Panikstimmung« hatten, wie Galeriedirektor Ferdinand Stuttmann später festhielt, »irreführende Propaganda und dementsprechende Befehle« eine rechtzeitige und planmäßige Verlagerung verhindert. Dennoch war es, vor allem dank dem Eingreifen von Stadtkämmerer Wilhelm Weber, gelungen, Benzin und Fahrzeuge zur Verbringung in Kirchen, Klöster, Landgüter und Bergwerke bereitzustellen. Freilich gab es im Frühjahr 1945 noch Verluste durch Plünderungen und dabei mit Lampen verursachte Brandschäden.

So kam eine Kiste des Kestner-Museums mit hunderten von Kleinwerken aus der ägyptischen Abteilung, mittelalterlichem Elfenbein u. a. unter die Räder. Das auf die Erwerbungen August Kestners, Sohn von Goethes Freundin Charlotte Buff, gegründete Museum am Friedrichswall selbst, das den Bogen von den Dynastien des 4. Jahrtausends vor Christus bis zum Kunsthandwerk der Gegenwart spannt, büßte seinen rückwärtigen Flügel ein, konnte aber die Schäden verschmerzen und 1948 mit dem sowieso überfälligen Umbau beginnen.

Nennenswerte Aktivitäten hatte es in diesem Hause seit Kriegsbeginn nicht mehr gegeben, außer etwa einer Graphik-Ausstellung im 100. Todesjahr des Hofmalers Johann Heinrich Ramberg, Juli 1940, und einer Präsentation von Altitalienischem als Gruß an die im Kunstverein ausstellenden zeitgenössischen Italiener im September 1940. Sonst reduzierte sich der Betrieb, der in Ankäufen, Führungen und Vorträgen bestanden hatte, auf das zum Überleben Notwendige und konzentrierte sich auf die Sicherstellung des Besitzes.

Die Leitung war, nachdem 1937 die Regierung die Entlassung des Ägyptologen Carl Küthmann erzwungen hatte, in Personalunion mit der Landesgalerie Ferdinand Stuttmann übertragen worden. Es ließ sich damit motivieren, daß er ein guter Kunstgewerbekenner war und überdies das Kestner-Museum über wertvolle alte Gemälde verfügte (die Sammlungen wurden später vereinigt). Das Ganze war ein geschickter Schachzug von Oberbürgermeister Haltenhoff, der damit Lutzes Forderung nach einem politisch genehmen Beamten unterlief.

Der Kestner-Gesellschaft war bereits 1936 durch die Reichskammer der Bildenden Künste jede weitere kulturelle Betätigung untersagt worden – ihres Avantgarde-Programms wegen und weil sie allen Warnungen zum Trotz an ihrem jüdischen Kustos Dr. Justus Bier festgehalten hatte. Sie konnte nach einer Satzungsänderung als »Museumsverein« bis 1945 überleben. Das Haus in der Königstraße, das Fritz Beindorff für die Familienfirma Günther Wagner erwarb, um die Gesellschaft zu entlasten, wurde 1943 bis auf eine Mauer zerstört.

Mit Wilhelm Busch in die Winterhilfe

Für den Renommierhannoveraner Wilhelm Busch, dessen Kopf im Februar 1940 die Winterhilfsplaketten zierte, war 1932 auf Betreiben Emil Conrads ein Museum errichtet worden; 1937 faßte das Gebäude am Georgsplatz eben noch die Bestände. Als es 1943 ausgebombt wurde, befand sich das Material zum Glück in Mechtshausen – dort hatte die Wilhelm-Busch-Gesellschaft 1941 das Sterbehaus als Gedenkstätte erworben; im Januar 1943 wurden namhafte Stiftungen, so Originalmanuskripte aus dem Besitz des Rittmeisters Wrede, gemeldet.

Eine Anregung des Vereins, Busch in Feldpostausgaben herauszugeben, hatte der Leipziger Insel-Verlag aufgegriffen und den Gedichtband »Schein und Sein« vorgelegt. Lesungen aus Buschs Werken fanden häufig und an vielen Orten statt; der Filmschauspieler Albrecht Schoenhals mischte ihn in einem bunten Programm Claudius, Kleist und Storm, und Sellners Chefdramaturg Rudolf Bach hatte für den Heidephilosophen mit den Schmunzelgeschichten genausoviel übrig wie für die klassische Antike und die deutsche Goethezeit.

Inspiriert hatte die Gründung der Busch-Gesellschaft 1930 der seit 1901 bestehende Heimatbund Niedersachsen, der besonders um die Förderung und Pflege niedersächsischer Dichtung bemüht war; noch 1938 initiierte er eine

Gerrit-Engelke-Stiftung. Im selben Jahr mußte er sich in Hannoversche Heimatfreunde umbenennen. Später wurden sein Archiv, seine Sammlung von 2000 Diapositiven und seine Bücherei zugunsten eines Gauheimatwerks beschlagnahmt, das uns noch an anderer Stelle zu beschäftigen haben wird.

Unter Vorsitz des Feinkostfabrikanten Heinz Appel, mit dem Schriftsteller Enno Narten und Oberlandeskirchenrat Lampe an der Spitze, führten die Heimatfreunde als Wandergruppe ohne Aufsehen einen Teil ihrer Arbeit weiter. Immerhin kamen noch am 15. März 1944 zu einem der sporadischen Lister-Turm-Treffen 57 Getreue; im April berichtete Kurier/Tageblatt harmlos über einen solchen Abend, und die Abschirmung gegen die Parteigenossen des Kreisheimatwerks gelang offenbar, ohne groß Verdacht herauszufordern.

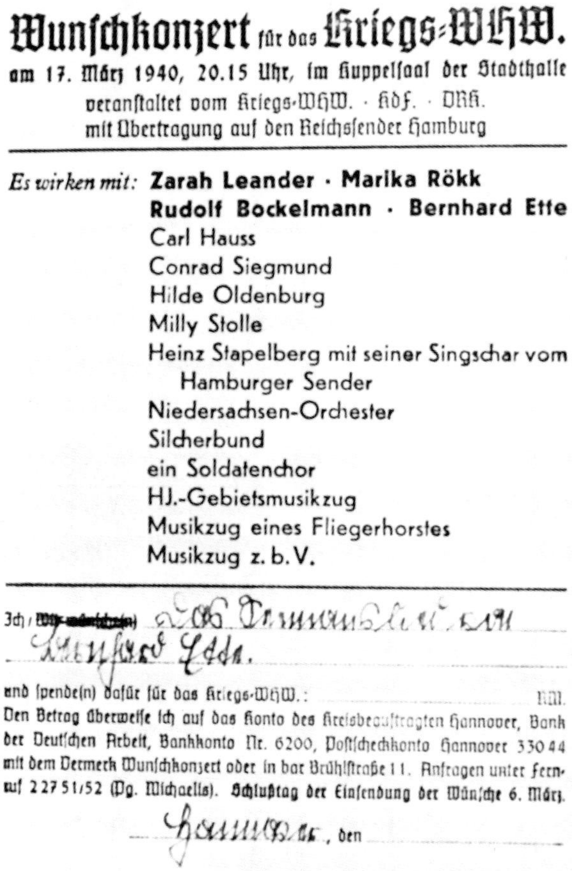
Wunschkonzert für das Kriegs-WHW.
am 17. März 1940, 20.15 Uhr, im Kuppelsaal der Stadthalle
veranstaltet vom Kriegs-WHW. · KdF. · DRK.
mit Übertragung auf den Reichssender Hamburg

Es wirken mit: **Zarah Leander · Marika Rökk**
Rudolf Bockelmann · Bernhard Ette
Carl Hauss
Conrad Siegmund
Hilde Oldenburg
Milly Stolle
Heinz Stapelberg mit seiner Singschar vom Hamburger Sender
Niedersachsen-Orchester
Silcherbund
ein Soldatenchor
HJ.-Gebietsmusikzug
Musikzug eines Fliegerhorstes
Musikzug z. b. V.

Ich / ~~Wir wünsche(n)~~ ....

und spende(n) dafür für das Kriegs-WHW.: .... RM.
Den Betrag überweise ich auf das Konto des Kreisbeauftragten Hannover, Bank der Deutschen Arbeit, Bankkonto Nr. 6200, Postscheckkonto Hannover 33044 mit dem Vermerk Wunschkonzert oder in bar Brühlstraße 11. Anfragen unter Fernruf 22751/52 (Pg. Michaelis). **Schlußtag der Einsendung der Wünsche 6. März.**

Hannover, den ....

Der Künstlerverein, 1842 mit einer gesellschaftlich-geselligen Zielsetzung gegründet, die sich lange in großen Festen äußerte, zugleich aber Verein für die öffentliche Kunstsammlung und Stifter des Lukasfonds für notleidende Künstler, beging im Oktober 1942 sein hundertjähriges Bestehen in vergleichsweise bescheidenem Rahmen. Erinnert wurde daran, daß August Kestner einst den Hannoveranern mangelnden Kunstsinn nachgesagt hatte, und befunden, daß sich das seitdem ja gottseidank gründlich geändert habe.

Auch die Stadtbibliothek hatte Jubiläum, sie wurde 1940 bereits 500 Jahre alt, mit einem Bestand von 220000 Bänden (zum Vergleich: heute sind es in der Zentrale 500000, mit Filialen 870000). Über die Hälfte ging beim Brand des Hauses Hildesheimer Straße im Oktober 1943 verloren. Dabei war schon Anfang Oktober 1939 ein Ansteigen des Lesebedürfnisses »in geschichtlich bedeutsamer Zeit« (Anzeiger) registriert worden, im November eine Freihandbücherei für die Jugend gestiftet, bald nach Zweigstellen gerufen worden.

Die Technische Hochschule, immer so etwas wie ein Staat für sich in der Stadt und in kulturell interessierten Kreisen eigentlich nur zweimal durch Aktivitäten reaktionärer Studenten aufgefallen – durch die Dauerhetze gegen den Professor Theodor Lessing und durch die Bücherverbrennung am 10. Mai 1933 – trat auch während des Krieges kaum ins Blickfeld. Als ein Ehemaliger zum Geburtstag des Eisernen Kanzlers 1941 auf die Stiftung der Bismarcksäule durch die Studenten hinwies, ließ er das Autodafé unerwähnt.

Doch gab es Ende August 1939 eine Laves-Stiftung für Architekturstudenten. Und im Februar 1941 sprach Staatsrat Gottfried Feder, Uralt-Kämpfer und Mitverfasser des Parteiprogramms, inzwischen vom Wirtschaftstheoretiker kaltgestellt zum Vorsitzenden des Reichsbundes Deutscher Technik, über Stadtplankunst der Zukunft, und im Mai 1941 schrieben Stadt und Hochschule gemeinsam einen Wettbewerb für Gesundes landschaftsverbundenes Bauen aus. Vortragsveranstaltungen des Außeninstituts fanden einige Beachtung.

Viel Wind mit Glaubenssätzen

Die erste Großveranstaltung nach Kriegsbeginn, nach Platzkonzerten zu den »Tagen der Schwerter« im November 1939, war eine »Musik des Sturmbanns« im Kuppelsaal, wobei gerügt wurde: »Die privaten Chöre schweigen«. 1940 und 1941 konnte Gauchormeister Heinrichs zum »Singen der Tausend« dann auf die Gesangvereine zurückgreifen. Es gab ein Wehrmacht-Großkonzert. Das Spektakulärste aber war eine große Parteiausstellung mit dem Titel »Kriegshetzer England«, Schauplatz sinnigerweise das ehemalige Logenmuseum in der Herrenstraße.

Stadt, Staat und Partei traten bis Ende 1940 vornehmlich repräsentativ in Erscheinung. Oberbürgermeister Haltenhoff beschränkte sich offensichtlich auf Pflichtauftritte. Oberpräsident Lutze als Stabschef der SA hielt sich mehr in der »Hauptstadt der Bewegung«, München, auf, Gauleiter Rust als preußischer, dann Reichs-Erziehungsminister in Berlin – er überließ seinem Gauleiterstellvertreter Kurt Schmalz das Feld, das dieser mit seinem Propagandaleiter Huxhagen mehr agitatorisch als durch inhaltliche Maßnahmen zu bestellen liebte.

Rust, der eines Nervenleidens wegen unfähig war, eine Schulklasse zu leiten, und deshalb beschloß, Politiker zu werden, war, 1933 gerade 50 Jahre alt, der einzige hannoversche Beitrag zum Führerkorps der Reichs-Partei. Sein Ansehen in der Vaterstadt war gering. Ein Witzwort besagte »Ein Rust – die Zeiteinheit zwischen Verkündung und Zurücknahme eines Ministerialerlasses«. Stil und Inhalt seiner Reden vor der Preußischen Akademie der Künste wurden viel belacht. Heute fehlt sein Name in den meisten Nachschlagewerken.

Löns und das erzbewehrte Wort

Nicht der Kriegseintritt, auch nicht der Beginn der alliierten Luftangriffe brachte den ersten fühlbaren Einschnitt im hannoverschen Kulturleben, sondern die Bestellung des Rust-Nachfolgers Hartmann Lauterbacher als neuer Gauleiter. Am 8. Januar 1941 in der Presse avisiert, wurde er am 17. Januar offiziell eingeführt. Schon am 27. März übergab ihm Reichsinnenminister Dr. Frick auch das Amt des Oberpräsidenten der Provinz Hannover anstelle von Lutze – eine Machtübernahme, wie sie sich gründlicher nicht denken läßt.

Rust hatte darum nicht viel von der Schirmherrschaft über die Löns-Gesellschaft, die Oberbürgermeister Haltenhoff (auf dessen Initiative sie am 2. Mai 1939 gegründet worden war) ihm noch im Februar 1941 antrug: Lauterbacher übernahm zum 75. Geburtstag des Heidedichters, dessen Andenken nun für große nationale Belange herhalten sollte, am 28. August den Vorsitz. Dabei verkündete er die Stiftung eines Löns-Preises der deutschen Dichtung und die Absicht, ein Haus zum Gedächtnis irgendwo im Land einzurichten. Im Ballhof war eine Ausstellung, prominente Autoren lasen.

Ein Jahr später war erste Preisvergabe. Neben dem gefallenen Carl von Bremen wurde Friedrich Wilhelm Hymmen ausgezeichnet, seit 1929 Mitglied der Reichsjugendführung, seit 1934 Schriftleiter des HJ-Organs »Wille und Macht«; er stellte sich bald im Ballhof als HJ-Dichter vor. 1943 wurden Paul Burre und Thilo Scheller auserwählt, 1944 Bodo Schütt. Von ihm eine Kostprobe: »Denn das Wort ernährt / Mannes Hand und Tat / Wenn sie erzbewehrt / Wandelt und zerstört / Wort ist Saat.« Ach wie bald wurde diese Saat untergepflügt.

Hier sei eingeschoben, daß Lauterbacher ganz spät, im März 1944, einen Börries-von-Münchhausen-Preis zu Ehren des 70jährigen Dichters ausrief und ihn dem soeben 60jährigen Moritz Jahn zusprach. Die Zeitungen hatten davon vorher Wind bekommen: Kurier/Tageblatt überließ am 17. März Jahn eine halbe Zeitungsseite zu einer Laudatio für Münchhausen, Jahn seinerseits wurde am 24. durch Johann Frerking geehrt, am 28. folgte dann die große Überraschung. Immerhin bewegte diese Angelegenheit sich auf literarischem Niveau.

Maßgeblich bemerkbar gemacht hatte Lauterbacher sich zuerst am 1. April 1941 auf einer Kulturkundgebung in Braunschweig mit einem kulturpolitischen Aufbauprogramm, das eine Erneuerung aller Einrichtungen im Gau versprach, darunter ein Opernhaus für Braunschweig, ein neues Schauspielhaus für Hannover, Zusammenfassung aller Kräfte durch Schaffung einer zusätzlichen Institution. Braunschweig bekam zu Stabsmusikschule und Musikschule für Jugend und Volk noch eine Musikschule der Waffen-SS mit Internat hinzu.

Nächste Station: eine Kundgebung »Niedersachsen in der deutschen Kultur« am 16. November 1941, Sonntagvormittag, in der Stadthalle, mit einer großen Rede Lauterbachers nebst Gründung eines Gau-Kulturrates aus den Spitzen der Kulturschaffenden, den Verantwortlichen aus Staat und Partei und »selbstverständlich (den) Persönlichkeiten, die der kulturellen Entwicklung gedient haben«, ferner die Zusammenfassung aller Kulturschaffenden und Kulturförderer im Gau-Kulturring, schließlich Schaffung eines Musik-Schulwerks im Gau.

Als Kulturzentrum neben dem politisch und wirtschaftlich tonangebenden Hannover ruft Lauterbacher Braunschweig aus, was nach dem Vorhergegangenen nicht mehr verwundert, allerdings im Gegensatz zu den Wünschen Hitlers steht, der alle Macht in den Hauptstädten vereint sehen will – wie er sich denn weigert, Wien eine kulturelle Bedeutung zuzugestehen, die der Berlins gleichkäme. Doch war weder Hannover Berlin noch gar Braunschweig Wien – und Hartmann Lauterbacher besaß auch nichts von Schirachs ästhetischem Spürsinn.

Die Rede stellt den Beginn der Ideologisierung des gesamten niedersächsischen Kulturlebens dar. Sie sucht eine Vereinbarkeit von Kultur und Macht herzustellen: »Wären der Führer und seine nationalsozialistische Wehrmacht nicht dem aufmarschierten Bolschewismus zuvorgekommen, wären Deutschland und Europa vernichtet, alle Kultur zerstört worden«. Während der Soldat die Heimat schützt, habe die Heimat die Pflicht, »über das Morgen und das Übermorgen zu sprechen«, indem sie das Erbe der Väter hegt und mehrt.

Als eins der wichtigsten Ziele nennt Lauterbacher, die Gesamtheit der Bevölkerung für das Theater zu gewinnen. Er hebt die Begriffe Sprache, Wissenschaft und Volkskunst hervor, proklamiert neben dem hannoverschen Löns- einen braunschweigischen Raabe-Preis, dazu einen Preis von Hannover für die deutsche Malerei, verweist für Architek-

tur und Wohnungsbau auf die Richtlinien des Führers und kündigt eine Lösung aller Fragen an, die Film und Funk betreffen. Vor allem: Hannover soll eine neue Stadt werden.

Nächste Stufe: die erste Sitzung des Kulturrates am 18. März 1942 im Hodlersaal des Rathauses mit den Ernennungen Sellners und Krasselts zu Obmännern für Theater und Musik. Wieder ist die Rede von der Erhaltung der deutschen und der europäischen Kultur, von der Aufgabe, »den Arbeitern der Faust und des Hirns« Freunde, Entspannung und geistig-seelische Erfrischung durch Kunst zu vermitteln. Zu Lauterbachers Lieblingsideen gehören Kunstausstellungen in den Betrieben, sie sollen deshalb verstärkt stattfinden.

Nächstes Großprojekt: Am 3. Mai 1942 wird das Gauheimatwerk verkündet, der Solling-Dichter Heinrich Sohnrey zum Ehrenmitglied ernannt. Sechs Wochen später folgt ein Sohnrey-Wettbewerb, eine Dachorganisation mit Zentralarchiv wird geschaffen, eine Zeitschrift gegründet. Dabei tritt zum erstenmal Gauamtsleiter Kieckbusch mit einem Referat über die Bedeutung der kulturellen Arbeit der Heimat für das gigantische Ringen an der Front hervor. Er beschwört die Urelemente völkischen Lebens, der Krieg eröffne neue Wege.

Noch weitere personelle Veränderungen hat es inzwischen gegeben: Als Nachfolger des Gaupropagandaleiters Huxhagen ist Kurt Parbel mit dem Titel eines Landeskulturwalters bestellt worden. Daß in der Stadt Oberbürgermeister Haltenhoff durch den Staatskommissar Hoffmeister ersetzt worden ist, wirkt sich auf den kulturellen Bereich nicht ersichtlich aus, weil ohnehin die Partei alle Kompetenzen auf diesem Gebiet an sich gerissen hat. Auch in die letzten irgend erreichbaren Reservate will sie eindringen.

Des Gauleiters Mini-Gründgens

Am 16. September 1942 verheißt der Gauleiter die »Stärkung der kulturellen Bedeutung Hannovers als Gauhauptstadt und Mittelpunkt des nordwestdeutschen Reimes« (hat Hitler seine Braunschweig-Ambitionen gebremst?), bewilligt 100000 Mark für das Kdf-Mellini-Theater, 6000 Mark für den Beitritt der Stadt zur Bibliophilen Gesellschaft und garantiert die Aufrechterhaltung des Städtischen Konservatoriums mit Landesmitteln bis zur Schaffung der Landesmusikschule, die als erster der großen Pläne Gestalt annimmt.

Am 22. Januar 1943 wird die Gründung verkündet, am 30. Mai findet im Tanzsaal des Residenzschlosses die feierliche Eröffnung statt. Schon vorher hatte das Orchester öffentliche Konzerte gegeben, dirigiert vom Direktor, dem aus Flensburg angeworbenen Parteimann Johannes Röder, der dem langjährigen verdienstvollen Leiter des Konservatoriums, Walter Höhn, vor die Nase gesetzt wurde. Röder verspricht, in dieser Reihenfolge, »weltanschauliche, geistige und körperliche Schulung in enger Zusammenarbeit mit der Hitlerjugend«.

Der Unterricht fand im Alten Palais an der Leinstraße statt, das schon acht Wochen später zerstört wurde. Die vorgesehenen Ersatzräume im Künstlerhaus konnten nicht mehr bezogen werden, weil bis dahin auch dieser Bau unbenutzbar geworden war. So wurde die Schule nach Einbeck verlegt, wohin die hannoverschen Kritiker zu Veranstaltungen fuhren. Am 17. August 1944 war auch hier Schluß. Röder, der sich kaum hatte profilieren können, wurde als Soldat eingezogen und im Februar 1945 als im Westen gefallen gemeldet.

Der nimmermüde Lauterbacher hatte unterdessen am 25. Oktober 1942 die Eröffnung der Herbstausstellung im Kunstverein benutzt, um gegen die »Konjunkturnutzer« zu wettern, Leute ohne Talent, die glauben, sich an einen Trend hängen zu können, der finanziell ergiebig ist. Doch im gleichen Atemzug schon wieder ein Mammutvorhaben: eine große neue moderne Kunsthalle soll geschaffen werden. Für Künstler gibt es eine Reise nach Wien; nach München, Würzburg und Salzburg sind sie schon in zwei Sommern geschickt worden.

Doch der höchste Glanz, den Diktaturen sich vorstellen können, ist immer noch vom Theater ausgegangen. Und so wollte der Provinz-Göring seinen Provinz-Gründgens. Dazu hatte Lauterbacher den Göttinger Theaterleiter Gustav Rudolf Sellner ausersehen, Mitbegründer der Thing-Spiele »Steding-Ehre«. Seinen Göttinger Kapellmeister Carl Mathieu Lange machte er zum Generalmusikdirektor, als Schauspieldirektor verpflichtete er Heinrich Koch aus Berlin samt Bühnenbildner Rudolf Schulz, als Opern-Oberspielleiter Dr. Bruno Hayn.

Der Generalintendant »konnte sich sehr gut ins Licht setzen«, weiß nicht nur Schulz. Alsbald trat er überall als Redner auf, rezitierte für die Gauleitung Hölderlin, referierte

Neue Männer bei den Städtischen Bühnen

Von links: Operndirektor Karl Matthias Lange, Intendant Gustav Rudolf Sellner, Schauspieldirektor Heinrich Koch Photos: Wilhelm Hauschild

Ausschnitt aus dem »Hannoverschen Anzeiger« vom 11. 12. 1942

über Film, womit er nie zu tun gehabt hatte, warb in Belgien für gesamtgermanische Kultur. Als einer von ganz wenigen Theaterleitern war er immer mit Parteiabzeichen zu sehen, verlangte es aber nicht von anderen. »Ich bin Pg. für euch alle«, pflegte er zu sagen, wenn entsprechende Besorgnisse seiner Mitarbeiter an ihn herangetragen wurden.

Er hatte sich mit einer merkwürdigen Gesellschaft umgeben: Koch, Idealist und Träumer, hatte »ein bißchen was von einem Pastor« (so Schulz), Lange reiner Musikertyp, Hayn »Antinazi erster Ordnung mit lebensgefährlichen Äußerungen«, Tanzgruppenleiterin Marianne Vogelsang »unverhohlene Kommunistin«. Rückversicherung? »Er war ja nicht dumm und mußte 1943 wissen, daß der Krieg nicht mehr zu gewinnen war«. Doch nahmen ihm Mitglieder des Hauses Durchhaltebriefe übel, die er ihnen von seinem sicheren Port ins Feld schickte.

Dem neuen Team waren große Rosinen in den Kopf gesetzt worden. Weder Büroräume noch Schneiderwerkstätten reichten aus; bei der Firma Werner & Werner in der Adolf-Hitler-Straße (Bahnhofstraße) wurden Geschäftsräume gemietet und ein Teil des Perücken- und Garderobenfundus untergebracht, Kostüme ins Mäntelhaus Kaiser und in den Gemeindesaal der Martinskirche in Badenstedt ausgelagert, eine Ziegelei in Grasdorf als Magazin ausersehen. »Alle Vorbereitungen waren getroffen, die Spielzeit würdig zu beginnen« (Aktenvermerk).

Da wurde am Mittag des 26. Juli das Opernhaus durch Bomben fast völlig zerstört, Logen- und Bühnenhaus samt technischen Einrichtungen, Bibliothek und Damengarderobe gingen in Flammen auf. Kurt Söhnlein, Bühnenbildner und stellvertretender Technischer Direktor, wurde telegrafisch aus dem Urlaub in Tirol geholt und ließ, nach Besichtigung aller denkbaren Säle und Kinos, eine Behelfsbühne im Galeriegebäude Herrenhausen herrichten, und schon am

12. August konnte der Spielbetrieb mit Rossinis »Barbier« eröffnet werden.

Söhnlein, der später erreichte, daß am 11. Juli 1945 in Herrenhausen die erste Opernaufführung nach dem Kriege in ganz Deutschland stattfinden konnte, machte mit Improvisationsgabe und Sachverstand aus der Not eine Tugend. In Einheitsdekorationen fanden die Umbauten auf offener Szene statt, Bühnenarbeiter im Barockkostüm, was anderswo dann Regisseure als geniales Stilmittel entdeckten. Intendanz und Verwaltung zogen in die Stadthalle, Söhnleins Atelier in ein städtisches Gebäude, die Schneiderei in ein Mietshaus.

Während auf mehrere Vorstellungen von Mozart-Opern in der Galerie im September im Gartentheater, das samt Beleuchtungsanlage ziemlich intakt geblieben war, Cesar Bresgens Oper »Das Urteil des Paris« und Robert Walters Schauspiel »Komödiantenprobe« folgten, eröffnete das Schauspiel mit »Maria Stuart«, Heinrich Kochs Inszenierung erregte Aufsehen und verdroß Konservative. Ihm verdankte Sellner die meisten Glanzlichter seines einjährigen Wirkens, darunter »Käthchen von Heilbronn« und »Der Widerspenstigen Zähmung«.

Nichts war da, nichts paßte rein

Bis dahin war das Schauspielhaus noch kaum beschädigt, es nahm die Oper mit auf – am 7. Oktober, einen Abend vor dem Untergang, kam »Cosi fan tutte« hier heraus, und eine Zuschauerin schildert, wie sie die Pause benutzte, um nach Hause zu gehen, weil sie den Widerspruch von himmlischer Musik und schrecklicher Realität ringsum nicht ertragen konnte. Am 8. Oktober, auf dem Spielplan Friedrich Michaels Lustspiel »Der blaue Strohhut«, war es auch mit dem Schauspielhaus zu Ende, mit Werkstätten und Notunterkünften.

In dieser Nacht, zu deren Opfern Opern-Oberspielleiter a. D. Hans Winckelmann gehörte, kam Reinhold Rüdiger, heute Landesbühnen-Intendant, damals Flakhelfer, vom Maschsee in die Akazienstraße, die elterliche Wohnung gegenüber dem brennenden Schauspielhaus und sah sich den züngelnden Flammen gegenüber. »Fassaden fielen ein, eine Königskrone flatterte hoch – es war ein gespenstischer Anblick. Mir ging die Phönix-Arie aus ›Cosi fan tutte‹, von der Premiere am Abend vorher, die ganze Zeit nicht mehr aus dem Kopf.«

Außer dem Schauspielhaus, das zehn Tage später den Rest bekam, brannten in dieser und der späteren Bombennacht ab: Die Dekorationsmagazine im Schlachthof Linden, in der Heinrich-, Kestner- und Reuterstraße, ganz oder zum größten Teil. Dadurch wurde der früher enorm große Ausstattungs- und Möbelfundus bis auf geringfügige Reste vernichtet. Das Beste der geretteten Reste, so berichtet Kurt Söhnlein, wurde in mehrere Dörfer der Umgebung ausgelagert, so auch die kümmerlichen Überbleibsel des Kostümfundus.

Vorher war für Sinfoniekonterte und zusätzliche Schauspielaufführungen der große Saal des Konzerthauses gemietet worden. So mußte Rudolf Schulz Shakespeares »Widerspenstige« dreimal entwerfen: Fürs Konzerthaus – es brannte am 22. September ab – dann fürs Schauspielhaus, schließlich für den Ballhof, wo am 19. November Premiere war. Dieses Haus war »den Städtischen Bühnen von der Leitung der HJ in großzügiger Weise zur Verfügung gestellt« worden, so 1944 Verwaltungsdirektor Drabe für eine Kriegschronik.

»Ich weiß heute noch nicht, wie wir das eigentlich hingekriegt haben, weil nichts mehr da war und nichts reinpaßte«, sagt Schulz. »Der Hausmeister lief in Uniform rum; es gab Krieg um jeden Nagel, ich mußte dauernd nach Berlin und München fahren, um neue Scheine für Material zu holen. Zu drei Vierteln waren wir Organisatoren«. Die HJ bekam dann als Gastgeber mit »Maria Stuart«, einer Verkleinerung der Einrichtung aus dem Schauspielhaus, die erste Vorstellung, und Johann Frerking schrieb für die Skeptiker noch einmal.

Inzwischen mußte der Betrieb in Herrenhausen eingestellt werden, weil das Galeriegebäude als Not-Sammel- und Verpflegungsstelle beschlagnahmt wurde; es fanden Konzerte im Beethovensaal und in der Marktkirche statt. Im Dezember wurde die Galerie zwar freigegeben, aber weil sie unter Denkmalschutz stand, konnten keine Umbauten vorgenommen werden; mit Mühe wurde eine Genehmigung für den Einbau von Heizkörpern erstritten. Das Orchester saß zu ebener Erde, die Verwendung von Vorhängen und Soffitten ohne Züge war Schwerarbeit.

Für die Schauspielerinnen und Schauspieler wurden Ausweichunterkünfte in Celle eingerichtet; dort fanden im November und Dezember die meisten Proben (auch mehrere Gastspiele) statt. Max du Menil, der liebenswerte, stille Kauz des Ensembles, zitierte eines Abends auf dem Weg vom Bahnhof durch das Flammenmeer beim Anblick des Gebäudes einer renommierten Parfümerie deren Namen in Verbindung mit Mozarts Figaro: »Sag, ist es Liebe, was hier so brennt?« Für evakuierte Bombengeschädigte gaben die Theaterleute Bunte Abende.

Im April und Mai 1944 im Schauspiel noch zwei Höhepunkte voller Merkwürdigkeit: Hatte Pape »Tell« kurz vor dem Verbot herausgebracht, so inszenierte Koch nun »Fiesco«, den der Reichsdramaturg schon 1942 als unerwünscht erklärt hatte. Und Sellner erschütterte mit Hauptmanns »Iphigenie in Aulis«. Buchhändlerin Margarete Jokkusch: »Bei den Versen vom ›blinden Kriegszug‹ und vom Erzittern der Städte saßen wir wie gelähmt und meinten, jeden Augenblick müßte etwas passieren«. Aber die Gestapo schaltete nicht.

Bei Sellners Inthronisation war auch die Schaffung einer Theaterschule »in Zusammenarbeit mit der Reichsjugendführung« für Herbst 1943 vorgesehen worden. Sie kam kaum noch zum Zuge, doch existiert eine Liste des Unterrichtspersonals mit Sellner an der Spitze, Lange, Koch, Vogelsang für ihre Sparten. Sie sollte der Landesmusikschule eingegliedert werden (ähnlich der heutigen Konstruktion), daher gab es viele gemeinsame Fächer. Dazu nationalpolitische Vorträge von »Persönlichkeiten des politischen Lebens«.

Doch war der Ehrgeiz damit noch lange nicht begraben. Am 9. Mai 1944 wurde der staunenden Öffentlichkeit ein neugeschaffenes Theaterwissenschaftliches Institut der Gauhauptstadt vorgestellt, »nach den Tagen der Katastrophe gegründet«. Professor Friedrich Kranich, der Technische Leiter der Städtischen Bühnen, der für Shakespeares »Lear« ein vielbewundertes Gewitter entfacht hatte, erhielt einen Lehrauftrag für Theaterbau und Bühneneinrichtungen. Federführend: Gauhaus der Technik, Außeninstitut der TH.

Spät entdeckter Denkmalsschutz

Natürlich wandte sich die höchste Aufmerksamkeit auch der Wissenschaft zu. Am 13. Februar 1944 noch wurde ein Leibniz-Preis der Lauterbacher-Stiftung in einer Morgenfeier in der beschädigten Marktkirche an fünf Göttinger Professoren vergeben, im November folgte noch einer. Bei dieser Gelegenheit wurde von der Werbung für die deutsche Forschung im Ausland gesprochen – und davon, daß die Buchproduktion des Jahres die des Kriegsjahres 1917/18 weit hinter sich lasse. Als ob es um Wahlergebnisse ginge.

Offiziöse Mahnung: Mit den Mitteln der Farbfotografie wertvolle Wand- und Deckenmalereien für die Nachwelt festzuhalten, die es vielleicht bald nicht mehr gäbe, Dokumente vom Stadtbild aufzunehmen. (Der Sponholtz-Verlag, er beging 1944 das 50jährige Bestehen, hatte das schon mit einem Band »Hannover 1941« getan, während Landeskonservator Deckert noch November 1942 von den Aufgaben der Denkmalpflege angesichts erwachenden Heimatgefühls sprach und unabhängig von den Stadien des Krieges über Gotik referierte).

Schon im Juni 1941 war unter dem Protektorat von General Muff eine Deutsch-Japanische Gesellschaft gegründet worden. Im September 1941 wurden zu einem Kulturaustausch mit Cremona wertvolle Stipendien bewilligt, 1943 erwiderten hannoversche Künstler den italienischen Ausstellerbesuch. Im Oktober 1942 gab es als »Das Reich des Blutes« eine deutsch-flämische Woche, die Theater spielten Goethes »Egmont« und, etwas an den Haaren herbeigezogen, Verdis »Don Carlos«, Dichter lasen, ein Antwerpener dirigierte.

Bald nach Lauterbachers Amtsantritt waren die Büchersammlungen für die Front forciert worden. Offenbar auf Weisung begleiteten die Zeitungen die Aktionen mit Artikeln wie »Was schreibt der Soldat?« und »Mit den Sammlern unterwegs«. Im September 1943 ist von neuen Bücherkisten die Rede. Zu den Marginalien gehört, daß Georg Grabenhorst ins Französische übersetzt wurde und Ernst Löns, alter Pg., vom Ruhm seines Bruders zehrte und als Leiter des neugeschaffenen Kultur- und Werbeamtes der Stadt ins Rathaus einzog.

Zu den Kuriositäten gehört, daß in einer Zeit des offiziellen Kritikverbots im Februar 1942 plötzlich eine Furtwängler-Bemerkung die Runde macht, das Publikum möge nach Konzerten nicht nur Zustimmung, sondern auch Mißfallen kundtun. Wobei die parteiamtliche NTZ hervorkramt, daß in Hannover 1939 eine Schauspielhaus-Aufführung von Büchners »Woyzeck« durch Pfiffe gestört worden war, und keinen Zweifel läßt, daß sie das nur am Schluß, nicht mittendrin billige – dabei hatte es sich um hinbeorderte SA-Provokateure gehandelt.

Um bei den Zeitungen noch ein wenig zu verweilen: der Anzeiger bewies Lokalpatriotismus, indem er im Juni 1940 herausfand, ein Hannoveraner, der Offizierstellvertreter Friedrich Münter, habe 1914 bei Langemarck das Deutschlandlied angestimmt; 1941 konnte er dem Hannoveraner Oskar Vierling die hervorragende Akustik der Berliner Staatsoper zuguteschreiben. Überregional aktuell war er, als er unmittelbar nach Gründung des Deutschen Tanz- und Unterhaltungsorchesters in Berlin Franz Grothe über U-Musik philosophieren ließ.

Anfang 1944 hatten die Zeitungen, sozusagen, einen Wasserbauch, nämlich einen aufgeblähten Unterhaltungsteil, manchmal bei zehn Seiten Umfang fünf Seiten Kurzgeschichten – vermutlich weil Fliegeralarm Neusatz verhindert hatte und, um überhaupt drucken zu können, auf Reservematern zurückgegriffen werden mußte. Große Serien wurden begonnen: Göttinger Professoren über das neue Weltbild, der Poet Karl Krolow über vergessene Lyriker. Bei vier Seiten fand ein Mehrspalter zum 350. Todestag des Kirchenmusikers Palestrina Platz.

Verständlicher, daß immer mehr Ratschläge und Reminiszenzen einfließen, so am 7. Januar 1944, was Goethes Mutter über Brandschutz dachte (wobei ihr Spott über die dummen Juden fett gesetzt wird). Am 29. Juni schreibt ein Mitarbeiter eine »kleine Geschichte des einstweilen beurlaubten Theaterzettels«, ohne zu ahnen, wie bald ein Zwangsurlaub folgen wird. Am 15. Juli erinnert Welfen-Fachmann E. A. Runge an Georg V. – und am 31. August wird die Einstellung von Kurier/Tageblatt mitgeteilt: Nur noch eine Hannoversche Zeitung.

Der Rest sind Seifenblasen

Die entscheidende, radikale Wende spiegelt sich in den Überschriften vom 18. August 1944. Der Reichsverteidigungskommissar ordnet an: *Landesmusikschule Hannover, Theaterschule und Kammertanzgruppe sind stillgelegt. Ihre sämtlichen Mitglieder und Lehrer werden geschlossen der Wehrmacht und der Rüstung zur Verfügung gestellt. Zur Frage der Theater ergeht in wenigen Tagen eine besondere Weisung. Der vorgesehene Spielbeginn der Bühnen entfällt.* Damit hat der totale Krieg nun auch den gesamten Kulturbetrieb erfaßt.

Auslösendes Moment war das mißglückte Attentat auf Hitler am 20. Juli gewesen. Danach muß es in der oberen Führung harte Auseinandersetzungen gegeben haben. Denn es dauerte einen Monat, bevor die erwarteten Entscheidungen fielen. Schließlich hieß es, zu verbrennen, was bis dahin angebetet worden war. Noch am 13. Februar hatte der Staatssekretär im Propagandaministerium Gutterer in Hannover über die britischen Theaterschließungen gespottet und die Steigerung der Bühnenschriftstellerproduktion durch den Krieg gerühmt.

Lauterbachers seelische Festung

Nun begannen die Drahtseilakte der Kommentatoren. Ihnen hatte freilich Gauleiter Lauterbacher längst die Parolen gegeben. Am 30. Januar 1943 hatte er unter den Schlagzeilen geleitartikelt: Jede Hand ein Rüstungswerk der Leistung – Jede Seele eine Festung unbeugsamer Haltung – Jedes Herz ein Kraftwerk des Glaubens. Die Ideologisierung schritt zügig voran; immer mehr Morgenfeiern der Parteiorganisationen. Die Kulturschriftleiter wurden vergattert, die Gebietsmädelführerin höhnte über Frauenstudium.

Schon zwei Tage bevor die Schließung der Musikschulen angeordnet und die der Theater in Aussicht gestellt wurde, war den Kinos das Vorführen von Werbefilmen untersagt worden. Männer durften nicht mehr als Kontrolleure beschäftigt werden, Frauen mußten über 50 sein, der Verkauf von Künstlerpostkarten wurde verboten. Mit der Zusammenlegung der letzten beiden noch gebliebenen Zeitungen wurde garantiert, daß es auch in der Auslegung keine Nuancen mehr gab. Staat und Partei hatten ihr Kampfinstrument fest in der Hand.

Nachdem am 14. April 1942 lediglich fünf Mitglieder der Städtischen Bühnen als zu den Waffen eingezogen aufgelistet worden waren – seitdem war der junge Bühnenbildner Erwin Weiglsperger gefallen –, wurden am 1. September 1944 alle noch wehrpflichtigen Jahrgänge eingezogen; der Schauspieler Werner Fuchs kam noch im April 1945 auf völlig sinnlose Weise als Soldat um. Nicht minder sinnlos nennt in der Rückschau Kurt Söhnlein die Beschäftigung in der Rüstungsindustrie, die dem Rest zu gleicher Zeit zudiktiert worden war.

Die Tänzerin Annemarie Herrmann, der Tenor Carl Hauss, die Schauspieler Margarete Schott und Theodor Becker fanden sich in der Hanomag oder sonstwo an Schraubstock und Drehbank. Sie genossen »in keiner Beziehung eine Sonderstellung im Werk«, wie die Hannoversche Zeitung erfuhr, ein bißchen aber denn doch wohl, denn »eines Tages wollen wir uns wieder an dem Wohllaut der Stimme erfreuen«. Immerhin wurde ihnen eine große Bildreportage zuteil, ein Vorzug, dessen die normalen sterblichen Rüstungsarbeiter nicht gewürdigt wurden.

Söhnlein selbst wurde nach einer Erkrankung ans Kriegsschädenamt überwiesen, von wo er am 25. Juni 1945 erlöst wurde. Die Werkstätten in der Maschstraße, die bis auf die im Oktober 1943 völlig zerstörte behelfsmäßig weitergeführte Schneiderei noch verwendbar gewesen waren, wurden von der Stadtverwaltung für Notstandsarbeiten requiriert, neben der Schlosserei vor allem die Tischlerwerkstatt, die vertraglich der Tischlerfirma Gebrüder Eschmann überlassen wurde, um Notstandsarbeiten für Fliegerschäden übernehmen zu können.

Die Orchestermitglieder mußten ihre Instrumente in der Stadthalle abgeben. Dabei kam dem Opernhausmusiker Georg Bleyer, Mitglied des Ladscheck-Quartetts, sein wertvolles Violoncello abhanden, mehreren Kollegen ging es ebenso. »Wir wußten genau, wer es war, konnten ihn aber nie juristisch festnageln«, sagt der 78jährige heute. Die Senioren von Opernorchester und Niedersachsenorchester wurden unter Arno Grau zum Gaukriegsorchester zusammengefaßt, das Matineen aus NS-Dichtung mit Beethoven versah, auch Unterhaltendes spielte.

Einige, die zur Truppe gekommen waren, konnten ohne eigenes Zutun Vorteile aus ihrer Herkunft ziehen. Funker Rudolf Schulz wurde vom Hauptmann als Bühnenbildner identifiziert und beauftragt, »was zu machen«. In seiner Einheit war Beleuchtungsmeister Hermann Poppe, sie konnten ein paar Schauspieler auftreiben, so Heinz Rippert, »der aus irgendeinem Grunde nicht Soldat war«, und hatten viel Erfolg, der sich in Naturalien und Einladungen niederschlug. »Als einziger Nichtchargierter saß ich bei den höheren Offizieren am Tisch«.

Riesenprojekte enden im Bunker

Andere sammelten umgekehrt vor Soldaten erste Erfahrungen für den Beruf. Ein Mitschüler von damals besitzt noch einen Programmzettel vom 24. Mai 1944 zu einer Veranstaltung zweier zusammengelegter Mittelschulen: »Zusammenstellung und Leitung Günter Kütemeyer und Herbert Mensching«. Die beiden nachmaligen Schauspieler, die bei Sellner und Koch Statisten spielen durften, hatten sich mit anderen zusammengetan, die aber mehr an Schminken und Beleuchten interessiert waren, und mußten ihre Rollen fast alle allein darstellen.

»Wir wälzten Riesenpläne für Riesenprojekte, die meist mit Stunden im Bunker endeten«, erzählt Kütemeyer. »Mal holte einer, als das Licht ausgegangen war, eine Grubenlampe«. Sie spielten auch für Vereine und Tanzveranstaltungen, zum Beispiel in einem Lokal am Entenfang. Kütemeyer machte dann später Truppenbetreuung als Zauberkünstler und erinnert sich einer Straßenbahnfahrt nach Haimar mit einer Kapelle im Anhänger: »Alles strömte aus dem Führerwagen nach hinten, um an diesem Vergnügen auch mit teilzuhaben«.

Auch Reinhold Rüdiger, der als Flakhelfer das Schauspielhaus hatte brennen sehen und vorher mit Flak-Kameraden im Bootshaus am Maschsee als Krasselts Chefstatist beinahe Orffs »Mond« bis zur Premiere gebracht und einen Brand fast allein gelöscht hatte, kam zu ähnlichem: »In Bergen traf ich plötzlich mein Idol Werner Fuchs als Kameraden und etliche andere; wir haben Kammermusik und Lesungen gemacht, sogar geplant, Teile des Egmont aufzuführen«. Ähnlich ging es in vielen Kasernen, Unterständen, Gefangenenlagern zu.

Die Kriegsgeschichte des Theaters ist hier überproportional beschrieben worden. Zum einen wurde ihm damals, wie noch in der ersten Nachkriegsjahrzehnten, überdimensionale Beachtung geschenkt. Zum anderen besitzen wir darüber, in den ungedruckten Aufzeichnungen des jetzt 89jährigen Kurt Söhnlein, Material so umfassend und detailpenibel wie auf keinem anderen Gebiet (und, wie bei anderem Anlaß 1966 feststellbar, in keinem zweiten deutschen Bühnenarchiv). Das hier unverwendet zu lassen, wäre unentschuldbar.

Viel bleibt über die letzten Monate sonst nicht zu berichten. Gauleiter Lauterbacher wendete am 25. Februar 1945 seine ganze Aufmerksamkeit den Gerüchtemachern zu, was die Zeitung begierig in Glosse und Karikatur aufgriff. Hermann Löns war noch einmal als Mitglied des »geistigen Generalstabs« bemüht worden, ein Professor Walter Frank hatte sich über Hitler als den Vollender der deutschen Geschichte ausgelassen, den Schulen wurde aufgegeben, Lehrmaterial in Form eigener Leihbibliotheken verfügbar zu machen.

Am 29. März stoßen wir auf die Überschrift »Unhold der Tiefe«. Doch es ist nur eine sinnige Betrachtung des Tierschriftstellers Richard Gerlach über den Wels. Ein letztes Gurgeln und Blubbern – und die Wogen sind über dem zusammengeschlagen, was noch kurz vorher als Kultur für tausend Jahre angepriesen worden war.

Die Stadthalle

Nr. 355, Freitag, 6. April 1945

NACHRICHTEN FÜR DIE TRUPPE

Weser auf breiter Front überquert

Alliierte 35 km vor Hannover

STARKE alliierte Verbände haben die Weser auf breiter Front überschritten, 12 Tage nach Beginn der Grossoffensive über den Niederrhein. Sie wurden gestern abend 35 km vor Hannover gemeldet.

Nirgends stösst der alliierte Vormarsch auf Widerstand. Die deutsche Besatzung in Minden hat den Kampf eingestellt. Weit hinter der Front haben die Kampfkommandanten von Bielefeld, Osnabrück und Detmold sich mit ihren Truppen ergeben.

Vor Hannover, Braunschweig und Hamburg stehen keine Reserven mehr, und das Gebiet zwischen Weser und Elbe wird jetzt von den Alliierten im gleichen Tempo überrannt wie ganz Nordwestdeutschland zwischen Rhein und Weser in den ersten 12 Tagen der Vernichtungsoffensive im Westen.

Gleichzeitig dringen andere alliierte Verbände auf dem linken Weserufer gegen Bremen vor. Nach den letzten Meldungen sind sie bis auf 50 km an Bremen herangekommen.

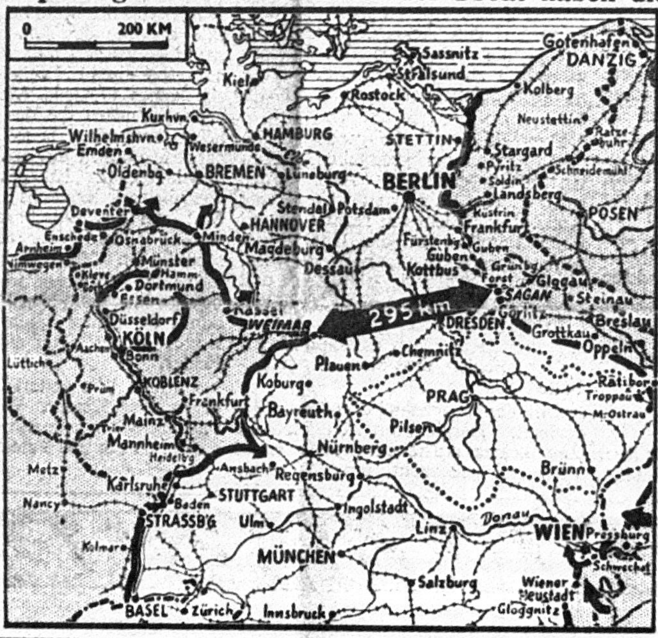

Kein Widerstand mehr

Während immer weitere Gebiete Nordwestdeutschlands fast kampflos überrannt werden, dringen die alliierten Panzerspitzen auch im Kern des Reichs nach allen Richtungen vor, ohne auf Widerstand zu stossen. Fast das halbe Gebiet zwischen dem Thüringer Wald und dem Harz ist bereits besetzt.

Im Vorstoss nach Norden hat eine amerikanische Kampfgruppe gestern Mühlhausen genommen und rollt gegen die Ausläufer des Kyffhäuser-Gebirges vor. Im Vorstoss nach Osten rollen alliierte Panzer auf der Autobahn nach Leipzig über Erfurt hinaus.

Auch gestern warfen wieder Hunderte von Transportflugzeugen und Lastenseglern Treibstoff und Munition für die alliierten Panzer ab, die sofort nach dem Auftanken weiter marschieren.

Inzwischen hat sich die Lage der deutschen Truppen in Holland und im Ruhrgebiet weiter verschlechtert.

In Holland sind die Engländer in ihrem Vorstoss zur Zuider See über Almelo vorgedrungen ...

Attentat gegen Flak-Kommandeur

Ein Handgranatenattentat wurde am Mittwoch auf den Kommandeur aller Flakeinheiten an der Westfront, Gen. d. Flakartillerie Wolfgang Pickert verübt, gerade als er sein bisheriges Hauptquartier verliess, um sich in sein neues Hauptquartier bei Stolberg zu begeben.

Die Handgranate war unter dem Wagen Gen. Pickerts angebracht und explodierte wenige Augenblicke, nachdem der Wagen sich in Bewegung gesetzt hatte.

Gen. der Flakartillerie Pickert blieb unverletzt, zwei seiner Stabsoffiziere erlitten Verletzungen.

Dieses neue Attentat auf General Pickert ist das dritte, seitdem er sich rechtzeitig von der Krim absetzte und seine Soldaten mit dem Befehl, auszuhalten, zurückliess.

Selbst in Kreisen seiner Stabsoffiziere wird General Pickert als der unbeliebteste General der Wehrmacht bezeichnet. Er ist bekannt für seinen Parteifanatismus.

Gen. der Flakartillerie Pickert ist als Kommandeur aller Flakeinheiten im Westen der Nachfolger von Gen. der Flakartillerie Dr. Eugen Weissmann, der von Reichsmarschall Göring zum Sündenbock für das Versagen der Flak bei den Luftangriffen gegen den Westen des Reichs gemacht und auf Befehl Hermann Görings erschossen wurde.

Der letzte seiner Klasse

Die Sowjets kündigen Japan-Pakt

Sowjet-Russland hat gestern den russisch-japanischen Nichtangriffspakt gekündigt.

Wenige Stunden später trat das japanische Kabinett Koiso zurück. Mit der Bildung einer neuen japanischen Regierung wurde der 77 jährige Admiral Baron Kantaro-Suzuki betraut.

Die Kündigung des russisch-japanischen Nichtangriffspakts ist nach Ansicht diplomatischer Kreise ein Zeichen dafür, dass die Sowjetregierung jetzt mit der Beendigung des Krieges in Europa in wenigen Wochen rechnet.

Ein grosser Teil der Sowjetarmeen, die jetzt in Europa kämpfen, würde dann frei werden für jede Eventualität, die sich aus der Kündigung des Nichtangriffspakts ergeben kann.

3 Diplomaten sagen sich vom Reich los

Wieder haben sich drei hohe Beamte der früheren Deutschen Botschaft in Buenos Aires vom Nationalsozialismus losgesagt. Die drei Diplomaten sind: Botschaftsrat Karl Herbst, Botschaftssekretär Laumann und der stellvertretende Presseattaché Josef Schmölz.

Alle drei leben mit dem übrigen Personal der früheren deutschen Botschaft in Buenos Aires seit Monaten im Palace Hotel in Curia bei Lissabon, wo sich die ganze Reisegesellschaft häuslich niedergelassen hat unter dem Vorwand, dass die Heimreise ins Reich aus Portugal nicht möglich ist.

Nachdem Argentinien dem Reich den Krieg erklärt hat, ...

Die letzten sieben Tage

Mittwoch, 4. April

- Teile der 6. britischen Luftlandedivision erreichen am Abend Minden, wo die Kanalüberführung unmittelbar zuvor gesprengt worden ist.
- Gegen 18.00 Uhr steht die 2. US-Panzerdivision am Stadtrand von Hameln.
- Lauterbacher verliest im Rundfunk einen Durchhalte-Appell und setzt sich in den Harz nach Hahnenklee ab, wo er im Hotel »Tannhäuser« Quartier bezieht.
- Nach 3-tägigem Marsch treffen etwa 800 Häftlinge aus dem »Arbeitserziehungslager« Lahde bei Minden in Ahlem ein, wo sie dem Chef der Gestapoleitstelle Hannover, SS-Obersturmbannführer Rentsch, übergeben werden.[2] Noch am gleichen Tag, zwischen 15.25 und 18.30 Uhr, werden aus dem Kreis dieser Häftlinge sowie aus den Insassen des Polizeiersatzgefängnisses Ahlem 154 Männer und eine Frau, überwiegend sowjetische Zwangsarbeiter und Kriegsgefangene, zur Erschießung ausgewählt.

Donnerstag, 5. April

- Da die Hamelner Weserbrücke am frühen Morgen gesprengt wird, beginnen amerikanische Pioniere mit dem Bau einer Pontonbrücke bei Ohr/südlich Hameln. Die Brücke ist um 14.30 Uhr fertiggestellt.
- Die 2. US-Panzerdivision und die 30. US-Infanteriedivision stoßen in Richtung Coppenbrügge vor.
- Britische Stoßtrupps überqueren die Weser nördlich von Minden.
- In der »Hannoverschen Zeitung« erscheint Lauterbachers Rundfunkappell vom Vortag, überschrieben »Lieber tot als Sklav«: »Wir sind gewillt und entschlossen, alle nur zur Verfügung stehenden Mittel und Möglichkeiten erbarmungslos einzusetzen, um unsere niedersächsische Erde, unsere Frauen und das höchste und wertvollste Gut, unsere Kinder, vor dem Zugriff der Anglo-Amerikaner und der ihnen folgenden Juden, Neger, Zuchthäusler und Gangster zu schützen.« Nach weiteren Hinweisen auf »Juden, Schwarze und Negerbordelle« schließlich die Drohung: »Wer dabei nicht mit uns ist oder feige oder verräterisch die Hand gegen unsere gerechte Sache erheben sollte, wer weiße Fahnen hißt und sich kampflos ergibt, ist des Todes.«
- Die am Vortage für die Erschießung selektierten 155 Häftlinge werden von den übrigen getrennt. Etwa 20–30 der Todeskandidaten erhalten Befehl, ein Massengrab auf dem Seelhorster Friedhof auszuheben.[3]

Elisabeth Piper erlebt diesen Tag »in völliger Ruhe und Geborgenheit« in Giften, einem kleinen Dorf bei Sarstedt. Im Gutshaus von Giften hatte sich ein Freundeskreis aus Hannover versammelt, darunter die stadtbekannte Schauspielerin Fridel Mumme. Vom Grundstück wagt sich niemand zu entfernen. Alle hören das Rollen ferner Einschläge. Fridel Mumme und Elisabeth Piper bringen viele Stunden im Gutspark zu, lesen Gedichte und Prosa, freuen sich über die ersten Veilchen.

Gerhard Götting versucht von Misburg aus, seine Arbeitsstelle jenseits der Weser zu erreichen. Gegen 5 Uhr morgens kommt er durch Hannover. Dann: »Je mehr wir uns Hameln nähern, um so mehr sind die Straßen von Soldaten, Flüchtlingen und Gefangenen verstopft. Die Weserbrücke bei Hameln ist gesprengt. Kampftätigkeit. Der Fahrer will lieber umkehren. Ich widerspreche. Ein Versuch, nach Rinteln zu telefonieren, verläuft negativ. Wir müssen also doch umkehren. Mehrfach Deckung vor Tieffliegern. Erst gegen 18 Uhr gelangen wir nach mühsamer Fahrt wieder nach Misburg.«

Ernst Jünger in seinen »Kirchhorster Blättern«: »Der Gauleiter von Hannover verbreitet einen blutrünstigen Aufruf vom Kampf bis zum letzten Mann, doch wußte Loehning, daß er bereits Vorkehrungen zu seiner persönlichen Rettung trifft. Die Bauern graben Gegenstände ein, schaffen andere in den Keller und vernichten wiederum andere.«

Freitag, 6. April

- Auf einer Pontonbrücke überqueren die 5. US-Panzerdivision und die 84. US-Infanteriedivision die Weser an der Porta Westfalica.
- Britische Einheiten erweitern ihren Brückenkopf am rechten Weserufer bis Lahde und Bierde.
- Von Ohr/Weser kommend erreichen US-Streitkräfte am Abend Elze und Schulenburg, wo die Leinebrücke nicht mehr gesprengt wurde.
- In Hannover wird irrtümlicherweise Panzeralarm ausgelöst.
- Der Stadtkommandant Generalmajor Loehning verlegt seinen Dienstsitz vom Friederikenschlößchen in den Gaubefehlsstand am Schützenplatz.
- Der größte Teil des Generalkommandos weicht nach Celle aus.
- Eine bei der »Hanomag« stationierte Panzerwerkkompanie und Polizeikräfte werden in den Raum Pattensen verlegt.
- Aus dem Wehrmachtslazarett Steuerndieb werden alle gehfähigen Verwundeten in die Bothfelder Kasernen gebracht und von dort aus, z. T. per Anhalter (!), in Richtung Braunschweig in Marsch gesetzt.
- Die selektierten 155 Häftlinge werden zum Seelhorster Friedhof gebracht und dort erschossen. Während der Exekution gelingt einem von ihnen, dem sowjetischen Hauptmann Peter Palnikow, die Flucht.[4]
- Im KZ-Außenlager Stöcken trifft der Evakuierungsbefehl aus Neuengamme ein. Er gilt auch für die übrigen Außenlager in Hannover. Noch am gleichen Tag muß der erste Teil der noch gehfähigen Häftlinge den Fußmarsch in Richtung Bergen-Belsen antreten, der über Großburgwedel, Fuhrberg, Allerhop, Ovelgönne, Oldau, Winsen und Walle führt.[5]

Mathilde Ballhausen leiht sich ein Fahrrad und radelt damit ins »Notbüro«, das heißt: Zum Privathaus ihres Chefs in Kleefeld. Der schickt sie gleich zum Postabholen in die Stadt zurück. Als sie das Gebäude wieder verläßt, ist das Fahrrad verschwunden, obwohl es durch ein Speichenschloß gesichert war. Wie soll sie nach Kleefeld zurückkommen?

Am Aegi werden von Hilfspolizisten Lieferwagen angehalten. Mathilde Ballhausen steigt mit mehreren auf die Ladefläche eines Wagens, der Richtung Misburger Damm zum General-Kommando davonrumpelt. Erst in der Marienstraße merkt sie, auf welcher Fracht sie sich niedergelassen hat: Der Laster transportiert Panzerfäuste.

Sonnabend, 7. April

- Bis zum Abend erreichen die britischen Einheiten Wunstorf und den unzerstörten Fliegerhorst.
- Über die Reichsstraße 65 kommen Amerikaner bis zum Stadtrand von Bückeburg.
- Im südlichen Bereich setzen die Amerikaner am Mittag ihren Vormarsch von Schulenburg aus fort. Bis zum Abend sind sie am Zweigkanal vor Hildesheim und in Sarstedt, wo zwei Volkssturmmänner die Sprengung der Eisenbahnbrücke verhindern.
- Die »Hannoversche Zeitung« erscheint zum letzten Mal.
- Der Stadtkommandant Generalmajor Loehning wird zum »Kampfkommandanten« ernannt.
- An der Harenberger Straße, zwischen Bahnunterführung und »Limmer Brunnen« geht ein Trupp Marinesoldaten in Stellung. Kaum einer ist älter als 17 Jahre.
- Feldwebel Plenge, Leiter der auf dem Turm des Neuen Rathauses stationierten Luftnachrichtentruppe, verhindert die Sprengung des Rathauses durch ein im Auftrag der NSDAP-Kreisleitung handelndes Rollkommando, indem er die Fernsprechleitungen zwischen der Kreisleitung und diesem Kommando kappen läßt.
- Die in den Lagern zurückgebliebenen kranken KZ-Häftlinge – im Lager Stöcken sind es allein mehr als 600 – werden in Güterwaggons verladen.[6]
- Der zweite Teil der gehfähigen hannoverschen KZ-Häftlinge beginnt seinen Evakuierungsmarsch in Richtung

Bergen-Belsen. Einer von ihnen, der Häftling Arthur Lehmann, hat diesen Marsch so beschrieben:
»Am 5. April wurde die Arbeit in der Fabrik stillgelegt, und am folgenden Tag kam der Befehl, das Lager marschfertig zu machen. Wohin wußte man nicht ... Am 7. April trat das ganze Lager morgens an. Es wurde erklärt, daß eine große Strecke gelaufen werden müßte, und daß alle, die sich dazu nicht in der Lage fühlten, mit den Kranken zurückbleiben sollten. Ein Unterscharführer mit einigen SS-Leuten sollte mit ihnen die Ankunft von Lastautos abwarten, die alle Leute nachfahren würden. Da diese Zusicherung unglaubwürdig war und jeder annahm, daß das SS-Kommando die Leute nach unserem Abmarsch erschießen würde, stellten viele sich zu den Marschfähigen, obwohl sie in Wirklichkeit nichts mehr aushalten konnten. Wer nicht mitging, wurde in den Krankenbau getrieben. Die anderen erhielten jeder ein Brot und ein viertel Pfund Margarine.

Bei dem Hin und Her der Leute, die unschlüssig waren, ob sie mitgehen sollten oder nicht, und bei der Proviantverteilung gab es natürlich viel Durcheinander und Lärm. Da schoß Herr Quakernack persönlich mit seinem Revolver ein paar Mann tot; die Rottenführer erreichten das gleiche Ergebnis auf ihre eigene Art, und der Zug konnte sich formieren. Voran die Wagen und Karren, die von uns gezogen und geschoben werden mußten. Das Ganze umringt von den Wachmannschaften mit den schußbereiten Gewehren unter dem Arm.

April 1945: Im Vordergrund die »Conti«-Vahrenwald

Wir marschierten durch Außenbezirke von Hannover, wo wir die ungeheuren Zerstörungen sahen. Dann ging es zwischen Feldern und durch Wälder endlos immer weiter. Wer nicht mehr konnte, wurde heimlich zum »Schieben« an die Wagen bugsiert, um dort Halt zu finden oder von Kameraden mitgeschleppt. Das ging aber nicht lange; der Mann sank zusammen. Dann hielt der Zug. Der Rottenführer Rex ging mit zwei reichsdeutschen Häftlingen, die mit Schaufeln versehen wurden, ein paar Meter seitlich in den Wald. Ein flaches Loch wurde aufgegraben, der Unglückliche hineingeschleppt und durch Rex mit einem Genickschuß erledigt. Unser Zug ging weiter.

Am Abend erreichten wir endlich ein Dorf, wo in einem Heuschober übernachtet wurde. Beim Antreten am nächsten Morgen sahen wir, daß nachts offenbar alle Lager des Stützpunktes Stöcken dort zusammen gekommen waren, die dann in Abständen von einander abmarschierten. Aber es müssen auch noch andere Häftlingstransporte unterwegs gewesen sein. Denn wir fanden fortwährend Juden, die völlig entkräftet am Chausseerand lagen, aus ganz fremden Lagern stammten und von den betreffenden Transportführern liegen gelassen worden waren. Aber Quakernack kannte keine Gnade; wer in sein Blickfeld kam – und es entging ihm niemand – wurde im Walde erschossen. Mittags gab es eine Stunde Rast, dann ging es weiter, immer weiter, und immerhäufiger knallten die Schüsse. Wir kamen durch mehrere kleine Ortschaften. Dort hatte die Bevölkerung Tische mit Gläsern und Eimer mit Wasser an den Straßenrand gestellt. Wir durften davon keinen Gebrauch machen. Mehrmals wollten Frauen uns Wasser zureichen; sie wurden durch Revolverschüsse von Quakernack verjagt. Beim Eintritt der Dunkelheit wurde gehalten und Appell gemacht. Wir waren an diesen beiden Tagen über 70 Kilometer gelaufen und hatten 36 unserer eigenen Kameraden verloren. Irgendwo verscharrt. Dann ging es noch eine kurze Strecke weiter, durch ein Lagertor, eine lange Lagerstraße in völliger Dunkelheit entlang. Endlich hielten wir auf einem freien Platz; wir wurden gezählt und von Quakernack einem Manne, der wohl der Lagerschreiber war, übergeben. Dann verließen er und seine Spießgesellen uns; wir hatten genau ein Jahr unter seinem Kommando gestanden.

Es war eine Ewigkeit von jenem 8. April 1944, an dem wir in Laurahütte eingetroffen waren bis zu diesem 8. April 1945, an dem wir erfuhren, daß wir uns im Lager Bergen-Belsen befanden.«[7]

(Hannoversche Juden waren bei diesem Marsch nicht dabei. Für sie war das Ende schon vorher gekommen. Nach dem ersten großen Transport, der am 15. Dezember 1941 in die Vernichtungslager des Ostens geführt hatte, waren noch etwa 540 Juden in Hannover zurückgeblieben. Von ihnen brachte man 37 am 2. März 1943 nach Auschwitz, während die übrigen in fünf weiteren Transporten von Ahlem aus am 23. Juli 1942, 16. März und 30. Juni 1943, 11. Januar 1944 und 20. Februar 1945 nach Theresienstadt deportiert wurden.[8] Von der einstmals fast 6000 Mitglieder zählenden jüdischen Gemeinde haben kaum 20 den Krieg in Hannover überlebt.)

Ernst Jünger in seinen »Kirchhorster Blättern«: »Sonniger Morgen nach kühler Nacht. Große Kolonnen von Gefangenen marschieren nach Osten fort. Tiefflieger grasen die Straße ab; man hört die rollenden Salven der Bordwaffen; ein Rudel von Reitpferden galoppiert mit wehenden Mähnen und leeren Sätteln zurück. So wird die Scheune von einem Trupp Russen überflutet, der sich über einen Haufen Mohrrüben hermacht. Die Straße wird leer. Man sieht Bauernwagen ins Moor fahren; die weißen und roten Betten leuchten weithin. ... Die Lage ist sonst nicht unangenehm. Parteibefehle, Lebensmittelkarten, Polizeivorschriften verlieren ihre Gültigkeit. Auch stellte der Hannoversche Sender seine Arbeit ein. Die Stimmen, die jahrelang im falschen Pathos schwelgten, verstummen in der Stunde der Gefahr, in der die Bevölkerung dringend auf Lageberichte angewiesen ist.«

Sonntag, 8. April

- Kämpfe zwischen britischen und deutschen Einheiten bei Bordenau und Frielingen. In Neustadt ist die Leinebrücke zerstört. Britische Soldaten überschreiten die Reichsstraße 6 und kommen bis zum Abend nach Mandelsloh.
- Der amerikanische Vormarsch entlang der Reichsstraße 65 führt über Bückeburg, Stadthagen bis an den nördlichen Deisterrand. Andere Einheiten, die am Morgen in Bad Eilsen aufgebrochen sind, kommen über den Nienstedter Paß bis Weetzen.

Nr. 357, Sonntag, 8. April 1945

NACHRICHTEN FÜR DIE TRUPPE

10 km vor Hannover

15 vor Bremen

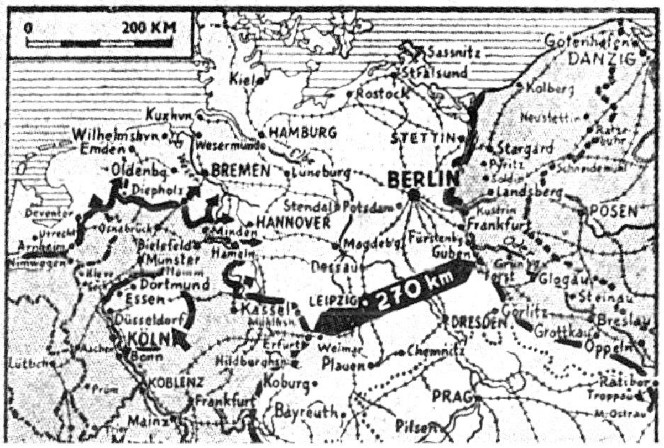

Panzer-Rudel rollen zur Elbe—USA-Stoss auf Braunschweig

ALLIIERTE Panzer wurden gestern abend 15 km vor Bremen und 10 km vor Hannover gemeldet. Hannover ist bereits vom Süden her umgangen. Die Alliierten setzen hier ihren Vormarsch in

Nr. 359, Dienstag, 10. April 1945

NACHRICHTEN FÜR DIE TRUPPE

Hannover und Bremen: Vor dem Ende

Weisse Fahnen bis nach Braunschweig

VERTRETER von sieben deutschen Städten zwischen Braunschweig und Hildesheim boten gestern den vorrückenden alliierten Truppen die kampflose Übergabe ihrer Städte an, um sie vor der Vernichtung zu retten.

Amerikanische Flugblätter für deutsche Soldaten.

- Die 30. US-Infanteriedivision steht am Abend in Hildesheim und Bad Salzdetfurth.
- In einer Drahtfunkansprache teilt der kommissarische Oberbürgermeister Bönner der Bevölkerung am frühen Nachmittag mit, daß »alle zivilen und militärischen Befugnisse« an den militärischen Befehlshaber, Generalmajor Loehning, übertragen worden sind. Er selbst übernimmt die Verantwortung für die Versorgung der Bevölkerung und ordnet im Hinblick auf die bereits einsetzenden Massenplünderungen an:

»1. Jedes eigenmächtige Wegnehmen von Lebensmitteln und Genußmitteln ist verboten und gilt als Plünderung. Die Polizei, die inzwischen – auch durch den Volkssturm – verstärkt worden ist, ist angewiesen, mit den schärfsten Mitteln gegen Plünderer vorzugehen.

2. Der Handel und alle Lebensmittelbetriebe haben morgen unter allen Umständen ihre Geschäfte zu öffnen. Lebensmittel sind, wie bisher, nur auf Marken abzugeben.
Ich wende mich insbesondere an die Gefolgschaft dieser Betriebe und mache ihr zur Pflicht, morgen pünktlich ihren Dienst anzutreten. Das gleiche gilt für alle Beamten, Behördenangestellten und Arbeiter im öffentlichen Dienst.

3. Der Lebensmittelgroßhandel hat dafür zu sorgen, daß unverzüglich die großen Lager geräumt und dem Einzelhandel zugeführt werden.

4. Alle Besitzer von Transportfahrzeugen haben ihre Fahrzeuge unverzüglich dem Fahrbereitschaftsleiter Hannover, Prinzenstraße Ecke Sophienstraße zur Verfügung zu stellen. Der Fahrbereitschaftsleiter hat allen verfügbaren Transportraum bevorzugt für Lebensmitteltransporte einzusetzen.«[9]

- Letzter Durchhalte-Appell Lauterbachers über Drahtfunk. Der Gauleiter ist zum letzten Mal in Hannover. Am Abend fährt er unter Mitnahme von 1,7 Mill. Reemtsma-Zigaretten zurück nach Hahnenklee.
- In der Nacht zum 9. April begibt sich Bönner zu Loehning ins Friederikenschlößchen, um ihn von der Notwendigkeit einer kampflosen Übergabe Hannovers zu überzeugen.
- In der gleichen Nacht verhindert Feldwebel Plenge ein zweites Mal die Sprengung des Rathauses, die von einem Trupp ungarischer Soldaten durchgeführt werden sollte. Er läßt Alkohol ausgeben und schneidet wie beim ersten Mal die Fernsprechkabel zur Kreisleitung durch, die sich in einem Bunker in Ahlem verschanzt hat.

Aus dem Tagebuch von Gerhard Götting:

»Morgens um 5 Uhr Fahrt zum Lindener Hafen. Dort soll Mehl von einem Schiff verteilt werden. Militär und Polizei haben inzwischen die Ausgabe gesperrt. Das Chaos beginnt. Es gibt keine geordnete Lenkung mehr von oben. Der Feind steht vor den Toren und die normalen Gesetze haben keine Gültigkeit mehr.

Gegen 7 Uhr fahren wir zum Flakstützpunkt, wo wieder etwas verteilt wird unter der Aufsicht eines Majors und eines Feldwebels. Diesmal habe auch ich Glück und erhalte zwei grüne Waffenröcke und einen Militärmantel.

Als ich wieder zuhause anlange, sagt meine Frau mir, daß es in Anderten zehn Pfund Zucker pro Person auf Marken gäbe. Auf die gleichen Marken erhält man in Misburg nur zwei Pfund.

Auf dem Weg nach Anderten begegnet mir eine ununterbrochene Kette von Radfahrern mit Tabaksballen. Inzwischen spricht es sich herum, daß es in Anderten keinen Zukker mehr gibt; darauf schließe ich mich dem Tabakspilgerchor an. Als ich durch Ilten komme, begegnet mir Herr von Hesterberg, der mit seinem Wagen von Sehnde kommt: Er winkt ab! Ich fahre dennoch hin. Als ich dort ankomme, ist der Tabak tatsächlich alle ...«

An diesem Sonntag unternimmt Götting aber noch eine weitere Tour. In Sehnde hat er bemerkt, daß einige Radfahrer eine andere Route einschlagen und daß aus dieser Richtung bepackte Radfahrer zurückkehren. Er verfolgt diese »Spur« und gelangt nach Ummeln. Hier befand sich in einer Ziegelei ein Textil- und Spirituosenlager der Wehrmacht, das jetzt geöffnet worden war. Aus dem Tagebuch:

»Tausende von Kisten mit Wein, Weinbrand, Korn und Likör liegen hier gestapelt. Jeder nimmt sich, was und wieviel ihm beliebt. Geschäftstüchtige erscheinen gleich mit Fuhrwerken, andere fangen an Ort und Stelle zu trinken an und liegen dann betrunken an Straßen und Wegerändern. Im Obergeschoß des Gebäudes befindet sich ein Textillager. Die Ostarbeiterinnen wüten geradezu darin. Sie reißen die Wäsche von den Regalen und trampeln darauf herum, während sie mit lautem Gestikulieren den nächsten Wäschestapel mustern. Den Kopfkissenbezug, den ich für den Zuckereinkauf mitgenommen hatte, fülle ich mit Kinderwäsche.

Dann erleichtere ich eine Kiste mit Weinbrand um vier

Flaschen und fülle den gewonnenen Raum mit nützlichen Dingen aus. Um 15 Uhr bin ich wieder zu Hause. Meine Frau ist sehr erfreut über meine Fuhre – aber Strümpfe fehlen doch so sehr nach fast sechs Jahren Krieg! Ich fahre also nochmals los. Es sind aber keine Strümpfe mehr da. Fast das ganze Textillager ist inzwischen geräumt. Einige Damenhüte, ein Herrenhut und einige Glühbirnen sind deshalb meine ganze Ausbeute. Aber Weinbrand, der ist noch genügend vorhanden. Ich lade mir eine Kiste aufs Rad und fahre los. Mein Pech, daß mir ein Mann vors Fahrrad läuft und ich ausbiegen muß. Vier Flaschen vertragen den Sturz nicht. Dann verliert auch noch das Hinterrad die Luft und ich muß schieben.

Als ich in Ilten anlange, beschließe ich, Rad und Weinbrand bei einem Bekannten unterzustellen. Ich bin zum Umfallen müde. Den Heimweg erhellt mir der Tommy mit Leuchtraketen.«

Montag, 9. April

– Im Hauptquartier der 84. US-Infanteriedivision in Bad Nenndorf wird der Aufmarschplan für die Einnahme Hannovers geändert, da man südlich der Stadt starke Verteidigungsstellungen vermutet.
Das 333. Regiment geht nach Artilleriebeschuß aus Wettbergen nicht weiter in Richtung Ricklingen vor, sondern über Gehrden (7.00 Uhr), Everloh und Groß-Munzel nach Meyenfeld (19.30 Uhr).
Das 334. Regiment kommt über die unzerstörte Leinebrücke bei Gümmer bis nach Godshorn in die Nähe der Autobahn. Das 335. Regiment wird aus Bückeburg nachgeholt, kämpft bei Döteberg eine Flakbatterie nieder und steht am Abend in Harenberg.
– Östlich von Hannover erreichen amerikanische Einheiten von Sarstedt aus den Kanal bei Müllingen.
– Ab 23.00 Uhr Gewehrfeuer beim Mecklenheider Forst.
– Gauleiter Lauterbacher setzt sich von Hahnenklee aus in Richtung Süddeutschland ab.[10]
– Die Standortkommandantur und örtliche Kräfte verhindern die von der Gauleitung befohlene Sprengung der Schleuse in Anderten.
– In der Stadt brechen die Reste öffentlicher Ordnung zusammen. Es kommt wie schon am Vortag zu zahllosen Plünderungen, insbesondere im Bereich der Wehrmachtspeicher am Nordhafen, am Güterbahnhof Möhringsberg und auf den rings um Hannover liegenden Frachtschiffen.
– Das Heeresbekleidungsamt an der Schulenburger Landstraße wird für die Bevölkerung freigegeben.
– Oberbürgermeister Bönner, Regierungspräsident Binding und Polizeipräsident Deutschbein begeben sich am Abend erneut zu Generalmajor Loehning, um diesen in seiner Absicht einer kampflosen Übergabe der Stadt zu bestärken. Das von diesem Gespräch unterrichtete Generalkommando droht mit dem Kriegsgericht.

Auf dem Kanal bei Gümmer liegen Zucker- und Holzschiffe. Sind freigegeben. Hunderte von Menschen stürmen im Laufe des Vormittags über die Planken, um sich Zucker und Kandis zu holen. Einige stürzen unter der Last ins Wasser, doch völlig durchnäßt gehen sie von neuem dem Zuckerschiff zu Leibe. Heini Ludewig erinnert sich an folgende Szene:

»Auf der Straße nähert sich ein deutscher Panzerspähwagen. Ein Leutnant und drei Mann. Sie halten an. Der Leutnant ruft: ›Wo steht der Feind?‹ Einer sagt: ›Macht, daß Ihr nach Hause kommt, der Krieg ist vorbei!‹ Plötzlich schreit einer laut: ›Jabos!‹ Die Menschen stürzen vom Schiff, der Panzerspähwagen rollt davon. Aber einer der Jabos hat ihn doch erspäht. Man hört harte Schüsse, dann gehen die Menschen auf das Schiff zurück. Mittags kommt ein Bauer aus Dedensen und sagt: ›Die armen Kerle, alle tot. Liegen da im Straßengraben. Heute abend bringen wir sie auf den Friedhof. Der Zucker geht vor. Und auch das Holz. Das kann ich gut gebrauchen! Trotzdem tun mir die Jungen leid. Warum haben sie sich nicht verkrümelt?‹«

Eine Schülerin der Elisabeth-Granier-Schule (heute: Ricarda-Huch-Schule) holt am frühen Nachmittag ihr Abiturzeugnis, ein kleines DIN-A-5-Blatt mit Dienststempel und Hakenkreuz, vom stellvertretenden Direktor aus dessen Privatwohnung ab. Die Abschlußfeier selber war inzwischen ein gutes halbes Jahr her. Am 31. Oktober 1944 hatte man sich morgens um 9 Uhr getroffen. Goethes »Iphigenie« und Kleists »Amphitryon« rezitiert. Jetzt, auf dem Rückweg von der Wohnung des Direktors, hört die Schülerin dumpfe Granateinschläge.

Am Abend gibt es Goethes »Faust« im Radio. Elisabeth Piper und ihre Freunde sitzen im Gutshaus von Giften ganz gebannt vor dem Apparat – gebannt und mit dem »tief pessimistischen Gefühl, daß nun erst einmal alles aus sein würde, was mit Theater, Literatur und Kunst zu tun hat«.

Eine Dienststelle der Polizei – besser: die Reste davon – befand sich inzwischen im Keller des Ratsgymnasiums. In der Nacht des 9. April hat Gertrud Jänecke dort Schichtdienst. Mit einer Kollegin will sie zur Prinzenstraße, dem alten Standort der Behörde, weil dort noch ihre Fahrräder untergestellt sind. In der Nähe des Bahnhofs treffen die beiden »auf müde dahingehende deutsche Soldaten. ›Mädchen, macht, daß Ihr hier wegkommt, die Amerikaner sind schon in Wülfel!‹«, rufen die Landser ihnen zu.

Helmut Pancke, Fahrrad-Großhändler, verbringt diese Nacht im Korridor seiner Wohnung in der Bödeckerstraße. Hier fühlt er sich einigermaßen sicher, trotz Artilleriebeschuß.

Dienstag, 10. April

– In der Nacht Artilleriestreufeuer auf das gesamte Stadtgebiet.

Vor dem Einmarsch: Die Bäckerei Albert Francke, Grotestr. 12 wird geplündert

– Das Flugwachkommando im Leineschloß und die Luftwaffeneinheiten auf den beiden Flugplätzen melden sich ab.
– Der amerikanische Einmarsch in die Stadt beginnt gegen 5.00 Uhr bei dichtem Nebel.
Lautsprecherwagen fordern die Bevölkerung von Vinnhorst auf, vorerst in ihren Kellern und Bunkern zu bleiben.
– Das 333. Regiment kommt bei Havelse über den Kanal, da die Brücke Reichsstraße 6 gesprengt worden ist. Am Bahnhof Leinhausen gerät ein deutscher Panzer in die Kolonne, verschwindet aber sofort wieder im Nebel.
– Das 334. Regiment gelangt über Schulenburger Landstraße, Engelbostler Damm, Vahrenwalderstraße und Ferdinand-Wallbrecht-Straße ins Stadtzentrum.
– Nur das 335. Regiment trifft auf Widerstand. Bei der Limmer Schleuse wird es beschossen (s. u.). Nach Einsatz von Granatwerfern geht es durch die Limmerstraße bis zum Küchengarten vor. In der Spinnereistraße kommt es zu einem kurzen Feuergefecht mit einem deutschen Panzer, der auf der Ihme-Brücke steht, dann ist der Weg in die Innenstadt frei.
– Die lässig auf ihren Panzern sitzenden Amerikaner des 334. Regiments werden von den Bewohnern der Ferdinand-Wallbrecht-Straße erstaunt betrachtet. Dr. Penzlin, Geschäftsführer bei »Bahlsen«, spricht mit ihnen und

Kinder plündern ein Lebensmittelgeschäft

erreicht den Schutz der Lebensmittelvorräte, die in der Keksfabrik lagern.

– In der Nacht zum 10. April erhält die am 7. April nach Pattensen verlegte Panzerwerkkompanie von Generalmajor Loehning Befehl, sich in Richtung Celle zurückzuziehen.

– Vier »Conti«-Angestellte, von denen einer über sehr gute englische Sprachkenntnisse verfügt, fahren in einem Fahrzeug der Werksfeuerwehr am frühen Morgen auf der Schulenburger Landstraße in Richtung Norden. In Höhe des Nordhafens treffen sie auf die Amerikaner, die dort Halt gemacht haben. Offenbar wollen sie noch die Wirkung eines letzten Luftangriffs auf Hannover abwarten. Die vier Deutschen versuchen, den Amerikanern klar zu machen, daß sie in Hannover keinerlei Widerstand erwartet, und es besteht Anlaß zu der Vermutung, daß sie dies tatsächlich erreicht und damit Hannover vor einem letzten Bombardement bewahrt haben.

– Gegen 7.30 Uhr findet ein letzter Appell vor dem Gaubefehlsstand am Schützenplatz statt. Generalmajor Loehning stellt den angetretenen Soldaten frei, sich zu ergeben oder in Richtung Celle abzusetzen.[11]

– Unter einem Hagel von Mörsergranaten sterben 23[12] der am 7. April an der Harenberger Straße in Stellung gegangenen jungen Marinesoldaten. Neben einem Zivilisten sind es die einzigen Opfer, die die Besetzung Hannovers

10. 4. 1945: An der Harenberger Straße zwischen Ahlem und Limmer

auf deutscher Seite gekostet hat. Die Sinnlosigkeit ihres Todes wird auch dadurch unterstrichen, daß man bei ihnen Gewehre findet, die mit Platzpatronen geladen sind. Zwei liegengelassene Offiziersuniformen deuten daraufhin, daß die jungen Menschen von ihren Offizieren ihrem Schicksal überlassen wurden.

– Die Übergabe des Rathauses hat Stadtrat Müller aus unmittelbarer Nähe erlebt:
»Ich selbst saß während der Annäherung der Truppen in einem Keller in der Nähe der Bödekerstraße. Es war langsam 5 Uhr morgens, und ich legte mich dann noch 3 Stunden schlafen. Dann ging ich zu Fuß zum Rathaus. Am Thielenplatz begegnete mir eine Truppe schwer bewaffneter Deutscher, die riefen: ›Sie sind schon am Hauptbahnhof‹! Die Soldaten liefen dann im Galopp über den Thielenplatz weiter in Richtung Norden. Als ich kurz vor 10 Uhr das Rathaus betrat, meldete mir der Portier, daß die Alliierten kurz vorher am Schwarzen Bär eingetroffen seien. Ich ging ins Oberbürgermeisterzimmer, traf aber dort niemand an. Auf dem Gang fand ich den Kämmerer Weber und außerdem stieß ich auf Herrn Weyberg.[13] Herr Ernst befand sich auch im Hause und hielt sich in der Wohnung des Rathausinspektors Plenge auf, bei dem er sich ein Zimmer hatte abtreten lassen. Bönner hatte sich zwei Zimmer im Rathaus geben lassen und lud jeden Abend jemand ein, mit dem er bei einer guten Flasche die Zeit verbrachte.
Ich setzte mich mit Weyberg ins Zimmer des Oberbürgermeisters und wir rauchten noch die letzte dicke Zigarre. Da riß ein Ratsdiener die Tür auf, und zwei mit Maschinenpistolen bewaffnete Soldaten kamen herein und hinter ihnen ein (englischer) Captain Johnson, der mich fragte: ›Sind Sie der Oberbürgermeister von Hannover?‹ ›Nein. Ich vertrete ihn. Er ist abwesend!‹ ›Dann teile ich Ihnen mit, daß die alliierten Truppen Hannover besetzt haben und daß alles der alliierten Truppengewalt untersteht!‹ ›Ich nehme davon Kenntnis!‹ Mit diesen Worten vollzog sich die offizielle Übergabe der Stadt Hannover an die Alliierten.«[14]

Im Gutshaus von Giften haben die Amerikaner am frühen Morgen einen Seitenflügel beschlagnahmt. Sie trinken und lärmen und suchen nach Wertsachen. Sobald Elisabeth Piper und ihre Freunde sie auf dem Flur hören, halten sie den Atem an. Fridel Mumme hat ihren Schmuck vorsorglich in das Ohr eines wertlosen Stofftieres eingenäht. Die Soldaten haben sich das Tier geschnappt und bolzen es als Fußball durch die Gänge.

Am Morgen kommt Gisela Köhler aus dem Bunker. Sie läuft zu ihrer Wohnung – da sitzt vor der Tür ein Amerikaner, das Gewehr zwischen den Beinen. Sitzt da und schaut sie an.

Mit Stiefeln treten amerikanische Soldaten bei Dorothea Pollack die Etagentür ein. Sie fragen, ob Soldaten versteckt wurden und ob oben im Haus sich welche befinden. Die Frau schüttelt ängstlich den Kopf. Der eine geht nach oben, der andere bleibt bei ihr. Er fragt nach der Tasche, die sie so fest an sich drückt. Er reißt sie ihr vom Arm. Dorothea Pollack steht in der Ecke und zittert. Bilder und Briefe liegen zerrissen auf dem Boden. Sie spuckt an seine Uniform. Da nimmt der Soldat ihr den Schmuck, eine goldene Westenuhr ihres Mannes und die Arbeitsdienstbrosche ab. Nur den Trauring läßt er an ihrem Finger. Als sie die zerrissenen Bilder vom Fußboden zusammensucht, tritt der Soldat auf ihre Hand. Später macht ihr die amerikanische Militärpolizei Vorhaltungen: Sie hätte sofort kommen sollen.

Am frühen Vormittag gibt Helmut Pancke seiner Prokuristin den Auftrag, im Rathaus Bezugsscheine zu holen. Als sie wieder herauskommt, stehen dort bereits amerikanische Soldaten.

Dann macht sich Pancke auf, sein Lager in der Marienstraße zu kontrollieren. Plötzlich kommen ihm auf der anderen Straßenseite fünf Russen, die bei ihm beschäftigt waren, entgegen. Sie rufen ihm zu: »Wo ist Hitler? Wo ist Hitler?« Hitler war sein Lagermeister; dem hatte er Anweisung erteilt, den ausländischen Arbeitern jeden Mittag – obwohl das verboten war – Kartoffeln zu geben. Jetzt haben sie eine Flasche Schnaps aufgetrieben und suchen den Lagermeister, um sich zu bedanken.

Gegen Mittag spüren die Amerikaner die verbarrikadierten Reste der Polizei-Dienststelle im Keller des Ratsgymnasiums auf. Die Männer werden sofort abtransportiert, den Frauen geschieht nichts. Gertrud Jänecke ist eine von ihnen; jetzt hat sie nur noch einen Gedanken: Nach Hause! Sie packt zwei Rollen Toilettenpapier aus der Dienststelle ein, legt zwei Dosen, mit einem »R« gekennzeichnet, aus der Eisernen Ration dazu und schwingt sich hinter dem Rücken der wühlenden Amerikaner aufs Fahrrad. In der Marienstraße fließt Cinzano aus einer Flasche in die Gosse und schwemmt weiße Sternchennudeln mit sich fort. Ausländische Arbeiter versuchen, ihr das Rad wegzunehmen. Sie tritt in die Pedale ... und kommt, wie durch ein Wunder, heil in Kleefeld an. Als sie in den Garagenweg einbiegt, schüttelt ihre Mutter gerade ein Staubtuch aus dem Fenster; ungläubig fragt sie ihre Tochter: »Wo kommst du denn her? Es ist doch Ausgangssperre! Komm rauf und wasch dich erst einmal!« Von der Beute aus dem Keller ist sie allerdings leicht enttäuscht: »Das Toilettenpapier ist ja sehr nützlich, aber etwas besseres als diese beiden Dosen Rosenkohl hättest du schon organisieren können!«

Während Gertrud Jänecke zu Hause auspackt, herrscht im Bahnhofsbunker Verwirrung. Noch sind die Räume dicht mit Menschen besetzt, denn niemand wagt sich nach oben ans Licht. In ihrer Zentrale beraten die Rot-Kreuz-Helferinnen, was zu tun ist. Inzwischen werden ihnen Menschen gebracht, die beim Plündern der Warenhäuser Verletzungen davongetragen haben. Darunter auch ein Pole – schwere Verbrennungen! Er wird mit Sorgfalt gepflegt und dann, weil die Luft im Bunker so schlecht ist, nach oben gebracht.

In diesem Augenblick fährt ein amerikanischer Lastwagen vor, ein Soldat springt ab und erkundigt sich, was mit dem Mann los sei. Der Amerikaner flößt ihm etwas Tee ein und fordert eine Helferin auf, mit ihm in den Bunker zu gehen. Er öffnet die schwere Eisentür und läßt die Rot-Kreuz-Helferin vorangehen. Im Bunker selber herrscht eine seltsame Unordnung. Zwischen geplünderten Lebensmitteln, Messern, Gabeln, Eiern in Dosen, liegen zurückgelassene Uniformen und Ehrenzeichen.

Was empfanden die Menschen in Hannover an diesem Mittag des 10. April? Drei Antworten, stellvertretend für die vielen Unbefragten. Gerit Hermeling blickt noch einmal die Strecke zurück, über die sie sich in den letzten Jahren schleppte; ihr Resümee: »Das Kellersitzen und Bunkerlaufen hat ein Ende!« Elisabeth Kossmann spürt eine »gewisse Erlösung« vom national-sozialistischen Regime. Und Gertrud Jänecke erinnert sich an die Worte ihrer Mutter: »Endlich sind wir frei und können schlafen!«

Schlafen?

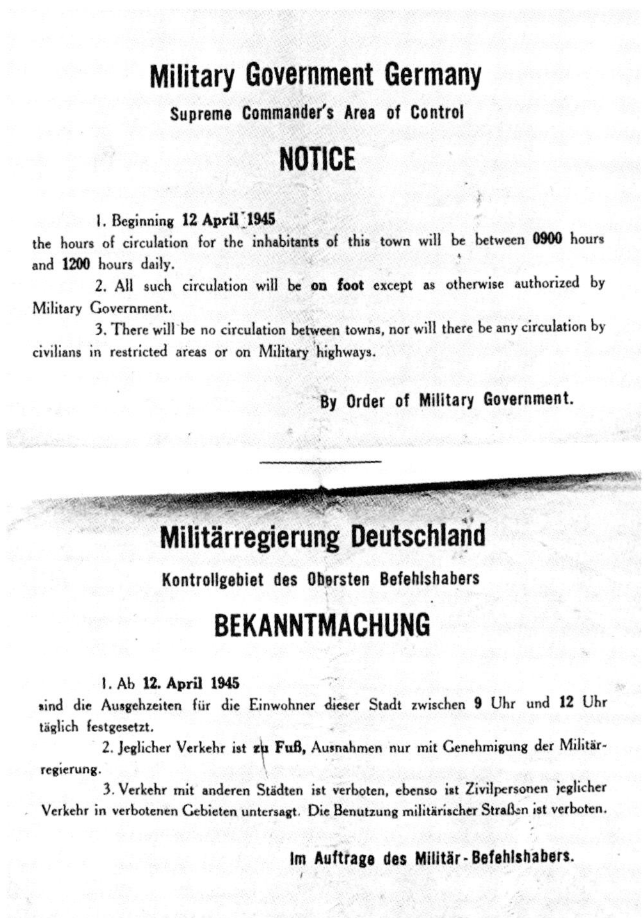

Military Government Germany

Supreme Commander's Area of Control

NOTICE

1. Beginning **12 April 1945** the hours of circulation for the inhabitants of this town will be between **0900** hours and **1200** hours daily.

2. All such circulation will be **on foot** except as otherwise authorized by Military Government.

3. There will be no circulation between towns, nor will there be any circulation by civilians in restricted areas or on Military highways.

By Order of Military Government.

Militärregierung Deutschland

Kontrollgebiet des Obersten Befehlshabers

BEKANNTMACHUNG

1. Ab **12. April 1945** sind die Ausgehzeiten für die Einwohner dieser Stadt zwischen **9** Uhr und **12** Uhr täglich festgesetzt.

2. Jeglicher Verkehr ist **zu Fuß**, Ausnahmen nur mit Genehmigung der Militärregierung.

3. Verkehr mit anderen Städten ist verboten, ebenso ist Zivilpersonen jeglicher Verkehr in verbotenen Gebieten untersagt. Die Benutzung militärischer Straßen ist verboten.

Im Auftrage des Militär-Befehlshabers.

1 Es liegt in der Natur der Sache, daß die amtlichen Quellen gegen Kriegsende nur noch spärlich fließen. Vieles, was über die Ereignisse der letzten Tage in Hannover überliefert ist, beruht auf persönlichen Erinnerungen, die bei verschiedenen Gelegenheiten und Anlässen nach dem Kriege zu Papier gebracht worden sind. Erfahrungsgemäß muß hier mit einer hohen Fehlerquote (und zwar nicht nur im Hinblick auf die Datierung von Ereignissen!) gerechnet werden. Wir haben uns deshalb im folgenden in der Regel auf solche Angaben beschränkt, die mehrfach belegt sind.
Eine wertvolle Hilfe stellte für uns die Artikelserie »Vor zwanzig Jahren« dar, die D. Tasch im April 1965 anläßlich des 20. Jahrestages der Besetzung Hannovers in der HAZ veröffentlicht hat. Von großem Nutzen waren auch die Zuschriften aus der hannoverschen Bevölkerung, die 5 Jahre nach der Besetzung in Beantwortung eines Aufrufes der Hannoverschen Presse eingegangen waren und heute unter der Signatur Zgs. Slg. 1/76 im Nds. Hauptstaatsarchiv aufbewahrt werden. Auf beide Fundstellen wird nicht besonders verwiesen.

2 Vgl. Obenaus, S. 236.

3 Vgl. Obenaus, S. 243.

4 Palnikow kann sich bis zum Einmarsch der Amerikaner verborgen halten. Mit seiner Hilfe gelingt amerikanischen und englischen Militärdienststellen sehr schnell die Aufdeckung des Verbrechens. Am 2. und 3. Mai werden die 154 Erschossenen, dazu die Leichen von 372 dort schon früher bestatteten Zwangsarbeitern und KZ-Häftlingen exhumiert. Insgesamt 386 werden noch am 2. Mai in einem Trauerzug zum Maschseenordufer überführt und dort beigesetzt.

5 Manuskript H. H. Schröder.

6 Diese Häftlinge treffen nach einigen Tagen in Mieste an der Bahnstrecke Berlin-Braunschweig ein, um von hier zu Fuß in Richtung Gardelegen weitergetrieben zu werden. Dort werden sie von der SS in einer strohausgelegten Scheune zusammengepfercht, die anschließend in Brand gesteckt wird. Unter dem Kugelhagel der SS sterben 1016 Häftlinge einen qualvollen Tod.

7 StAH: Nachlaß L. Lazarus: Nr. 128.

8 Buchholz, S. 252.

9 StAH: Dienstregistratur, Befragung von Treuenfels.

10 Lauterbacher wird erst Mitte Juni 1945 in Kärnten verhaftet. Wie es kam, daß er nach dem Kriege nie ernsthaft zur Rechenschaft gezogen wurde, bleibt bis heute rätselhaft. Zweifellos kam ihm zugute, daß er in seiner Position die Schmutzarbeit hatte von anderen erledigen lassen können. So wurde er 1946 von einem englischen und 1947 von einem amerikanischen Militärgericht freigesprochen, weil man ihm weder die Vergiftung von Gefangenen im Zuchthaus Hameln noch die Ermordung von 12 alliierten Fliegern in der Nähe von Goslar konkret nachweisen konnte. 1948 gelang ihm die Flucht aus einem Internierungslager bei Bremervörde, 1950 wurde er in Rom verhaftet, konnte aber wiederum fliehen. In den 60er und 70er Jahren hat er offenbar unbehelligt unter seinem Namen in West- und Süddeutschland leben können, u. a. in Ottobrunn und Dortmund, wo er – nach einer Auskunft des Einwohnermeldeamtes – noch im Januar 1983 gemeldet war. Bekannt ist schließlich, daß er von 1977 bis 1979 als Berater im Jugendministerium des Sultanats Oman tätig gewesen ist.

11 Über die Gefangennahme Loehnings liegen widersprüchliche Angaben vor. Einerseits wird berichtet, daß er gegen 9.30 Uhr im Gaubefehlsstab gefangengenommen wurde, andererseits heißt es, daß er in der Wohnung eines Freundes in Zivil auf die Amerikaner gewartet hat. Wieder andere wollen wissen, daß er sich im Gebäude des Generalkommandos den Amerikanern ergeben habe.

12 Die Angaben differieren zwischen 21 und 29 Toten.

13 Gemeint ist vermutlich der Dipl.-Volkswirt Gustav Weiberg, leitender Mitarbeiter in der Verwaltung Städt. Betriebswerke.

14 StAH: Dienstregistratur, Bericht Müller.

Bilanz des Krieges in Hannover

Öffentliche Luftwarnungen	1396
Luftangriffe:	ca. 125
Bombenopfer:	6782 (davon 4748 Stadthannoveraner)
Wehrmachtsgefallene:	10998**
Wehrmachtsvermißte:	ca. 6000
Zivilvermißte:	ca. 750
Ausgebombte:	ca. 300000–350000
Total zerstört:	44 % der öffentlichen Gebäude
	33 % der Industrie- und Gewerbebetriebe
	50 % der Wohnhäuser
Schwer beschädigt:	35 % der öffentl. Gebäude
	28 % der Industrie- u. Gewerbebetriebe
	11 % der Wohnhäuser

Total zerstört bzw. schwer beschädigt wurden: Sämtliche historischen Kirchen und Theater sowie 62 von 87 Schulgebäuden

Quellen:
Statistische Vierteljahresberichte der Hauptstadt Hannover 1947/III, 1948/I, 1950/I, 1952/I.
Einschließlich der bis Ende 1950 verstorbenen Kriegsgefangenen.

Anhang

Dank für Leihgaben und Informationen

Besonderen Dank schulden die Autoren den Auskünften und der Unterstützung (alle Namen in alphabetischer Reihenfolge) von: Heinrich Feesche, Wolfgang Grimpe, Gerit Hermeling, Wilhelm Homann, Gertrud Jänecke, Margarete Jockusch, Bernfried Koch, Günter Kütemeyer, Franz Nitschke, Helmut Pancke, Elisabeth Piper, Reinhold Rüdiger, Rudolf Schulz, Kurt Söhnlein, Prof. Gerhard Stoffert, Hermann Wedemeyer, Erna Willms und Karl-Heinz Woll.

Weiter haben mitgeholfen: Lisa Bachmann, Mathilde Ballhausen, W. Barrow, Karl Bergener, Günter Berger, Georg Bleyer, Hans Hermann Bloser, Joachim Brauer, Günter Danzmann, Heinz Daues, Hermann Deiters u. Frau, Frida Dietrichs, Manfred u. Karl Dürkefälden, Kurt Ehrenstein, Gerhard Götting, Friedrich Habenicht, Horst G. Haeger, Prof. Werner Heutling, Elfriede Kautz, Gisela Köhler, Else Kümmerling, Karl Lange, Heini Ludewig, Prof. Wolfgang Marienfeld, Paul Meyer, Hans Meyer, Dieter Ohlendorf, Erich Oppermann, Margot Pohle, Elisabeth Pietz, Marianne Rehde, Hans Rohrberg, Elma Schrott, Erwin Stefaniuk, Luise Toll, Max Turnier, Hanneli Wilhelm, Oskar Woll.

Einen herzlichen Dank auch all jenen, deren Unterlagen und Informationen zur Kenntnis genommen und zum Teil in die Texte eingearbeitet wurden sowie an Landesmuseum, Kunstverein, Stadtbibliothek, Heimatbund, das Archiv der HAZ und der Wehrbereichsbibliothek Hannover.

Quellen- und Literaturverzeichnis

1. Quellen

1.1. Ungedruckte Quellen

Nds. Hauptstaatsarchiv Hannover:
- Oberpräsident, Abt. für höheres Schulwesen (Hann. 130)
- Reichsbahndirektion Hannover (Hann. 133, Acc. 27/81)
- Nds. Heimatbund e. V. (VVP 17)
- Gestapoakten (Hann. 87a)
- Erlebnisberichte aus der Zeit um und nach 1945 (Zgs. Slg. 1)

Stadtarchiv Hannover:
- Hauptregistratur
- Schulamt
- Wirtschafts- und Ernährungsamt
- Presseamt
- Sozialamt
- Städtische Kollegien
- Ortsverwaltung Misburg
- Zgs. Slg. F. Hillebrecht

Nds. Staatsarchiv Bückeburg:
- Lagemeldungen des Inspekteurs der Ordnungspolizei über Fliegerangriffe (L 4 Nr. 12544/45)

Bundesarchiv Koblenz:
- Reichsjustizministerium (R 22)

Bundesarchiv – Militärarchiv
- Wehrkreiskommando XI (RH 53–11)
- Luftwaffeninspektion-Luftwaffeninspekteur-Waffengenerale (RL 4 II)
- Rüstungsinspektion Hannover (RW 20–11)
- Rüstungskommando Hannover (RW 21–27)

Berlin Document Center
- Personalia Menge, Haltenhoff, Hoffmeister, Bönner

Staatsanwaltschaft Hannover
- Sondergericht Hannover

Public Record Office London
- Bomber Command (Air 14)
- Operation Record Books (Squadrons) (Air 27)

Imperial War Museum London
- Department of Photographs

1.2. Gedruckte Quellen

Adressbücher der Stadt Hannover

Gottfried Benn: Breife an F. W. Oelze 1932–1945 (= Briefe Bd. I). Wiesbaden 1977.

David Mac Isaac: The United States Strategic Bombing Survey. Vol. I–X. New York/London 1976.

Deutschlandberichte der Sozialdemokratischen Partei Deutschlands (Sopade), 7 Bde., 1934–1940. Frankfurt/Main 1980.
Hannover Field Report (= USSBS I 43, 1945)
Ernst Jünger: Kirchhorster Blätter. In: Werke, I. Abteilung Bd. 3 (= Bd. 2 der »Strahlungen«). Stuttgart 1979.
Henning Rischbieter: Hannoversches Lesebuch Bd. 2 (1850–1950). Velber 1978.
Zeitungen, Zeitschriften
  Hannoverscher Anzeiger
  Hannoverscher Kurier
  Hannoversche Stadtzeitung
  Hannoversches Tageblatt
  Hannoversche Zeitung
  Nachrichten aus dem Wehrkreis XI
  Niedersächsische Tageszeitung
  Wirtschaftsblatt Niedersachsen
Wilhelm Zwernemann: Die Leistungen der Reichsbahndirektion Hannover 1933–1945. Hannover 1947.

2. Literatur

Cajus Bekker: Angriffshöhe 4000. Oldenburg und Hamburg 1964.
Franz Bräuer: Hannover im Luftkrieg 1939 bis 1945. In: Festschrift zur 50-Jahrfeier der Lutherschule Hannover. Hannover 1956, S. 109ff.
Marlis Buchholz: Die hannoverschen Judenhäuser. Zur Situation der Juden in der Ghettoisierung und Verfolgung 1941 bis 1945. Staatsexamensarbeit Hannover 1982.
Cord Cordes: Die hannoverschen Kirchengemeinden 1914–1945. In: Jahrb. d. Gesellschaft f. nds. Kirchengesch. 77 (1979), S. 127–174.
Wesley Craven and James Cate: The Army Air Forces in World War II. Vol. I–VII. Chicago 1948–1958.
Flugblattpropaganda im II. Weltkrieg (Beiträge zur Ausstellung im Historischen Museum), Hannover 1980.
Noble Frankland and Charles Webster: The Strategic Air Offensive against Germany 1939–1945. Vol. I–IV. London 1961.
Johann Frerking: Zur Geschichte des Kunstvereins Hannover. In: Hannoversche Geschichtsblätter N. F. 11 (1958), S. 163–184.
Rainer Fröbe: Das Außenlager Misburg des Konzentrationslagers Neuengamme. Staatsexamensarbeit Hannover 1982.
Thomas Grabe: Der anglo-amerikanische Bombenkrieg gegen Deutschland unter besonderer Berücksichtigung Hannovers. Staatsexamensarbeit Hannover 1979.
Wolfgang Grimpe: 80 Jahre Heimatbund Niedersachsen. In: Heimatland Jg. 1981, H. 2, S. 33–39.
Erich Hampe: Der zivile Luftschutz im Zweiten Weltkrieg. Dokumentation und Erfahrungsberichte über Aufbau und Einsatz. Frankfurt/Main 1963.
Hannoversche Frauen gegen den Faschismus 1933–1945. Lebensberichte. Ein Beitrag zur Stadtgeschichte (= Antifaschistische Reihe 4, hrsg. von der Kreisvereinigung Hannover der VVN – Bund der Antifaschisten) Hannover 1983.
Arthur Harris: Bomber Offensive. London 1947.
Max Hastings: Bomber Command. London 1982[2].
John Herington: Air War against Germany and Italy 1939–1945. Canberra 1954.
David J. Irving: ... und Deutschlands Städte starben nicht. Zürich 1967, v. a. S. 168ff.
Karl Hermann Jacob-Friesen (Hrsg.): Hundert Jahre Niedersächsisches Landesmuseum zu Hannover 1852–1952. Hannover 1952.
Richard Jakoby (Hrsg.): Staatliche Hochschule für Musik und Theater Hannover. Hannover 1973.
Eberhard Klügel: Die lutherische Landeskirche Hannovers und ihr Bischof 1933–1945. Berlin und Hamburg 1964. – Dokumente, ebd. 1965.
Otto v. Knobelsdorff: Geschichte der Niedersächsischen 19. Panzerdivision. Bad Nauheim 1958.
Franz Kurowski: Der Luftkrieg über Deutschland. München 1981[3].
Helmut Kutzscher: Vor vierzig Jahren ... KLV Teil I–IV. In: VEL-Mitteilungen H. 76 (Juli 1981), S. 1860–1869; H. 77 (Dezember 1981), S. 1937–1947; H. 78 (Juni 1982), S. 2003–2007; H. 79 (Dezember 1982), S. 2047–2055.
Horst Matzerath: Nationalsozialismus und kommunale Selbstverwaltung (= Schriftenreihe des Vereins für Kommunale Wissenschaften e. V. Berlin, Bd. 29). Stuttgart u. a. 1970.
Heinz Meyer: Damals – Der Zweite Weltkrieg zwischen Teutoburger Wald, Weser und Leine. Preußisch Oldendorf 1981[2].
Klaus Mlynek: Politische Lageberichte in den Anfangsjahren der NS-Diktatur am Beispiel von Stadt und Landkreis Hannover (Teil I). In: Hannoversche Geschichtsblätter N. F. 33 (1979), H. 1–3, S. 119–142.
Klaus Mlynek: Machtübernahme und Kommunalpolitik. In: Hannover 1933. Eine Großstadt wird nationalsozialistisch. Beiträge zur Ausstellung. Hannover 1981, S. 100–133.
Kurt Morawietz: Festliches Herrenhausen. Hannover 1977.
Hans-Dietrich Nicolaisen: Die Flakhelfer. Luftwaffen- und Marinehelfer im Zweiten Weltkrieg. Berlin 1981.
ders.: Der Einsatz der Luftwaffen- und Marinehelfer im Zweiten Weltkrieg. Büsum 1981.
Hans-Werner Niemann: Die Gasversorgung des Raumes Hannover unter besonderer Berücksichtigung der Auseinandersetzungen zwischen Privatwirtschaft und überkommunaler öffentlichen Hand. In: Hannoversche Geschichtsblätter N. F. 30 (1976), S. 1–159.
Herbert Obenaus: Die Erschießungen auf dem Seelhorster Friedhof in Hannover April 1945. In: Hannoversche Geschichtsblätter N. F. 35 (1981), S. 233–274.
Fred K. Prieberg: Musik im NS-Staat. Frankfurt/Main 1982.
Denis Richards and Hilary St G. Saunders: Royal Air Force 1939–1945. Vol. I–III. London 1975.
Waldemar R. Röhrbein: Die Hannoverschen Landeskirche im Dritten Reich. In: Hans-Werner Dannowski und Waldemar R. Röhrbein (Hrsg.): Geschichten um Hannovers Kirchen. Studien, Bilder, Dokumente. Hannover 1983, S. 79–90.
Eugen Roth: Spaziergänge mit Hindernissen. – Anekdoten. München 1982.
Georg Ruppelt: Schiller im nationalsozialistischen Deutschland. Stuttgart 1979.
Hubert Schmitz: Die Bewirtschaftung der Nahrungsmittel und Ver-

brauchsgüter 1939–1950. Dargestellt am Beispiel der Stadt Essen. Essen 1956.
Anton Scholand: Anderten. Hildesheim 1970.
Heinrich Sievers: Kammermusik in Hannover. Tutzing 1980.
Gerhard Stoffert: Flakhelfer (I). In: VEL-Mitteilungen H. 80 (Juni 1983), S. 2093–2101.
Inge Stolten: Das alltägliche Exil. Leben zwischen Hakenkreuz und Währungsreform. Berlin/Bonn 1982.
Dieter Tasch: Vor zwanzig Jahren. In: Hannoversche Allgemeine Zeitung 3./4. 4.-14. 4. 1965 (10 Beiträge).
ders.: So wurde Hannover vernichtet. In: Hannoversche Allgemeine Zeitung 5./6. 10.–11. 10. 1963 (5 Beiträge).
Tod und Leben. Hannovers 9. Oktober. Zusammengestellt und bearbeitet von Heinz Lauenroth und Gustav Lauterbach. Herausgegeben vom Heimatbund Niedersachsen in Zusammenarbeit mit dem Presseamt der Hauptstadt Hannover. Hannover o. J. (1953).
Hans J. Toll: Die Nacht vor dem Tag ohne Sonne. Ein Dokumentarbericht von Leben und Tod der Stadt Hannover. Hannover o. J. (1953).
Anthony Verrier: Bomberoffensive gegen Deutschland 1939–1945. Frankfurt 1970.
Widerstand und Verfolgung in Bayern 1933–1945. Archivinventare Bd. 1ff, München 1975ff.
Irmgard Woldering: Kestner-Museum 1889–1964. Hannover 1964. (s. auch: Hannoversche Geschichtsblätter N. F. 18 (1964), S. 73–100).
Ermanno Wolf-Ferrari: Briefe aus einem halben Jahrhundert. München 1982.
Josef Wulf: Musik im Dritten Reich. Gütersloh 1963.
Gerda Zorn: Stadt im Widerstand. Frankfurt/Main 1965.
dies.: Widerstand in Hannover. Frankfurt/Main 1977.

Abkürzungen

a. a. O.	am angegebenen Ort
B I	Befehlsstand I
BA	Bundesarchiv
BAM	Bundesarchiv-Militärarchiv
BDM	Bund Deutscher Mädel
DC	Document Center
ebd.	ebenda
Flak	Flugzeugabwehrkanone
FMG	Funkmeßgerät
Gestapo	Geheime Staatspolizei
GOP	Georgspalast
H.	Heft
HA	Hannoverscher Anzeiger
HAZ	Hannoversche Allgemeine Zeitung
HJ	Hitler-Jugend
HK	Hannoverscher Kurier
HR	Hauptregistratur
HT	Hannoversches Tageblatt
HZ	Hannoversche Zeitung
I.-Dienst	Instandsetzungsdienst
i. e. S.	im engeren Sinn
I.-Trupp	Instandsetzungstrupp
K.	Kanonier
KLV	Kinderlandverschickung
Nds. HSTAH	Niedersächsisches Hauptstaatsarchiv Hannover
N. F.	Neue Folge
NSDAP	Nationalsozialistische Deutsche Arbeiterpartei
NSV	Nationalsozialistische Volkswohlfahrt
NTZ	Niedersächsische Tageszeitung
OB	Oberbürgermeister
OLG	Oberlandesgericht
PRO	Public Record Office
Prot. Dez.	Protokolle der Dezernentenbesprechungen
Prot. Ratsh.	Protokolle der Beratungen des Oberbürgermeisters mit den Ratsherren
RAF	Royal Air Force
RGBl.	Reichsgesetzblatt
RM	Reichsmark
SA	Sturmabteilungen
SD	Sicherheitsdienst
SHD	Sicherheits- und Hilfsdienst
Sign.	Signatur
Slg.	Sammlung
SS	Schutzstaffeln
StAH	Stadtarchiv Hannover
Ua	Unterakte
USAAF	United States Army Air Forces
USSBS	United States Strategic Bombing Survey
VDA	Volksbund für das Deutschtum im Ausland
VEL	Verband ehemaliger Leibnizer
VOL	Volume
WHW	Winterhilfswerk
Zgs.	Zeitgeschichtlich